KB248594

기후붕괴시대,
아주 불편한 진실
조금 불편한 삶

기후붕괴시대, 아주 불편한 진실 조금 불편한 삶

한국교회환경연구소 엮음

동연

'기후 붕괴 시대, 아주 불편한 진실 조금 불편한 삶'를 펴내며…

　"너희는 저녁때에는, '하늘이 붉은 것을 보니 내일은 날씨가 맑겠구나' 하고, 아침에는 '하늘이 붉고 흐린 것을 보니 오늘은 날씨가 궂겠구나' 한다. 너희는 하늘의 징조는 분별할 줄 알면서, 시대의 징조들은 분별하지 못하느냐?"(마태 16:2)라고 예수께서는 말씀하셨다. 그런데 만약 이 예수께서 21세기에 다시 오신다면, 그는 분명 '하늘의 징조', 즉 기후 변화가 이 '시대의 징조들'이 되었다고 말씀하실 것이다. 징조signs란 어떤 일이 일어날 기미를 말한다. 열이 병의 징조이듯, 오늘날 심상치 않은 기후 변화는 앞으로 닥쳐올 무언가 큰 재앙을 암시하는 어떤 전조前兆, omen일 수 있다.

　앤서니 기든스Anthony Giddens는 기후 변화를 다룬 그의 최근의 저서에서 '기든스의 역설'을 설명한다. 지구 온난화의 위험은 직접 손으로 만져지는 것이 아니고 우리 일생생활에서 거의 감지할 수 없기에, 아무리 무시무시한 위험이 다가온다 한들 우리 대부분은 그저 가만히 앉아서 기다릴 뿐이라는 것이다. 하지만 그의 말도 추상적으로 들린다. 지금 우리는 지구 온난화의 위험을 일상생활에서 직감하고 또 실제 느끼고 있기 때문이다. 그리고 만약 우리 모두가 그것을 일상에서 피부로 느낄 정도가 되었다면 이미 우리는 기후 변화를 넘어 '기후 붕괴'의 시대를 살기 시작했다고 말해도 과언이 아닐 것이다.

기후 변화로 인한 재앙은 이미 시작되었다. 그리고 시간이 많지 않다. 하지만 사람들은 오늘도 여전히 날씨 변화에만 관심을 쏟을 뿐, 그 안에 담긴 시대의 징조를 읽고 우리를 파멸로 몰아가는 성장 지상주의, 물질 만능주의, 그리고 무한 탐욕주의 사회체계를 좀처럼 바꾸려 하지 않는다. 솔직히 상황은 절망스럽다.

과연 우리에게 희망은 있을까? 있다면 그것은 어떤 희망일까? 만약 그것이 진정한 희망이라면 거기로 가는 구체적인 길은 무엇일까? 그리고 이 땅을 사는 그리스도인들은 여기에 대해 어떤 말을 할 수 있을까?

이 책은 이러한 질문들에 대한 한국 교회의 응답이다. 기후 붕괴라는 '아주 불편한 진실'을 직시하고, 거기에 연루된 우리의 죄책을 고백하며, 하나님의 사랑으로 창조된 온 생명이 더불어 살아갈 수 있는 '조금 불편한 삶'의 방법을 찾아보기 위한 것이다. 여기에 실린 글들은 한국교회환경연구소가 지난 몇 년 동안 기후 변화의 문제를 이 시대 그리스도인들의 가장 중요한 신앙적 문제로 인식하고 그에 대해 모아온 신학적 성찰들을 담은 글들이다. 구체적으로 여기에 실린 원고들은 2007, 2008년에 개최한 〈지속가능한 세상을 위한 생활 속 환경교육〉에서, 그리고 2009, 2010년에는 〈기후변화시대의 생활 속 환경교육〉들에서 나왔다. 이 교육의 목적은 이 땅을 사는 그리스도의 교회들로 하여금 나와 우리의 사회가 일상생활에서 소비하는 에너지와 먹을거리 그리고 상품 소비 등이 어떻게 기후 변화와 직결되어 있는지를 깨닫고 온실가스를 줄이는 생태적 삶을 살도록 돕는 데 있었다.

또한 여기에 실린 글들은 "기후변화에 관한 시대적·신학적 성찰"을 주제로 했던 2008년 기독교환경운동 정책세미나와 "기후붕괴와 신학적 응답"을 주제로 했던 2009년 지구의 날 기념 생태신학 세미나에서 발표된 글들이다. 이 세미나들을 거치면서 우리는 기후 붕괴의 심각성과 그로부터 자유로울 수 없는 교회의 신앙적·신학적 책임을 깊이 통감할 수 있었다.

이 책은 크게 3부로 이루어져 있다. 제1부에서는 오늘날 기후 붕괴의 원인과 현실을 진단하고, 2부에서는 이에 대한 신학적 성찰을 시도하며, 3부에서는 구체적인 대안과 실천 방안을 모색한다. 그리고 부록으로 환경주일 공동설교문과 선언문을 실었다.

먼저 제1부에서 윤순진 교수는 그의 "기후 변화를 둘러싼 국내외 쟁점과 사회적 대응 방향"이라는 논문을 통해 기후 변화는 대기의 물리화학적 조성 변화의 문제이지만 그러한 변화가 사회경제적이고 문화적인 문제에서 출발했기에 기후 변화의 해법은 바로 자본주의 경제의 생태적 전환, 아울러 물질지향적인 자본주의적 가치와 인식의 생태적 전환에서 찾아야 함을 역설하고 있다.

조명래 교수는 "기후 변화 시대의 민주주의와 녹색정치"에서 기후 변화가 민주주의의 문제를 새롭게 부각시키고 있음을 지적한다. 그리고 기후 변화 시대의 민주주의는 고전적인 의회 민주주의에서 지구적 민주주의로, 인간 중심의 민주주의에서 생태 중심의 민주주의로, 정치적 가치를 다원적으로 재현하는 방식에 관한 것으로, 그리고 녹색국가라는 정치제도로 확장되어야 한다고 제안한다.

김준우 박사는 "기후 재앙에 대한 '마지막 경고'"에서 최근 왜 세계적인 과학자들이 미래의 기후 예측과 관련하여 '마지막 경고'를 울리고 있는지 깊이 경청해야 한다고 강조한다. 그는 기후 변화로 인한 대재앙의 임계점이 이미 지났거나 아니면 매우 임박했음을 환기시키면서, 기독교 신학과 목회는 오늘날 과학자들의 이러한 '마지막 경고'에 귀를 기울여 이 땅에 참다운 '풍성한 생명'이 이루어지도록 노력해야 함을 역설한다.

김기석 교수는 "기후 변화에 대한 과학신학적 이해"에서 기후 변화를 생태신학적 관점에서뿐만 아니라 동시에 '과학-신학적 관점'에서 성찰한다. 지구의 기후가 본래 끊임없이 변동해온 것은 사실이지만, 지금 인간에 의해 촉발된 지구 온난화는 인류 문명에 거의 치명적이다. 김 교수는 기후 변화에 대한 신학적 응답의 한 시도로 가이아 가설, 기후 변화와 정의 평화의 문제, 그리고 드레이크 방정식의 함의를 풀어나간다.

이정배 교수는 "'기후 붕괴 원년'의 시대를 사는 기독교"에서 올해 2010년을 '기후 붕괴 원년'으로 규정하고 이렇게 된 원인을 분석하며 그 해결 방안을 모색한다. 그는 특별히 이 문제가 에큐메니칼 차원에서의 기독교적 책임의 문제임을 강조하는데, 여기서 그가 말하는 에큐메니칼 차원에서의 기독교적 책임이란 대홍수 이후 방주로부터 나온 노아에게 주어진 책무와 같은 것이다. 노아의 방주는 다양한 인간들, 그리고 상이한 생명체들과 함께 거주하는 공간이었다. 바로 이러한 적극적이고 포괄적인 에큐메니즘에 대한 이해가 오늘 우리에게 필요함을 그는 강조하고 있다.

제2부에서 김경재 교수는 "기후 붕괴에 직면한 한국신학계의 반응"이라는 글을 통해 지난 30년간 한국 신학계가 기후 붕괴라는 지구 환경의 상황에 직면하여 어떠한 신학적 담론을 전개해왔는지를 구체적으로 분석하고 앞으로의 과제를 제시하고 있다. 그는 특히 한국 조직신학 분야에서 자연신학·생태신학의 지형도를 그리고 있는데, 이 작업을 통해 앞으로 정의롭고 지속 가능한 인류 사회를 만들어가는 데 있어서 한국신학계가 짊어져야 할 과제를 제시하고 있다.

우택주 교수는 "기후 붕괴와 구약신학적 응답"에서 기후 붕괴에 직면한 지구와 인류의 미래를 위해서는 반드시 성서신학적인 혁신이 이루어져야 함을 강조한다. 그는 구원신학과 창조신학을 대조시키면서 후자를 좀 더 강조하는 기존의 성서해석 방식에서 탈피하여 구원사 중심의 구약 성서 이해를 보다 근본적으로 생태학적 해석학에 따라 다시 읽어야 한다고 강조한다. 그리고 구체적으로 그러한 성서 읽기가 어떻게 체계적으로 수행될 수 있는지를 보여준다.

전현식 교수는 "기후 변화와 현대 생태 담론의 흐름"에서 특별히 생태여성주의 담론의 중요성을 강조한다. 오늘날의 생태 담론에는 인간 중심적 관점으로부터 생태 중심적 관점에 이르기까지의 다양한 것들이 있는데, 그는 이것들 중에서 오늘날의 기후 변화에 가장 적합하게 대처할 수 있는 담론들은 심층생태학, 사회생태학 그리고 생태여성학이며, 이 중에서도 생태여성학은 앞의 두 담론을 역동적으로 종합하여 인간의 의식과 사회제도를 동시적으로 변혁할 수 있는, 가장 포괄적이고 책임적인 생태적 패러다임이라고 제안한다.

김은혜 교수는 "기후 변화에 대한 신학적 성찰: 새로운 인간주의를 향하여"에서 다양한 생태신학의 학문적 성과와 한계를 비판적으로 성찰하고, 그리고 기후 붕괴 시대에 응답하는 실천적 대안으로서 새로운 인간주의를 제안한다. 그는 특히 몸과 경험의 중요성을 부각시켜온 생태여성신학적 담론들에서 인식의 추상성을 넘어 우리의 일상 속에서 실제로 다르게 살 수 있는 길을 모색한다.

장윤재 교수는 "기후 붕괴, 문명의 전환 그리고 신학의 재구성"에서 기후 변화라는 위기의 극복은 경제 문제의 해결에서 그 실마리를 찾아야 함을 강조한다. 현재 환경 문제의 본질은 자본주의 사회가 가지고 있는 대량 생산-대량 소비의 경제구조에 기인한다. 따라서 그리스도교 신학과 교회는 오늘날의 자기 파멸적인 인류 경제체제에 대한 대안적 논의와 전문적 정책 대안의 제시에도 깊은 관심을 쏟아야 하는 것이다. 그 구체적인 대안으로 그는 경제의 지역화, 화석연료에 기초한 에너지 시스템의 전환, 그리고 생태경제의 수립을 강조한다. 그리고 각 교회와 그리스도인들이 일상에서 실천할 수 있는 몇 가지 구체적인 방안도 제안한다.

제3부에서 **박성용** 박사는 "창조영성과 그 목회적 적용 가능성 모색"에서 오늘의 환경 위기는 곧 신앙의 위기요 영적 위기임을 환기시킨다. 하나님이 이 세상에서 일어나는 문제와 상관이 없다고 생각하는 전통적 신앙관이 바로 우리와 자연 사이의 결속뿐만 아니라 기독교의 자기 존재의 근거인 신비적이고 예언적인 감각, 즉 창조영성마저 상실하게 만들었다. 그래서 우리는 열대우림을 베어내고, 미래 세대를 죽이면서도 홀로 경건하고 행복할 수 있는 것이다. 하지만 이제 교회의 목회는 창조의 영성 안에 구속의 영성을 위치시켜 샬롬의 평화를 추구하는 것이 되어야 한다고 그는 강조한다.

홍순원 목사는 "기후 변화와 생태예배, 그리고 생활"에서 세 가지 구체적인 작업을 수행하고 있다. 먼저 성서의 창조 이야기 안에 암시된 예배와 기후 변화에 대한 통찰을 통해 생태적인 예배와 영성 그리고 그 삶의 길을 찾아보고, 그 다음으로는 구체적인 생태 예배를 만들 수 있는 방안을 보여주며, 마지막으로는 우리의 삶 전체를 생태신앙으로 인도할 수 있는 주간 기도생활 방법을 친절하게 안내하고 있다.

박미경 박사는 "교회에서 할 수 있는 기후 변화 교육"이라는 글에서 현재 한국 그리스도인들의 신앙양태가 지나치게 사사화私事化되어 있음을 크게 우려한다. 이렇게 신앙인들의 관심이 온통 개인과 가정의 행복에 쏠려 있고 신앙을 통해 개인의 내적 평안을 누리는 것에 만족하고 있기에, 한국의 그리스도인들은 공적公的 문제들을 신앙의 문제로 인식하지 못하고 있는 것이다. 따라서 기후 변화 시대의 교회 교육은 그리스도인들이 공적 신앙을 형성하도록 도와주어 그들이 소명의식을 가지고 공적 문제에 참여할 수 있도록 가르치는 교육이 되어야 함을 강조한다. 이를 위해 그는 구체적으로 '하나님의 프락시스'라는 개념을 도입하고, 하나님의 프락시스로서의 부르심에 응답하는 교회 교육의 구조와 방안을 제시하고 있다.

유미호 실장은 "기후 변화 대응 교회 사례와 실천 제안"이라는 글에서 기쁘게도 우리에게 기후 변화의 문제를 해결할 수 있는 구체적인 방법이 있음을 환기시켜준다. 그것은 구체적으로 '햇빛 에너지로의 전환'과 '에너지를 적게 쓰는 일'이다. 그는 우리 주위에 햇빛 에너지를 이용하고 에너지를 절약하는 녹색교회들이 있는 한, 절망하기엔 아직 이르다고 강조하면서, 기후 변화 시대 녹색교회들이 구체적으로 행할 수 있는 실천방안으로 '에너지 가계부', '탄소 중립' 그리고 '사순절 탄소금식 운동' 등을 제안한다.

채혜원 목사는 "세계 교회의 기후 변화 대응 교육 사례"에서 세계 교회들, 특히 세계교회협의회(WCC), 캐나다연합교회(UCC), 미국교회협의회(NCCC-USA), 그리고 미장로교회(PC-USA) 등이 전개하고 있는 기후 변화 시대의 교회 교육 및 캠페인 활동을 상세하게 소개한다. 이를 통해 다양한 한국 교회가 각자 처한 자신의 상황 속에서 창조적으로 적용해볼 수 있는 훌륭한 사례들을 알려준다.

이어 부록에는 2010년 환경주일 공동설교문인 "온 생명을 풍성하게 하는, 즐거운 불편", 2008년 환경주일 공동설교문인 "자녀들에게 물려줄 살아 있는 지구", 2007년 환경주일 공동설교문인 "청지기여 지구를 식혀라", 전병호 목사의 2007년 환경주일 연합예배 말씀인, "발자국을 줄입시다", 양재성 목사의 설교문인 "지구 온난화 억제를 위해 행동하라", 김주용 목사의 성경공부 자료인 "지구는 괴로워" 그리고 기독교환경운동연대가 발표한 선언문 "온실가스 감축을 위한 그리스도인 선언"이 실려 있다. 이 설교문들과 성경공부 자료 및 선언문은 앞서 여러 저자들이 다룬 이야기들을 압축적으로 정리해주면서 실제 그리스도인들의 삶에서 자연을 사랑하는 생태적 실천이 이루어지도록 도와준다.

지금까지 살펴본 것처럼, 이 책에는 기후 변화에 대한 과학적·정치적·경제적 분석이 있고, 그에 대한 깊은 신학적 반성과 성찰이 있으며,

이를 극복하기 위한 다양한 실천과 행동 방안들도 제시되어 있다. 기후 변화에 대한 우리의 신학적 인식과 신앙적 실천이 해석학적 선순환의 관계를 이룰 수 있도록 이 책은 구성되어 있는 것이다. 아무쪼록 이 책이 기후 붕괴의 시대를 살기 시작한 이 땅의 그리스도인들에게 깊은 영적 각성과 회심, 우리의 우주와 생명에 대한 신학적 세계관의 재구성, 그리고 성령이 주시는 절제의 은사 안에서 단순하고 소박한 삶을 살면서 생태적 정의를 위해 행동하게 하는 유익한 안내서가 되면 좋겠다.

여기에 좋은 글들을 내기 위해 몇 번씩 원문을 다듬어주신 필자들에게 감사한다. 또한 4년간 "기후 변화 시대의 생활 속 환경교육" 사업에 함께해온 교회들에 감사하고, 그들의 앞선 실천이 이 책을 통해 더욱 확산되길 희망한다. 그리고 이렇게 시의적절하고 소중한 책을 출판하기 위해서 온 정성을 쏟아주신 동연출판사 김영호 사장님에게도 깊은 감사의 말씀을 드린다. 이 책을 창조주 하나님께, 그리고 생명의 영 안에서 그리스도의 뒤를 따라 묵묵히 평화의 삶을 실천하고 있는 수많은 한국의 녹색 그리스도인들에게 바친다.

2010년 12월
한국교회환경연구소장 장 윤 재

기후붕괴 | **차례**

1

기후 변화를 둘러싼 국내외 쟁점과 사회적 대응 방향: 진단과 대안*

윤순진

1. 들어가며

기후 변화로 인한 자연 재난이 늘어나면서 기후 변화는 이제 국내외적
으로 핵심적인 정책 의제가 되었다. 기후 변화에 대한 관심이 일기 시작
했던 초기에는 기후 변화의 진행 여부나 원인에 대해 과학자 사회에서 논
란이 있었지만 이제 과학자 사회에서는 기후 변화가 일어나고 있으며 이
러한 기후 변화가 산업혁명 이후 화석연료의 연소와 토지 이용 변화 등
인간의 사회경제적 활동에 의한 것이라는 데 대해 대다수가 합의한 상태
이다. 그리고 이러한 과학적 발견을 바탕으로 국제 사회는 1992년 기후변
화협약United Nations Framework Convention on Climate Change, UNFCCC을 채택하

---

* 이 글은 2008년 한국교회환경연구소가 주최한 "기후변화에 대한 시대적 신학적 성찰"세미나에서 필자가 발
  표했던 것을 수정, 보완한 것이다.

여 1995년에 발효된 이후 1997년 교토의정서Kyoto Protocol를 채택, 2005년에 발효되었으며 2005년 이후에는 교토 이후Post-Kyoto에 대한 논의가 진행 중이다. 하지만 2009년 제15차 당사국총회(COP-15)가 별다른 성과 없이 끝난 데서 알 수 있듯이 기후 변화가 미치는 환경영향이 경제사회적 영향을 동시에 수반하기 때문에 대다수 국가들이 문제의 심각성을 인식함에도 자국의 경제적 이해를 중심으로 반응함으로써 국제 사회의 공동 대응은 더디기만 하다.

국제 사회만이 아니다. 한국의 기후 변화 대응은 기후 변화 자체에 대한 대응에 관심을 가지고 진행되어오기보다 기후 변화 국제협상이 미칠 국가적 파장에 좀 더 관심을 두고 진행되어왔다. 기후변화대책위원회가 아니라 기후변화'협약' 대책위원회라는 이름으로 기후 변화 대응방안이 모색되어왔다는 사실에서 이를 확인할 수 있다. 하지만 2005년 이후에는 기후 변화가 미칠 환경적·경제적·사회적 영향에 관심을 두고 적응방안을 모색하는 움직임이 진행되어왔으며 지난해 2009년에는 국가기후변화적응센터가 수립되기도 하였다. 또한 국제 사회의 압력도 영향을 미치긴 했지만 기후 변화가 야기하는 새로운 국제 질서에 선제적으로 대응하기 위해 저탄소 녹색사회를 국가 발전 비전으로 내세우고 자발적 수준이기는 하지만 2020년까지 BAU(Business-as-usual) 대비 30%를 감축한다는 목표를 선언하기도 하였다. 하지만 이러한 감축 목표가 적절한가의 문제를 논외로 한다 하더라도 어떤 부문에서 얼마나 줄여야 할지 어떤 정책 수단을 활용할 것인지, 구체적으로 기후 변화 정책 수단을 어떻게 설계해야 하는지 등 여전히 해결해야 할 다양한 과제들이 산적해 있다.

이 글에서는 기후 변화를 둘러싸고 야기되는 국제적·국내적 쟁점들에 대해 살펴보고 이러한 쟁점들을 풀기 위해 우리가 실현해나가야 할 원칙과 실천에 대해 논의하고자 한다. 우선 기후 변화와 관련된 국내외 쟁점은 기후 변화 문제가 갖는 특성과 관련되어 있으므로 기후 변화 문제의 특성에 대해 우선 살펴보고 이러한 특성에 대한 이해를 기초로 국내외 기후 변화 관련 쟁점들을 다룬 후 바람직한 대응 방향에 대해 논의할 것이다.

2. 기후 변화 문제의 특성[1]

일반적으로 환경문제는 영향이 미치는 범위가 광범위하고 누적적인 성격을 지니고 있으며 원인이 다양하여 체계적인 인과관계를 밝혀내기 쉽지 않고 원인과 결과 사이의 시간적 지체로 인해 시의적절한 발견과 해결이 쉽지 않다는 특성을 보인다(정선양, 2001). 기후 변화 문제는 환경 문제 일반이 갖는 이러한 특성을 공유하면서도 어떤 특성은 보다 강하게 나타나기도 하고 또 다른 특성이 추가적으로 나타나기도 한다. 그리고 이러한 기후 변화의 특성은 문제의 해법을 모색하고 실천하는 데 상당한 제약 요인으로 작용하게 된다.

첫째, 대체로 환경 문제는 그것이 가시화되고 문제로 인식되기까지 상당한 시간이 걸리는 지체 효과delay effect를 보이는데, 기후 변화는 다른 환경 문제들에 비해 지체 효과가 훨씬 더 크다(Stirling, 2001). 산업혁명기부터 대기 중에 누적되어온 온실기체가 미치는 효과가 20세기 후반 들어서야 문제로 포착될 수 있었다. 이러한 시간적 지체 효과로 인해 기후 변화 유발의 책임을 어디서부터 물을 수 있는지의 문제가 발생한다. 역사적으로 오랜 기간에 걸쳐 누적적으로 온실기체를 배출해왔거나 현재 높은 수준으로 배출하는 국가들이나 집단들이 그렇지 않은 국가들이나 집단들에 비해 기후 변화 유발에 더 많은 책임이 있다는 것을 인식해서 국제 사회는 "공통적이지만 차별화된 책임 원칙common but differentiated responsibility principle"을 채택했다. 하지만 보다 구체적으로 역사적 책임을 어디에서부터 물을 것인지에 따라 국가 간, 지역 간, 집단 간 책임은 달라질 수밖에 없다.

둘째, 기후 변화 문제는 상당 정도의 과학적 불확실성scientific uncertainty 문제를 안고 있다(Meadowcroft, 2009). 지구 온난화의 진행에 대해서는 장기간에 걸친 온도 측정이나 다양한 자료들을 통해 99% 이상의 확신으로 이해할 수 있고(IPCC, 2007), 기후 변화가 진행되는 과정에 대해서도 이제 상당 부분 이해할 수 있게 되었다 하더라도, 기후체계의 민감도, 즉 온실기체의 대기 중 농도 증가가 가져올 온난화의 정도와 그에 따른 기후 변화의 정도와 지역적 기후 변화 영향, 생태계에 미치는 결과 등에서는 상당한 불확실성이 여전히 남아 있다. 기후 패턴에서 갑작스러운 단절을 가져오면서 이전 상태로 되돌리기 어렵다고 여겨지는 극적인 전환점tipping point이 있는지, 또 그러한 극적인 전환점이 어디인지도 여전히 불확실하다. 이러한 특성은 보다 적극적인 대응에 상당한 걸림돌이 될 뿐 아니라 언제까지 어느 정도의 감축이 필요한지, 각 국가별로 또 지역별로 어떠한 대응방안이 어느 정도 수준으로 필요한지에 대한 논의를 어렵게 만든다. 또한 이러한 과학적 불확실성의 문제는 기후 변화가 미칠 사회경제적 불확실성 문제와 연결된다.

셋째, 둘째 특성과 연결되는 것으로 기후 변화가 야기하는 영향이나 기후 변화에 대한 대응이 미칠 영향은 국가나 지역, 집단에 따라 다르다. 이러한 영향들은 일부 예측될 수도 있지만 많은 부분 불확실하다. 국제적으로 어느 국가가 더 많은 위험에 노출되는가만이 아니라 국내적으로도 어떤 지역, 어떤 산업, 어떤 사회집단, 어떤 개인이 보다 많은 위험에 노출될 것인지 확실하게 알기는 어렵다. 따라서 기후 변화 대응은 분배적 차원에서 형평성equity 문제와 연계되어 있다. 형평성 문제는 국제적으로도 국내적으로도 적절히 다루기 쉽지 않다. 이 문제는 제한된 자원과 예산을 완화방안과 적응방안에 어떻게 배분할지 적응방안에서도 어떤 적응방안에 우선순위를 둘지 등을 둘러싸고 국가 간이나 국내 집단 간에 갈등을 야기하는 요인으로 작용하게 된다.

넷째, 이 또한 형평성 문제와 연결되어 있는데, 온실기체의 배출원이나 배출지역과 그로 인해 유발되는 피해를 입는 국가나 지역, 집단이 다르다는 특성을 보인다. 가령 대다수 대기오염은 오염물질이 배출된 지역에서 보다 심각하게 오염에 따른 피해를 경험하게 되지만 온실기체는 일단 배출된 후 대기 중에 누적되면 온실효과를 유발하고 그 결과 기후 재난이 야기될 경우 기후 재난에 노출되는 국가나 지역, 집단은 배출집단이나 지역과 동일하지 않다. 더욱 문제가 되는 것은 산업화 과정을 통해 온실기체를 더 많이 배출한 국가나 집단이 바로 그러한 산업화로 인해 경제적·기술적 역량이 높아짐으로써 기후 변화로 인한 영향이나 피해에 오히려 덜 취약하다는 점이다. 이러한 불일치는 온실기체의 배출을 감축하기 위한 목표를 설정하거나 감축 목표의 배분에서 형평성의 원칙을 고려해야 한다는 사실을 드러내지만 기후 변화에 취약한 국가나 집단이 현실적으로 정치경제적 역량 또한 취약하여 오염 국가나 집단들에게 좀 더 높은 감축 목표와 비용을 부담하도록 하는 데 한계가 있다. 이 측면 또한 국제적으로나 국내적으로 갈등을 야기할 소지를 내포한다.

다섯째, 첫째 특성으로 다룬 시간 지체 현상과 연결되는 부분인데 온실기체로 인한 오염 효과, 즉 기후 변화 영향이 즉각적으로 발생하지 않음으로써 즉시적인 규제가 어렵다. 또한 규제나 처방으로 인한 효과 또한 즉시적으로 발생하지 않는다. 즉, 기후 변화가 장기간에 걸쳐 야기되고 향후에도 장기간에 걸쳐 기후 변화 영향이 발생할 수밖에 없으며 기후 변화 대응책으로 인한 효과 또한 장기적으로 발현된다. 이에 반해 현재의 자유민주주의 정치체제는 대개 4년에서 5년이라는 단기적인 선거 주기를 기초로 하거나 장·차관이나 행정 관료들의 임기가 2~3년도 채 되지 않는 상황에서 정책 결정이 이루어져야 한다는 점에서 해법을 찾기가 쉽지 않다는 문제를 안고 있다.

여섯째, 온실기체는 일단 배출되면 그것이 어디에서 배출되었건 전 대기에 축적되면서 지구적으로 동일한 영향을 미치게 된다. 즉, 어디에서 배출되었느냐와 기후 변화 효과와는 별 상관이 없다. 따라서 배출 감축에서 한계감축 비용이 같지 않은 모든 지역이나 국가에서 동일한 양이나 비중으로 줄여야 할 필요가 없다는 논리가 성립하게 된다. 바로 이런 특성 때문에 가장 비용 효율적으로 감축할 수 있는 지역이나 국가에서 배출을 줄이는 것이 경제적이라고 판단하게 되며 이는 온실기체 감축을 위해 시장기제가 도입될 수 있는 근거가 된다. 배출권 거래제Emission Trading, ET나 공동이행Joint Implementation, JI, 청정개발체제Clean Development Mechanism, CDM와 같은 교토메커니즘Kyoto Mechanism이 바로 이런 특성 때문에 도입될 수 있었다.

일곱째, 기후 변화 문제는 지구 환경 문제이다. 즉, 한 국가의 온실기체 배출이 전 지구적인 파장을 유발하며 국제 사회가 공동으로 이 문제를 해결하기 위해 기후변화협약 아래 레짐regime을 형성하여 접근하고 있다. 기후 변화의 원인과 영향은 국제적이며 국가들 간에 경제적으로나 정치사회적으로 연계된 문제이기에 집합적 대응이 필수적으로 요구된다.

하지만 지구적 차원에서 개별 국가들의 노력을 조정해나가는 것은 상당히 도전적인 과제가 될 수밖에 없다. 그리고 바로 이런 특성 때문에 한 국가의 대응행동은 해당 국가의 의지만이 아니라 국제 사회의 요구에 부응해야 하는 측면이 존재한다. 국제적인 요구와 국내적인 요구 간에 차이가 발생할 수도 있으며 그러한 차이를 조율하면서 기후 변화 문제를 해결해야 하는 것이다.

여덟째, 기후 변화 문제는 환경 문제를 넘어 경제 문제로 전환되고 있다. 특히 배출권의 할당과 거래를 기초로 하는 탄소시장의 형성으로 온실기체 감축기술의 개발과 보유가 탄소시장에서 경제적 우위를 가져오는 데 영향을 미치며 온실기체 감축비용을 어느 정도로 부담하느냐에 따라 산업의 경쟁력이 영향을 받게 된다. 아울러 온실기체 배출에 대한 의무 감축이나 강력한 규제의 필요성이 제기됨에 따라 수입국과 수출국 중 누구에게 어느 정도의 책임이 있느냐의 문제가 제기되며 일부 선진국들에서는 개도국의 온실기체 배출을 감축하도록 견인한다거나 국제시장에서 공정한 경쟁이 이루어져야 한다는 명분을 내세우며 다양한 규제방안이 모색되고 있다. 산업활동에 대한 다양한 규제는 국가 경제만이 아니라 각 산업활동에 고용되어 있는 피고용자들에게도 영향을 미치게 된다. 직업에 따라서는 기후 변화에 대응하는 과정에서 사라지거나 축소되는 분야가 있고 새롭게 고용기회를 만들어내는 영역도 생기게 된다. 따라서 어떤 부문이나 업종에 종사하느냐에 따라 기후 변화는 상당히 다른 이해관계를 만들어내게 된다.

아홉째, 대개의 환경오염 물질은 산업활동에서 주로 배출된다. 따라서 환경오염을 저감하기 위해서는 그러한 물질을 배출하는 소수의 산업체에서 오염을 저감하기 위한 조치를 취해야 하며 바로 그런 과정을 통해 상당한 감축이 이루어지기도 하였다. 하지만 기후 변화의 경우 특정 산업의 온실기체 배출이 상대적으로 높기는 하지만 산업체만이 아니라 사회 내 모든 구성원이 소비 과정에서 배출 정도는 다를지라도 온실기체를 배출한다. 일상의 거의 모든 활동에서 모든 사회 구성원이 온실기체의 배출원이라는 것이다. 그만큼 온실기체 배출을 줄이기 위해 특정 산업체가 아니라 사회 전체가 나서야 하며 지구적으로도 모든 국가가 관심을 가져야 한다. 뒤집어 말하자면, 산업체의 온실기체 감축 활동만으로는 기후 변화 문제를 해결할 수 없으며 바로 이런 이유로 인해 부문 간 온실기체 감축 목표를 어떻게 할당하는 것이 적절한가의 문제가 제기된다.

마지막으로, 아홉째 특성과 연결된 것으로 온실기체는 지난 두 세기에 걸쳐 점점 더 높아지는 삶의 표준을 지탱하기 위한 산업활동과 농업활동에 연동되어 있어서 현재의 삶의 양식을 본질적으로 바꾸지 않으면 해결하기 힘든 문제이다. 따라서 기후 변화는 사회의 제도와 조직, 나아가 행동 패턴을 조절해나가야 풀 수 있는 문제로 요구되는 사회적 범위societal reach가 다르다(Meadowcroft, 2009). 이러한 문제가 과학기술의 발전과 적용을 통해 해결될 수 있을지, 그러한 대응에는 궁극적으로 한계가 있을 수밖에 없어 생활양식과 경제구조의 전면적 전환이 필요한 것인지에 대한 성찰이 요구된다. 이와 함께 이제껏 이러한 사회변화를 요구하는 문제는 유래가 없었기에 기존의 거버넌스 체제로 이러한 문제가 해결될 수 있는지에 대한 검토도 필요하다.

이러한 기후 변화의 특성으로 미루어볼 때 기후 변화에 대응하기 위한 정책의 수립과 이행 과정에서 국가들 간에는 물론 한 국가 내 사회 구성원들 간에도 이해와 관심의 차이가 발생하고 그로 인해 갈등이 야기될 가능성이 농후하다. 따라서 다음에서 다룰 "기후 정의Climate Justice"란 개념이 부상하게 되었는데, 기후 변화를 둘러싼 국제적·국내적 쟁점들은 바로 이러한 기후 변화의 특성과 함께 기후 정의를 어떻게 실현할 것인가의 문제와 연결되어 있다.

3. 기후 정의와 기후 불의

국내외 기후 변화 관련 논의는 기후 정의라는 개념과 긴밀하게 연결되어 있다. 국제 기후 변화 협상에서 주목할 만한 사안은 2007년 발리 총회에서부터 "기후 정의"란 구호가 보다 가시적으로 내걸렸다는 점이다. 환경단체들과 제3세계의 가장 취약한 주민들은 COP총회장에 운집해서 "기후 정의"를 기후 변화 대응에서 가장 긴급하게 다루어야 할 핵심 쟁점으로 제기하면서 지금 당장 행동에 나설 것을 강력히 주문하였다. 갈수록 세계 시민사회에서는 기후 변화 대응에서 기후 정의를 가장 주목해야 할 요소로 보고 있다. 코펜하겐의 COP-15에서는 "지금 당장 기후 정의를 Climate justice now", "지구 먼저, 사람 먼저Planet first, people first", "부유한 국가들은 빚을 갚아라Rich countries pay your debts" 등의 구호가 등장하였으며 이를 위해 정치적 변화를 요구하는 "기후 변화가 아니라 시스템 변화를System change not climate change", "기후가 아니라 정치를 변화시켜라Change the politics, not the climate", "전 세계는 진정한 협상을 원한다The World wants a real deal", "지금 당장 행동하여 생명을 구하라Act now, Save lives" 등의 구호가 함께 전면에 내걸렸다.

기후 정의란 기후 변화를 둘러싼 환경 정의를 의미하는 것으로 기후 정의가 실현되지 못하는 상태나 상황을 기후 불의Climate Injustice라 한다.

기후 정의 개념은 환경 정의란 개념에서 나온 것이다. 환경 정의란 모든 사람들이 환경적 위험과 건강 위험으로부터 평등하게 보호받아야 한다는 전제 아래 사회 구성원 간에 환경 자원의 이용에서 발생하는 편익의 향유와 비용의 부담이 일치될 수 있도록 편익과 비용을 균형 있게 배분하는 상태이자 이러한 의사결정이 정보 공유와 참여적 의사결정 과정을 통해 실현되는 상황이라 정의할 수 있다(윤순진, 2008). 즉, 분배적 정의, 실질적 정의, 절차적 정의의 세 차원이 고루 충족된 상태를 환경 정의가 실현된 상황으로 이해할 수 있다.

좀 더 구체적으로 살펴보면, 분배적 정의란 환경 정의를 환경 자원이나 환경 서비스의 사용에 따른 편익이나 부담을 어떻게 나누느냐의 차원이다. 미국에서 환경 정의의 뿌리가 된 환경인종차별주의Environmental Racism가 처음으로 제기되었을 때 산업화가 야기한 환경 위험이 흑인이나 멕시코계 유색인종에게 차별적으로 부과되는 것에 대한 인식으로부터 출발하였는데 이는 바로 분배적 정의에 대한 것이다. 환경 정의 개념에서는 환경 자원의 이용에서 오는 '편익'만이 아니라 편익을 취하거나 환경의 복원과 치유를 위해 요구되는 '비용과 부담'의 분배 문제에 깊은 관심을 두면서 편익 향유자와 비용 부담자의 일치 여부를 문제 삼는다(윤순진, 2008). 하지만 환경 정의의 문제는 분배 문제로만 이해되어서는 곤란하다. 왜냐하면 이 경우 이미 발생한 환경 부담의 분배에만 관심을 두게 되어 환경 문제 자체의 근원적 발생에 대해 다루지 않게 됨으로써 환경 문제를 미연에 방지하거나 저감하려는 노력을 상대적으로 도외시할 수 있기 때문이다. 분배적 차원을 넘어 모든 사람들은 인종이나 소득, 문화, 사회계급과 무관하게 환경적 위험과 건강 위험으로부터 평등하게 보호받고 건강하고 쾌적한 환경을 누릴 권리가 있으며 이 권리는 존중되어야 하는 데 이를 실질적 정의라 한다. 나아가 분배적 정의와 실질적 정의가 실현되기 위해서는 영향받는 당사자들이 정책 결정 과정이나 절차에 참여할 수 있어야 한다. 이를 절차적 정의라 부른다. 환경 취약 집단이 그들의 이해를 대변하고 이해 당사자들의 협력을 실현할 수 있도록 영향받는 당사자들의 참여에 대한 제도적 장치를 제대로 마련할 때 절차적 정의가 실현될 수 있다.

환경 정의의 논의를 기후 변화에 적용한 것이 기후 정의 담론이다. 따라서 기후 불의란 기후 변화의 발생에 대한 책임과 기후 변화로 인해 유발되는 기후 재난 피해가 일치되지 않는 상황, 즉 선진국에 비해 기후 변화에 가장 책임이 없는 최빈국을 포함한 개도국이나, 한 국가 내에서도 사회경제적 약자들에게 기후 변화의 위험이 집중적으로 발생하는 상황을 의미한다. 또한 기후 변화의 지속적 진행을 제어하거나 완화하는 데 수반되는 비용이 기후 변화를 유발한 책임에 비례해서 배분되지 않는 상황, 기후 변화로 인해 발생하는 재난의 해결이나 방지에 기후 변화에 책임 있는 당사자들이 부담을 고루 나눠 갖지 않는 상황으로 이해할 수 있다. 기후 변화가 그 자체로 상당한 환경적 위협이라면 기후 변화를 적극적으로 제어하지 않는 상황이야말로 실질적인 기후 불의이며 기후 변화에 대응하기 위한 방안을 마련하는 과정에 관련된 이해 당사자의 참여와 정보 공유가 이루어지지 않는다면 절차적인 기후 불의라 할 수 있다.

좀 더 확장하자면 기후 변화는 단지 현 세대나 인간 종의 문제로 한정되지 않는다. 기후 변화 문제는 국경을 가로질러 진행되는 전 지구적 환경 문제이면서 세대에 걸쳐 일어나는 전 세대적 환경 문제이자 인간 종을 뛰어넘어 다른 생물종들의 생존에까지 영향을 미치는 전 생물적 환경 문제이다. 현재 인류가 바탕하고 있는 사회·정치·경제 시스템으로 국가 간이나 국가 내 집단 간은 물론 세대 간, 종 간 기후 정의를 실현할 수 있을지, 이 자체가 상당한 도전이다.

IPCC에 따르면 지구 표면 온도는 지난 20세기 100년간 평균 0.6°C, 1907~2006년 사이 100년 동안에는 평균 0.74°C 상승했다. 이미 전 세계에서는 기상 이변이 빈번하게 발생하고 재해 규모도 급속도로 증가하고 있으며, 앞으로 갈수록 기후 재난 가능성이 높아질 것으로 예상되고 있다. 기후 변화 유발에 대한 책임이 국가별, 집단별로 다를 뿐 아니라 기후 재난에 대한 노출 정도와 취약성, 복원력 등 적응 역량 또한 국가별, 개인별로 상당히 다르다. 주목할 만한 사실은 기후 변화의 유발과 진행에 가장 책임이 없는 국가와 개인이 오히려 기후 변화로 인한 피해에 가장 취약하면서 복원력 또한 가장 미약하다는 것이다(IPCC, 2007). 개도국일수록 농업이나 어업, 산림업 등 1차 산업 종사자의 비중이 상대적으로 높은 편인데 1차 산업은 기후 변화에 따른 일사량이나 강수량의 변화, 기상 재난 피해에 보다 취약하기 때문이다. 동아시아나 태평양 지역 개도국들의 경우 농업의 GDP비중은 10%에 불과하지만 전체 노동인구 중 58%가 농업에 종사함으로써(UNDP, 2007) 농업 부문의 기후 변화 취약성은 곧 해당 사회의 지속 가능성을 위협하고 있다. 기후 변화의 진행 자체가 개발도상국과 에너지 소비가 상대적으로 적은 사회경제적 약자들에게 한층 심각한 기후 위험을 야기하는 기후 불의를 내포하고 있는 것이다.

하지만 개도국에서는 기후 변화의 진행에 대한 적응 방안이 자본과 정보, 기술의 미비로 거의 구축되어 있지 못하다. 기후 변화를 유발하는 온실기체들은 대기 중에 축적되어 오랜 기간 동안 대기권에 머문다. 이산화탄소의 경우 대기 중에 50~200년 동안 머무는 것으로 알려져 있다. 따라서 오늘 당장 산업혁명기 때의 온실가스 배출량 수준으로 감축한다 하더라도 이미 배출되어 대기 중에 축적된 온실기체가 야기하는 온실효과로 인해 일정 기간 기후 변화가 진행되는 것은 불가피하다. 바로 이런 이유 때문에 국제 사회는 갈수록 적응 문제를 심각하게 다루고 있지만 개도국 은 선진국에 비해 적응 역량이 현저히 떨어진다. 개도국일수록 적응을 위한 자본과 정보, 기술의 부족은 보다 높은 재난 발생률로 귀결될 수밖에 없는 것이다. 이야말로 심각한 기후 불의가 아닐 수 없다.

이러한 기후 정의는 사실 국가들 간만이 아니라 한 사회 내에서도 동일하게 적용될 수 있는 개념이다. 사회 구성원들 간에도 기후 변화를 야기하는 행위의 정도나 범위는 다르며 기후 변화로 인해 유발되는 영향에 대한 노출 정도와 민감도가 다르며 이에 대한 적응 능력도 달라 취약성이 다르다고 할 수 있다. 따라서 기후 정의 개념은 국제 사회에서만이 아니라 앞으로 국내 기후 변화 대응방안을 수립하고 추진하는 과정에서도 중요하게 다루어질 수밖에 없는 개념이다.

4. 기후 변화를 둘러싼 국제 사회의 주요 쟁점

현재 국제 기후변화협상에서는 이제까지 발표된 2020년까지의 중기 목표와 2050년까지의 장기 목표가 산업화 이전 대비 2°C 상승을 넘어서지 않을 수 있을 정도로 충분한지, 또 역사적 배출 책임이나 산업구조, 인구, 감축 역량 등에 비추어 국가들이 제시한 감축 목표가 적절한지, 국가들 간에 감축 노력이 어느 정도 상응하는지와 함께, 선진국과 개도국의 감축 목표 설정 방식이나 감축 목표 수립의 기준년도, 역사적 배출 책임과 미래 배출 책임의 반영 정도, 탄소 누출Carbon Leakage과 무역 규제, 개도국에 대한 선진국의 기술 이전과 기금 지원 규모와 방법, 개도국의 산림 전용 및 산림 황폐화 방지, 측정 가능하고 보고 가능하며 검증 가능한 배출량 및 배출감축량 산정 방법과 국제적 확인international check 허용 여부 등이 주요 쟁점으로 다루어지고 있다(윤순진, 2010).

기후변화협약은 "공통적이지만 차별화된 책임 원칙"에 따라 역사적 배출 책임이 더 큰 OECD 국가들과 경제 이행국들을 부속서 I 국가들Annex I countries로, 개발도상국들을 비부속서 I 국가들Non-annex I countries로 분류하고 부속서 I 국가들에 대해서만 2000년까지 1990년 수준으로 온실기체 배출을 안정화하도록 한 특별 의무를 부여하였다. 하지만 UNFCCC가 구속력 없는 국제 협약non-binding agreement으로서 기후 변화를 억제하는 데 한계가 있다는 공감을 바탕으로 1997년 12월 일본 교토에서 열린 COP-3에서는 구속력을 가지면서 기후변화협약의 보다 구체적인 이행계획을 담은 교토의정서Kyoto Protocol를 채택하였다. 교토의정서에서도 "공통적이지만 차별적인 책임 원칙"을 기초로 부속서 I 국가들에게만 감축의무를 부과하여 2008년에서 2012년에 이르는 기간 동안 온실가스 배출을 1990년에 비해 평균 5.2% 감축하기로 하였다. 이러한 감축 목표는 역사적 배출 책임이나 현재의 감축 역량에 대한 정밀한 분석이 아니라 정치적 합의를 통해 이루어진 것이었다.

교토의정서는 2005년에 발효되었고 교토 의무감축 이행기간은 2008년에 시작되어 2012년이면 만료된다. 교토의정서가 발효된 2005년부터는 2012년 이후(post-2012)에 대한 논의가 시작되었고, 2007년 인도네시아 발리에서 열린 COP-13에서 발리 로드맵Bali Road-map을 채택하여 원칙적으로 선진국은 측정 가능하고 보고 가능하며 검증 가능한measurable, reportable and verifiable, MRV 감축 약속commitments 혹은 감축 행동actions을, 개도국은

주요 국가들의 교토 감축 목표와 2020년 중기 감축 목표 (단위: %)

국가	교토 목표	2020년		국가	교토 목표	2020년	
		기준년도	배출 목표			기준년도	배출 목표
호주[a]	8	2000	−5~−15/~25	노르웨이	1	1990	−40
캐나다	−6	2005	−17	아이슬란드	10	1990	−15
EU27[a]	−8	1990	−20/−30	브라질	−	2020	BAU 대비 −36.1/−38.1
일본	−6	1990	−25	한국	−	2020	BAU 대비 −30
미국	−7	2005	−17	중국[b]	−	2005	원단위 −45
러시아	0	1990	−15~−25	인도[b]	−	2005	원단위 −20/−25
영국	−12.5	1990	−26	인도네시아	−	2020	BAU 대비 −26
독일	−21	1990	−40	멕시코	−	2020	BAU 대비 −30

주 : a) 호주와 EU 27개국의 감축 목표는 / 앞은 현재 계획하고 있는 감축 목표, / 뒤는 다른 국가들이 적극적으로 나설 경우의 보다 적극적인 감축 목표임.
  b) 중국과 인도의 원단위는 국내총생산(GDP) 단위 기준당 CO_2 배출을 말함
자료 : 녹색성장위원회(2009), 강승진(2010) 재구성.

국가적으로 적절한 감축 행동Nationally Appropriate Mitigation Actions, NAMAs을 한다는 원론에 일단 합의하였다. 그리고 2009년 제15차 당사국총회까지 교토 이후 기후 변화 체제에 대한 국제적 합의를 도출하기로 하였다. 하지만 COP-15에서 협약 당사국들은 미국과 중국, 인도, 브라질, 남아프리카공화국 등 5개국이 채택한 합의안에 "유의한다take note"라는 표현으로 "코펜하겐 합의문Copenhagen Accord"을 받아들이는 데 그쳤을 뿐 교토 이후 감축 방안에 대한 합의를 도출하지 못했다. COP-15 이후 UNFCCC에 제출한 국가별 감축 목표는 위의 〈표〉와 같다. 교토 감축 목표와 현재까지 발표된 국가별 중기 감축 목표 모두 각 국가별 생산에 기초한 통계를 기본으로 한 것으로, 현재의 배출통계가 각 국가의 배출 책임을 제대로 보여주고 있지 못한다면 이에 기초해서 감축 목표를 설정하는 것이 적절한지의 문제가 제기될 수 있다.

배출 감축 목표의 설정에 있어서 중요한 요소 중 하나는 기준 연도이다. 온실기체 배출 목표를 설정할 때 어느 해를 기준으로 하느냐에 따라 국가 간 이해관계가 상당히 다르기 때문이다. 교토 감축 목표는 '1990년'이 기준 연도이다. IPCC(2007)는 대기 중 온실기체 농도를 400~450ppm으로 안정화시킬 때 산업화 이전에 비해 $2^{\circ}C$가 넘지 않을 수 있어서 기후 변화가 파국적으로 진행되는 것을 막을 수 있다고 권고하고 있다. 이를 위해서는 2050년까지 전 세계 온실기체 배출량을 1990년 수준의 50%로 감축해야 하며 2015년경부터 전 세계 온실기체 배출이 감소하기 시작해서 2050년까지 지속적으로 감소해야 한다고 권고하였다. 이러한 수준을 달성하기 위해서 선진국들은 2050년까지 1990년 수준의 80%를, 2020년까지 30%를 감축해야 하며 개도국의 경우에도 2018년경까지 온실기체 배출을 증가시킬 수 있지만 이때부터 2050년까지 지속적으로 감소시켜 2050년경에는 1990년 배출의 20%까지는 줄여야 한다고 제시하였다. IPCC는 개도국이 이러한 목표를 달성하려면 2020년까지 BAU(business-as-usual) 대비 15~30%를 감축해야 한다고 보고 있다.

IPCC의 모든 논의는 1990년을 기준년으로 하고 있다. 하지만 최근 주요 국가들이 발표한 2020년 중기 감축 목표를 보면 기준년이 다소 다르다. EU27을 비롯해서 대부분의 유럽 국가들은 1990년을 여전히 기준년으로 제시하고 있지만 앞의 〈표〉에 제시한 것처럼 호주는 2000년을, 미국은 2005년을, 캐나다는 2006년을 기준년으로 제시하고 있다.[2] 이들 국가의 감축 목표를 1990년 수준으로 환산하면 호주는 최소 -3.3%, 다른 국가들이 적극적으로 감축 행동에 나설 경우 최대 -23.8%, 미국은 -4.1%, 캐나다는 +23.8%(토지 이용 및 산림 변화를 반영할 경우 -3.7%)에 해당한다. 선진국이 1990년을 기준년으로 하는 데 대해서도 이미 개도국에 비해 배출이 월등하게 큰 상태에서 이를 그대로 인정하는 현상유지적 접근을 취한다는 비판이 있는 상황에서 1990년조차 지키지 않으려는 움직임들이 나타나고 있는 것이다. 이러한 접근은 개도국의 참여를 견인해내는 데 한계로 작용하게 된다. 반면, 개도국들의 경우에는 인도네시아, 한국, 브라질처럼 2020년 BAU(배출전망치)를 기준으로 감축 목표를 설정하는 나라가 있는가 하면 인도나 중국처럼 2005년을 기준년으로 하여 GDP 단위당 온실기체 배출량을 의미하는 탄소원단위 개선치로 제시하기도 한다. 대만의 경우에는 2020년이 2025년까지 2000년 수준으로 돌아갈 것을 선언하였다. 감축 목표 설정을 위한 기준년, 나아가 감축 목표의 설정 방법에 대해 여전히 합의가 필요한 것이다. 감축량에 있어서도 선진국들은 1990년 수준을 기준으로 할 때 2020년까지 온실가스를 16~23% 줄이겠다는 목표를 제시했으나, 개도국들은 선진국들이 약 40%로 배출 감축 목표를 늘려 잡아야 한다고 주장하며 맞서고 있다. 목표 설정 방식에 있어서도 국가 총량 대 1인당 배출량, 온실기체 원단위, 산업별 목표로 제시할 것이냐의 문제가 있다.

발리행동계획Bali Action Plan에서 '상응성Comparability'이란 개념이 등장한 이래 교토 이후 국제협상에서는 상응성을 어떻게 실현할 것인가가 관심의 초점이 되고 있다. 발리행동계획에서는 선진국과 개도국 모두의 참여와 함께 온실기체 감축 목표 설정에 "노력의 상응성 확보ensuring the comparability of effort"를 요구하고 있다. 감축과 관련하여 모든 선진국들은 노력의 상응성을 확보하여 국내 감축 공약 혹은 행동을 해야 한다는 선진국의 감축 노력이란 맥락에서 등장하였지만 선진국 및 개도국 모두 공통의 차별화된 원칙을 바탕으로 그에 상응하는 노력을 해야 한다는 것으로 해석되고 있다. 교토의정서에서는 감축 의무를 부속서 I 국가에만 부여했을 뿐 아니라 각국의 감축 목표가 정치적으로 결정되었기 때문에 비효율적이고 불공정한 배분이라는 비판이 상응성 개념을 도입한 배경이 되었다(정성춘, 2007). 결국 '상응성'은 당사국 간 비슷한 상황에서 동등한 노력을 해야 한다는 개념으로 역사적 책임, 과거의 노력, 국가적 역량 등 국가 간 상당한 차이를 감안하여 감축 의무를 공평하게 하자는 것이다(Pew Center, 2009). 하지만 여전히 실제 상응성에 대한 이해가 국가마다 다르며 상응성이 어떻게 실현될 수 있는지에 대한 합의가 존재하지 않기에 앞으로도 상응성이란 개념을 실현하는 방식을 둘러싸고 갈등이 지속될 것으로 보인다.

탄소 누출 문제 또한 국제 기후변화협상의 주요 쟁점 중 하나이다. 탄소 누출이란 배출 감축 의무가 있는 부속서 I 국가가 직접 상품을 생산하기보다 감축 의무가 없는 비부속서 I 국가로부터 수입하여 대체할 경우 실질적인 국내 배출 감축 없이—심지어 세계 배출량이 증가함에도 불구하고—부속서 I 국가의 배출량이 감소하는 것처럼 보이는 현상을 말한다. 즉, 선진국들이 개도국들에 에너지 집약적인 산업을 이전하거나 자국이 직접 생산하기보다 개도국으로부터 수입하여 소비하는 경우 통계상으로 선진국들의 온실기체 배출은 감소한 것처럼 나타나 감축 노력이 성과를 거둔 것처럼 보일 수 있으나 실질적으로 전 세계 배출은 그대로거나 더 늘어날 수 있는 것이다. 이러한 현상에 대해 선진국 정부는 자국 산업체들이 에너지 효율 개선이나 연료 전환, 산업공정의 개선을 통해 문제를 해결하려 하기보다 개도국으로의 이전을 꾀함으로써 국내 일자리가 감소할 것을 우려한다. 선진국들의 관점에서 보자면 이러한 탄소 누출 현상은 개도국들에게 의무 감축 목표가 부과되어 있지 않기 때문에 발생하는 문제로 간주된다. 하지만 다른 관점에서 보자면 현재의 국가 배출 인벤토리가 국경을 기준으로 해서 한 국가 내에서 생산 활동을 비롯해서 직접적으로 발생하는 온실가스 배출만을 통계에 포함하기 때문으로 해석될 수도 있다.

개도국이 의무 감축 목표가 없기 때문에 탄소 누출이 발생한다고 선진국들이 주장하면서 선진국들이 개도국의 수출품에 대해 무역 규제를 실시할 가능성도 높아지고 있다. 기후 변화 대응 관련 무역 규제를 둘러싼 의견 차이는 갈수록 증대될 전망이며 이는 결국 환경-무역 갈등으로 표출될 것이다. 기후 변화 대응방안 이행이 경제 문제와 연결된다는 사실을 감안하면 향후 선진국-개도국 사이만이 아니라 선진국과 선진국, 개도국과 개도국 사이에도 국가적 이해가 다른 지점들에서 갈등과 대립이 발생할 가능성이 농후하다. 온실가스 감축 노력으로 인해 경제적 비용을 감수해야 하는 선진국들은 자국의 산업을 보호하고 미감축국들의 참여를 이끌기 위해 일정한 조치를 취할 것이고, 이것이 무역 논쟁으로 이어질 가능성 또한 배제하기 힘들다.

2007년 COP-13부터는 개도국의 산림 전용 및 산림 황폐화 방지 Reduced emissions from deforestation and forest degradation, REDD 문제가 주요 쟁점으로 부상했다. 2001년에 채택한 마라케시 합의문에 따라 개발도상국은 CDM(청정개발체제) 사업을 자국에 유치함으로써 산림을 활용한 온실가스 감축활동에 참여할 수 있지만 교토의정서 규정에서는 신규조림 afforestation, 재조림reforestation만이 CDM 사업의 대상이 될 뿐 산림을 벌채하거나 다른 용도로 전환하는 등의 전용을 방지하는 노력에는 별다른 보상기제가 없다(배재수, 2007). 발리로드맵에서는 REDD를 교토 이후 협상 의제로 결정하였으며 폴란드 포츠난에서 열린 COP-14에서는 산림을 통한 탄소 배출 감축에 관한 논의를 산림 전용뿐만 아니라 산림 보전, 지속 가능한 산림 경영을 통한 산림 탄소 축적 증진으로까지 확장하였고 COP-15에서는 부속기구인 과학기술자문기구Subsidiary Body for Science and Technological Advice, SBSTA에서 다섯 번째 의제로 논의하였다. REDD는 산림 전용과 산림 황폐화 방지를 통해 온실가스 감축을 시도하는 방법으로 REDD 활동을 통해 감축된 탄소량은 탄소 시장에서 거래가 가능한 배출권으로 인정받는 재정적인 인센티브가 뒤따른다. 이를 REDD 배출권이라 할 수 있는데 개발도상국의 산림 전용을 줄이기 위해 선진국이 개발도상국을 재정적으로 지원할 수 있는 구조가 된다.

하지만 코펜하겐 합의문 초안의 서문에 "개도국의 벌채를 2020까지 50% 줄이고 2030년까지는 완전히 중단시킨다"는 목표를 언급한 부분이 채택되지 않음으로써 REDD가 어느 정도까지 실효성이 있을지에 대해 비판이 제기되고 있다. 또한 산림 보전이 의미가 있음에도 불구하고 열대 우림 지역의 주민들의 생존권과 문화를 보전하는 것을 고려하지 않은 채 탄소 배출권 확보 차원으로만 진행된다면 이산화탄소 흡수량이 높은 나무로 산림을 바꿈으로써 생물 다양성이 훼손되고, 토착민의 생존권도 위협받을 수 있기 때문이다. REDD가 명목적으로는 산림을 보호 관리하는 행위에 대해 보상하는 것처럼 보이지만 내용적으로는 오염 기업들이 그들의 배출을 "상쇄"하는 것을 돕는 수단이 됨으로써 원주민을 축출하는, 역사상 가장 큰 토지 수탈의 계기가 될 수도 있다. 유럽 국가들은 REDD의 시행으로 10~15유로 선에서 배출권이 거래되는 유럽 탄소시장이 붕괴될 수 있다는 점에서 REDD의 도입에 우려를 표명하고 있다.

REDD를 통해 '이산화탄소 저장고' 역할을 하는 숲 등을 다른 용도로 전용·개발하지 않고 보존할 경우 기금을 지원하거나 탄소 배출권을 인정해준다는 합의에도 불구하고 사업 실행방안이 구체화되는 데는 다소 시간이 걸릴 전망이다. REDD 대가로 탄소 배출권을 인정한 후 대형 산불이나 병충해가 발생할 경우 이미 거래된 배출권을 어떻게 할 것인지, 사업에 따른 이산화탄소 배출량 감소분 중 얼마만큼을 배출권으로 인정해줄지, 산림 전용·훼손 방지 효과를 '측정·보고·검증 가능한' 방법으로 어떻게 증명할 것인지, 기존의 탄소 배출권 시장에 충격을 가하지 않기 위해 어떤 조치가 필요한지에 대해 여전히 논란의 여지가 있기 때문이다.

현재 국제 기후변화협상에서 논의되는 또 하나의 쟁점은 개도국에 대한 선진국의 기금 지원 문제이다. 개도국은 기후 불의적 상황을 이유로 선진국이 기후 변화 완화는 물론 적응에 필요한 기술을 이전하고 재원을 지원해야 한다고 주장하고 있다. 현재 개도국 지원기금으로 기후변화협약 하에 지구환경기금Global Environmental Forum, GEF 주관으로 최빈국기금 Least Developed Countries Fund과 특별기후변화기금Least Developed Countries Fund 이 설치되어 있고 교토의정서 하에 적응기금Adaptation Fund이 설치되어 있다. 앞의 두 기금은 기부 국가의 자발적 선언에 따라 기금이 마련되며 세 번째 적응기금은 청정개발체제에서 발생하는 인증 배출권Certified Emissions Reductions, CERs의 2%로 조성된다. 전략적 적응 우선사업은 3년에 걸쳐 시범사업들을 지원하기 위해 GEF의 자원으로 운용하는 것이다. 하지만 기금의 규모가 크지 않고 시혜적 성격의 자발적 기부에 의존하고 있으며 선진국들이 약속한 만큼 기금을 납부하고 있지 않다는 문제가 발생하고 있다. COP-15에서 "선진국들은 개도국의 필요에 부응하기 위해 2020년까지 매년 1,000억 달러를 공동으로 조성한다는 목표를 약속"하였지만 실현될 수 있을지는 미지수이다. 게다가 기금의 규모가 매년 2,000~3,000억 달러에 달해야 한다는 개도국의 요구에 미치지 못했다는 점과 함께 기금 조성 방법과 개도국 자금 지원 방식, 지원 대상국 선정 기준 등을 구체적으로 확정하지 못했다는 점이 여전히 문제로 남아 있다.

그리고 보다 본질적인 문제로 현재 기후 변화 문제를 해결하기 위해 국제 사회에서 도입하고 있는 시장기제들이 과연 적절한 감축 수단이 될 수 있는지의 문제이다. 교토메커니즘이나 REDD를 통한 배출권 부여 등이 시장기제들인데 현재의 이러한 시장기제들이 기후 변화 문제를 풀 수 있는 적절한 해법이 될 수 있는지, 더 근본적으로는 시장의 효율성에 기댄 새로운 기후시장의 창출이 진정으로 온실가스의 감축을 가져올 수 있는지의 문제이다. 교토의정서의 채택을 전후해서 시장기제의 긍정적 측면과 부정적 측면에 대한 논의가 활발히 이루어졌다. 시장기제의 도입을 지지하는 측은 온실기체가 배출되는 지역과 무관하게 지구 어느 곳에서 감축이 일어나든지 결과는 동일하다는 특성을 지닌 데다, 모든 국가의 한계감축비용이 동일하지 않으므로 시장의 효율성이 결합되면 보다 비용-효율적으로 감축이 가능하다는 입장이었다.

반면, 시장기제 도입에 반대하는 측은 시장기제가 기후 변화 문제 해법에서 중시되어야 할 형평성을 잘 구현하지 못한 채 효율성을 중심으로 할 뿐 아니라 결국 이러한 시장기제의 적용은 "자연의 자본화capitalization of nature"로 귀결된다는 점에서 상당한 거부감을 표출하였다. 시장기제 도입 초기에는 자연의 상품화와 자본화를 우려하여 도입에 반대하던 대다수 환경단체들이 이제는 시장기제 자체의 도입과 운용에 반대하는 목소리를 강하게 내고 있지는 않지만 배출권 거래제의 경우 전 세계 온실기체 배출 허용 총량이 기후 변화를 충분히 완화할 수 있을 정도로 낮게 잡혀야 한다거나 온실기체 배출 감축이 투명하게 검증될 수 있어야 한다는 점을 강조한다. 또 다른 한편에서는 배출권 거래제가 아니라 전 지구적 탄소세의 시행이 보다 효율적으로 온실기체 배출을 줄일 수 있다는 주장도 제기되고 있다(Nordhaus, 2009). 현재 진행되고 있는 탄소시장의 확대가 배출권거래제가 기후 변화를 성공적으로 완화시키고 있다거나 시킬 수 있다는 걸 아직은 확실히 보여주고 있지 않기 때문에 이러한 시장기제의 도입이 과연 기후 변화의 성공적인 완화로 귀결될 수 있을지, 혹은 성공적인 감축을 이끌어내기 위해서는 무엇을 개선해야 하는지도 상당한 논란거리임에 분명하다.

5. 기후 변화를 둘러싼 국내 사회의 주요 쟁점

국내 기후 변화 대응은 국제적인 쟁점으로부터 자유롭지 못하다. 하지만 국제적인 쟁점이 해결된다 하더라도 여전히 국내적으로 해결해야 할 쟁점들은 존재한다. 이명박 정부 들어서는 기후 변화를 주된 국가 의제로 채택하는 경향을 보이면서 2009년 11월 온실기체 감축 목표 설정을 "저탄소 녹색성장"의 실천적 목표를 제시하고 달성하기 위한 핵심전략으로 보고 2020년까지 BAU(배출전망치) 대비 30% 감축이라는 자발적 감축 목표를 설정하여 발표하였다. 감축 목표 설정이 대내적으로는 기업과 국민에게 명확한 기후 변화 정책방향을 제시함으로써 조기 대응을 유도하여 오히려 경제적 손실을 최소화하는 효과를 낳고, 대외적으로는 교토의정서상 의무 감축국은 아니지만 우리 경제가 감내할 수준의 자발적 중기 감축 목표를 설정함으로써 국제 사회에서 "선도자early mover"로서 전 세계 온실기체 감축 노력에 한국이 동참하려 한다는 점을 드러내면서 개도국 지위를 유지함과 아울러 개도국과 선진국을 잇는 매개자 역할을 할 수 있을 것으로 기대하였다.

이런 자발적 감축 목표의 설정은 의미 있는 행보임에는 분명하지만 감축 목표가 적절하냐의 문제와 함께 감축 목표에 대한 국제 사회의 인정이나 국내의 사회적 합의가 있다 하더라도 여전히 풀어야 할 많은 과제들이 있다. 정부는 BAU 대비 30% 감축이라는 2020년 중기 감축 목표가 IPCC가 개도국에 권고한 배출 저감 목표의 최대치라는 점에서 국제 사회에서 수용해줄 수 있는 수준의 목표라고 평가하고 있다. 하지만 산업계는 현재의 감축 목표가 과도하며 비의무 감축이면서 다른 개도국들이 적극적으로 나서지 않는 상황에서 선제적 대응으로 산업경쟁력이 약화될 것을 우려하고 있다. 반면 환경단체는 연료 연소로부터 발생하는 CO_2 배출량이 2007년 현재 세계 9위를 차지하는 데다 세계 누적배출량 23위, OECD 국가들 중 배출증가율 1위 등 OECD 회원국이며 G20 유치 국가로서 한국의 국제적 위상과 역량에 걸맞은 책임을 져야 한다는 점에서 현재의 감축 목표는 너무 낮다고 평가하고 있다. 감축 목표 설정을 위한 여론 수렴 과정에서 환경단체들로 구성된 에너지시민회의는 2020년까지 2005년 대비 25%를 감축해야 한다고 주장하였다. 목표가 설정된 만큼 이를 국제 사회가 인정한다면 목표를 수정하는 작업이 다시 진행되지는 않을 것으로 보인다.

온실기체 감축 목표 설정 시 여론을 수렴하는 과정을 통해 향후 발생할 쟁점에 대한 시사점을 도출해볼 수 있다. 감축 목표 설정은 녹색성장위원회를 중심으로 진행되었는데 3개 시나리오 설정 시 산업계 주요 8개 업종과 업종별로 30차례의 토론회를 실시하였으며 정부 내 협의를 거쳤다고 한다. 또한 3가지 시나리오를 발표한 후에는 녹색성장위원회 주관 토론회 15회, 녹색성장위원회 주관 업종별 간담회 14회, 국회 주관 토론회 3회, 지방 공청회 4회, 산업계 주관 5회, 시민단체 주관 토론회 3회 등

총 44차례의 행사를 가진 것으로 알려져 있다. 다른 한편으로는 국민 여론을 수렴한다는 목적으로 전문가와 일반인을 대상으로 3회에 걸쳐 여론조사를 실시하였다. 물론 정해진 3가지 시나리오에 대해 의견을 수렴했다는 점에서 한계를 보였지만 정부는 나름대로 다양한 여론 수렴 방법을 동원하여 기업과 시민사회의 견해를 들으려 하였다. 그에 비해 국민의 대표자들인 국회의원들이 이러한 논의과정에 적극적으로 나서지는 않았다. 국회의원들은 국회 기후변화포럼과 국회 기후변화대책특별위원회의에서 주최한 토론회에 참석했을 뿐이다. 정당 관계자(진보신당 정책위원)도 시민사회위원회와 진보신당이 공동 주최한 시민공청회에 토론자로 한 번 참석했을 뿐이다. 기업의 경우 전국경제인연합회나 대한상공회의소, 중소기업중앙회처럼 주로 단체 차원에서 참가하였으며 개별 기업 차원에서는 포스코, 한국동서발전, 현대제철 등 모두 에너지 다소비 기업이 참여하였다.

시민사회는 참여자 수나 참여단체 수로 볼 때 세미나나 토론회에 가장 빈번하게 참여한 것으로 나타났다. 시민사회 자체가 다양한 구성원들로 구성되어 있으며 기후 변화가 지구 환경 문제로서 환경단체의 관심이 높아 환경단체 관련 인사들이 논의 과정에 주로 참여했기 때문이다. 하지만 시민사회에서 환경단체와 교수가 주된 참여자로 소비자단체, 노조, 농민회, 보건의료 종사자, 갈등 관련 연구자 등의 참여가 미약했으며 특히 기후 변화의 영향에 보다 취약한 노동자들이나 농어민들의 참여는 상당히 저조하였다. 온실기체 감축 목표 설정에 상당한 배경지식과 논리적 접근이 필요하지만 기후 변화에 가장 취약한 이들이야말로 기후 변화 대응 활동의 논의 과정에 참여할 수 있어야 한다. 이들의 목소리가 정책 결정에 반영될 수 있어야 함에도 불구하고 이들의 기후 변화 인식이나 이들을 사회적 논의에 적극 참여시켜야 한다는 사회적 인식이 아직은 깊지 않았다.

　기후 변화는 그 자체로서 우리에게 재난적 영향을 미칠 수 있을 뿐 아니라 기후 변화를 완화하거나 저지하면서 다른 한편으로 적응해가는 과정에서도 상당한 부담을 야기할 수 있다. 기후 변화 문제는 향후 기후 변화 자체의 진행 과정이나 기후 변화에 대응하는 국내외적 정책에 상당한 확실성의 문제가 상존할 뿐 아니라 기후 변화 영향이나 대응을 위한 부담 배분 과정에서 사회 구성원 간에 갈등이 야기될 가능성이 크다. 감축 목표 설정 과정에서 녹색성장위원회가 채택했던 여론조사와 토론회, 공청회, 간담회 등의 방법이 적절한지에 대해서도 논의를 기초로 하여 이러한 문제를 풀기 위해 사회적 공론화와 합의를 어떻게 거쳐야 할지, 보다 구체적으로는 어떠한 의사 결정 구조를 만들어가야 할지 모색이 필요하다.

　나아가 감축 목표를 부문별로 어떻게 할당할 것인지에 대한 사회적 논의와 합의가 필요하다. 아직은 국가 총 감축 목표만 정해놓은 상태라서 각 부문별로 얼마나 목표를 할당해서 감축 노력을 해나갈지 논의되고 있지 않다. 또한 어떠한 정책 수단을 동원할 것인지도 명확하게 매듭지어지지 않았다. 현재 정부에서는 공공기관과 에너지 다소비 사업체들을 대상으로 온실가스·에너지 목표관리제를 실시하고 있다. 아직은 시작 단계라 어느 정도 효과가 있을지, 이 제도를 원만하게 잘 운영해나갈 수 있을지 확인하기 어렵다. 배출권 거래제도 실시할 예정이긴 하지만 어떤 방식으로 운영할지 확정되지 않았으며 탄소세의 도입 여부도 불투명하다. 특히 온실기체를 대기 오염 물질로 규정하는 작업이 산업계와 지식경제부의 반발로 추진되지 못해 산업계를 비롯해서 다양한 제 행위 주체의 감축 행동을 강제해내는 데 일정한 한계가 있는 실정이다.

　기후 변화 대응과 관련해서 해결해야 할 쟁점들 중 하나는 원자력 발전 확대 문제이다. 최근 들어 원자력은 그 어느 에너지원에 비해 친환경적인 것으로 홍보되면서 가장 현명한 기후 변화 대응 방안으로 제시되고 있다. 지난 연말에 한전이 미국의 웨스팅하우스, 일본의 도시바와 컨소시엄을 구성해 아랍에미리에이트UAE로부터 원전을 수주한 것에 고무되어 한국엔 원자력 르네상스가 실현되는 듯한 상황이 전개되고 있기도 하다. 현재 우리 사회에서 원자력은 고급 에너지인 전력을 지속적으로 공급해주는 성장 동력이자 '저탄소 녹색' 에너지로 간주되고 있다. 원자력 발전 기술은 발전 단가가 가장 싸고 발전 과정에서 이산화탄소 배출이 거의 없으며[3] 대량의 에너지를 안정적으로 공급해주는 데다 이제는 수출 산업으로서도 상당한 기여를 할 것이란 기대에서 더욱 강력하게 추진되고 있다. 원자력은 현재 녹색기술로 분류되어 있기도 하다. 정부는 원자력 확대를 온실기체 감축 목표 달성을 위해 첫 번째 단계에서 동원해야 할 핵심적 감축 수단으로 보고 있다.

하지만 원자력 발전의 부산물인 사용후핵연료를 포함한 고준위폐기물의 처분에 대한 명확한 계획이 아직도 마련되지 않았으며 어떠한 처리 방안을 확정한다 하더라도 방사능 누출 위험을 완벽히 제거하기 쉽지 않다는 점에서 원자력 확대는 여러 논쟁거리를 내재하고 있다. 2016년에 고리를 시작으로 2017년 월성, 2018년 울진, 2021년 영광에 이르기까지 발전소 내 사용후핵연료 저장시설이 포화에 이를 전망이다. 2009년 9월 말에 한국원자력연구원이 발표한 보고서 "후행핵연료주기 정책방안을 위한 기초연구"에 따르면 향후 30년 안에 우리 사회의 사용후핵연료 누적량이 현재(1만 781톤)의 3배 이상인 3만 4680톤에 달할 것으로 추정되었다. 현재 가동 중인 원전과 건설 중이거나 계획이 완료된 원전 30기의 수명이 다하는 2076년에는 사용후핵연료 누적량이 4만 2137톤으로 2009년 누적량의 4배에 달할 것으로 전망되었다. 하지만 우리 사회는 물론이고 세계 어느 곳에서도 사용후핵연료의 안전한 처분 기술이나 처분 방식을 개발하지 못한 실정이다. 지난해 7월에 출범 예정이었던 사용후핵연료 공론화위원회가 출범조차 하지 못한 상황에서 정부의 공격적인 원전 추진은 물론 일반 시민의 지지는 향후 지역 간 형평성은 물론 미래 세대와의 형평성이란 차원에서 상당한 문제를 야기할 것으로 전망된다. 현재처럼 원전의 환경성을 CO_2 배출 여부만으로 판단하는 것은 상당한 사회적 논란이 될 여지가 다분하다.

그간 기후 변화 관련 논의가 주로 완화를 중심으로 진행되어 상대적으로 적응에 대한 논의가 미흡했던 게 사실이다. 하지만 기후 변화 적응이 완화에 비해 오히려 단기적으로 더욱 필요하다는 인식이 확산되고 있는데 완화방안과 적응방안의 상관성이나 두 방안에 대한 자원 배분의 비율이나 우선순위 등에 대해서는 깊이 있는 논의가 미흡한 실정이다. 또한 적응방안의 마련에 있어서도 기후 변화가 지역별 집단별 계층별 산업별 연령별로 미치는 영향에 대한 평가가 제대로 이루어져 있지 않으며 적응 정책 마련을 위한 우선순위 선정 작업도 거의 이루어지지 않았다. 무엇보다 이러한 작업은 비용편익 분석이나 소수의 전문가들을 상대로 실시하는 다기준 의사결정Analytic Hierarchy Process 방법과 같은 단순한 분석방법을 통해 이루어져서는 곤란하다. 부문별 감축 목표의 설정 문제와 함께 적응 대책 마련 정도와 우선순위 결정을 위해서는 보다 많은 이해 당사자들이 참여하면서 사회적 합의를 이루어가는 것이 필요한 만큼 합리적인 거버넌스 체제를 수립하는 것을 모색해야 한다.

5. 나가며

국내외적으로 기후 변화는 이제 피해갈 수 없는 문제로 우리 앞에 놓여 있다. 이 글에서는 기후 변화가 여전히 불확실성으로부터 자유롭지 않다는 점을 인식하면서도 기후 변화를 대응해나가야 할, 주어져 있는 문제로 두고 이에 대응하는 과정에서 국내외적으로 야기되는 다양한 쟁점과 논란거리가 무엇인지, 왜 그러한 문제가 논란거리가 되는지, 이러한 문제들이 향후 어떠한 갈등을 야기할 수 있는지 등에 대해 살펴보았다. 지면 한계상 각 쟁점에 대해 보다 깊이 있고 엄밀하게 분석하지는 못했으며 선정된 쟁점 또한 주관성이 개입했을 수도 있다. 다만 짧지 않은 시간 동안 기후 변화 문제를 연구해온 연구자로서 그간 국제 사회에서, 또 국내에서 주로 논란의 대상이 되어온 문제들이 무엇인지 가려내어 검토해본 것이다. 기후 변화 문제가 더 이상 자연과학의 문제가 아니라 그에 대응하는 사회적 의지와 실천을 필요로 하는 문제이며 단순히 경제학적 계산이나 기술공학적 처치를 통해 풀 수 있는 문제가 아니기에 보다 깊이 있는 정치경제학적이며 사회학적인 이해와 분석이 필요하다.

현재 국제 사회에서나 국내에서는 기후 변화를 주로 과학기술의 적용과 시장기제의 동원을 통해 풀 수 있는 문제로 접근하는 경향을 보인다. 하지만 기후 변화는 본질적으로 산업혁명 이래 더 많은 물질적 풍요와 편리를 지고의 가치로 추구하면서 더 많은 에너지를 소비하고 더 많은 산림을 벌채하며 지구상에 존재하지 않았던 새로운 화학물질을 만들어내면서 추진해온 경제성장 전략에 기인하는 문제이기에, 현재의 산업화 전략이나 삶의 양식을 그대로 유지할 수 있느냐의 문제가 제기될 수 있다. 현대 자본주의 산업경제의 핵심적 동력인 화석연료 소비를 줄여나가지 않으면 기후 변화 문제의 해결은 요원할 수밖에 없다. 그런데 이러한 화석연료 소비 저감이 다양한 과학기술적 처치만으로 달성될 수 있는지가 문제인 것이다. 기후 변화로 인해 '저탄소'에만 초점을 맞추는 현재의 접근에서는 환경 문제가 "탄소 문제"로 치환되면서 다른 환경 문제를 도외시하는 위험성 또한 내재해 있다. 바로 원자력 발전 확대 정책에서 그 일단을 감지할 수 있다.

기후 변화의 시대는 우리에게 무엇을 촉구하고 있는가? 인류는, 그리고 한국은, 이 기후 변화의 문제에 어떻게 대응해야 하는 것인가? 현재 국제적인 기후 변화 대응은 본문에서도 살핀 것처럼 시장이 중심이 되어 진행되고 있다. 2002년에 영국에서 최초로 온실가스 배출권 거래시장이 개설된 후 2004년 5억 달러에 불과했던 탄소시장이 2005년에 EU에서 배출권 거래제Emission Trading Scheme가 시작된 이래 점점 커져 2005년 108억 달러에서 2006년 312억 달러, 2007년 630억 달러, 2008년 1,351억 달러, 2009년 1,437억 달러 규모로 성장했다(Point Carbon, 2010). 이제 세계가 저탄소 경제 실현을 제1의 목표로 내세우며 탄소시장에서의 거래와 투자를 성장의 새로운 기회로 활용하려는 움직임을 보이고 있는 것이다. 대다수 국가들에서는 주요 온실기체인 이산화탄소를 숲 등의 흡수체를 활용하여 궁극적으로 발생량을 0으로 만드는 '탄소 중립' 전략을 추진하기도 하고 탄소포집저장carbon capture and storage, CCS 기술 개발에 투자하기도 하며 풍력, 태양광 발전 등 재생 가능 에너지 확대와 에너지의 보다 효율적 이용을 위한 기술과 기기 개발이 한창이다. 이런 움직임을 통해 탄소 다이어트를 실현함으로써 여분의 배출권을 시장에서 거래하거나 미래를 위해 예치banking하려 한다. 탄소시장 전망이나 배출권 거래제의 설계와 운영, 배출권 거래제에서의 CO_2 배출 산정 방법 등 기후 변화의 시장기제에 관심을 두는 논문들이 대량으로 생산되는 데서도 기후 변화에 대응하는 현재 국제 사회의 흐름을 읽을 수 있다.

오염 원인자들에게 인류는 물론 다른 모든 생명체의 공유지인 대기를 '오염할 수 있는 자격'을 부여하고 이를 거래하게 한다는 비판과 우려에도 불구하고 자본주의적 세계 질서가 유지되는 한 효율성을 명분으로 하여 시장 기능의 활용을 통한 '자본주의적인 기후 변화 해법'은 지속될 것으로 보인다. 그리고 이러한 시장의 작동이야말로 보다 경제적인 에너지 기술의 개발을 촉진하기 때문에 시장기제에 보다 잘 적응하고 이를 위기가 아닌 기회로 활용하는 것이야말로 현명한 대응으로 간주된다. 오히려 계산에 밝은 자들은 그들의 탄소 집약적인 생활을 유지하면서 경제적 배출권 거래 시장에서의 영리한 투자를 통해 경제적 수익을 올릴 수도 있다.

이러한 부작용에도 불구하고 어쩌면 생태경제학자인 허먼 데일리 Herman Daly의 주장처럼 배출권 거래제와 같은 정책 수단이 오염의 총 규모를 설정하고 그 한계 안에서 비용효과적으로 문제를 풀어가기에 이러한 해법이 유용성을 발휘할 수도 있다. 하지만 시장기제를 통한 접근이 진정으로 기후 변화 대응에 효과적일 수 있기 위해서는 시장의 형성과 작동에 앞서 시장 메커니즘 내에서 시장 자체만으로는 담아내지 못하는, 즉 지속 가능성과 형평성을 담보할 수 있는, 공정한 시장의 규칙을 세워나가는 정치적 결정이 중요하다. 세계의 전체 배출 총량 규모를 얼마로 제한할 것이며 누가 얼마만큼 줄이도록 배출권을 형평성 있게 할당할 것이냐의 문제가 합리적으로 결정되어야 하는 것이다. 이는 한국처럼 한 국가 내에서도 마찬가지다.

지구 전체적으로 볼 때, 기후 변화 문제의 해결은 선진국의 배출량 자체를 줄이고 개도국의 배출량을 일정 수준까지 늘리도록 하여 평형 상태

야만 한
킬지, 사
한다. 기
대의 차
를 바꾸며
기후 변
화로, 그
들어질 수
대한 논
자리가 한
한 일자리
다 본격적

흐름과 속
있는지를
를 단 몇
속 가능성
성 변화의
서 출발했
의 차원에
한 기후의
는 자본주
와 인식의
에 답해야

과정에서 선진국이 현재의 기후 변화
록 강제되지 않는 한, 요원할 수밖에
들은 자국의 단기적인 경제적 이해에
정을 둘러싼 국가들 간 힘겨루기는 지
조되고 있는 기후 정의의 관점은 기후
사람들(혹은 다른 생물종들)이 가난하기
서 가장 가혹한 기후 변화 영향에 노출
조하며 기후 변화를 정의의 차원에서
천할 필요를 강력히 제기한다.
지금 어디에 서 있으며 무엇을 어떻게
출 규모가 세계 9위인만큼 한국은 더
출 선진국으로서 배출량을 상당 규모
한국에서 진행되고 있는 다양한 기후
어 바로 이 땅에서 살고 있는 우리의
무엇보다 긴요함을 드러낸다. 산업구
는 것도 필요하겠지만 이러한 접근이
에 그칠 뿐 실질적 배출 감소로 귀결
결국, 지금의 삶의 구조와 방식이 변
러 기후 변화의 진행으로 누가 어떤
도 취약한지 등에 대한 영향 평가를
보장하고 배려하는 적응방안을 마

위해서는 사용하는 에너지원을 전
적으로 에너지 이용 방식과 산업구

조, 사회체제, 공간 이용 방식, 나아가 생활양식 등을 바꿔나
다. 그리고 이러한 변화가 구체적인 삶의 현장을 어떻게 변화시
람들의 생존을 지탱하는 일자리에 어떠한 영향을 미칠지 살펴야
후 변화 대응이 에너지 절약이나 효율 향상, 재생 가능 에너지
원을 넘어 국토 공간의 이용 방식을 바꾸고 생활의 방식과 규모
사람들의 일자리를 바꾸게 될 것이기 때문이다. 현재 한국에서
화 대응과 관련한 논의들이 지속적으로 확산되고 있지만 기후
리고 기후 변화 대응방안의 추진으로, 어떤 일자리가 얼마나 만
있는지, 어떤 일자리가 지속 가능하거나 지속 가능하지 못한지
의는 거의 이루어지지 않고 있다. 기후 변화 시대의 친환경 일
국적 상황과 맥락 속에서 어떤 의미와 가능성을 지니며, 그러
창출을 위해 무엇이 필요하고 어떤 어려움이 있는지에 대해 보
인 논의가 필요하다.

결국 현재 우리가 직면한 기후 변화는 지금과 같은 자연의
도를 넘어서서 이루어지는 생산과 소비활동이 지속 가능할 수
묻고 있다. 몇 억 년에 걸쳐 만들어진 '매장된 햇빛'인 화석연
백 년 만에 고갈시켜나가는 현대의 생활양식, 바로 그것의 지
여부를 묻고 있는 것이다. 기후 변화는 대기의 물리 화학적 조
문제지만 그러한 변화가 사회경제적인 나아가 문화적인 문제이
기에 기후 변화 해법은 바로 이러한 사회경제적, 문화적인 구
서 찾지 않으면 안 된다. 사회가 변하면서 기후가 변했고 그
변화가 이제 사회의 변화를 요구하고 있기 때문이다. 기후 변
의 경제의 생태적 전환, 아울러 물질지향적인 자본주의적 가
생태적 전환을 촉구하는 자연의 메시지다. 이제 우리가 이 신

한다. 기후 변화는 바로 이러한 변화를 위한 진지한 성찰과 실천을 요구하고 있다.

참고문헌

녹색성장위원회, 2009, 「국가 온실기체 중기(2020년) 감축목표 목표의 설정방안」, 2008/11/05.

배재수, 2007, "기후변화협약하 개발도상국 산림전용의 감축 논의과정 및 전망," 「한국임학회지」 15(1), 67-79.

윤순진, 2010, "지속가능한 소비를 위한 국제 기후 변화 대응방안: 생산 중심적 배출통계의 교정을 중심으로," 「한국정책학회보」, 제19권 제2호: 183-215.

2009, "기후변화 대응을 둘러싼 사회 갈등 예방과 완화를 위한 거버넌스의 모색," 「국정관리연구」, 제4권 제2호: 125-160.

2008a, "기후불의와 신환경제국주의: 기후담론과 탄소시장의 해부를 중심으로," 「환경정책(환경행정), 제16권 제1호: 135-167.

2008b, "기후변화가 요구하는 시대적 성찰," 「교수신문」, 2008/06/16.

정선양, 2001, 「환경정책론」, 박영사.

정성춘, 2007, "발리로드맵의 주요 내용과 향후 전망," KIEP 오늘의 세계경제, 제07-51호, 대외경제정책연구원

Pew center on Global Climate Change, 2009, "Comparability of developed country mitigation efforts," (unpublished).

UNDP[United Nations Development Program], Human Development Report 2007/2008-Fighting Climate Change: Human Solidarity in a Divided World, 2007.

기후 변화 시대의 민주주의와 녹색정치

조명래

1. 기후 변화와 사회 변동

지구가 몸살을 앓고 있다. 우리의 몸이 몸살을 앓으면 열이 나듯 몸살을 앓고 있는 지구도 열이 오르고 있다. 우리가 쓰고 버린 이산화탄소 등이 대기권 상층부에 띠를 형성한 채 지구로 들어온 태양의 복사열을 가두어놓으면서 열이 오르고 있다. 지구의 평균 온도는 14.73도다. 수많은 기후 변동을 겪었지만 그 변동 폭은 고작 1~6도 내외다. 그래서 몇 도만 올라도 그 파장은 엄청나다(이기영, 2005).

현재의 지구 시간대는 빙하기가 약화되고 온난화된 간빙기인 신생대 4기 홀로세(충적세, 1만 년 전부터 현재까지)다. 이 기간 동안 인류는 거친 유목생활을 접고 농업혁명을 통한 정주생활을 시작했고, 나아가 도시혁명과 산업혁명을 통한 문명적 삶을 누렸다. 100만 년 전에 지구상에 출현한 현생現生 인류가 지난 1만 년의 시간대에 이르러 문명의 꽃을 피우게 된 것은 생존에 적합한 기후란 지구환경이 조성되었기 때문이다. 인간 사회는 자연환경에 적응하면서 살아가기 위한 '생계의 방식'으로 구축한 조직·제도·문화의 집합체인 셈이다.

인간은 지고한 가치를 가진 정신적 존재인 것 같지만 기실 자연환경의 지배를 철저하게 받으며 살아가는 생물의 하나일 뿐이다. 인간이 유인원에서 현재와 같은 모습으로 발달한 것도 알고 보면 기후 변화에 적응하기 위해 진화한 결과다. 즉, 기후가 추워지면서 먹을 것을 찾아 나무 위에서 땅으로 내려와 불과 도구를 사용하게 되고, 또한 집단을 만들어 살아가는 가운데 지금과 같은 종의 사람이 된 것이다(정회성, 2008).

지구가 더워진다는 것은 이런 점에서 예사로운 일이 아니다. 지구의 기후는 대기의 온도와 구성, 대양의 온도, 빙하의 퍼진 정도, 해류, 식생, 화산 분화 등의 요인이 복합적으로 작용해 변한다. 지구 온도의 변화는 지구 환경을 구성하는 이러한 요소들 간 에너지 순환의 균형이 깨진 현상으로 급격한 기후 변화를 불러오는 원인이 된다. 가령, 지구 온도가 2도만 올라도 빙하의 소실 등과 함께 지구의 자전주기의 변화, 급격한 해류의 변화 등 예측할 수 없는 대재앙이 초래된다. 지구 온도가 1, 2도만 변해도 인류 생존이 치명적인 위협을 받게 되는 까닭은 기후 변화의 이러한 특성 때문이다(이기영, 2005).

지난 100여 년 간 지구의 평균 온도는 0.7도 올랐고 해수면은 20~30cm 상승했다. 지구 온도는 지난 10여 년 동안 특히 가파르게 올랐고, 그에 따른 폭우, 폭설, 가뭄, 사막화, 오존층 파괴, 산성비, 생물종 감소, 해수면 상승, 물 부족, 질병 등의 기상 이변을 불러왔다. 한반도는 그 속도가 더 빠르다. 지난 100여 년간 우리나라의 평균 기온은 1.5도 올라 세계 평균의 2배를 넘어섰다. 서울은 무려 2.5도나 올랐다. 그 결과로 태풍, 집중 호우, 여름 고온, 겨울 온난, 아열대 기후로의 전환, 식물 서식지의 북상 등이 현재의 한반도 기후도를 구성하고 있다.

문제는 앞으로다. '정부간기후변화위원회'의 4차 보고서(2007년)에 의하면, 현재의 추세라면 2050년대에 지구 온도는 지금보다 2~3도 오른다. 이에 따라 동식물의 20~30%가 멸종 위기에 처하고, 10~20억 인구가 물 부족을 겪으며, 농작물 수확 감소로 1~3천만 명이 기근에 시달리고, 해수면 상승 등으로 300만 명이 홍수의 위협에 노출된다. 2080년대에 이르면 온도는 3도 이상 오를 것으로 내다보고 있다. 인간을 제외한 전 지구 생물이 멸종 위험에 처하고, 11억~32억 명이 물 부족을 겪으며, 전 세계 인구의 5분의 1 이상이 홍수의 위협을 받고, 해안가의 30% 이상이 유실된다. 중·고위도 지역의 수확량 감소로 1천 2백만 명이 기근 위험에 노출된 채, 영양 부족·과다 출혈·심장 관련 질병에 시달리는 사람이 급속히 늘고, 열파·홍수·가뭄 등으로 사망자가 빠르게 증가한다.

기후 변화는 이렇듯 환경적 변동뿐 아니라 농업 생산성의 감소, 경제적 위기의 확산, 도시의 퇴락, 환경가치를 둘러싼 권력구조의 변화 등 심대한 사회 변동까지 불러온다. 기후 변화와 관련된 이러한 문제들은 모두 핵폭탄 투하에 상응하는 파괴력을 가지고 있다. 기후 대응은 이젠 테러 근절이나 석유 확보 못지않은 국가 안보상의 최우선 과제다. 2004년 초에 공개된 미국방부의 비밀보고서 '펜타곤 보고서'는 기후 재앙으로 식량난, 식수난, 에너지난 등이 겹친 혼란이 지구 곳곳에서 일어나 인류 문명 전체가 공멸할 것임을 진단하면서 강력한 '국방태세'를 주문하고 있다.

펜타곤 보고서는 기존의 통념과 달리 오늘날의 기후 변화가 어느 날 갑자기 기상 이변으로 돌변할 수 있음을 전제한다. 지난 150여 년간 화석연료에 의존하는 산업화로 인해, 즉 이산화탄소 등의 지속적인 방출로 지구의 기후 에너지 평형이 깨지면서 기온이 오르는 속도가 지구 역사에서 나타났던 그 어떠한 기후 변화보다 빠르게 진행되고 있기 때문이다. 보고서는 실제 2010~2020년 사이에 기상 이변에 의한 기후 재앙으로 가뭄, 기근, 폭동, 전쟁 등 무정부 상태가 발생할 수 있음을 경고하고 있다.

지구 온난화가 지금처럼 계속되면 극지방의 빙하가 녹은 물이 북대서양으로 흘러들어 적도로부터의 난류 유입을 방해하거나 멈추게 한다. 북반부 중위도 지역의 온도는 급속히 떨어지게 된다. 여기에 해류 흐름이 멈춘 적도 지역에서 발생한 수증기가 북반부로 흘러와 막대한 눈을 뿌려 지표온도를 빙하기 수준으로 떨어뜨린다. 한편 북쪽의 한랭한 공기가 남쪽으로 이동하면 열대에서 올라오는 온난기단과 부딪히면서 지구의 대기를 극도로 불안정하게 만들고, 그 결과 슈퍼 폭풍이 빈발한다. 이는 북반부의 추운 지역에선 폭설, 폭우, 해수면 상승 등을, 열대와 아열대 지역에서는 대규모 가뭄, 홍수 등을 불러온다.

펜타곤 보고서에 따르면, 이 같은 기후 변화로 영국이나 스칸디나비아반도는 온도가 3.3도까지 떨어져 시베리아성 기후대로 바뀌고 해수면 상승으로 유럽의 해안도시 절반이 물에 잠김에 따라 남부 유럽으로 대규모 인구 이동이 발생할 것이라고 한다. 반면 아프리카와 아시아 등지에선 가뭄과 홍수로 식량 생산이 크게 줄어 자원이 풍부한 미국, 오스트레일리아, 남부 유럽 등으로 대규모 인구 이동이 발생할 것으로 예측하고 있다. 환경 난민의 대량 발생은 식량, 물, 자원과 에너지 등의 확보를 둘러싼 국가 간 분쟁을 촉발해 전쟁의 발발까지 이어질 수 있다. 기후 대응은 국가 안보의 중추이면서 동시에 국제 정치의 '태풍의 눈'으로 떠오르게 된다.

2. 기후 변화 문제의 본질: 문명의 위기?

지금까지 살펴본 기후 변화의 특징은 원인에서 발생, 피해에 이르는 현상의 '시공간적 규모'가 인간의 역량으로 인지하고 행위할 수 있는 규모를 훨씬 넘어서고 있다는 점이다. 기후 변화가 '전례 없다는 것'은 이러한 의미와 닿아 있다. '사회 변동'도 마찬가지다. 기후 변화에 의해 촉발될 사회 변동은 기존 사회제도로 쉽게 대처할 수 없을 정도로 광범위하면서도 근본적이다. 기후 변화와 사회 변동에 관련된 제반의 현상이 이렇듯 전례가 없는 것은 지구 환경에 인간이 적응해 살아가는 방식에 뭔가 근본적인 한계가 있음을 시사한다. 이 한계는 인간 문명의 한계를 말한다. 기후 변화가 제기하는 문제의 핵심은 '지구(환경) 대 인간 문명'의 관계에 관한 근본 물음이다.

기후 변화는 지구촌 인구 전체가 동시적으로 함께 겪는 공간적 광역성을 띠고 있다. 이 광역성은 지구(생태)계가 작동하는 범역을 가리킨다. 지구 생태계는 지구의 지표면, 지하, 대기권의 생물과 무생물이 에너지 흐름을 통해 유·무기적으로 통합되어 있는 범역성을 띠고 있다. 기후 변화가 발현하고 작용하는 이러한 공간 범역은 지구물리학 등이 다루는 '지구적 공간planetary space'으로 도시나 영토와 같은 인간적 규모의 공간과는 근본적으로 다르다. 시간적 범역도 마찬가지다. 기후 변화가 작용하는 시간의 범역은 태양의 흑점이 주기적으로 폭발하는 시간대, 지구의 기후대가 빙하기로 이동하는 시간대, 산업화에 의해 배출된 이산화탄소가 축적되어온 시간대, 지구의 온도가 완만하게 상승하는 시간대, 극점의 빙하가 오랜 세월에 걸쳐 형성되고 서서히 녹는 시간대 등을 내포하고 있다. 이러한 시간성은 일상시간(예, 24시란 시계 시간)이나 사회적 시간(예, 정책 기간) 따위와 같이 인간이 쉽게 조절하거나 적응할 수 있는 시간의 성질과 근본적으로 다르다.

기후 변화는 지구적 규모의 시공간을 통해 작용하면서 사회적 대변동을 초래하고, 나아가 인류의 생존 자체를 위협하고 있다. 기후 변화를 통해 우리가 현재 체험하고 있는 각종 위험은 지구란 거대한 시공간적 스규모로 생성되어 우리에게 다가오고 있는 것이다. 기후 변화를 맞이하여 우리 인간은 지구적 규모로 확장된 환경과 맞닥뜨리고 있다. 인간이 그동안 살아가는 시공간적 환경은 기껏해야 마을, 도시, 지역, 국가 단위의 것에 불과했다. 인간적 규모의 환경에 적응해 사는 동안 겪었던 변동은 인간 사회 내부의 문제에 의해 야기되었고, 사회 내의 적절한 제도의 강구를 통해 극복이 가능했다. 그러나 지구적 규모의 환경으로 확장되면서 사회 변동은 인간 활동에 의해 촉매되지만 인간 사회 밖에서 발생하는 현상(예, 기후 변화)에 의해 야기되고 있다. 문제는 이러한 지구적 규모의 변동을 인간 사회의 기존 제도방식으로는 쉽사리 극복할 수 없는 점이다. 왜냐하면 기존의 사회제도란 인간적 규모의 시공간 환경에 적응하면서 시행착오 끝에 마련된 집합적 삶의 방식에 관한 것이기 때문이다. 결국 우리가 할 수 있는 것은 기후 변화란 새로운 시공간적 환경에 조응하는 새로운 삶의 방식, 나아가 새로운 사회제도를 구축하는 일이다. 마을, 도시, 지역, 국가 단위의 시공간적 환경과 조화하는 삶의 방식에서 지구란 시공간적 환경과 조화하는 것으로의 전환이 기후 변화 시대 인류 생존의 길이다.

인간이 환경에 적응하면서 살아가는 생존의 방식은 오랜 세월을 거치면서 사회제도란 것으로 구축되어 있다. 인간에게 사회는 그래서 먹고 살아가는 생계의 방식을 바탕(물적 토대)으로 사회적 관계를 규칙화하는 권력 작용의 구조(상부구조)가 구축되어 있는 구성체를 이루고 있다. 역사 단계마다 구성체의 모습은 다르다. 자본주의capitalism는 이 시대의 지배적인 체제로서 인간이 환경에 적응하기 위해 역사적으로 구축한 것 중에서도 가장 선진적인 것이다. 인간의 욕망 충족을 위한 착취와 지배의 기술이 발달하면서 자본주의는 시공간적으로 급속히 확대되었다. 자본의 힘이 작용하는 영역은 '인간의 세계'를 넘어 '자연의 세계'에까지 뻗쳐 있다(조명래, 2009). 자본에 의한 노동의 포섭을 넘어 자연의 포섭으로 자본에 의한 착취와 지배의 작용망이 확장되어 있는 게 오늘날 자본주의의 모습이다. 지구화는 자본운동이 지구적 시공간적 규모로 확장하는 것으로 여기엔 바로 자연의 포섭이란 차원까지 포함하고 있다. 자본에 의해 자연이 포섭되는 시공간적 규모은 지구 생태계의 그것에 근접해 있지만, 현실의 시공간적 기술과 규범은 여전히 인간적 규모의 시공간적 환경에 맞추어져 있다. '자연의 자본화'를 동반하는 자본 축적의 고도화는 지구 생태계 내의 엔트로피 증가와 에너지 흐름의 교란을 초래하고 있다. 하지만 자본주의를 지탱하는 인간 중심주의적 제도와 규범은 이러한 지구적 규모의 문제를 효과적으로 다루지도, 극복하지도 못한다. 기후 변화의 문제는 자본주의의 문제와 뗄 수 없는 관계를 가지고 있다. 따라서 자본주의를 그대로 둔 채, 우리는 기후 변화에 의해 야기된 환경 및 사회 변동을 쉽게 극복할 수 없다. 기후 변화의 극복은 자본주의의 극복과 함께 가야 한다.

그렇다면 왜 우리는 자본주의를 쉽게 바꾸지 못할까? 기후 변화를 이겨낼 수 있는 보다 효율적인(기후 변화 친화적인) 사회시스템을 왜 만들어낼 수 없을까? 그 답은 인간 사회 내의 권력 문제에 있다. 권력은 '남을 다스리거나 복종시키는 힘'을 말하며, 사회에서 권력은 제도로 규칙화되어 작용한다. 자본주의는 사회 전반에 자본의 논리와 법칙이 지배하도록 권력화되어 있는 '정치경제' 체제를 말한다. 기후 변화를 초래한 한 원인자인 만큼, 이를 극복하는 데 적합한 생존의 방식이 아님을 알면서도 자본주의를 쉽게 대체할 수 없는 까닭은 자본이 경제와 정치 전반을 지배하는 권력으로 작용하기 때문이다. 가령, 지구 온난화가 화석연료의 대량 사용과 관련되어 있음을 알면서도 화석연료를 이용하는 상품의 소비를 줄이지 못하는 것은 소비자들의 선호, 기업의 판매 전략, 고용과 교역 확대를 위한 국가 정책 등에 의해 뒷받침되고 있기 때문이다. 말하자면 '화석연료를 이용하는 상품의 대량 생산과 소비'는 생존의 방식은 자본주의 하의 정치와 경제제도로 규칙화되어 있다. 그 규칙성은 바로 자본에 의해 지배되는 권력성을 말한다. 자본주의에서 국가는 바로 자본의 논리가 사회 전반에 관철되도록 돕고 지원하는 권력의 결정판이다. 권력과 정치의 녹색화가 어려운 것도 바로 이러한 이유 때문이다. 기후 변화의 문제는 생존의 방식을 규정하는 (국가) 권력의 문제를 제기하고 있다.

끝으로, 기후 변화는 잠재화된 혹은 다가올 '위험risk'이란 성질의 문제로 인지된다. 기후 변화는 인류 생존의 전망을 위협하고 있지만, 이에 대한 우리의 인지적, 행위적 반응은 즉각적이지 못하다. 이는 기후 변화란 문제의 특질과 관련된다. 우리는 지구에서 삶을 살면서 지구적 환경 문제가 인간의 생존을 위협해왔음을 늘 체험해왔고, 오늘날의 기후 변화도 이의 연장이거나 한 현상으로 간주한다. 전문가들이 과학적 근거를 가지고 경고해도, 일반인들은 기후 변화로 나타나는 지구 환경의 문제를 그렇게 심각하게 받아들이지 않는다. 오히려 전문가들의 경고를 무시하거나 경고의 신뢰성에 대해 의문을 제기한다. 그렇지만 기후 변화를 초래한 온난화는 지난 200년간의 산업화의 결과로서 생태계의 에너지 흐름이 깨지는 것과 무관치 않고, 또한 그로 인해 지구 환경의 상태가 수백만 년 전의 빙하기 혹은 온난기로 되돌아갈 수 있다. 기후 변화는 인간이 만든 환경 재앙으로서 현재보다 앞으로 다가올 위험의 형태를 취하고 있다. 여기서 '책임과 위험'을 어떻게 해석하고 받아들이느냐가 문제다. 책임은 지구 생태계 보호를 위한 인간의 도덕적 역할을 지칭하고, 위험은 기후 변화에 따른 환경 재앙의 결과를 사전 예방하기 위한 성찰적 행동을 전제로 한다. 이 둘을 어떻게 현실의 행동과 제도로 옮겨낼 것인가는 기후 변화를 둘러싼 현실 정치의 관건이다.

3. 기후 변화의 정치화와 민주주의의 쟁점

지구는 이미 기후 변화와 전쟁 중이다. 지금 겪고 있는 기후 변화는 장차 겪게 될 것에 견준다면 시작에 불과한 것이지만, 우리는 지금 겪고 있는 것에서 미래의 보다 큰 충격을 어렵잖게 감지할 수 있다. 일국적 차원에서는 물론이고 국가 간 관계에서도 기후 변화는 중요한 정치적 쟁점들로 떠오르고 있는 중이다. 기든스(2009)의 최근 저서 『기후 변화의 정치학』은 이를 잘 설명해준다. 기후 변화가 야기한 문제가 본질적으로 '문명'에 관한 것인 만큼 기후 변화의 정치학 또한 새롭고 도전적이다. '기후 변화의 정치화'는 여러 경로를 통해 이루어진다.

첫째, 기후 변화 현상 자체를 어떻게 볼 것인가에 관한 과학적 논쟁을 둘러싼 '기후 변화의 정치화'다. 주류의 과학자들은 지구 온난화가 기후 변화의 주된 요인이라고 간주하고, 유엔도 이러한 주장을 근거로 기후 변화를 대처하는 새로운 국제협약을 이끌어내고자 한다. 하지만 일군의 회의적인 과학자들은 지구 온난화가 과학적으로 검증된 것이 아닐 뿐 아니라, 증후가 있다 해도 지구의 환경 역사에서 늘 있었던 것으로 인류의 생존 환경을 위협할 정도가 아니라고 반격한다. 논쟁은 앞으로 더 있어야 하지만, 기후 변화에 관한 과학 논쟁이 정치화되고 있는 것은 분명하다. 주류 과학자들은 지구 온난화에 관한 불완전한 연구 결과를 이용해 그들의 과학 지식을 헤게모니적 담론으로 구축하고자 한다. 정치인들은 이러한 담론을 이용해 그들의 권력 지배에 대한 대중적 지지를 획득하고자 한다면, 자본가는 자본 축적의 확대를 위한 신산업화를 도모하고자 한다. 기후 변화에 관한 '과학의 정치화'는 이렇듯 과학계, 정치계, 언론계, 산업계 등의 이해가 일치하기 때문에 가능한 것이다. 그러나 기후 변화를 과학적 사실로 어느 정도 받아들이고, 또한 이를 바탕으로 기후 변화를 대처할 수 있는 대안적 과학 지식과 이의 대중화를 얼마만큼 민주적으로 이끌어낼지는 또 다른 정치적 쟁점으로 남아 있다.

둘째, 기후 변화로 인한 피해, 책임, 구제 등을 둘러싼 '기후 변화의 정치화'다. 기후 변화의 피해는 사회적·생물적 약자들에게 상대적으로 집중되는 경향이 있고, 또한 그런 만큼 이들이 겪는 생존권의 위협도 더 크다. 이에 반해 기후 변화를 초래하는 원인 제공자에 대한 사회적 책임은 명확하게 가려지지 않은 채, 주요 원인 제공자로 간주되는 기득권층(예, 대기업)은 사회적 특권을 이용해 책임을 교묘하게 회피하거나 전가하고자 한다. 한편 기후 변화로 인해 환경자원(예, 청정 연료, 청정 기술 등)이 고가의 경쟁상품으로 거래되는 경향이 나타나고 있다. 사회 약자들은 이러한 거래에서도 상대적으로 불이익을 받으면서 환경 약자로 전락하고 있다. 기후 변화의 피해와 책임, 그리고 자원 배분에서 불공평 문제는 기후 변화와 관련된 정치 쟁점의 중요한 부분으로 떠오르지만 기존의 권력구조에서 어느 정도 민주적으로 해결될지는 별개의 문제로 남아 있다.

셋째, 기후 변화의 대응과 사전 예방의 정책화를 둘러싼 '기후 변화의 정치화'다. 기후 변화에 대응하거나 이를 예방하는 제도적 방안의 개발은 주요 국가들이 현재 경쟁적으로 벌이는 첨단 정책 분야에 해당한다. 청정 기술의 개발, 재생 가능 에너지의 생산 확대, 에너지 소비구조의 전환, 환경산업의 육성, 기후 변화 관련 과학기술의 연구개발, 친환경적인 건축물과 도시 건설, 탄소세의 부과, 탄소 배출 총량제 및 할당제의 실시, 탄소 배출권의 거래 등이 그러하다. 이들은 모두 기후 변화를 예방하기 위해 각국 정부들이 강구하고 있는 정책 과제들이다. 개별 정책들은 녹색 경제, 녹색 뉴딜, 녹색 성장 등으로 패키지화된 정책으로 추진되기도 한다. 이러한 정책들은 기후 변화를 능동적으로 예방하면서도, 이를 이용해 새로운 성장을 이끌어내고, 나아가 사회 전반을 녹색 사회로 전환하는 것을 목표로 삼는다. 그러나 정책 하나하나를 놓고 보면, 기존의 기술체계, 소비 방식, 산업 구조, 토지 이용 방식, 세제 등을 근본적으로 바꾸어야 정책이 의도하는 효과를 거둘 수 있음을 알 수 있다. 따라서 새로운 정책을 도입하게 되면 세부 영역별로 이미 구축되어 있는 권력화된 이해관계자들 사이에 대립과 갈등이 필연적으로 발생한다. 이를 어떻게 민주적으로 조정하고 합의해가느냐가 해당 정책의 성공을 담보하게 된다. 이는 상위의 정책목표(예, 녹색 성장, 녹색 사회)를 설정하는 과정에서도 마찬가지다. 상이한 가치관을 가진 주요 사회 세력들이(예, 정당, 노조, 시민단체, 소비자, 생산자 등) 기득권을 내세워 제기하는 요구들을 어떻게 민주적으로 조정하고 합의해가느냐가 상위 정책의 목표 설정, 나아가 이의 실현을 좌우하게 된다.

넷째, 기후 변화에 적응하는 새로운 삶의 방식을 둘러싼 '기후 변화의 정치화'다. 기후 변화로 인한 영향에는 인간이 가지고 있는 역량과 수단으로는 쉽게 극복할 수 없는 부분이 적지 않다. 이럴 경우 인간 사회를 지속 가능하게 지탱해갈 수 있는 슬기로운 방법은 기후 변화에 적응하는 새로운 삶의 방식을 제도화하는 것이다. 기후 변화로 인해 새로운 바이러스성 질병이 자주 유발하게 되면 국가 보건행정은 물론이고 가정 단위의 가족건강 관리방식도 이를 예방하고 대처할 수 있는 것으로 바꾸어야 한다. 산성비의 잦은 강우로 문화유산이 부식되어 원형 유지가 힘들어지면 문화유산 보전의 관리방식도 이를 대처할 수 있도록 재편해야 한다. 기후 변화로 인해 탄소 배출량이 제한되면 탄소 배급제를 도입해 가정이나 지역사회 단위의 소비 총량을 제한하고, 나아가 이에 상응하는 소비 방식을 강구하도록 해야 한다. 지구 온난화로 작물의 생육 환경이 바뀌면 새로운 작부체계를 도입하는 등의 농업정책이 발 빠르게 실시되어야 한다. 특히 지구 환경의 특징을 올바르게 이해하면서 그에 상응하는 사고와 행동을 유발하기 위해선 청소년을 위한 기존의 반녹색적인 교육이 대대적으로 개혁되어야 한다. 그러나 기후 변화에 적응하는 삶의 방식으로의 전환은 그렇게 간단치 않다. 새로운 방식의 도입은 기존의 것과 마찰을 빚게 되고, 그에 따른 다양한 정치적 갈등이 분출하게 된다. 이 갈등에는, 지구 환경과 관련된 녹색 가치를 해석하는 갈등, 과거의 방식을 버리고 새로운 방식을 취하는 것을 둘러싼 이익 갈등, 기후 변화에 대한 적응적인 정책을 둘러싼 정파 간 갈등 등이 포함된다. 따라서 이 같은 복잡한 갈등이 민주적 논의 과정을 통해 해소될 때 기후 변화에 적응하는 삶의 방식으로의 전환이 성공적으로 이루어지게 된다.

다섯째, 기후 변화를 대응하고 극복해가는 새로운 국가제도와 권력구조를 만들어가는 것에 따른 '기후 변화의 정치화'다. 기후 변화는 자연 현상이지만 사회적 관계를 매개로하여 해석되고 반응하며, 또한 극복된다.

기후 변화에 관한 과학적 진실 규명, 기후 변화로 인한 피해와 책임의 공평한 배분, 기후 변화를 사전에 예방하는 제도 방안의 강구, 기후 변화에 적응하는 대안적 삶의 방식으로 전환 등은 모두 기존의 반환경적인 권력구조(특히 국가)의 개편이 전제되어야 한다. 그러나 권력구조의 재편은 그 목표와 방법을 둘러싼 정파 간 갈등을 유발하게 된다. 앤서니 기든스 Anthony Giddens는 기후 변화란 초당파적인 문제이고, 또한 그렇게 접근해야 한다고 역설한다. 유럽의 우파들은 지구 온난화가 과장되어 있어 어떠한 급진적 해결에 대해서도 소극적인 반면, 좌파들은 지구 온난화가 심각하고 급진적인 해결책이 필요함을 주장하고 있다. 기후 변화의 쟁점은 우파와 좌파의 구분을 넘어서는 만큼, 모든 정파를 아우르는 '기후 변화의 정치화'가 필요한바, 그 핵심은 국가 역할의 새로운 제도화에 있다고 한다.

정리를 하자. 기후 변화는 자연 현상이지만 인간 사회 내의 사람과 제도의 관계를 통해 인지되고 해석되며 대응의 차이를 불러온다. 이러한 사회적 수용과 반응은 불평등한 권력구조의 지형을 따라 이해관계의 충돌과 조정을 거치면서 이루어진다. '기후 변화의 정치화'는 바로 이를 두고 하는 말이다. '기후 변화의 정치화'는 이중적 측면을 가지고 있다. 기후 변화를 둘러싼 각종 갈등에 의한 정치화가 전자라면 기후 변화를 넘어설 수 있는 새로운 제도를 구축하는 것에 의한 정치화는 후자에 속한다. 기후 변화로 인한 피해와 적응을 둘러싼 갈등을 해소하면서, 동시에 기후 변화를 능동적으로 극복할 수 있는 제도를 둘러싼 갈등을 해소하는 이중적 정치화 과정에서 핵심은 민주주의다. 즉, '민주적 논의와 합의, 그리고 이의 제도화' 여하가 '기후 변화의 정치화'의 내용과 결과를 달리한다. 기후 변화의 정치화는 결국 민주주의 문제로 귀결된다.

4. 기후 변화의 시대, 민주주의의 확장과 녹색정치

기후 변화는 민주주의의 문제를 새롭게 부각시키고 있다. 그러나 이러한 문제 제기가 고전적 민주주의로 돌아가자는 주장으로 읽혀선 안 된다. 민주주의의 성찰적 해석과 확장을 통해 우리는 기후 변화가 불러온 인류 생존의 위기를 극복하는 정치적 실천 방식을 찾을 수 있다. 그렇다면 기후 변화를 극복하는 정치적 실천으로서 민주주의는 어떻게 확장되어야 할까?

첫째, 기후 변화 시대 민주주의는 고전적인 '아고라 민주주의' 혹은 '의회 민주주의'에서 '지구적 민주주의planetary democracy'로 확장되어야 한다. 민주주의란 정치 이념이 작용하는 영역을 아고라 혹은 의회란 협소한 정치 공간에서 지구란 광역적 정치 공간으로 확장해야 한다는 의미다. 이는 달리 말하면 인간적 규모의 환경에 '갇혀진 민주주의'에서 지구적 규모의 환경으로 '열려진 민주주의'로의 전환을 의미한다. 민주주의는 권력이 민중에게 있음을 전제하여 이루어지는 정치적 작용 방식에 관한 이념이다. 이러한 민주주의 개념은 인간 간의 대등한 권리관계, 권리 주체들의 공평한 참여에 의한 정치적 의사 결정, 이를 바탕으로 사회제도의 개방적 운영을 전제한다. 이는 강한 인간 중심주의를 전제로 한다. 이에 견주어, 기후 변화의 정치화에서 제기되는 민주주의의 문제는 정치적 이해관계의 스펙트럼을 인간 행위자 간의 관계에서 지구와 인간 행위자 간의 관계로 확대할 것을 요청한다. 즉, 지구 환경과 관련된 사회적 쟁점들을(예, 지구 온난화에 대한 인간의 책임 문제, 생물종의 보호에 대한 지역사회의 역할 문제) 열려진 민주주의 토론장으로 끌어들여 개방적으로 논의할 수 있다면, 우리는 이를 통해 해결을 위해 정치적으로 합의된 실천 대안을 도출할 수 있다.

둘째, 기후 변화 시대 민주주의는 인간 중심의 민주주의에서 생태 중심의 민주주의로 확장되어야 한다. 이는 민주주의가 다루는 정치적 가치가 인간 중심의 단일 가치에서 생태 중심의 다원 가치로 바뀌어야 한다는 것과 같은 의미다. 인간이 인간인 한 인간 중심주의를 근본적으로 버릴 수 없다. 문제는 인간 중심주의의 폐해다. 인간이 자연의 절대 우위에 있고 자연에 대한 지배와 착취를 당연하게 여기는 믿음은 인간 중심주의의 다른 표현이다. 지구 생태계의 엔트로피 증가를 초래하는 방임적 인간 활동은 바로 인간 중심주의 가치관에서 비롯된 것이다. 인간이 생명체인 한 지구 환경으로부터 자원을 지속적으로 획득해야 하고, 이를 이용해 삶의 질을 일정하게 지속시켜가야 한다. 그러나 기후 변화 시대 삶의 지속성은 인간 중심주의의 닫힌 가치인식을 벗어나야 가능하고, 민주주의도 이러한 원리를 반영하는 것으로 바뀌어야 한다. 즉 인간을 포함한 지구 생태계의 가치를 표방하는 다양한 이해관계의 다툼을 현실 정치를 통해 조율하고 합의할 수 있는 것으로 민주주의의 원리가 바뀌어야 한다.

셋째, 기후 변화 시대 민주주의는 정치적 가치를 다원적으로 재현再現하는(대의代議하는) 방식에 관한 것으로 확장해야 한다. 정당민주의나 의회민주주의와 같은 기존의 민주주의 하에서는 위임받은 엘리트 정치인들만 제도정치body politics 공간 속에 들어가게 되고, 또한 엄격한 절차와 규칙에 의해서만 국민으로부터 부여받은 대의권을 제한적으로 행사한다. 그만큼 사회의 다양한 이해관계를 제대로 재현하지 못하고 있는 게 오늘날 형식화된 민주주의이다. 이런 상황에서 정치적 대결은 좌파와 우파로만 나누어지게 되고, 그 결과 다양한 정치적 요구들이 대결적인 토론장에서 심대하게 왜곡되어 대의된다. 무엇보다 주류세력이 선호하지 않는 정치적 가치나 요구는 구조적으로 배제된다. 이를테면 녹색의 정치적 가치가 제도정치의 장으로 전달되어 다른 정치적 가치와 대등한 다툼을 벌이고, 그렇게 해서 정책으로 채택될 가능성은 현재의 형식화된 민주주의에서는 희박하다. 기후 변화는 이러한 민주주의의 대의방식과 결코 무관하지 않다. 따라서 기후 변화 시대 민주주의는 인간의 권리만 아니라 생태계의 권리도 대표하여 토의하고 승인할 수 있는 다원적 열린 민주주의로 확장되어야 한다.

넷째, 기후 변화 시대 민주주의는 녹색 국가란 정치제도로 확장되어야 한다. 기후 변화를 대처하는 정치적 실천으로서 새로운 민주주의는 결국 현실의 정치제도로 담겨서 규칙화되어야 한다. 여기서 정치제도는 인간 사회의 문제만 아니라 생태 환경의 문제까지도 위임받은 권리를 가지고 다스리는 녹색 국가를 말한다. 기든스(2009)도 기후 변화의 올바른 정치화를 위해 국가로 돌아갔다. 기후 변화의 위험은 누구나 알고 있지만, 동시에 누구도 그 변화를 막기 위해 스스로의 행동을 바꾸지 않는다. 이 역설(일명 '기든스의 역설')을 풀기 위해 기든스는 개인을 넘어 사회 전체를 아우르는 차원에서 문제를 진단하고 해법을 찾는다. 그러나 그가 보기에 현실에는 기후 변화의 문제를 올바르게 대응할 수 있는 어떠한 집합적 실천 방안이나 제도도 없다. 심지어 녹색운동도 그러하다고 한다. 그렇게 해서 그가 돌아간 국가, 즉 기후 변화를 극복하는 데 역할을 집중하는 국가를 '책임 국가the ensuring state'라 불렀다. 책임 국가는 한편에선 기후 변화에 관련된 다양한 주체들이 자발적으로 행동 변화를 일으키고, 다른 한편에서는 탄소 배출의 저감 등을 통해 기후 변화를 적극적으로 막거나 완화시키는 데 스스로의 역할을 집중한다. 기후 변화 시대 국가경영을 위해 기든스는 정치인(국가경영자)들에게 4가지 과제를 요구한다. 첫째, '경제와 정치를 통합'적으로 운영해라. 둘째, '일상생활로부터 기후 변화의 대응 시스템'을 이끌어내라. 셋째, 좌와 우를 넘어서는 초당적 정책(정치)을 펴라. 넷째, 기후 변화의 위험을 냉철히 분석하고 종합적으로 예측하면서 관리하는 계획체제를 구축하라. 이러한 과제를 올바르게 수행하기 위해 책임 국가의 정치는 민주주의 원리를 충실히 따라야 한다고 한다. 기후 변화의 민주적 대응에 스스로의 역량을 집중시키는 책임 국가는 일종의 녹색 국가로 볼 수 있다. 사회민주주의가 발달되어 있고, 녹색 가치를 정치의 새로운 가치로 제도화하고 있는 북유럽 국가들(스웨덴, 덴마크, 핀란드, 독일, 네덜란드 등)이 이러한 유형의 녹색 국가에 가깝다.

기후 변화 시대의 확장된 민주주의는 궁극적으로 녹색 국가로 제도화되는 모습을 드러낸다. 그러나 녹색 국가는 새로운 민주주의의 제도화된 결과라면, 그 과정은 정치의 녹색화, 즉 일상 정치를 녹색 가치 중심으로 꾸려가는 것에 의해 채워져야 한다. 기후 변화 시대 민주주의의 확장은 녹색 정치의 활성화로 구현되고, 이의 제도적 규칙화가 곧 녹색 국가다. 녹색 민주주의의 구현물로서 녹색 정치와 녹색 국가는 동전의 앞뒤에 불과하다.

5. 맺음말: 한국 현실에 대한 함의

이명박 정부의 출범과 함께 녹색 성장이 정책의 핵심 화두가 되고 있다. 녹색을 자원화하고 경제적 가치재로 활용하여 새로운 경제성장을 이끌어내는 것이 곧 녹색 성장이다. 내용적으로 기후 변화 시대 에너지 효율성이 높은 기술을 개발하고 산업을 육성하는 것을 중심으로 한다. 말하자면, 이명박 정부는 기후 변화를 대응하는 데 스스로의 역할을 집중시키는 한국적 '책임 국가'라 부를 수 있다. 최소한 외양적으로 이명박 정부는 녹색을 최우선적인 정치적 가치의 하나로 내세우고 있고, 또한 정책적 수단을 이 목표를 달성하는 데 집중 투입시키고 있는 것으로 보인다. 그러나 녹색 성장에 관한 무성한 슬로건에 비해 지난 임기 동안 이룩한 성과는 극히 미미하다. 더욱이 슬로건과 달리, 4대강 정비, 녹색 뉴딜, 원자력 건설기술의 주력 수출 산업화, 그린벨트의 대규모 해제 등 같이 녹색과 거리가 먼 경제 중심의 반녹색 산업과 토건개발사업에 그동안의 정책적 노력을 집중시켜왔다. 이러한 방식의 정책 추진은 녹색주의자들의 참여를 철저하게 배제한 채 토건적 집권세력들에 의해 일방적으로 이루어져왔다. 이를 통해 성취하고자 하는 것도 정치적 치적을 쌓아 정권을 재창출하기 위한 정치적 목표이지 기후 변화를 사전 예방하거나 극복하고자 하는 녹색 정책의 목표와는 무관하다. 따라서 이명박 정부의 녹색 성장 정책에서 지구 환경 문제에 대한 성찰이나 책임의식, 녹색주의자의 자유로운 참여를 허용하는 민주주의의 확장, 국가의 녹색화를 위한 정치 개혁을 찾는 것은 우물가에서 숭늉을 찾는 격이다. 반녹색의 토건주의들이 이끄는 '나쁜 녹색 성장'은 단기적으로는 '좋은 녹색 성장'을 가로막고, 장기적으로는 한국 사회의 지속 가능 발전을 파국으로 내몰게 된다. 기후 변화의 시대 민주주의와 녹색 정치에 관한 성찰이 요청되는 것은 바로 이러한 파국을 막기 위해서다.

(이 글은 『환경과 생명』 2010년 봄호에 게재된 바 있다.)

참고문헌

앤서니 기든스 지음, 홍욱희 옮김, 『기후변화의 정치학』, 서울: 에코리브르, 2009.
이기영, 『지구가 정말 이상하다』, 서울: 살림, 2005.
정회성, 『전환기의 환경과 문명』, 서울: 도서출판 지모, 2008.
조명래, 『지구화: 되돌아보기 넘어서기』, 서울: 환경과 생명, 2009.

기후 재앙에 대한 '마지막 경고'

김준우

1. 들어가는 말

기후 재앙은 이미 시작된 것이 분명하다. 단지 우리가 일교차가 10도 이상 되는 날씨에 익숙해 있으며, 빈번해진 이상 기후와 지진으로 인해 자연과 계절의 변화를 더 이상 예측할 수 없게 되었다는 사실을 당연한 것으로 받아들이게 되었으며, 특히 주식(쌀)의 자급자족으로 인해 기후 재앙의 심각성을 피부로 느끼지 못하고 있을 뿐이다. 2003년 여름, 유럽 지역의 폭염으로 인해 35,000여 명이 사망하고 인도에서도 15,000여 명이 사망한 사태, 2005년 8월 말 미국 남동부를 강타한 허리케인 카트리나로 인해 뉴올리언스를 비롯한 인근 지역에서 2,500여 명의 사망자와 2만 명 이상의 실종자, 10만 명 가까운 이재민을 냈던 사태, 이미 11년째 계속되는 가뭄을 겪고 있어 쌀 생산량이 거의 2%로 줄어든 오스트레일리아 사태,[1] 심각한 가뭄으로 인해 2007~8년 사이에 북부 시리아의 160여 개 마을에서 모든 사람들이 마을을 버리고 떠나게 된 사태,[2] 그리고 지난겨울 몽골에서 섭씨 영하 50도 아래로 내려가는 날이 잦을 정도의 혹한으로 인해 가축 820만 마리가 동사한 사태[3] 등은 기후 변화로 인한 폭염과 슈퍼태풍, 가뭄과 식량 생산 감소로 인한 식량난과 식수난 등 사람들이 직접적으로 피해를 당한 기후 재앙이었다.

문제는 이처럼 엄청난 피해를 가져온 재앙들이 갑자기 닥쳐온 것이 아니라 기후 변화로 인해 상당 부분 이미 예견되고 있었던 재앙들이었다는 점이다. 그리고 기후 재앙은 이제 단지 시작 단계에 접어들었을 뿐, 그 재앙이 본격화하는 단계가 점차 가까이 다가오고 있다는 점이다. 지난겨울의 혹한으로 인해 많은 사람들은 지구 온난화에 대해 의심하기도 했다. 그러나 세계기상기구WMO가 발표한 『2009년 전 지구 기후보고서』(2010)에 따르면, 중국과 인도, 오스트레일리아를 비롯해서 세계 곳곳에서 기록적인 열파와 한파가 나타나 산불과 가뭄, 태풍이 심했지만, 2009년 연평균 기온은 "관측기기를 이용한 기후 관측 기록이 시작된 1850년대 이후 5번째로 기온이 높은 해로 기록되었다."[4]

이처럼 기후 변화가 일어나는 원인에 대해 IPCC(정부간기후변화위원회)를 포함해서 대다수 과학자들은 (1) 인위적인 요인들, 즉 인구 폭발, 새로운 도시 건설과 농경지 확보를 위한 삼림 파괴, 화석연료 사용, 축산업, 비료 사용, 쓰레기 매립 등으로 인한 온실가스의 영향과 (2) 자연적인 요인들, 즉 태양 활동과 화산 폭발의 영향 등이 함께 작용하는 것으로 본다.[5] 기후 체계의 복잡한 물리-화학-생물-해양학적 연쇄반응과 피드백에 관한 지식에서 비록 불확실성이 남아 있기는 하지만, 오늘날 과학자들은 지구상에서 7,000여 개 관측 지점에서 육지와 해상의 온도를 측정한 자료들을 바탕으로 해서, 특히 1980년 이후 인공위성을 통한 관측과 고성능 컴퓨터를 사용한 수많은 연구와 논쟁을 거쳐서, 기후 변화의 기본 과정들을 어느 정도 밝혀냈다.

분명한 사실은 (1) 지난 900년 동안 지구 기온이 점차 조금씩 내려가다가 20세기 이후부터 서서히 올라가고 있다는 사실,[6] (2) 그리고 현재 대기 중의 이산화탄소 농도가 390ppm에 달해 지난 65만 년 동안 가장 높다는 사실, (3) 또한 지난 10,000년 동안의 지구 평균 온도에서 지난 50년 동안이 가장 높았으며, (4) 지난 100년 동안 온도가 가장 높았던 연도들은 모두 1980년 이후에 속한다는 사실이다. 이처럼 지구는 점차 조금씩 더워지고 있으며, 과학자들은 여러 시나리오를 통해 미래 기후 예측 능력에 대해서도 어느 정도 자신감을 갖게 되었다.

이 글은 최근에 세계적인 과학자들이 미래의 기후 예측과 관련하여 '마지막 경고'를 울린 이유들을 살펴보려는 것이다. 그들의 '마지막 경고'를 검토해보면, 기후 변화로 인한 대재앙의 임계점, 그 '문턱'이 21세기 중반 이후가 아니라 이미 지났거나, 아니면 앞으로 10~20년 후로 훨씬 더 임박했음을 알 수 있다. 지금처럼 경제 위기와 기후 변화 위기가 동시에 진행되는 상황에서, 과학자들의 '마지막 경고'에 귀를 기울이는 것은 궁극적으로 '풍성한 생명'을 목표로 하는 신학과 목회에서 매우 중요한 기초적 과제라고 생각한다.

2. IPCC 보고서(2007)와 "마지막 경고"를 울린 과학자들

IPCC는 1990년부터 대기권의 화학적 및 물리적 변화에 관한 증거들을 수집하여 보고서를 발표했는데(1991, 1995, 2001, 2007), 제4차 보고서는 2,500여 명의 과학자들이 참여하고 그 결과에 대해 130개 국가 수백 명의 전문가들의 평가를 거친 보고서다. 이 보고서(2007)는 현재 지구 온난화가 진행되고 있다는 사실에 대한 '명백한' 확신과 또한 인간의 활동이 그 원인이라는 것이 '거의 틀림없는 확신'(90%)이라는 점에 대해 합의했다. 즉 "지난 42만 년 동안의 이산화탄소 농도는 현재의 이산화탄소 농도를 넘어본 적이 없고, 지난 2천만 년 동안에도 없었던 것 같다. … 지난 20년 동안 대기 중으로의 인위적인 이산화탄소 배출의 약 3/4은 화석연료의 연소로 인한 것이다. 그 나머지는 주로 토지 이용도의 변화, 특히 산림 개간 때문이다"[7]라고 결론내림으로써 최근의 기후 변화가 자연적인 요인에 의한 것이 아니라 인류의 책임이라는 사실을 명확하게 밝혔다.

또한 이 보고서는 21세기 말까지 지구 표면온도가 섭씨 1.4~5.8도 상승할 수 있는데, "가장 가능성이 높은 것은 섭씨 4.5도 상승하는 것"이라고 예측했다. 한 세기 동안에 이렇게 온도가 상승하는 속도는, 1,000년에 약 1도 상승하는 자연스러운 온도 변화 속도[8]보다 45배(혹은 58배) 더 빠른 속도인 것이다. 또한 이 예측대로 지구 평균 온도가 섭씨 4.5도 상승한다는 것은, 육지가 해양보다 온도 상승이 2배 이상 높으며, 북반구가 남반구보다 높으며, 지난 100년 동안 지구 평균 온도가 섭씨 0.8도 상승한 것에 비해 도쿄의 경우 최근 100년 동안 섭씨 3도 상승한 것처럼[9] 도시에서는 열을 포획하는 열섬 효과heat island effect가 나타나는 점을 고려할 때, 대도시들은 특히 여름철에 생지옥으로 바뀌게 된다는 뜻이다. 또한 이 보고서는 2000년부터 2030년까지 전 세계 온실가스 방출량이 25~90% 증가할 것으로 전망했으며, 2100년까지 이산화탄소 농도는 540~970ppm(생물권의 기후 피드백을 고려하면 490~1260ppm)으로 증가할 것이며, 해수면 상승은 0.13~0.94m로 전망했다. 게다가 당장 이산화탄소 배출을 완전히 중단한다 해도, 현재의 온실가스 농도 수준은 해수면을 1.4m 상승시킬 것으로 예측했다.

IPCC에서 이런 보고서가 나온 이후, 기후 변화 문제에 대해 30~40년 동안 연구해왔던 대표적인 과학자들이 2009년에 IPCC의 기후 예측에 대해 비판하면서 기후 재앙에 대한 '마지막 경고'를 연달아 발표했다. 우선 기후 변화의 인위적인 요인을 강조하며 1988년 유엔 산하에 IPCC를 구성하는 데 공헌했던 '기후 변화의 할아버지' 제임스 핸슨(컬럼비아 대학교 지구환경학과 교수이며 미 항공우주국NASA의 Goddard 연구소장)은 『내 손주들에게 닥칠 폭풍: 다가오는 기후 재앙에 관한 진실과 인류를 구원하기 위한 마지막 기회(*Storms of My Grandchildren: The Truth About Coming Climate Catastrophe and Our Last Chance to Save Humanity*)』[10]를 발표했다. 그는 1980년대 이래로 미국의 하원 및 상원 위원회, 부통령 직속 기후 변화 대책위원회, 백악관 등지와 매스컴을 통해 기후 변화의 임박한 위협에 증언을 했지만, 환경 문제가 정치인들의 무지와 속임수, 기업과 연결된 로비스트들의 영향을 받고 있기 때문에, 정책을 통해 환경 문제를 해결하기 위해서는 민주주의 절차가 매우 중요하다고 판단하여, 학술지에만 발표하던 자신의 연구 결과를 대중들, 특히 젊은 세대와 공유하기 위해 처음으로 알기 쉽게 책을 썼던 것이다. 또한 노벨상 수상자인 스티븐 슈나이더(스탠포드 대학교 환경공학과 교수) 역시 이미 1997년에 발표한 『실험실 지구』를 통해 기후 변화에 대한 연구 역사, 그 원인과 영향에 관해 자세하게 설명한 바 있었지만, 2009년에 또다시 『과학의 접전: 지구 기후를 구하기 위한 전투(*Science as a Contact Sport: Inside the Battle to Save the Earth Climate*)』를 발표했다. 한편 1970년대부터 '가이아 이론'을 주장한 제임스 러브록은 '행성 의사'를 자처하며 2006년에 『가이아의 복수』[11]를 발표하여 임박한 기후 재앙을 경고했지만, IPCC의 2007년 보고서에 나타난 미래 기후 예측의 잘못을 입증하기 위해 2009년에 90세의 고령에도 불구하고 다시 『가이아의 사라지는 얼굴: 마지막 경고(*The Vanishing Face of Gaia: A Final Warning*)』[12]를 발표했다. 그리고 헨리 폴락(미시간대학교 지구물리학과 교수) 역시 『얼음 없는 세상(*A World Without Ice*)』[13]을 2009년에 발표했다.[14]

3. 정치 지도자들의 "공허한 제스처"

기후 변화의 위기에 대해 과학자들은 그동안에도 계속 경고해왔다. 1988년 6월 캐나다 토론토에서 개최된 〈대기권 변화에 대한 세계회의〉에서는 기후 변화의 궁극적인 결과가 "핵전쟁에 버금가는 것이 될 것"[15]이라고 경고했다. 또한 지구학자 조나단 웨이너는 오늘의 시점이 "(최초의 원자폭탄을 개발한) 오펜하이머 교수가 (최초로 핵실험을 한) 알라마고도에서 숨죽이며 카운트다운을 했던 이래로 가장 무서운 카운트다운이 진행되는 시점"[16]이라고 경고한 바 있다. 기독교 사회윤리학자 로저 쉰은 급박한 위기 상황에서 "미결정과 지체함은 단호한 악행만큼이나 범죄적인 것"[17]이라고 지적했다. 많은 사람들은 기후 변화의 위협에 대한 확실한 '과학적' 증거가 나올 때까지는 즉각적인 행동을 취할 필요가 없다고 생각하며, "현재 세대의 필요가 미래 세대에 대한 배려보다 우선"이라고 생각하지만, 20세기 가장 탁월한 생태학자 가운데 한 사람인 폴 에를리히는 이런 태도를 가리켜, "당신이 러시안 룰렛 게임을 하면서 당신의 귀에 '빵!' 하고 총소리가 들릴 때까지는 그 위험을 두려워할 필요가 없다고 말하는 것과 같다"[18]고 경고했다.

그럼에도 불구하고 지난 20년 동안 정치 지도자들은 '공허한 제스처'만 취했을 뿐 별다른 대책을 시행하지 않아 삼림 파괴, 멸종, 사막화가 빠르게 진행되었다. 결과적으로 전 세계의 연간 이산화탄소 배출 증가량은 1957년 찰스 데이비드 킬링이 대기 중의 이산화탄소 농도를 측정하기 시작했던 때보다 3배 정도나 많아졌다. 지난 100년 동안 이산화탄소는 30%가 증가했으며, 메탄가스는 약 150% 증가했다.[19] 지난 20년 동안 세계 에너지 사용량은 40% 증가했으며, 육류 소비량은 70%, 자동차 생산량은 45%, 종이 생산량은 90% 증가했다.[20] 한편, 지구상의 삼림 면적은 1970년에 지구 표면의 25%였으나, 1990년에는 20%로 줄어들었다. 특히 열대 자연림은 1960년과 1990년 사이에 약 20%가 사라졌다.[21] 이산화탄소 배출량은 1950년대 이후로 2기가톤씩 증가했으나, 지난 몇 년 동안에는 중국의 석탄 사용 증가로 인해 8기가톤씩 증가했다.[22] 러브록은 단적으로 "세계의 연간 이산화탄소 생산량은 270억 톤이다. 이만한 양을 영하 80도로 얼려 고체 이산화탄소로 만든다면 높이가 1.7km, 원주가 20km에 달하는 산이 될 것이다"[23]라고 말한다.

이처럼 학자들의 계속된 경고에도 불구하고 정책으로 구체화되지 못한 이유는 우선 세계의 정치 지도자들이 기업체들의 단기 이익을 통한 경제성장을 최우선 목표로 설정했기에, 기후 변화 문제에 대해서는 이제까지 요란한 제스처만 보였지 실질적인 조치는 거의 취하지 않았기 때문이다. 따라서 온실가스를 줄이기 위한 국제적 노력조차 별다른 성과를 얻지 못했다. 1997년에 채택되어 2005년에 발효된 교토의정서에는 이산화탄소를 가장 많이 배출하는 나라인 미국(22.1%)과 중국(18.1%), 인도(4.3%) 등이 빠졌다. 이 의정서의 이행기간은 2012년에 끝나는데, 41개 의무감축국들은 1990년 수준보다 평균 5.2% 감축해야 했다. 의정서가 발효된 시점에서 감축 의무를 진 국가들의 배출량은 전체의 약 26%에 불과하기 때문에, 5.2%를 감축한다 해도 "전 세계 배출량은 1.3% 정도밖에 줄어들지 않는다. 100이었던 것이 98.7이 되는 것"이다.[24] 캐나다는 2007년에 배출 감축을 단념하고 말았다. 일본은 에너지 절약 대책으로 연간 평균 1조 엔 이상의 예산을 투입하면서 교토의정서를 매우 강력하게 추진하여 1990년 대비 6%를 줄이기 위해 노력했지만, 2009년 8월에 발표한 바에 따르면, 1990년 수준의 9%를 오히려 초과함으로써 결국 목표치의 15%를 초과했는데, 조림사업 등을 통한 '상쇄' 방침은 에너지 낭비에 대한 '면죄부' 역할을 하기 때문이다.[25] 이처럼 그동안 세계의 정치 지도자들이 실질적인 조치를 취하지 않았으며, 교토의정서마저 별다른 성과를 얻지 못한 이유는 정치 지도자들의 무지와 속임수, 기업가들의 단기 이익 추구만이 아니라, 일반 시민들의 무관심과 정확한 정보 부족 때문에 생활방식을 바꾸려 하지 않으며, 체제를 변화시키려고 압력을 행사하지 않았기 때문이다.

4. 기후 재앙의 위협을 부인하는 사회·문화적인 요인들

이처럼 사람들이 일반적으로 기후 재앙의 위협을 부인하고 정치적인 압력을 행사하지 않는 데는 여러 사회적 및 문화적인 요인들이 사람들의 시야를 가리고 정신을 마비시키고 있기 때문인 것으로 보인다.

첫째, 오늘날 대다수 사람들은 특히 무한경쟁을 강요하는 시장전체주의 체제와 세계적인 경제 위기 속에서 생존이 너무 버겁고 일상생활이 너무 분주하기 때문에 기후 변화와 같은 전 지구적인 문제에 관심을 가질 시간과 여유가 별로 없기 때문이다. 신자유주의 세계화 속에서 고용 불안과 높은 실업률로 인해 풍요의 시대가 끝나고 생존 자체가 절박한 시대를 살아가는 상황에서 전 지구적인 기후 문제는 비현실적인 것으로 들리기 십상이다.

둘째, 우리 시대의 지배적인 가치는 소위 3A, 즉 재산affluence, 외모 appearance, 성취achievement로서, "내면이 밖으로 나아가는 삶"을 사는 것이 아니라, "외부가 내면으로 들어오는 삶"을 사는 것이 보통이며, 관심의 영역이 매우 제한되기 때문이다.[26] 더군다나 오늘날 한국에서처럼 '욕망지수'(포르노, 성형수술, 명품)가 OECD 국가 중 1위일 뿐만 아니라, 어려서부터 경쟁을 위해 사교육 시장에 휘둘리고 연예산업, 게임산업, 통신산업에 영혼을 팔게 되는 현실에서는 지구 환경 문제가 추상적인 것으로 보이기 십상이다.

셋째, 인간 중심주의와 시장 자본주의가 지배하는 사회에서는 자연이 천연자원의 저장소로 간주될 뿐이지, 생명의 모태로 인식되지 않기 때문이다. 특히 정치, 경제, 종교, 오락 등 생활의 모든 부분에서 개인주의가 팽배한 사회이기 때문에, 자신의 사유재산이 아닌 지구 환경에 대해서는 별다른 관심을 갖지 않게 되는 것이다.

넷째, 오늘날 대다수 도시 거주자들은 자신들의 생활이 자연과 직접 연관되어 있지 않은 것처럼 느끼게 되기 때문이다. 물은 수도꼭지에서 나오고, 식료품은 슈퍼마켓에서, 기타 필요한 물건들은 백화점 등에서 구입하기 때문에, 자신들의 생존이 자연 환경에 밀접하게 의존해 있다는 사실을 피부로 느끼지 못하기 때문이다.

다섯째, 시장경제학은 본질적으로 "사회는 자연과 거의 관계가 없다는 패러다임을 신봉"[27]하며 환경의 요소를 '외부 효과'로 처리함으로써 가치가 없는 것으로 간주한다. 따라서 전통적인 경제학자들은 대부분 21세기 말에 섭씨 6도의 온난화가 나타날 것이라는 시나리오조차 "경제적으로 그리 큰 재난은 아닐 것으로 본다는 사실"과 이처럼 엄청난 기후 변화도 "세계 경제에 단 몇 퍼센트의 영향밖에 미치지 못할 것"이라고 생각하기 때문이다.[28]

여섯째, 시장경제학은 "대체물의 원리"[29]를 신봉하기 때문에, 과일이나 생선, 혹은 건축자재 등에서 하나의 상품이 없어지면 다른 상품으로 대체할 수 있다는 시장 원리와 기술 능력에 대한 확신에 사로잡혀 있기 때문에, 하나밖에 없는 지구에 대해서조차 크게 염려하지 않는 사고방식을 갖고 있기 때문이다.

일곱째, 기후 변화 위기에 대해 자세히 알려고 하지 않는 이유는 우선 모든 생활이 화석연료에 의존해 있는 상황에서 당장 그 엄청난 불안에 사로잡히고 싶지 않을 뿐만 아니라, 자세히 알게 된다 하더라도 국가나 기업체들이 할 일이지 개인들이 할 수 있는 것은 거의 없다는 무력감과 현재의 편리함을 포기하고 싶지 않은 욕망 때문이다.

5. 반대론자들의 "기후 변화 음모론"은 과학적 근거가 부족하다

다음 세대와 지구 환경에 대한 책임을 느끼는 사람들조차 기후 재앙을 부인하는 원인 가운데 하나는 기후 변화에 대한 회의론과 반대론으로 인해, 마치 과학자들 사이에 의견이 양분된 것과 같은 인상을 받게 되어 혼란을 겪기 때문이다. 이들 반대론자들은 기후 변화가 태양 활동의 변화에 의한 "자연적인 변화"라고 주장하며, 온실가스 등 인위적인 요인들에 의

한 기후 변화를 부정한다는 점에서 반대론자들이다. 이들은 이산화탄소가 증가해서 지구 온난화가 초래되는 것이 아니라, 그와는 반대로 기온이 상승함으로써 이산화탄소를 증가시킨다고 주장한다. 이런 견해를 대변하는 것이 2007년 3월 8일 영국 BBC가 방영하여 전 세계적으로 수백만 명이 시청하며 큰 반향과 논란을 일으킨 다큐멘터리 〈위대한 기후 변화의 사기극〉(The Great Global Warming Swindle)[30]과 2008년에 출판된 두 권의 책, 즉 프레드 싱거와 데니스 에이버리의 『지구온난화에 속지 마라』(이 책의 원제목은 *Unstoppable Global Warming*이다)와 이토 키미노리와 와타나베 타다시의 『지구온난화 주장의 거짓과 덫』이다.[31] 이 두 권의 책은 기본적으로 BBC 다큐멘터리의 기본적인 주장과 거의 비슷하다. BBC 다큐멘터리에는 1980년대 말부터 지구 온난화를 부정했던 MIT의 기상학 교수인 리처드 린젠[32]을 비롯해서, 그린피스 창설자 가운데 한 사람이었던 패트릭 무어, 영국의 재무 장관을 역임한 리겔 로슨 등 10여 명의 전문가가 출연하고 있기 때문에, BBC 다큐멘터리를 보거나 이 두 권의 책을 읽으면, 이 분야의 전문가가 아닌 다음에야 기후 변화의 원인에 대해 혼란을 겪게 되고, 더군다나 기후 변화는 정치경제적인 '사기극'이며 '음모'라는 이들의 주장을 받아들이기 쉽다. 그러나 BBC 다큐멘터리가 방영된 직후, 그 기본적인 주장들을 요약하고, 많은 과학자들(다큐멘터리에 직접 출연했던 과학자 두 사람도 포함해서)이 그 다큐멘터리에 대해 비판한 내용들(Wikipedia에서 볼 수 있다)을 자세히 검토해보면, 이들 반대론자들의 주장이 과학적인 근거가 부족하며, 통계 자료를 왜곡하고 심지어 조작까지 한 것이라고 비판받고 있음을 알 수 있다.[33]

기후 재앙 앞에서 '불필요한 공포가 아니라 냉정한 이성'을 강조하는 이들 반대론자들은 모두 오늘날 기후 변화 논의가 전 세계적인 유행처럼 된 동기가 애당초 순수하지 못한 '사기극'이며 '음모'라고 주장한다.[34] 이런 음모론 주장은 사건의 전후관계를 밝히는 것도 중요하지만, 더욱 중요한 것은 기후 변화의 원인에 대한 이들의 주장이 정말로 과학적인 증거들로 뒷받침이 되는가 하는 문제가 결정적이다.

한편 이들이 반대론을 펼치는 방법은 우선 기후 변화에 대한 관측 자료를 불신하고, 그 원인이 인간의 활동이 아니라 태양이거나 대기, 대양의 장기 순환에 따른 것이라고 주장하며, 기후 온난화로 인해 농업 생산량이 증가할 것이기에 크게 손해볼 것이 없다는 식의 주장을 펼치고 있다.[35] IPCC를 비롯한 대부분의 과학자들은 태양 주기로 인한 작은 진동을 인정하지만, 1980년대 이후 태양 활동의 안정성 때문에 태양 활동이 기후 변화에 끼치는 영향은 온실가스의 영향에 비해 1/10에 해당될 만큼 매우 미미하다고 본다.[36] 반면에, 이들 반대론자들은 기본적으로 기후 변화가 "자연적인 기후 변동의 영역 안에" 있으며, 태양 활동과 지구 공전 궤도의 변화가 지구의 기후 변화에 절대적인 영향을 끼친다고 주장한다. 이들은 남극에서 채집한 빙핵ice core에 대한 분석을 근거로 해서 지구 기후의 1500년 주기설과 태양의 자기 활동으로 인한 우주광선이 구름의 양에 영향을 미친다는 논리로 IPCC를 비판한다. 또한 지난 1,000년 동안의 온도 변화에서 나타난 소위 '하키 스틱 그래프hockey-stick graph'가 거짓이며, 기후 온난화 이론은 1940년 이전의 기온 상승과 1940~75년 사이의 기온 하강을 설명하지 못한다고 IPCC를 비판한다.

그러나 이런 반대론에 대해 IPCC를 비롯한 많은 과학자들은 "우주광선이 기후 변화에 중대한 영향을 끼친다는 신뢰할 만한 증거가 없으며", 또한 "태양 활동이 1987년 이후 약화되었기 때문에, 지금의 온난화는 태양 활동 때문이라고 볼 수 없다"고 반박한다.[37] 또한 그들이 남극의 빙핵

자료에 근거해서 기온 상승이 이산화탄소 농도를 상승시킨다고 주장한 것에 대해서는 그들이 피드백 효과를 고려하지 않았다고 비판한다. 이와 관련해서 BBC 다큐멘터리 담당 PD가 마침내 증거 왜곡과 조작을 인정한 사실은 태양 활동과 온도 변화에 대해 (1) 태양 활동이 약화되기 이전인 1980년까지의 통계 도표를 사용해서 마치 2000년 이후까지의 통계인 것처럼 오해시킨 것, (2) 1610~1710년 사이의 없는 통계를 있는 것처럼 꾸민 것 등이다. 한 마디로 이들 반대론자들은 증거 왜곡과 조작을 통해 태양 활동과 기후 변화의 관계를 주장했던 측면이 있다는 것이다. 그 다큐멘터리에 출연했던 MIT 해양학과 교수 칼 분수는 나중에 이 다큐멘터리가 "전혀 과학 프로그램이 아니라 정치적 선전"이라고 비판했다. 특이한 것은 이들 반대론자들이 20세기의 초반의 기온 상승과 중반의 기온 하강과 관련하여 당시의 화산 폭발의 영향을 전혀 고려하지 않고 있다는 사실이다.[38] 기후 변화가 태양에 원인이 있다고 주장하는 이들 반대론자들은 기후 변화를 두려워할 이유가 없다면서, 결론적으로 "지구 온난화는 자연적인 것이고 멈출 수 있는 것이 아니며 대중의 신경강박증적인 반응만큼이나 위험한 것도 아니다"[39]라는 식의 낙관적인 주장과 동시에, "아무리 개인이 에너지 절약에 힘을 써도 이산화탄소 배출을 줄이기는 어려운 것"[40]이며 "온난화 대책에 아무리 돈을 쏟아부어도 이산화탄소는 줄지 않는다"[41]라며 다른 대안도 없는 비관적이며 운명론적인 주장을 펼친다.

6. 과학자들이 "마지막 경고"를 발표한 이유들

과학자들이 기후 변화의 위기에 대해 '마지막 경고'를 발표한 이론적 관점들은 제임스 핸슨의 경우 주로 기후 모델과 지구 기후의 역사에 근거하고 있으며, 제임스 러브록은 관측 자료와 지구생리학의 관점에서, 그리고 헨리 폴락은 관측 자료를 중심으로 하고 있다. 그들이 '마지막 경고'를 발표한 이유들은 다음 몇 가지로 정리할 수 있다.

1) 기후 변화에 상당히 심각한 가속도가 붙었다는 관측 증거들이 있다

지구의 평균 기온은 20세기 동안에 섭씨 0.8도 상승했으며, 지난 30년 동안에만 0.6도 상승했다.[42] 또한 해수면 상승률은 1993~2003년에 관측된 상승률이 이보다 훨씬 오랜 기간인 1961~2003년의 평균율을 50%나 초과한 것으로 나타났다.[43] 이런 가속도는 헨리 폴락이 단적으로 지적한 것처럼, "지난 25년간의 온난화 추세는 지난 150년과 비교하면 네 배나 더 가파르다. 지구의 열이 급격히 오르고 있는 것이다."[44] 기후 변화의 가속도와 관련하여 과학자들이 가장 관심을 기울이는 것 중의 하나가 극지방의 얼음이 녹아내리는 속도이다. 그린란드와 서남극 빙상은 매년 각각 $100km^3$ 이상씩 사라지고 있는데,[45] 이것은 기후 변화로 인해 극지방은 지구 평균 온도 상승보다 3~4배 정도 큰 영향을 받기 때문이다.

첫째, 북극의 여름철 얼음 크기는 위성 관측이 시작된 1979~2000년에 비해 2005년에 21%가 줄었으며, 2007년에는 2005년에 비해 23%가 더 줄어들어,[46] 예전보다 약 3백만km^2나 더 많이 줄었는데, 이것은 영국 본토의 30배에 해당하는 엄청난 면적이다.[47] 이 때문에 2007년에는 북극 지방에서 처음으로 쇄빙선 없이 그린란드 서쪽에서 북극해를 지나 알래스카에 이르는 '북서 항로'가 열리게 되었으며, 2008년에는 "북서와 북동 항로가 동시에 개방되었다."[48] 2009년의 해빙 규모는 2007년과 2008년 다음으로 세 번째로 많이 줄어들었다.[49] 얼음은 태양광선의 80%를 반사하기 때문에, 얼음이 녹는 것은 그만큼 지구가 더욱 많은 태양열을 흡수하게 된다는 뜻이며, 따라서 온난화는 더욱 가속이 붙게 된다는 뜻이다. 이처럼 북극해에서 얼음이 급격하게 녹고 있는 것은 "어쩌면 인간이 지표면에서 관찰했던 변화 중 가장 큰 사건이 될지도 모른다."[50] 북극해의 얼음이 녹는 것은 그린란드 빙하의 안정성, 해저와 툰드라에 저장된 메탄수화물의 안정성, 해류 순환 컨베이어벨트, 생명체들의 멸종에 영향을 미친다.

둘째, 그린란드의 가장 큰 빙하인 야콥스하운이 바다로 흘러 들어가는 속도가 10년 전보다 두 배로 빨라져 하루에 37m씩 이동하는 것으로 조사되었으며, 매년 162km³의 비율로 빙하의 양이 줄어들고 있다.[51] 여름철에 녹는 그린란드의 면적은 "30년 전과 비교하면 30% 이상 확장되었고, 지금은 해발 1800미터 이상의 고지대 얼음까지도 녹고 있다."[52] 그린란드에서는 2008년부터 이미 해빙으로 인해 지름 20미터가 넘는 구멍moulin이 밑바닥까지 뚫린 채 폭포를 이루어 녹아내리고 있다.[53] 2009년 여름에 그린란드에서 얼음이 녹은 양이 2007년보다 거의 세 배나 많았다.[54]

셋째, 미국의 지질조사국과 영국의 남극연구소가 1947~2009년 사이 남극반도 주변 빙붕의 변화를 처음으로 분석해서 최근에 발표한 보고서에 따르면, 1990년대 이후 빙붕이 빠르게 소멸했음을 보여준다. 과학자들은 빙붕이 대륙의 빙하가 바다로 흘러내리는 것을 막는 댐 역할을 하기 때문에, 빙붕이 사라지면 많은 양의 대륙 빙하가 빠르게 녹아내릴 것으로 우려한다. 특히 남극대륙 빙하는 지구 전체 빙하의 91%를 차지하기 때문에, 이 빙하가 모두 녹아내리면 해수면 높이가 65~73m 상승할 수 있으며, 또 남극 전체 빙하가 아니라 서남극 빙하만 녹아도 해수면이 6m 정도 상승할 것으로 예상한다.[55] 세계의 대도시들과 곡창지역 중 상당수가 해안에 자리 잡고 있기 때문에, 해수면이 0.5m만 상승해도 엄청난 재난과 혼란이 발생할 것은 쉽게 예상할 수 있다.

2) IPCC가 기후 변화의 심각성을 과소평가했다는 증거들이 나타났다

IPCC 제4차 보고서에 따르면, 인류가 지금처럼 화석연료에 의존한 대량소비형 사회를 지속한다면 21세기 말에 대기 중 이산화탄소 농도는 970ppm에 달하고, 지구 평균 온도는 2000년을 기준으로 섭씨 5.8도 상승할 것으로 예상된다. 그러나 석유를 생산하는 산유국들을 대표하는 과학자들까지 '합의'를 거쳐야 하는 IPCC의 구조에서는, 과학자의 진실이 국가의 이익이라는 문제와 정치적인 타협을 거칠 수밖에 없다. 따라서 정치지도자들은 IPCC의 기후 변화 예측에 근거해서 앞으로 30~40년 동안 지구의 평균 온도 상승과 해면 고도 상승이 완만하게 진행될 것으로 보고, 태양광 발전이나 풍력 발전과 같은 재생에너지, 그리고 '지속 가능한 경제'를 통해 기후 변화로 인한 재앙을 쉽게 피할 수 있을 것으로 생각한다. 유럽연합이 대기 중 이산화탄소 농도의 최대 목표치를 550ppm으로 잡은 것은 이런 낙관론에 근거한 것이다. 정치인들만이 아니라 기업가들도 기후 변화를 쉽게 되돌릴 수 있는 것처럼 받아들이는 이유도 IPCC의 타협적인 보고 때문인 것으로 보인다. 그러나 IPCC의 미래 기후 예측과 다른 관측 결과들이 나타났다.

첫째, 현재 북극해의 얼음이 얇아지고 녹아버리는 속도로 보아 2030년 여름에는 더 이상 북극해에서 얼음을 볼 수 없게 될 것으로 예상되는데, IPCC의 예측에 따르면 이런 일이 2050년 전에는 일어나지 않을 것으로 예상되었기 때문이다.[56] 북극해의 얼음이 녹는 것은 해수면 상승과는 관계가 없지만, 바다가 얼마나 많은 열을 흡수했는지를 보여준다는 점에서 매우 중요한 지표가 된다.

둘째, 1990년부터 2007년까지 실제 해수면 상승은 IPCC가 기후 모델을 통해 예측했던 것보다 1.6배 빠르게 상승했다는 사실이다.[57] 태양에너지의 약 90%는 지구의 바다가 흡수한다. 이런 점에서 제임스 러브록은 기후 변화에서 가장 중요한 지표는 지구 평균 기온이 아니라 해수면 상승이라고 보는데, 그 이유는 지구가 태양열을 얼마나 더 많이 흡수했는가 하는 것을 단적으로 보여주는 것이 해수면 상승이기 때문이라는 것이다. 해수면이 상승하는 원인은 두 가지인데, 하나는 육지에서 빙하가 녹기 때문이며, 다른 하나는 바다가 더워짐으로써 팽창하기 때문에, 해수면 상승은 "참된 지구 온난화를 가리키는 온도계"라는 것이다.[58]

셋째, 제임스 러브록이 실험실에서의 연구결과를 토대로 해서 가장 강조하는 것은 지구가 죽은 것이 아니라 생명권이 기후에 영향을 미친다는 지구생리학적 관점이다. 즉 지구의 기후는 단순히 대기물리화학의 관점으로만 모델을 만들어 예측할 수 없다는 말이다. 그가 기후 변화와 관련하여 특히 관심을 기울이는 것은 '바닷말algae'의 역할이다. "현재의 증가 속도로 볼 때 이산화탄소 농도는 약 40년 뒤에 500ppm에 달할 것"[59]인데, 대기 중의 이산화탄소 농도가 500ppm에 접근하면, 바다에 따뜻한 수면층이 형성된 영역이 늘어나, 수면층 아래의 좀 더 깊은 곳에 있는 많은 영양분이 바닷말에 공급되지 못하게 되어 바닷말이 급격하게 소멸하게 된다. 바닷말은 대기 중의 이산화탄소를 흡수함으로써 지구의 냉각효과를 일으키는 온도 조절 장치 역할을 하기 때문에, 바닷말이 소멸하면 기온이 급상승하게 되어 더욱 본격적인 재앙이 시작된다는 점이다.[60] 그런데 위성 관측을 통해서 확인된 바로는 이미 바닷말이 사라져 불모의 바다가 된 영역이 지난 9년 동안 15%나 늘어났다 한다.[61] 이런 이유로 제임스 러브록은 IPCC가 기후 변화의 심각성을 과소평가한 증거들이 이미 드러나고 있다고 주장한다.

3) 목표치를 섭씨 1도 상승, 350ppm으로 낮추어야 하는 근거들이 있다

이런 사실들을 토대로 제임스 러브록과 제임스 핸슨은 대재앙의 '문턱'인 임계점을 350ppm으로 낮출 필요성을 주장한다. IPCC는 대기 중의 이산화탄소 농도를 450ppm에서 안정시키고 기온 상승도 섭씨 2도 상승 이내로 제한하는 것을 제안했다. 40년 뒤, 이산화탄소가 500ppm에 이르면 섭씨 3도 상승하게 되어, 이산화탄소를 흡수하던 바닷말이 급격하게 사라지고 숲이 죽게 되어, 기온이 급상승함으로써 파국을 피할 수 없기 때문이다. 그러나 스턴 경은 이산화탄소 환산량을 450~550ppm 정도에서 안정화시킨다면 대재앙을 피할 수 있을 것으로 보았다.[62] 그리고 유럽연합은 550ppm을 한계 목표치로 설정했다.

첫째, 섭씨 2도 상승은 파국을 초래할 것이기 때문이다. 제임스 핸슨은 IPCC가 기후 변화의 임계점을 450ppm으로 설정한 것은 그린란드와 남극 빙하의 해빙 속도를 잘못 계산한 때문이라고 주장한다. 그는 "오늘날보다 기껏해야 섭씨 1~2도 높았던 간빙기들에 해수면이 오늘날보다 적어도 수 미터 높았다는 사실을 확신하게 되어", 임계점을 350ppm, 즉 섭씨 1도 이내로 상승하는 것을 목표로 삼을 것을 요구한다.[63] 즉 섭씨 2도가 상승할 경우, 지구는 3백만 년 전의 최신세Pliocene처럼, 해수면이 지금보다 25미터 상승하게 될 수 있기 때문이다.

둘째, 대기 중의 이산화탄소 농도 450ppm은 신생대 기후의 대전환점이었기 때문이다. 제임스 핸슨은 지구의 역사에서 6천 5백만 년 동안 계속된 신생대의 기후 역사를 토대로 450ppm의 위험성을 주장하면서 350ppm으로 낮출 것을 강조한다. 신생대 초기부터 3천 4백만 년 전까지는 지구상에 큰 빙상이 없었다가, 3천 4백만 년 전부터 남극대륙이 빙상으로 덮이기 시작했는데, 이것이 450ppm에 이르렀을 때라는 이유다. 즉 대기 중 이산화탄소 농도는 신생대 초기의 1000ppm에서 출발해서, 5천만 년 전에 인도 대륙판이 유라시아 대륙판과 충돌하여 그 밑으로 들어가면서 발생한 강한 열과 압력이 해저 지각층을 녹이고 변화시킴으로써 해저층의 유기 침전물과 탄산칼슘으로부터 엄청난 양의 이산화탄소와 메탄을 발생시켜 1400ppm으로 증가되었다가, 이산화탄소 방출은 점차 줄어들고 대기 중의 이산화탄소는 땅과 바다와 식물 등에 흡수되어 450ppm에 이르렀을 때 남극지역에 빙상이 덮이기 시작했다는 사실에 근거해서, 제임스 핸슨은 450ppm은 남극대륙을 빙하로 덮기 시작할 만큼 신생대 기후의 대전환점이 되었다는 역사적 근거를 이유로 목표치를 350ppm으로 낮추어야만 한다고 주장한다. 또한 화석연료 사용으로 인해 매년 2ppm씩 증가하는 현실에서 그가 지적하는 위험한 관성은 세 가지다. 첫째, 바다는 밖에서 들어오는 초과된 에너지의 90%를 흡수하는데, 과거의 온난화로 인해 이미 절반 이상 더워져 있는 상태다. 둘째, 바다 온도가 높아지면 빙붕이 먼저 녹기 시작하여, 빙상이 얇아지고 계속 무너져 내려 빙산이 된다. 셋째, 화석연료 중심의 에너지 구조를 바꾸는 데는 수십 년이 걸린다.[64] 이런 이유 때문에 그는 앞으로 몇 년이 다음 세대의 재앙을 막기 위한 '마지막 기회'라고 거듭해서 강조하고 있다.

셋째, 피드백(되먹임)의 급격한 전환 때문이다. 제임스 러브록은 대기 중 이산화탄소 농도가 400ppm에 접근하면 지구의 기후에서 불안정 징후들이 나타나는데, 그런 불안정 상태에서는 마치 사람들이 열을 받은 상황에서 누군가 한두 마디 더 약을 올리면 폭발하기 쉬운 것과 마찬가지로, 지구 기후도 열을 받으면 폭발하기 쉽다는 것이다. 즉 이때 "충분히 스트

레스를 받게 될 경우에 안정시키는 음성 피드백negative feedback이 갑자기 더욱 불안정하게 만드는 양성 피드백positive feedback으로 바뀌게 되며", 또한 "400~500ppm 사이에서는 약간의 열과 이산화탄소가 증가하면 갑자기 섭씨 9도의 온도 상승을 초래하게 된다"[65]는 점에서, 임박하게 다가오는 기후 재앙 앞에서 인류의 생존을 위한 "마지막 경고"를 울리고 있다.

7. 섭씨 6도 상승하면 대멸종의 재앙을 피할 수 없다

미국 에너지정보국의 예측에 따르면, 이산화탄소 배출량이 2001년과 2025년 사이에 60%까지 증가하며, 또한 OECD 회원국들의 자동차 사용은 40% 정도 증가할 것인 반면에, OECD 회원국이 아닌 다른 나라의 이산화탄소 배출량은 100%까지 상승할 것이라 예측한다.[66] 결국 이런 추세로 화석연료를 계속 사용하면 21세기 말까지 대기 중 이산화탄소 농도가 970ppm까지 오르며 기온이 섭씨 6도까지 상승할 수 있다고 IPCC가 예측한 사실은 대멸종이 더욱 가까이 다가왔다는 뜻이다. 다시 말해서 기후 변화로 인한 가장 큰 재앙은 현재 자연적인 평균 멸종률보다 최소한 100배 이상 빠르게 진행되는 멸종의 속도가 기후 변화로 인해 더욱 빠르게 진행되어 인류가 "제6의 대멸종"을 초래하게 될 것이라는 점이다.[67] 지구 평균 기온이 현재보다 섭씨 0.5도 상승하면 바다가 급격하게 산성화되기 시작하며, 1.5도 상승하면 전체 생물종의 30%가 멸종 위기에 처하게 되며, 3.5도를 초과하면, 지구 생물종의 40~70%가 멸종 위기에 처할 것으로 예상되기 때문이다.

오늘날 과학자들이 일반적으로 합의하고 있는 사실은 다음과 같다. 2

억 5천만 년 전에 페름Perm기가 끝날 때 생명체들의 90%가 멸종한 것이 시베리아의 대규모 화산 폭발로 인해 약 1백만 년 동안 용암이 분출되면서 유독 가스와 산성비만이 아니라 이산화탄소가 메탄 얼음을 녹여 지구 온난화를 가속화함으로써 섭씨 6도 정도 기온이 상승한 때문이라는 것이다. 또한 6천 5백만 년 전에 백악기Cretaceous가 끝날 때 공룡 등 지구 생명체들의 50%가 멸종한 것 역시 소행성이 유카탄 반도에 떨어져 막대한 양의 가스와 먼지를 발생시켜 성층권에 형성된 에어로솔이 몇 년 동안 태양광선을 차단시킴으로써 광합성을 방해하고 지구 평균 온도를 떨어뜨렸기 때문이라는 것이다. 또한 5천 5백만 년 전 효신세Paleocene–시신기Eocene 최고온도PETM 기간에 해저 유공충강有孔蟲綱의 약 절반이 멸종한 것 역시 소행성 충돌과 같은 외적인 요인이 아니라 기후 변화의 상승작용feedback으로 인해 대륙붕에 있던 메탄수화물이 녹아서 방출됨으로써(메탄은 10년 정도 지나면 산소와 결합해 이산화탄소로 바뀐다) 수천 년에 걸쳐 섭씨 5~9도 상승한 때문이라는 것이 오늘날 과학자들 사이에 일반적으로 받아들여지는 결론이다.[68]

한편, 이산화탄소 농도가 효신세 이전 상태로 회복되는 데 걸린 시간은 10만 년이었다.[69] 그리고 호모사피엔스가 등장한 것은 약 20만 년 전이었는데, 7만 년 전 아마도 토바Toba 슈퍼 화산 폭발(20세기 최대 화산 폭발이었던 필리핀 피나투보 화산보다 200배 많은 분출)로 인해 초래된 빙하기에서 살아남은 사람들은 1,000쌍 정도에 불과해 인류가 거의 멸종에 이를 정도였다. 2만 년 전의 마지막 빙하기에는 뉴욕 이북의 북미대륙과 유럽대륙이 1마일 두께의 빙하로 덮여 사람들이 베링 지역을 건너 알라스카로 이주할 수 있었는데, 당시 지구 평균 온도는 섭씨 10도였으며 이산화탄소 농도는 180ppm이었다. 현재는 섭씨 15도이며 이산화탄소 농도는

390ppm이다. 빙하기가 끝나며 14,000년 전부터는 해면 고도가 100년마다 4~5미터씩 수백 년 동안 계속 높아졌다. 그러나 지난 7천 년 동안 해면 고도가 안정을 유지한 것은 인류의 영양 상태 개선과 도시 문명의 발달에 크게 공헌했지만, 지구 역사에서는 매우 보기 드문 특수 현상이었다.[70]

IPCC가 가장 가능성이 높은 것으로 예측한 것처럼, 21세기 말까지 기온이 섭씨 4.5도 오르면, 아마존 숲은 관목지대나 사막으로 변할 것으로 예상된다.[71] 더욱 중대한 문제는 기후체계의 상승작용이다. 특히 메탄은 이산화탄소보다 온실효과가 20배에 달하는데, 5천만 년 동안 지구의 온도가 계속 내려가면서 메탄수화물은 대륙붕과 툰드라 지역에 가득 저장되어 있어, 지금은 5천 5백만 년 전 효신세-시신기 최고온도 기간에 방출되었던 메탄수화물의 양보다 더 많은 약 5천 기가톤이 매장되어 있는 것으로 추정된다. 게다가 이미 대륙붕과 툰드라 지역에서 메탄수화물 방출이 가속화되고 있다는 징조가 나타나고 있다.[72] 따라서 효신세-시신기 최고온도 기간에 기온 상승으로 인해 메탄이 방출됨으로써 수천 년에 걸쳐 섭씨 5~9도 상승시켰던 것처럼, 바닷물 온도가 상승하여 메탄이 대기 중으로 방출되는 '탈주효과'는 지구 기온을 최소한 섭씨 5도 이상 추가로 상승시킬 것으로 예상된다. 이런 점에서 바다 온도의 상승과 북극 동토의 해빙은 인류와 생태계 모두에게 서서히 다가오는 치명적인 '시한폭탄'이며, 이것은 핵전쟁의 영향을 훨씬 능가하는 결과를 초래할 것으로 예상된다.

이처럼 수천 년에 걸쳐 섭씨 6도 상승함으로써 생명체들의 90%가 멸종했던 지구 역사를 고려할 때, 오늘날 인류가 지금처럼 온실가스를 지속적으로 배출할 경우 앞으로 2100년까지 단 100년 이내에 섭씨 6도가 상승할 수 있다고 매우 보수적 집단인 IPCC가 예측했다는 사실은, 해수면 상승만이 아니라 대규모 멸종을 방지하고 인류의 생존 자체를 위해 지금이 얼마나 중대하고 절박한 시간인가를 입증한다. 제임스 러브록은 제정신이 아닌 현대 문명에 대해 단적으로 이렇게 말한다.

"우리가 지금 하는 짓은 체르노빌 원자로 사고로 이어진 일련의 어리석은 행동과 기괴할 정도로 흡사하다. 그곳의 공학자들은 안전 시스템을 끈 뒤에 원자로를 가동시켰다. 그러니 원자로가 급격히 과열되어 불탄 것도 놀랄 일이 아니다. … 우리가 너무나 심하게 지구를 손상시켰기에 지금 가이아는 멸종이라는 궁극적인 처벌을 하겠다며 우리를 위협하고 있다."[73]

8. 기후 재앙을 피할 길은 없는가?

2009년 현재 대기 중 온실가스는 이산화탄소 환산량으로 430ppm이며 이산화탄소 농도는 해마다 2~3ppm 증가하고 있다.[74] 450ppm에 도달하게 되면 식수난과 식량난, 해안 침수가 매우 심할 것으로 IPCC는 예측하고 있는데,[75] 그 대재앙의 '문턱'을 넘어서는 것이 현재 추세로는 빠르면 10년 뒤며, 길어야 20년 뒤다. 또한 약 30~40년 뒤에 500ppm에 접근하면, 바닷말이 일시에 소멸하게 되어 기온은 급상승하게 된다. 기후 재앙은 온도가 급상승하는 것 자체라기보다는 그로 인해 발생할 사태들이다. 즉 온도의 급상승으로 인한 **해수면 상승** → 인구가 밀집한 **해안 도시들과 경작지 침수** → 세계적인 **식량난과 기아** → 대규모 **환경 난민 발생** → 식수난과 식량난으로 인한 **전쟁 발발** 등이 본격적인 대재앙으로 예상할 수 있는 연속적인 사태들이다.

　　이런 재앙을 막기 위해서는 IPCC의 연구가 밝힌 것처럼, 2050년까지 최소한 1990년 수준에 비해 60~80% 이상의 이산화탄소 감축이 필요하다. 그럼에도 불구하고 현실에서는 미국이 2030년까지 280~500개의 대형 발전소를 건설할 예정이며, 중국은 매주 하나씩 석탄을 사용하는 대형 화력발전소를 건설하고 있다.[76] 차츰 데워지는 물속의 개구리가 점차 익숙해져 탈출하지 못하는 것처럼, 기후 변화는 인간의 어리석음과 탐욕, 자본주의 체제의 구조와 관련된 범지구적인 문제이며, 중국과 인도를 비롯해서 경제성장에 매진하는 모든 나라들이 선진국 수준의 생활수준을 위해 더욱 많은 에너지를 사용할 것이기 때문에 기후 재앙을 피할 수 없다는 운명론이 설득력이 있는 것처럼 보인다.

　　그러나 제임스 핸슨은 화석연료에서 방출되는 이산화탄소의 대기 잔류량이 지난 50년간 56%로 일정하게 유지되었고 나머지 44%는 바다와 숲과 흙 속에 흡수되었다는 점이 아직 희망을 포기할 단계가 아님을 보여 준다고 말한다.[77] 그만큼 바다의 흡수량이 크다는 뜻이지만, 다른 한편으로는 바다가 그만큼 많이 산성화되어 점차 대기 중의 이산화탄소를 흡수하는 양이 줄어들 것이라는 말이다. 또한 화석연료의 고갈로 가격이 점차 상승하면 에너지 효율성을 높이게 된다. 그리고 석탄 사용을 2020년까지 매년 절반씩 줄여나가면, 이산화탄소 농도를 400ppm으로 유지할 수 있다는 것이 제임스 핸슨의 계산이다.[78] 특히 바닷물에서 우라늄을 추출할 수 있는 "제4세대 원자력 발전소"(fast reactor)를 건설할 경우, 핵연료는 태양 에너지처럼 무한한 재생에너지가 되며, 미국의 경우 이미 핵무기 생산의 부산물과 핵 쓰레기로 보관 중인 연료를 통해서만 1천 년 이상 필요한 연료를 충당할 수 있기 때문이다.[79] 또한 중국이 이미 에너지 효율성과 재생에너지를 위해 많은 투자를 하고 있으며, 미국에서 젊은 세대가 오바마

대통령 당선에 큰 역할을 했다는 사실에서 볼 수 있듯이,[80] 정치가들은 문제 해결에 늑장을 부리지만 세계 시민들의 인식이 바뀌고 젊은이들의 저항이 시작되었다는 사실을 생각하면, 지도자 선출과 국제적인 공조를 통해 기후 재앙을 완화시킬 가능성이 없는 것은 아니다.

이런 점에서 제임스 핸슨은 석탄을 사용하는 화력발전소들을 당장 폐쇄할 것과 구체적으로 모든 화석연료 생산지와 항구에서 탄소 요금carbon fee을 걷어 모든 국민들에게 공평하게 나누는 제도를 도입할 것을 강력히 요구한다. 분명한 사실은 우리가 기후 변화의 임계점을 이미 넘어섰다고 할지라도, 그 "악영향의 정도와 속도는 우리의 대응조치에 영향을 받을 것"이기에, "우리의 목표는 이제 가장 덜 더운 미래 세계를 만드는 것이다"[81]라는 제임스 러브록의 주장이 현재로서는 인류의 운명과 관련하여 설득력 있는 대책인 것이다.

이산화탄소 배출량에서 세계 9위에 속하며 누적 배출량도 세계 22위에 속하는 한국은 포스트 교토 체제에서 의무감축국에 지정되는 것을 피할 수 없다. 그러나 한국은 1990년대 이후 2007년까지 이산화탄소 배출량 증가율이 OECD 회원국의 평균 증가율인 17.4%보다 훨씬 높은 113%로 최고 수준이다. 한국이 의무감축국에 지정되면, 지금 배출하는 온실가스(2006년 약 6억 톤)의 절반을 줄이고도 5.2%를 더 줄여야만 한다. 에너지 사용(약 5억 톤)에서 절반만 사용해야 하는 것이다. 산업공정과 수송만이 아니라 개인의 에너지 사용과 자동차 이용도 지금 수준의 절반으로 줄여야만 한다. 한국 정부는 4차 전력수급기본계획을 통해 2022년까지 원자력발전소 12기를 추가로 건설하기로 했다.[82]

9. 나가는 말

기후 재앙은 인류가 7만 년 전 빙하기에서 가까스로 살아남은 이후 또다시 겪고 있는 재앙이지만, 이번에는 인류가 그 재앙의 원인이 되고 있다는 점에서, 인류는 생명과 죽음 사이에, 공생과 멸종 사이의 선택 앞에 놓여 있다. 가장 시급한 과제는 이미 시작된 기후 재앙의 현실을 부인하지 않고 받아들이는 것이다. 현실을 인정할 때 비로소 화석연료에 중독된 생활방식과 안이한 사고방식에서 벗어나는 어려운 '위대한 과업'(토마스 베리)을 시작할 수 있기 때문이다. 또한 현실을 인정할 때 비로소 기후 재앙을 완화시킬 구체적인 대책과 재앙 속에 적응할 대책을 찾기 위한 지혜를 모으기 시작할 수 있다. 이런 점에서 기후 재앙에 대해 '마지막 경고'를 울리고 있는 과학자들은, 핵무기의 위협과 유전자 조작의 위험성에 대해 경고하는 과학자들처럼, 이 시대의 세속적인 예언자들이다.

창세기를 비롯해서 고대 세계의 창조신화들이 한결같이 어둠과 혼돈의 세력을 극복하고 이 세상에 질서가 생겨난 과정을 말하는 이유는 그만큼 우리 인생과 이 세상이 어둠과 혼돈의 세력에 휩싸일 가능성이 높다는 사실과 이 사실을 망각하지 않는 것이 공동체의 생존에 필수적이라는 사실을 고대인들이 잘 알고 있었기 때문일 것이다. 지금 인류가 겪고 있는 기후 재앙은 인류가 특히 산업혁명 이후부터 지구의 흙, 물, 공기, 다른 생명체들에 철저하게 의존되어 있다는 사실을 망각하고, 생명의 제약 조건들을 무시함으로써 결국 지구의 자기 조절 능력까지 파괴했기 때문에 나타나는 것이다. 제임스 핸슨에 따르면, 대기 중의 이산화탄소가 97%에 달하는 금성도 처음에는 지구와 비슷한 화학적 구성요소를 갖고 있었으며 바다도 있었다. 하지만 태양이 점차 밝아져 지표가 더워지고 물이 증

발함으로써 수증기로 인한 온실효과로 인해 바다가 끓게 되는 '탈주효과'
가 나타나 땅 속의 모든 이산화탄소가 대기로 방출된 때문에 섭씨 450도
에 이르게 되었다.[83] 36억 년의 생명의 역사에서 가장 마지막에 막내둥이
로 등장한 인류. 그들이 자신들의 철저한 의존성을 망각하고 자신들의 집
을 마음대로 약탈하고 파괴시킴으로써 이제는 자신을 낳아서 키워준 생
명의 자궁까지 파괴한 결과 인류의 생존 자체가 위협받는 상황에 처하게
된 것이다.

기후 재앙은 생명계 전체만이 아니라 우리 다음 세대의 행복과 목숨까
지 달려 있는 문제이며, 그들의 행복과 생존은 현재 우리의 선택에 달려
있다. 우리가 정말로 우리 자녀들을 사랑하는 지혜로운 부모인지 아닌지
에 따라 우리 다음 세대들의 행복만이 아니라 생존이 결정된다는 말이다.
과학자들은 기후 변화로 인해 10~20년 뒤에 어떤 재앙을 겪게 될 것인지
를 매우 분명하게 경고하고 있음에도 불구하고, 우리 세대가 그 경고를
계속 무시하고 지금처럼 경제성장에 매달려 경제체제와 생활방식을 그대
로 유지함으로써 다음 세대의 생존환경을 철저하게 파괴하는 것은, 결과
적으로 우리가 다음 세대들의 행복만이 아니라 그들이 채 피어나기도 전
에 목숨까지 미리 빼앗는 행위라고 말한다. 더군다나 우리나라의 국가 채
무는 1998년 80조 원에서 2009년에 366조 원으로 늘어났으며 2010년에
는 사상 처음 400조 원대에 진입하며, GDP에서 차지하는 채무 비중도
11.9%에서 31.5%로 늘어났음에도 불구하고,[84] 4대강 사업에 수십조 원을
쏟아붓고 있다. 정치인들이 조세저항 때문에 증세를 하지 못한 채 이처럼
엄청난 액수의 빚을 고스란히 우리의 다음 세대에게 떠넘기는 짓은 너무
나 어리석고 부도덕하며 위험한 행위인 것이 분명하다.

그러나 그보다 더욱 위험한 것은 현재 430ppm에 달한 온실가스 농도

가 10년 뒤에 450ppm에 접근하도록 허락하는 것이다. 그것은 "지극히 어리석고 위험한 일임이 명백하다."[85] 모든 생명을 낳아 키워준 가이아는 결코 인간에게만 자비한 여신이 아니라 생태계 전체를 살리기 위해서라면 그 가해자들을 가려내어 '복수'를 서슴지 않는 여신이기 때문이다.

> "우리는 현재 거대한 지구 시스템인 가이아가 신화 속의 다른 여신인 칼리(힌두교 신화의 광포한 여신)와 네메시스(그리스 신화의 율법과 보복의 여신)처럼 행동하는 것을 본다. 그녀는 양육하는 어머니로서 행동하지만, 설령 자신이 낳았을지라도 위반자에게는 무자비하다."[86]

기후 변화에 대한 과학–신학적 이해*
피조된 공동창조자로서 가이아

김기석

1. 들어가는 글

"20여 년 전 기후 변화에 관한 경고를 들을 때, 나는 그것이 다음 세대, 혹은 그 다음 세대의 일로 생각하였다. 그런데 태평양 섬나라에 살고 있는 우리에게 그것은 지금 당장 닥친 일이다. 투발루를 비롯한 태평양의 많은 섬들이 매년 바닷물에 잠기어가고 있다. 우리에게 기후 변화는 단지 회의장에서만 이야기 나누고 잊어버리는 문제가 아니라, 당장 이주하여 살아갈 땅을 찾아야 하는 절박한 이슈이다."

이것은 2009년 3월 24~26일 홍콩에서 열린 〈아시아–태평양 성공회

---

* 본 논문은 2009년 지구의 날을 기념하여 한국교회환경연구소가 주최한 생태신학세미나 "기후붕괴와 신학적 응답"에서 발표한 것이다.

기후변화 포럼〉에서 태평양 교회협의회(P.C.C.)의 페일로아키타우 테비
Feiloakitau Kaho Tevi 총무가 점점 땅을 침범해오는 해수면의 경계를 찍은 사
진을 보여주면서 증언한 내용이다. 사실 자신들이 살고 있는 땅이 바다 속
으로 잠긴다는 것은 곧 생존의 문제이다.[1] 오늘날 우리는 해마다 더욱 더
워지는 날씨를 걱정하면서도 눈앞에 닥친 생존의 문제로까지 인식하지는
않는다. 그러나 조만간 기후 변화의 문제는 우리에게도 생존의 문제가 될
지도 모른다. 문제는 그때 가서 대비책을 찾기에는 너무 늦는다는 것이다.

　오늘날 우리는 기후 변화에 관한 기사를 매일 접하고 있으며, 지구 온
난화는 이제 회의론을 완전히 불식시키고 확고한 과학적 사실로 인정된
지 오래다. 우리의 미래에 어마어마한 재앙이 서서히 다가오고 있음을 감
지할 수 있다. 본 소고에서는 오늘날 인간에 의해 야기되고 있는 기후 변
화의 심각성을 이해하기 위해서 지구 기후 시스템의 기본적인 개념과 그
성격을 소개하고자 한다. 이 글은 기후 변화의 문제를 생태신학적 관점에
서 성찰하되, 동시에 '과학-신학적 관점'도 견지하고자 한다.[2] 이는 기후
변화 현상에 보다 객관적인 과학적 사실에 근거하여 접근함을 의미한다.
생태학적 입장은 때로 지나치게 비관적인 관점에서만 문제를 다루고 데
이터를 편향적으로 사용한다는 비판을 받을 수 있다. 이러한 경우, 한편
으로 사안의 긴급성과 중요성을 전달하고자 하는 의의는 높게 평가할 수
있지만, 다른 한편으로는 설득력과 진리의 보편성이 감소한다는 부정적
측면도 있다. 여기에서 필자는 기후과학에 근거하여 기후 변화가 인간에
의해서 일어난 유일회적 사건이 아니라, 오히려 지구 기후가 본래 끊임없
이 변동해왔다는 점을 지적할 것이다. 그러나 동시에 지금 인간에 의해
촉발된 지구 온난화가 인류 문명에 얼마나 치명적인지를 주장할 것이다.

　그리고 기후 변화에 대한 신학적 응답의 한 시도로서 가이아 가설, 기

후 변화와 정의 평화의 문제, 그리고 드레이크 방정식의 함의에 대한 성
찰을 시도하고자 한다.

2. 지구 기후의 과학적 이해

연약한 지구 대기와 기후 변화

앨 고어의 〈불편한 진실〉에는 지구 표면과 얇은 대기권의 사진을 보여
주는 장면이 나온다. 이는 지구 대기권이 얼마나 얇고 연약한 것인지 설
명하기 위해서이다. 이 장면에서 엘 고어는 사람들의 마음속에 있는 하
나의 잘못된 가설을 소개하는데, 그것은 바로 "지구는 아주 크기 때문에
인간이 다소 영향을 끼치더라도 어떤 의미 있는 변화를 가져오지 못하리
라"라는 것이다.[3] 대부분의 사람들은 이제껏 우리가 숨 쉬는 공기, 마시
는 물, 밟고 있는 땅이 영원히 이대로 존재할 것이라고 생각한다. 그러나
지구 기후의 역사를 살펴보면 그것은 완전히 틀린 생각이다. 결론부터 말
하면 지구 기후는 우리가 상상하는 것보다 근본적인 변화를 겪어왔으며
앞으로도 그럴 가능성이 높다. 앨 고어가 칼 세이건을 인용해 말했듯이
지구 대기의 구조는 아주 취약vulnerable하다. 그 이유는 대기권이 너무 얇
기 때문이다.

지구를 농구공에 비유하면 대기권의 두께는 공 표면에 칠해진 광택제
에 불과하다는 것이다.[4] 대기권은 대류권, 성층권, 중간권, 열권 등 네 층
을 합하여 총 140킬로미터에 달하며, 이는 지구 반지름의 약 50분의 1에
해당한다. 그러나 대기 기체의 80%는 지상으로부터 약 12킬로미터 정도
까지 뻗어 있는 대류권에 포함되어 있으며, 이 고도의 3분의 1 정도의 높

이에서만 우리가 호흡하며 살아갈 수 있는 공간이다. 그러므로 대부분의 대기가 모여 있는 대류권의 두께는 지구 전체와 비교해볼 때 그야말로 농구공에 칠해진 광택제에 비교될 수 있다. 이는 대기가 쉽게 변화할 수 있음을 시사한다.[5]

기후 변동과 인류 문명

지구 기후는 에너지 평형의 흐름이다. 에너지 보존 법칙에 따라 태양 광선을 통해 지구로 도달한 에너지는 일부는 우주 공간으로 반사되고 일부는 지구에 흡수되었다가 결국 방출됨으로써 지구 전체적으로 볼 때는 에너지 평형을 이룬다. 간단히 말해 기후란 지구 에너지가 평형을 이루는 과정에서 일어나는 현상이다.

그런데 한 가지 인식해야 할 점은 지구 기후는 항상 평온한 상태를 유지해온 것은 아니라는 사실이다. 오늘날 지구 기후는 인간의 화석연료 사용으로 인해 온난화가 진행되고 있다. 하지만 인간이 개입하기 전부터 지구 기후는 변동을 겪어왔다. 지구 기후 변동의 주요한 원인으로는 세 가지 가설이 제기되었다. 첫째는 태양 에너지의 변화 혹은 지구 공전궤도의 변화가 기후 변화를 초래한다는 것이다. 둘째는 우주로 반사된 빛 에너지가 주원인이라는 것이다. 셋째는 대기 중에 포함된 가스 중에 복사열선에 영향을 끼치는 온실기체와 에어로솔이 주된 요인이라는 것이다.[6]

지금으로부터 약 45억 년 전 태양으로부터 약 1억 5천만 킬로미터 떨어진 공전궤도에서 가스구름이 응축되어 처음 지구가 탄생했을 때에 지구는 지금보다 아주 뜨거웠다. 지구에는 수억 년에 한 번씩 급격한 온도 하강이 일어나 지구 전체가 얼어붙는 일이 여러 차례 일어나곤 했다. 이러한 온도 하강은 우리의 상상을 초월하여 해양에는 수백 미터 두께의 얼음이 얼었으며, 오늘날의 열대지방조차도 빙하로 뒤덮였었다. 지구 생명의 대부분을 절멸시킨 이러한 재앙이 마지막으로 일어난 것은 지금으로부터 약 6억 년 전으로 추정된다.[7] 이 이후에도 지구에는 주기적으로 빙하기가 찾아왔다. 가장 최근의 빙하기는 약 2만 년 전에 정점을 이루었다가 점차 따뜻해져서 지난 1만 년 전부터는 상대적으로 안정된 온화한 기후를 보이고 있다.

인류 문명은 바로 충적세沖積世[8]라 불리는 이 기간 동안에 이룩된 것이다. 이 기간 동안에 우리는 농사 짓는 법을 배웠고 가축을 길들였으며 문자를 발명했고 종교를 세웠으며 과학기술 문명을 이룩했다. 그런데 격심한 요동을 나타내는 과거의 기후 변동 역사를 염두에 두고 인류의 문명을 생각해보면 이것은 그야말로 "번갯불에 콩 구어 먹기"가 성공한 셈이다. 할리우드 영화 〈미션 임파서블〉 시리즈에서 주인공 톰 크루즈는 매번 초를 재는 긴박하고 제한된 시간 안에 도저히 불가능해보이는 임무를 수행하는 데 성공한다. 지구 기후 변동의 틈새에서 상대적으로 아주 짧은 따뜻하고 안정된 기후 기간 동안에 꽃핀 인류의 문명도 어쩌면 불가능한 임무를 완수한 것과도 같다. 혹은 하와이 해안의 파도타기에 비유할 수도 있을 것이다. 파도타기 선수는 짧은 시간 동안에만 파도 위에 서 있을 수 있다.

지구 기후는 점진적으로 변하는 것이 아니라 팽팽하게 당겨진 활시위를 갑자기 놓은 것처럼 튕겨지듯 변한다. 대기 중 온실가스가 증가함에 따라 수년 또는 수개월 만에 우리가 상상할 수 없는 엄청난 기후 변동이 일어날 수도 있다. 자연이 갑자기 변화의 방아쇠를 당기면 기후도 막대한 에너지를 가지고 새로운 평형을 향해 급속도로 변화할 것이다.[9] 기후는 나무늘보가 아니라 순식간에 달려드는 맹수에 비교할 수 있다고 한다. 지난 1만 년 동안의 안정된 기후는 지난 2~300만 년 동안의 빙하기 사이에 나타난 아주 짧은 기간의 현상이었다. 인류는 아주 잠깐의 간빙기 동안 불가능해 보이는 여러 가지 놀라운 작품을 만들어내는 데 기적적으로 성공한 것이다. 그런데 인류 문명의 반석이 되었던 안정된 기후가 이제 격변의 단계로 들어서고 있다. 과연 인류의 운명은 어떻게 될까?

1950년대부터 기후학자 찰스 킬링Charles Keeling이 대기의 청정지역인 하와이의 마우나로아 산 꼭대기에서 대기 중의 이산화탄소 농도를 측정했다. 이 조사에 근거하여 킬링 곡선이 만들어졌는데, 〈불편한 진실〉에도 소개되는 이 그래프는 1년 단위로 상하 변동을 하면서 매년 가파른 상승을 보여준다. 1년 단위의 상하 변동은 식물이 광합성으로 인하여 대륙이 넓게 분포된 북반구의 여름에는 감소되었다가 겨울에는 증가하기 때문이다. 이산화탄소 농도는 1950년대에 315ppm이었던 것이 2000년에는 370ppm까지 높아졌다. 이 그래프를 그대로 연장하면 21세기 안에 대기 중의 이산화탄소 농도는 곧 두 배로 늘어날 것이다. 이는 지구의 평균 기온을 최소 섭씨 3도에서 6도까지 상승시킬 수 있다.[10]

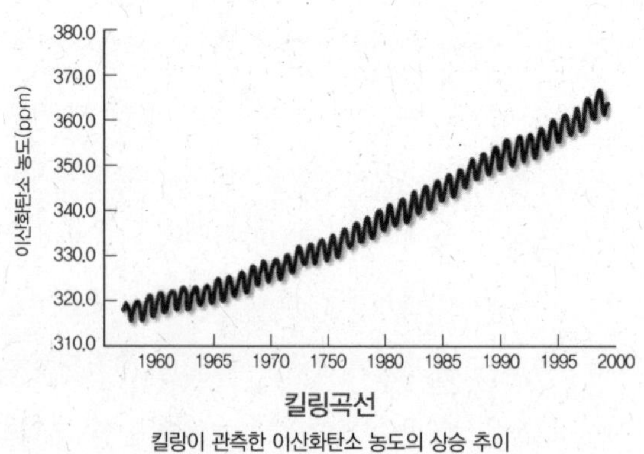

킬링곡선
킬링이 관측한 이산화탄소 농도의 상승 추이

가장 최근의 빙하기가 끝나가던 2만 년 전부터 1만 년 전 사이의 시기에 수천 미터의 두께로 해양을 뒤덮고 있던 얼음이 녹아 해수면이 100미터 이상 높아졌다. 이 1만 년의 기간 동안에 지구 평균 온도가 섭씨 5도 정도 높아졌다. 이 기간 중 가장 가파르게 상승했던 때가 약 1천 년 동안 평균 섭씨 1도 올라가는 데 그쳤다. 그런데 지금 약 1백 년 만에 3도 이상 올라간다는 것이다. 2000년도에 오스트레일리아 북서부에서 채취한 코어를 분석한 결과 1만 9천 년 전 불과 1백~5백 년 사이에 해수면이 갑자기 10~15미터 상승한 것으로 나타났다.[11] 오늘날의 온난화 상승세에 비하면 상대적으로 훨씬 점진적으로 진행된 이 기간에 해수면이 급격한 상승을 보였는데 지금과 같은 급격한 온난화가 진행될 경우, 인간을 포함한 대부분의 지구 생명체에게 파국적인 재앙이 초래될 것임은 너무도 자명한 사실이다. 이렇듯 격심한 변화에 대응하여 인류나 생명체들이 새로운 생존 방식을 찾아 적응하기에는 너무도 짧은 기간이기 때문이다.

3. 지구 기후와 가이아, 그리고 인간

가이아 가설과 '피조된 공동창조자'[12]

제임스 러브록은 지구의 생명체와 환경을 포함하여 생태계 전체를 하나의 통일된 유기체와 같이 살아 있는 시스템으로 볼 수 있다는 '가이아 Gaia' 가설을 제안하였다.[13] 가이아란 그리스 신화에 등장하는 대지의 여신 이름으로, 이 신화는 우리가 살고 있는 이 지구가 살아 있다고 느끼는 인간의 원초적 의식을 반영한다. 러브록은 우리가 살고 있는 지구란 행성을 그 위에 살고 있는 생물, 대기권, 대양, 토양까지를 포함하는 하나의 유기체로 간주할 수 있다고 한다. 즉 지구 기후 및 환경이 마치 살아 있는 생명체와 같이 일정한 상태로 조절되는 하나의 시스템과 같다고 주장한다.

예를 들어 지구 온도를 살펴보자. 35억 년 전 지구에 생명이 최초로 나타났을 때 태양열은 지금보다 약 25~30% 약했으나 차차 증가하여 오늘과 같은 수준으로 높아졌으나 지구 온도는 거의 달라지지 않았다. 현대 과학은 중력으로 인한 압력과 고온 상태에서 수소 원자 네 개가 하나의 헬륨 원자로 변환되는 태양 내부의 핵융합 반응 과정과 시간에 따른 태양 복사에너지 변화를 자세히 설명할 수 있다. 만일 태양 복사열의 변화와 똑같은 비율로 지구 온도가 변화했다면 상당수의 지구 생명체는 살아남을 수 없었을 것이다. 그런데 지구의 온도 변화는 지난 35억 년 동안 평균 섭씨 10도 정도의 안정된 온도를 유지해왔다. 이것은 박테리아의 가스 생산과 대기의 온실효과에 의해 변화의 폭이 최소화되었다는 것이다. 즉 생명체가 지구에 출현한 이래 생명체는 이 행성의 환경을 자신이 살아갈 수 있는 최적의 조건으로 변화시켜왔다는 것이다.

원래 원시 지구의 대기는 수소로 가득했다. 그런데 지금으로부터 약 10억 년 전쯤부터 식물들이 협동 작업을 통해 지구 환경을 엄청나게 변화시키기 시작했다. 그 시절 바다를 가득 메운 단순한 녹색 식물들이 산소 분자를 생산함으로써 산소가 지구 대기의 가장 흔한 구성 물질 중 하나가 되었다. 이렇게 해서 지구 대기의 성질이 근본적으로 바뀌었다. 생명 현상에 필요한 물질이 그때까지는 비생물학적 과정을 통해서 만들어졌으나, 산소 대기의 출현으로 지구 생명사의 신기원이 세워진 것이다. 지구 대기의 99%가 생물 활동에 그 기원을 두고 있다고 해도 과언이 아니다. 그러므로 '파란 하늘은 생물이 만든 것'이라고 주장할 수도 있는 것이다.[14]

또한 지난 수십억 년 동안 지구 대기 중의 산소 비율은 21%로 유지되고 있는데, 만일 1%만 높아지면 화재 발생률은 60% 증가하여 산불이 끊이질 않고 4%가 높아지면 지구의 모든 숲들은 화염에 휩싸여 불타버릴 것이다. 산소의 비율은 식물이 광합성을 통해 산소를 만들고 동물은 산소를 소비함으로써 조절된다. 그런데 동물들이 산소를 다 흡수 못 하므로 산소는 증가하게 된다. 그런데 박테리아와 반추동물, 그리고 흰개미들이 매년 100억 톤 이상 메탄을 생산하고, 메탄은 공기 중의 산소를 감소시키는데 메탄 생산이 없을 경우 1만 2천 년 내에 산소가 1%씩 증가할 것이다.[15] 러브록은 생명체의 존재 유무에 따라 지구의 대기 조성비율과 온도가 이웃 행성과 비교하여 어떻게 변화할지 아래의 표로 제시하였다. 아래의 표에서 알 수 있듯이 지구에 생명체가 없을 경우 지구의 대기와 온도는 이웃한 행성인 금성이나 화성과 비슷하다는 것을 알 수 있다. 그러한 경우 지구 환경은 지금보다 훨씬 혹독하여 오늘날 지구 생명체 대부분이 살아갈 수 없을 것이다. 만일 지구의 온도가 평균 섭씨 290도에서 50도 상하로 오르내린다면 미생물 외에는 살아남지 못할 것이다. 그런데 보잘것없는 미생물들이 지구의 대기를 산소가 풍부한 행성으로 변화시켰다. 그리고 이러한 대기 구성비율의 변화를 통해 지구는 생명체가 살기 적당한 온도로 유지되어온 것이다. 오늘날의 지구 환경은 처음부터 이런 상태로 주어진 것이 아니라 생명이 출현하여 변화시킨 결과이며, 생태계는 지구

생명체에 따른 지구의 대기와 온도, 압력의 변화[16]

공 기	금 성	지구(생명체 없을 경우)	화 성	지구(생명체 존재)
이산화탄소	98%	98%	95%	0.03%
질소	1.90%	1.90%	2.70%	79%
산소	극소량	극소량	0.13%	21%
표면온도(섭씨)	477도	290(±50)도	−53도	13도
대기압	90	90	64	1

라는 행성과 결합되어 하나의 유기체와 같은 살아 있는 시스템을 형성하고 있다는 것이다.

가이아 가설은 지구 생명체들이 오늘과 같은 친생태적인 지구 환경을 만들었다고 주장한다. 이를 신학적으로 성찰해보면 지구 생명체들이 곧 하느님의 창조 사역에서 실질적인 역할을 담당했다고 간주할 수 있을 것이다. 다시 말하면 기독교 창조신앙은 이 세상 만물이 하느님의 피조물이라고 선포한다. 그런데 미생물을 포함한 다양한 지구 생명체들은 지금의 지구 기후를 만들어냈다. 이 두 가지 언술을 연결시키면 지구 생명체는 곧 '피조된 공동창조자Created Co-creator'로서 하느님 창조 사역의 주체자로 간주할 수 있다. 우리는 하느님 나라를 세우는 사역을 감당한 사람들을 하느님의 종이라고 칭한다. 생태신학적 관점에서 보면 오직 사람만이 하느님의 종이 되는 것은 아니다. 지구 생명체들은 하느님의 창조 사역에서 중추적인 역할을 담당했으므로 그들도 하느님으로부터 부름받은 소중한 존재들이다. 하느님은 별과 태양과 지구를 만드셨고, 그곳에 생명을 지어내셨다. 하느님은 피조된 생명체들이 지구 기후를 자신들이 살기에 적합한 상태로 변화시켜나가도록 허락하셨고, 그 결과 지구는 수천만 종의 생명이 함께 살아가는 생명이 풍성한 보금자리가 되었다.

그런데 인류는 지금 이러한 '피조된 공동창조자들'을 멸종시키고 있다. 이는 단지 생태계를 파괴하는 것이 아니라, 하느님의 창조 사역자들을 죽이는 반역이다. 마태복음 21장의 포도원 소작인의 비유에는 포도원 소작인들이 공모하여 포도원을 차지하고자 주인의 아들을 죽였으나 결국 주인에게 처벌을 받는다는 이야기가 나온다. 이 비유는 흔히 하느님의 아들인 예수를 십자가에 매단 유대인들의 죄와 그에 대한 하느님의 심판을 암시하는 이야기로 해석되곤 한다. 그런데 이 비유를 가이아 가설로부터 연역된 '피조된 공동창조자'를 염두에 두고 읽으면 지금 생태계를 파괴하고 뭇 생명들을 멸종시키는 인간의 행위가 곧 그리스도를 십자가에 처형하는 것과 같은 죄와 다르지 않음을 깨달을 수 있다. 이처럼 생태 위기라는 새로운 맥락에서 성서를 다시 읽으면 그동안 전통적인 신학적 관점에서 정의했던 하느님, 그리스도, 성령, 창조, 죄와 같은 개념들이 근본적으로 재해석될 수 있다. 이것이 오늘날 기후 변화의 국면에서 신학자들이 요청받고 있는 중요한 사명 중이 하나일 것이다.

한편 로즈마리 류터는 이러한 가이아 가설의 함축성을 적극 수용하여 생태여성학적 관점에서 가부장적 질서하에 형성된 기독교 전통을 비판적으로 검토하고 자연과의 상호 관계 안에서 인간 상호 간의 비지배적 관계를 의미하는 치유 사회의 비전을 제시하였다. 그녀는 이러한 생명 파괴의 반역으로부터 벗어나려면 인간이 '불멸의 자아the immortal self' 개념을 버리고 만물의 살아 있는 상호 의존성에 대한 각성을 통하여 모든 생명체들과의 혈족관계를 깨닫는 생명의 공동체 의식을 가져야 한다고 주장한다.[17]

기후 변화와 정의 평화

기후 변화로 인해 앞으로 해수면 상승, 사막화, 물 부족, 식량난, 동식물 멸종, 산불 증가, 태풍의 대형화, 홍수 등 자연 재해가 점점 극심해지면 많은 사람들이 고통을 받고 생존의 위기에 놓이게 된다. 지구 온난화의 주요 원인은 온실가스이며, 이에 대한 보다 큰 책임은 그동안 풍요로운 소비 생활을 즐겨온 선진국에게 있다. 그런데 온난화로 인한 자연 재해는 가난한 나라 사람들에게 훨씬 더 치명적인 위협을 가한다. 가난한 나라는 자연 재해에 대비할 수 있는 사회적 시스템과 예산, 기술과 인적 자원이 턱없이 부족하기 때문이다. 여기에서 기후 변화에 있어 정의와 평등의 문제가 중요한 의제로 떠오른다. 2년여 전 미얀마에서는 사이클론 나르기스로 인해 20만 명 이상이 목숨을 잃었다. 미얀마는 본래 사이클론으로 인한 피해가 심각하지 않았던 나라인데 기후 변화로 인해 사이클론의 규모와 파괴력이 강해져서 이러한 일이 일어난 것이다. 세계에서 가장 가난한 나라 중의 하나이며 인구 대부분이 농업에 종사하고 아주 기초적인 소비생활만 하고 있는 이들이 지구 온난화에 가장 책임이 없는 사람들에 속할 것이다. 그러나 이들은 온난화로 인해 가장 큰 피해를 입은 사람들이 되었다.

기후 변화가 극심해지면 현재와 같은 생산-소비의 경제 시스템에 바탕을 둔 인류 문명은 위기에 직면하게 될 것이다. 원론적으로는 인류 문명의 붕괴가 곧 인류 생존의 위기는 아닐 수도 있다. 기술 문명 없이도 인류는 지난 2백만 년 동안 생존해왔으며 지금도 밀림 속의 소수의 부족들은 원시적 방식으로 생활하고 있기 때문이다. 그러나 기술 문명 없이 생존할 수 있는 인구의 수는 아주 적을 것이다. 그러므로 앞으로 기후 변화로 인한 재난이 닥쳐온다면 재난 그 자체보다 더 인류의 생존을 위협하는 것은 나만 살아나겠다는 인간의 이기적 태도일 것이다. 만일 재난을 겪고 있는 인류 공동체가 서로 돕고 나누며 극복하려 한다면 비록 많은 손실은 있겠지만 인류에게는 여전히 희망이 있다고 말할 수 있을 것이다. 그러나 반대로 재난을 감지한 사람들이 서로 자기만 살겠다고 이기적으로 행동한다면 결국 생존권을 둘러싼 분쟁이 일어날 것이며, 그 싸움은 그야말로 죽느냐 사느냐를 걸고 하는 싸움이기 때문에 처절할 수밖에 없을 것이다. 모든 것을 걸고 싸우는 싸움은 결국 공멸의 싸움이 될 가능성이 크다. 다시 말하면 인간이 상생하려는 나눔과 평화의 마음이 있으면 인류는 공존할 수 있지만, 혼자서만 살겠다고 이기적인 행동에 나설 경우 공멸의 가능성은 높아질 것이다.

드레이크 방정식의 함의

인류의 생존 가능성과 관련하여 좀 다른 맥락이지만 인류가 외계 고등 문명과 접촉할 가능성을 계산한 드레이크 방정식을 음미해볼 필요가 있다. 1960년대 초 미국 국립전파천문대의 프랭크 드레이크는 외계 지적 생명체 탐사계획에 참여하면서, 우리 은하계 내의 송수신 가능한 외계 문명의 수(N)를 계산하는 방정식을 제시하였다.[18] 생명이 출현 가능한 별의 수를 추산하고 지적 존재의 출현과 문명 발생의 가능성 및 지속 가능성의 확률을 곱해나가는 이 방정식에 따르면 가장 큰 변수는 기술 문명의 지속 기간이다.[19]

그런데 기술 문명의 지속 기간을 연장하는 데 관건은 인류를 비롯한 지적 존재가 도덕적 각성을 통하여 고차원적 윤리적 존재로 거듭나느냐에 달려 있다. 왜냐하면 고등한 과학기술 문명을 이룩한다는 것은 비행기나 컴퓨터, 로봇 등과 같은 멋진 작품을 만들 수 있다는 것인데, 이는 동시에 핵무기와 같은 대량 파괴, 대량 살상 능력을 갖는다는 의미이다. 즉 창조와 파괴의 능력이 필연적으로 병행한다는 것이다. 그러므로 아주 높은 수준의 과학기술을 발전시킨 지적 생명체는 필수적으로 전쟁을 통한 자기 파괴라는 시험대를 통과해야 한다. 이 시험의 통과 여부는 곧 도덕적, 윤리적 능력에 달려 있다는 것이다.

넓게 보면 인류가 이룩한 문명도 이와 같은 양면성이 있다. 인류는 기술 문명을 통하여 과거에 상상할 수 없는 놀라운 도구를 만들고 편리한 생활을 고안해냈지만, 이 과정은 곧 핵무기를 만들고 기후 변화를 초래할 온실가스를 배출하는 과정이기도 했다. 이 양자의 관계가 반드시 필연이었는지 판단하기는 어렵지만(이는 인류에게 서양 과학기술 문명 외에 다른 대안적 문명의 발전이 가능했는지를 묻는 질문이기도 하다), 과학기술 발전과 기후 온난화 과정이 서로 직접적인 관련성이 있음은 분명하다. 그렇다면 과학기술 문명은 아라비안나이트 이야기에 나오는 괴물을 가둔 호리병과도 같은 셈이다. 오늘날 과학기술 문명은 인류에게 엄청난 가능성을 선사하는 한편 동시에 기후 변화라는 괴물이 튀어나오도록 호리병을 열었다. 인류가 이 괴물에 잡아먹히지 않으려면 반드시 변화해야 하는데, 그것은 혼자만 살려는 이기심을 버리고 공존의 윤리적 가치로 거듭난 존재가 되어야 하는 것이다. 드레이크 방정식은 어떤 지적 생명체가 고등 문명을 이룩하기 위해서는 과학기술의 발전뿐만 아니라 정신적 측면에서도 반드시 도덕적으로 훌륭한 존재가 되어야 한다는 함의를 내포하고 있는 것이다.

4. 기복신앙에서 생태적 신앙으로

이 글을 마치면서 오늘날 인류가 직면한 기후 격변으로 인한 재앙을 노아 시대의 홍수 이야기와 비교해보고자 한다. 구약성서는 노아 시대의 물에 의한 심판의 원인이 곧 당시의 사람들이 죄악으로 가득차고 못된 생각만 했기 때문이라고 말한다. 하느님 보시기에 세상이 속속들이 썩어 무법천지가 되었고 사람들이 하는 일이 땅위에 냄새를 피우고 있었으므로, 하느님께서는 공연히 사람을 만들었다고 후회하면서 그들과 동물까지 땅위에서 물로 쓸어버릴 것을 결심하신다. 오늘날의 기후 변화로 인한 재앙은 현대인의 탐욕과 불평등한 소유, 생태계 파괴와 생명 경시로 인하여 초래되고 있다. 하느님께서는 노아에게 홍수를 경고하시고 배를 만들 것을 명령하신다. 노아는 하느님의 말씀을 충실히 따라 배를 만들고 자기 가족과 동물들을 배에 태워 물의 심판을 피해 생명을 이어가도록 돕는다. 오늘날 이 시대의 생태 위기는 인간과 지구 환경 및 다른 생명들 사이의 상호 의존적 관계를 깨닫지 못한 데서 연유한다. 동물들을 배에 태워 생명을 이어가도록 도와준 노아는 생태적이고 관계 지향적 신앙의 모델이다. 오늘날 기독교인들도 개인의 복만 비는 기복신앙에서 벗어나 생태적 신앙으로 거듭날 때 이 위기를 극복할 수 있는 실마리를 발견할 것이다. 인간과 인간이 관계 맺는 사회적 차원에서는 과소비와 독점욕에서 벗어나 나눔과 평화의 가치를 추구하고, 인간과 자연과의 관계에서는 인간 중심주의에서 벗어나 하느님의 창조 안에서 인간과 자연이 동일시되는 생명 공동체적 연대감으로 거듭나야 할 것이다. 노아가 하느님의 말씀에 순종하여 인류와 여러 생명을 물의 심판으로부터 구하였을 때 하느님은 무지개를 통하여 새로운 희망을 보여주셨듯이, 우리는 이 시점에서 생태적 생활로 전환하여 기후 붕괴의 나락으로 떨어져가는 파국을 막고 지속 가능한 발전을 이루어 생태계의 종 다양성을 보존해내는 창조질서를 지키는 청지기가 되어야 할 것이다.

예수는 2천 년 전 이 세상에 오시어 섬김과 나눔, 희생의 가치를 보여주셨다. 그는 로마 제국의 피식민지에 힘없는 민중으로 오셨다. 창검으로 이룬 로마 제국의 지배적인 이데올로기는 군사력을 통해 피식민지 백성에게 통치권을 관철시키는 것이었다. 그런데 엉뚱하게도 예수는 나눔과 섬김, 희생이 로마 제국의 가치관보다 위대하다는 것을 보여주었다. 힘센 놈이 최고수가 되는 게임의 법칙에서 남의 밥이 되어주는 희생이 그보다 한수 위임을 보여주었던 것이다.

사실 오늘날 세상의 모습도 당시와 본질적으로 다르지 않다. 궁극적으로 사람들은 더 많은 이윤과 소유를 추구하는데 지구 온난화는 바로 이러한 욕망이 낳은 결과로 볼 수 있다. 떼이야르 드 샤르뎅이 전망한 인간의 위치에 관한 사유를 연관지어 생각해볼 수 있다. 샤르뎅은 진화론적 관점에서 예수를 보았다. 그에게 예수는 인류가 진화하여 최종적으로 도달하여야 할 완전한 인간성humanity의 모델이다. 샤르뎅은 인간이 아직 진화 중에 있으며 최종적으로 진화가 완성된다면 인류는 예수와 같이 기꺼이 자기희생을 실천할 수 있는 이타적 존재로 도약할 것이라고 전망하였다.

이제 눈앞에 다가오는 지구적 규모의 근본적인 기후 변화를 겪으면서 인류는 생존의 시험대에 오르게 될 것이다. 만일 인간이 이와 같은 새로운 인간성을 획득한다면 기후 변화가 몰고올 고통스러운 시험을 통과하고 한 단계 도약한 새로운 존재로 거듭날 것이다. 필자는 이것이 바로 하느님께서 노아의 홍수 뒤에 보여준 무지개라고 생각한다. 인류가 이 시험을 통과한다면 인류는 더 깊고 넓은 생태적 영성을 지닌 존재로 거듭나서 우주의 모든 이웃 생명과 더불어 창조주가 선물로 내린 생명과 원복을 경축할 것이다.

참고문헌

로즈마리 래드퍼드 류터, 전현식 역, 『가이아와 하느님: 지구 치유를 위한 생태 여성학』(서울: 이화여자대학교 출판부, 2000).

레슬리 오겔, 신연호 옮김, "지구 생명의 기원", 『우주와 생명』(서울: 김영사, 1995).

리차드 도킨스, 홍영남 역, 『이기적 유전자』(서울: 을유문화사, 1993).

린 마굴리스·도리언 세이건, 황현숙 역, 『생명이란 무엇인가?』(서울: 지호, 1999).

빌 브라이슨, 이덕환 역, 『거의 모든 것의 역사』(서울: 까치, 2004).

샐리 맥페이그, 김준우 역, 『기후변화와 신학의 재구성』(서울: 한국기독교연구소, 2008).

슈테판 람슈토르프·한스 요아힘 셸른후버, 한윤진 역, 『미친 기후를 이해하는 짧지만 충분한 보고서』(서울: 도솔출판사, 2007).

이영욱, 『우주 그리고 인간』(서울: 동아일보사, 2000).

제레미 리프킨, 『생명권 정치학(Biosphere Politics)』(서울: 대화출판사, 1996).

팀 플래너리, 이충호 역, 『지구온난화 이야기』(서울: 지식의 풍경, 2007).

프리초프 카프라, 김용정·김동광 옮김, 『생명의 그물』(서울: 범양사, 1998).

『한겨레 21』, 제652호, 2007. 3월호.

James E. Lovelock, *Gaia: A New Look at Life on Earth* (Oxford: Oxford University Press, 1979).

'기후 붕괴 원년'의 시대를 사는 기독교*
에큐메니칼 신학의 과제

이정배

1. 들어가는 글

새로운 천년을 맞이했다는 환호가 아직 귀에 쟁쟁한데 그로부터 벌써 강산이 변할 만큼 시간이 흘러갔다. 시간이 흐르면 달라지는 것이 생기기 마련이다. 흔히들 좋게 달라지는 것을 변화라 하고 나쁘게 되는 것을 변질이라 한다.

그렇다면 지난 10년간 지구 생태계의 상황은 어떠했는가? 학자들의 입에서 기후 변화란 말보다 '기후 붕괴'란 말이 나오고 있으니 후자의 경우라 말하지 않을 수 없다. 지구 온난화로 사실적 종말 위기에 노출되어 있다는 묵시가 울려 퍼진 지 20년이 흘러갔건만 상황이 오히려 악화되었다

---

* 본 논문은 2008년 한국교회환경연구소가 주최한 생태신학세미나 "기후 변화에 대한 시대적 신학적 성찰"에서 필자가 발표한 내용으로, 『기독교사상』에 게재된 바 있다.

는 반증이다.[1] "시간이 촉박하다Die Zeit is draengt"는 한 예언자의 소리가 정치, 경제 논리에 파묻혔고 종교마저 그 소리를 경청하지 못했던 까닭이다. 기대했던 덴마크 코펜하겐에서의 기후회담도 그리 성공적이지 못했다. 교토의정서를 대체할 만한 기후협약체계가 조인되기를 간절히 바랐지만 말이다.[2] 그럼에도 '하나밖에 없는 지구' 생존을 위한 획기적 전환점이 이뤄질 것이란 기대 역시 절실해졌다. '포스트 교토체제'를 절감했던 금번 모임은 유엔 IPCC(정부간기후변화위원회)의 4차 보고서(2007년)에 근거한 결과다. 금세기 중 지구 온도 상승을 2도 이내로 막지 못하면 지구적 차원의 재앙이 불가피하며 이를 위해 즉각적 행동이 필요하다는 것이 보고서의 골자였다. 기후 문제가 빈곤한 국가들의 생존을 위협한다는 사실, 즉 남북 갈등의 근본 원인이 될 것이란 긴박한 분석도 주 내용이었다. 20년 전의 경고가 눈앞의 현실로 다가온 것을 과학적으로 증명해보인 것이다. 이에 교토의정서에 불참했던 미국은 물론 현재 이산화탄소 배출량 1위 국가인 중국 역시도 그간의 형평성 논거를 뒤로 하고 감축량을 제시한 상태이다. 이제 막 통합의 문턱을 넘어선 유럽연합 역시 환경과 인권을 자신들 헌법의 으뜸 가치로 내세울 만큼 성숙해져 있다.

인류는 지금 '리스크 감수'의 시대로부터 '리스크 예방'의 시대로의 대전환을 꿈꾸며 '두 번째 계몽주의', '제2의 차축시대' 또는 '영성의 시대'를 경험하길 원하고 있는 것이다.[3] 인류의 모든 촉각이 기후 붕괴로 모아질 2010년을 '기후 붕괴 원년'이라 칭하며 새 시대를 예감하는 일은 노아적 감수성의 산물이다. 하지만 한국의 경우 녹색 성장이란 이름하에 시대에 역행하는 개발 사업이 봇물 터지듯 강행되고 있다. 4대강 복원 사업이 반反생태적이라는 전문가들의 우려에도 이를 강행하는 정부 행태는 소탐대실의 결과를 반드시 낳을 것이다. 정부 차원의 근시안적 득을 위해 국가 차원의 장래를 망칠 수 있다는 것이다.

이 글에서 필자는 먼저 기후 붕괴의 현실을 가능한 대로 쉽게 소개하고 그렇게 된 원인을 분석할 것이며 다음으로 원론적인 해결 방안을 제시해보고 마지막으로 지면이 허락하는 한 에큐메니칼 차원에서 기독교적 책임을 환기시키고자 한다.

2. '기후 붕괴 원년'의 시대의 실상 – 불편한 진실

지금껏 알려진 바로 지구는 생명이 살 수 있는 유일한 행성임이 틀림없다. 생명이 거주할 수 있는 적절한 조건이 무구한 세월을 거쳐 구비되었기 때문이다. 지난 4억만 년 이래로 대기 중 산소 21%와 이산화탄소 0.03%가 항상성을 유지한 것이 생명이 존재할 수 있었던 으뜸 조건이라 하겠다. 적당량의 이산화탄소가 없었다면 지구는 생명이 살 수 있을 만큼 따뜻하지 못했을 것이며 충분한 산소가 우주 공간에 흐르는 방사능 물질을 제어했고 생명체의 본질인 대사와 자기 복제를 가능토록 한 것이다. 그러나 물질 문명의 과부하가 걸린 시점에서부터 이산화탄소 양은 급격히 늘어났고 산소 비율은 반대로 급감했다. 대기 중 이산화탄소 비율이 2배로 증가하면 지구는 온난화로 또한 오존층 파괴로 생명이 살 수 없는 죽음의 공간이 된다는 것이 기본 상식이다.[4]

최근 아마존 지역 삼림森林의 기현상은 이런 현실의 도래를 예감케 한다. 이산화탄소를 품고 산소를 뱉어야 할 나무들이 지나친 더위로 인해 산소 대신 이산화탄소를 방출하고 있기 때문이다. 대기 중 이산화탄소가 너무 많은 탓에 자신의 존재 유지를 위해 오히려 산소를 저장하고 이산화탄소를 방출하는 역순환으로 금세기 안에 지구 온도는 6도까지 상승할 것이며 오존층 파괴는 가속화될 것이다. 이런 현상은 바다 속에서도 결코 예외가 아니다. 이산화탄소의 과유입이 산호초 막을 부식시켜 거지반 멸종에 이르게 했으며 그 결과 먹이사슬 구조 자체가 붕괴되었다는 진단이다. 방사능 물질로 바다 전체가 오염된 것도 대단히 심각한 수준에 이르렀다. 삼림이 죽고 바다가 생명 부재의 공간이 되면 인간의 생명도 그 끝을 보일 수밖에 없음은 자명한 이치다. 그래서 생태학자들은 서서히 뜨거워지는 냄비 위의 개구리로 현금의 인류를 비유한다. 서서히 다가오기에 자신의 종말을 감지하지 못하는 어리석음을 범하지 말자는 취지에서다.

IPCC 보고서 내용을 체계 있게 서술한 책이 『6도의 악몽』[5]이다. 이 책은 인류가 자명하다고 생각했던 기후 체계가 붕괴될 수 있다는 현실을 구체적 예를 통해 적실히 보여주었다. 지금 상태로 지구를 방치한다면 금세기 안에 지구 온도가 6도 상승하여 생명 부재의 공간이 될 수 있다는 것이다.[6] 지구 온난화가 동토凍土에 묻힌 메탄의 폭발을 일으키며 그로부터 생겨난 산성비로 지상 생물의 멸종 그리고 바다의 산소 부족, 영양 결핍으로 해양 식물 역시 대멸종에 이를 수 있다는 사실이다. 빠르면 2030년경, 인류가 마지막 데드라인으로 잡고 있는 2도 상승의 지경에 이를 수 있다고 한다. 지난 세월 동안의 에너지 사용 결과만으로도 삶과 죽음의 경계선상에 놓일 수 있다는 것이다. 그래서 학자들은 시간이 촉박하다 했고 즉각적 행동이 필요하다는 요청을 할 수밖에 없었다. JPIC 모임이 열렸던 1990년대를 기점으로 이산화탄소 발생량을 줄여가야 한다는 생태적 정언 명령이 있었음에도 그때보다 악화된 현실이 당혹감을 부가시켰다. 코펜하겐 기후협약의 필연성을 촉구하고 성사시켰던 2007년 IPCC 보고

서는 다음과 같은 객관(결정)적 사실을 알려준 바 있다.[7]

산업혁명 전, 대략 1750년경 280ppm[8]이었던 이산화탄소 양이 오늘날은 384ppm에 이르렀고 향후 50년 안에 100ppm이 늘어날 것이며 만약 550ppm에 달하면 21세기 중반 3도 상승은 불가피해진다는 것이다. 2도 상승을 뜻하는 450ppm을 유지하려면 이산화탄소 발생량을 더 이상 늘릴 수 없다는 것이 IPCC의 결론이자 충고였다.[9] 3도의 온도 상승이 인류로선 감당키 어려운 결과를 초래할 것이라는 이들의 분석을 유념할 필요가 있다. 해충들이 죽지 않아 농업에 치명적 영향을 미칠 것이며 바다가 산성화될 것이고 북반구 빙하가 빠르게 녹아내려 동토에 묻힌 메탄의 위력을 서서히 경험토록 할 것이기 때문이다.[10] 지난 삶의 결과로 상승되는 기후는 어쩔 수 없다 하더라도 더 이상의 이산화탄소 발생량을 허용치 않기 위해 세계는 지금 IPCC의 충고를 귀담아 들어야 한다. 기후 붕괴 원년을 살고 있다는 자각이야말로 인류가 감당해야 할 전대미문의 책무란 것이다. 현재와 같은 증가추세라면 2070년경 550ppm에 이를 것인바, 그 경우 한반도의 중북부 이상 지역은 물론 심지어 아마존 강 유역까지 회복 불가능한 가뭄이 발생할 것이라 경고하고 있다.[11]

한국의 이산화탄소 배출량이 OECD 국가 중 최고치를 경신하고 있는 상황은 우리의 앞날을 불안케 한다. 한반도 주변 기후 변동이 전 지구적 상승폭에 비해 3배 정도 크다는 사실이 이런 우려를 증폭시킨다.[12] 인류가 6도 상승이란 최악의 상태를 운 좋게 면한다 하더라도 3도 상승은 물론 세계 해안선 지형을 엄청나게 바꿀 4도 상승의 개연성 또한 결코 작지 않다. 목표로 설정된 2도 상승에 머무르는 것보다 어쩌면 그리될 수 있는 가능성이 더 크다고 말할 수 있다. '불편한 진실'에 눈감고 욕망덩어리로 사는 한, 550ppm(3도), 700ppm(4도) 수치는 현실이 될 수 있기 때문이다.

하지만 2도 이상의 온도 상승은 분명 기후 붕괴의 실상을 고지한다. 엄청난 화폐 단위에 익숙해진 우리지만 2도와 3도의 차이를 결코 미미하게 생각해서는 낭패를 당할 것이다. 자연의 내재적 가치를 존중하고 자연과 인간의 인과적 관계에 깊이 관심하며 모두가 공감하는 삶의 방식을 채택하는 과정에서 임계점은 지켜질 것이고 창조 이전의 상태로 돌아가는 불상사는 면할 수 있다.[13] 하지만 불행히도 한국 정부는 이런 길에 도반道伴이 되지 못하는 듯하다. 금번 코펜하겐 기후협약이 천명天命을 거스르는 이명박 정권의 반자연적 행태를 되돌릴 수 있는 기회였으면 좋겠다. 과거의 기후는 대자연의 행위였으나 오늘의 홍수와 한파는 잘못된 인간 행위의 결과임을 명심할 일이다. 오늘의 과학이 기후 붕괴 원년의 시대에 하느님을 대신하여 인간의 갈 길을 예언하고 있음에 깊이 감사해야 할 것이다.

3. 기후 붕괴 시대를 살게 된 이유
– 여전히 아메리칸 드림의 허상을 쫓을 것인가?

인류가 전대미문의 기후 붕괴 시대, 곧 사실적 종말의 위기를 경험하게 된 배경은 다각적으로 설명 가능하다. 자연을 이익 창출의 수단으로 생각하는 기계론적 자연관의 출현, 그것에 정당성을 부여한 종교적 세계관[14] 그리고 중세 공동체주의를 대신한 근대 철학자들의 개인주의 성향 등이 큰 틀에서 거론될 수 있을 것이다. 자연을 신神의 자기 표현 공간으로 이해한 유기체적 관점이 사라진 것을 직접적 원인으로 본 심층생태학적 분석이 있으며 세상에서의 부(이익) 창출을 신적 은총으로 인식한 개혁신학의 반생태성을 지적한 흐름도 있고, 자연 지배를 신적 구원을 이루는 길[15]이라 여겼으며 시장을 하느님 섭리사상과 일치시켰던 근대 사상의 근원적 한계를 지적하는 목소리도 존재했다. 18세기 중반에 있었던 과학 혁명은 이 모든 것을 총체적으로 엮어낸 사건이었고 이를 매개로 식민주의 담론의 생성 및 확산이 구체화되었으며 그로 인한 생태계 파괴가 가속화된 것은 주지의 사실이다. 이 과정에서 군대와 기업 그리고 국가가 삼위일체가 되어 아시아 및 아프리카 지역을 수탈했으며 자본주의를 전 세계로 이식하고 확장할 수 있었다.[16]

이 와중에서 어느 종교와 어느 철학도 인간의 사적 욕망을 부추기는 자본주의를 이길 수 없었다. 그토록 완벽한 자기 부정의 종교체계를 갖고 있던 동양 종교들 또한 자본주의 체제 앞에서는 속수무책이었다. '오래된 미래'를 지닌 라다크 마을도 최근 자본주의 유입으로 망가지고 있다는 소식도 들린다. 동양의 근대화는 바로 이런 식으로 이뤄진 것이었다. 기독교 선교 역시 이런 식의 근대화와 결코 무관치 않았다. 오늘날 생물종의 다양성이 파괴되는 것은 서구적 획일화로 문화의 다양성이 지켜질 수 없었던 데서 연유한다. 세계 곳곳 토착지역에서 앗아간 녹색 황금, 생물의 유전인자로 인해 세계 내 남북 간 갈등의 폭이 극도로 넓혀져 있다. 기후 붕괴로 인한 최대 피해자들도 서구 근대화의 희생제물이 된 이들 지역 나라들이다. 환경과 가난은 그렇기에 언제든 새의 두 날개처럼 함께 얽혀져 있음을 명심할 일이다.

이런 식의 자본주의는 미국에서 '아메리칸 드림'이란 이름으로 만개되었다. 아는 대로 '아메리칸 드림'은 개인에게 주어진 '무한 기회'란 말과 애시 당초 같은 뜻이었다.[17] 해서 미국식 자유는 언제든 '자율Autonomy'과 등가적이었다. 기독교 국가였으나 그들에겐 애당초 히브리적인 '어려운 자유Difficult freedom' 개념이 부족했던 탓이다.[18] 타인에게 의존되지 않는 것이 그들의 자유였고 그러자니 사적 재산이 있어야만 했다. 기독교의 축복 개념과 결탁된 현실적 실용주의는 '아메리칸 드림'의 골수였고 그것으로 개인의 자유를 꽃피울 수 있었다. 하지만 세습제도와 사회계급제도로부터의 해방을 이뤘으나 그것은 자아도취 문화로 변질되고 말았다. 소비가 자신의 정체성(신분)을 반영하며 쾌락을 포기할 수 없는 가치로 여기는 사회가 되었기 때문이다. 가난을 정부가 아닌 개인 탓으로만 돌리는 사회가 된 것 역시도 불행한 일이 아닐 수 없다. 누구나 가난을 딛고 성공할수 있다는 성공신화는 9.11사태와 금융 위기를 겪으면서 신기루 같은 허상으로 판명되는 중이며 미국의 소비에 의존했던 세계 경제의 실상도 적나라하게 그 속살을 들어내고 있다. 이런 사회이고 보니 미국은 기후 변화 문제에 책임을 다할 수 없었고 의료 및 사회복지 그리고 인권 문제에 관한한 낙후된 모습을 보이고 있는 것이다.

하지만 세계는 아직도 '아메리칸 드림'의 허상을 쫓고 있다. 여전히 미국만을 바라보며 그들처럼 살고 먹고 입는 것을 발전이고 개발이라 믿고 있는 실정이다. 효율성이 여전히 최고의 가치인 것도 부인할 수 없는 사실이다.[19] 최근 신조어로 '아메리쿰Americum'이란 단어가 회자된다.[20] 이것은 미국적 생활방식을 하나의 에너지 단위로 생각하는 계산법으로서한 '아메리쿰'은 1인당 국민소득 5,000불 이상을 지닌 소비 성향이 급증한 인구 3억 5천만 명 정도의 집단이 사용하는 에너지 총량을 뜻한다. 현재 북미, 유럽, 중국, 러시아 그리고 일본, 한국 등이 각기 '아메리쿰'으로 셈하여지고 있다. 지금의 추세라면 2030년까지 8~9개의 '아메리쿰'이 생길 수 있다는 추산이다. 그러나 6도의 악몽을 거듭 숙고해야 할 상황에서 '아메리쿰'의 욕망은 최대의 걸림돌이자 변수일 수밖에 없다. 적어도 30억 인구가 미국처럼 살려면 지구와 같은 행성 3개는 더 있어야 한다는 말도 결코 과장이 아니다. 그렇기에 환경학자들은 미국처럼 되려는 '부자병 Affuenza'[21]을 인류 미래를 위협하는 전염병으로 간주한다. 과도한 성장 중독의 폐해를 우리는 지금 두바이의 몰락에서 배워야만 한다. 사막 한가운데 엄청난 에너지로 대규모 스키장을 만든 두바이에서 '창조경영'이란 화두를 생각했다는 한국 대기업 회장도 있었다니 한국 미래가 염려된다.[22]

그럼에도 제3세계 국가들에게 미국과 같은 중산층 생활방식을 원천적으로 불허하는 것도 난제일 것이다. '아메리쿰'으로의 진입을 꿈꾸는 차상위, 차차상위 그룹(국가)들이 항존하는 상황에서 말이다. 세계의 부유 계층 7%가 이산화탄소 배출량의 절반을 내뿜고 빈곤한 계층 50%가 7%의 이산화탄소를 배출하는 현실에서 '욕망'의 문제는 실로 넘어야 할 산이다.[23] 더더욱 기후 붕괴가 선진국에서는 '아직' 삶의 질의 문제이지만 후발 개도국의 경우는 절실한 '생존' 문제인 것도 사안의 중요성을 각인시킨다. 중남미와 아프리카의 사막화, 남아시아 지역의 홍수 및 범람 등 기후 붕괴는 거듭 말하지만 가난과도 직결되는 사안인 것이다. 하지만 환경 폐해를 초래한 선진국들의 자발적 기금 출현, 예컨대 국내총생산의 1% 정도를 빈국 생존(환경 재앙)을 위해 지출하자는 안이 코펜하겐 모임에서 토론되었으나 결론이 없었다.[24]

주지하듯 인류는 지금껏 욕망을 부추기는 아메리칸 드림(아메리쿰)을 추구해왔다. 철학과 종교가 자본주의적 욕망을 뒷받침하는 후견인 역할을 해온 것도 사실이다. 프리드먼의 말대로 인류 모두가 미국적 생활방식을 동경해온 것이다. 조만간 8~9개의 '아메리쿰'이 생길 정도로 세계는 더욱 '평평'해지려고 할 것이다. 그러나 그럴수록 세계 저편에선 더 많은 희생자들이 생겨날 것이고 6도의 악몽은 거듭 인류를 괴롭히며 현실이 될 것이다. 선진국에 비해 개도국 국가들의 인구 증가가 높은 것, 소위

'붐비는' 세계가 된 것도 환경 폐해를 가중시켰다. 2050년경 지구상 인구가 90억에 달할 것이란 보도는 끔찍스럽기까지 하다. 이렇듯 '붐비는' 사람들 모두가 '평평'해지려 했기에 지구는 지속적으로 뜨거워졌고 앞으로도 뜨거워질 것이다. 이것이 바로 지구를 망가트리고 생태 난민을 양산하는 기후 붕괴 시대를 살게 된 이유이다.

4. 기후 붕괴 이후 시대를 위한 노력 – EU의 실험을 주목하며

환경 재앙을 예견한 선각자들은 일찍부터 인류 문명의 방향을 근본에서 달리할 것을 주문해왔다. 인간 중심의 신생대를 마감하고 생태대로의 '새로운 출애굽'을 선포한 신학자도 있었고 기후 붕괴를 인류가 맞서 싸워야 할 또 다른 '세계 대전'이라 명명한 학자도 존재했다.[25] 지금 유럽은 통합 헌법까지 만들며 환경과 인권을 기본 가치로 하는 연합 체제를 만들고자 엄청난 실험 중이다. 자연의 유기체적 본성에 근거한 새로운 인간 사회 이해를 유럽연합EU 국가들은 앞서 보았듯 두 번째 계몽주의로 명명하고 있는 것이다. 즉 생물권(생명권)에 대한 의식을 인류가 지녀야 할 첫 번째 의무로 생각하고 있는 것이다. 하여 EU는 지금 '지구가 살아 있는 공동체란 비전을 제시한 인류 역사 최초의 정치기구'란 평가를 받고 있다.[26] 아메리칸 드림이 '자율성'과 '무한이익'을 추구했다면 이제 막 면모를 드러낸 EU는 공동체성 그리고 자연과 인간 간의 연대에 무게중심을 두고 있기 때문이다. 재산권이 자율성을 확보하는 필수조건이었다면 생물권은 상호 소속감을 근본가치로 삼는다.

이를 위해 필요한 것이 이들에겐 공감Sympathy이었다.[27] 공감이란 자연을 포함한 여타 타인[28]이 원하지 않는 것을 나 역시 어느 경우든 하지 않으려는 마음을 일컫는다. 이런 공감은 선천적이면서도 후천적 인간 성향이기도 하다. 하지만 이는 기독교 신앙이 가르치듯 일방적 이타성과는 같지 않다. 공감共感이란 인간 삶 그 자체에 대한 연약성 내지 취약성에 대한 공동 인식의 산물인 까닭이다. 이런 방식으로 이웃 및 자연의 복지를 극대화시키는 것이 결국 자신에게도 득이 된다는 사실은 동서양을 막론한 보편적 지혜가 틀림없다. 인간뿐 아니라 자연의 복지를 심각하게 생각해야 될 시점에서 말이다. EU가 지금 '만인에 의한 만인의 투쟁'이란 자본주의적 에토스 대신 칸트적 영구 평화의 비전을 앞세우기 시작했다는 것은 '새로운 출애굽'의 징표가 아닐 수 없다. 석유와 군사력만으로 초강국이 되려는 미국적 사고를 갖고서는 기후 붕괴 이후 시대를 바랄 수 없는 까닭이다. 하지만 코펜하겐 기후협약에서 이들 EU의 역할과 비전이 인류의 보편적 꿈으로 확산되기를 재차 소망했지만 그리 되지 못했다. 세상을 살린다는 기독교의 역할이 그래서 더욱 중요한 시점이 된 것이다.

좀 더 논리적이고 신학적인 대응은 다음 장의 주제이다. 여기서는 기후 붕괴 현실을 타개할 수 있는 실질적 방안을 생각해볼 것이다. 먼저 '불편한 진실'의 진실을 언급하고자 한다. 엘 고어의 책 제목이기도 한 이 말은 기후 붕괴 시대에 마음에 깊이 담아두어야 할 개념이다. 눈앞의 기후 붕괴는 객관적 사실로서 진리인바, 그것을 숙지하며 사는 과정은 불편해질 수밖에 없다. 사는 방식 자체를 달리하며 욕망하는 주체의 강도를 약화시키고 소유가 아닌 존재로의 가치 지향을 의도해야 하기 때문이다. 자본주의 사회에서 욕망의 흐름을 거슬러 산다는 것은 결코 쉽지 않다. 그렇기에 '불편한 진실'의 진실이란 모두가 기후 붕괴를 말하지만 누구도 그에 적합한 삶의 방식을 채택하지 않는다는 것이다. 환경 문제를 논하는 식자들의 우환과 한계가 바로 여기에 있다. 하지만 그럴수록 우리에겐 공감이 필요하고 더불어 사는 노력이 있어야만 한다. 더 이상 우유부단, 임시변통, 미봉책 그리고 미루기가 통하던 시대가 끝났음을 선언해야만 하는 것이다.[29] 이런 전제하에 필자는 세 가지 방향에서 기후 붕괴 이후 시대를 희망하는 삶을 생각해보려고 한다.

우선적으로 세계적이며, 보편적인 포괄적 도덕성을 갖고 자/타 간, 인간/자연 간의 사이를 잇는 교량적 삶을 살아야 한다. 이 경우 보편적·포괄적 도덕성이란 '간접적 나쁜 행위Cold evil'에 대한 인식이다.[30] 대부분 선량한 시민은 환경 파괴에 직접적 영향력을 미치지 않는다. '직접적 나쁜 행위Hot evil'에 가담하는 경우는 개인으로는 극히 예외적이다. 그러나 일상에서 SUV 차량의 증가,[31] 제3세계를 착취하는 나이키 등 유명 브랜드 선호 그리고 삼림 훼손과 원주민 축출을 부추기는 육류 소비 등은 간접적 나쁜 행위로서 인식되어야 마땅한 일이다. 한 여성 신학자는 비행기 여행까지 자제해야 할 것이라 말하기도 했다. 일상 삶에서 탄소 배출량을 셈하며 사는 생태시민들도 생겨나는 중이다. 일반적으로 사람들은 인과관계가 직접적이지 않고 멀기에 'Cold evil'에 대해 죄책감이 거의 없다. 하지만 불편한 진실을 감수하려는 사람들의 도덕성은 여기까지 이르러야 마땅하다. 소비Consumption를 통해 자율성을 확인하려는 시도는 사실 죽음의 본능(타나토스)을 사는 것과 다르지 않기 때문이다.[32] '간접적 나쁜 행위'란 범주를 통해 '아메리쿰' 단위에 속한 5%의 인류가 세계 에너지 3분의 1을 사용하는 현실이 통렬하게 비판될 수 있기를 희망한다.

다음으로 기후 붕괴가 지금 당장 생존의 문제로 이어지는 경우를 생각하지 않을 수 없다. 생태와 가난의 문제를 함께 생각하자는 말이다. 앞서도 말했듯 목하의 기후 변동은 지금껏 풍요를 누렸던 1세계 국가들의 탓이었다. 부유한 서구의 잘못으로 가난한 이웃들이 지금 집단살해의 위협 앞에 노출된 것이다. 미국인 한 사람의 소비량이 케냐인 32명의 소비량과 같다는 것이 오늘의 진실이다.[33] 개발도상국들이 이런 소비량을 따라잡고자 한다면 에너지 소비량은 지금보다 11배 정도 늘어날 수밖에 없다. 따라서 기후협약은 개도국의 이런 욕구를 잠재워야만 한다. 그리 되려면 서구 국가들의 자발적 희생이 선결되어야 마땅하다. 기후 변동으로 심각한 생존 문제에 노출된 국가들에 대한 기금과 기술의 지원이 절실하게 구체적으로 필요한 시점이다. EU 헌법의 정신에 근거해 기후협약이 체결된다면 서구는 생물권을 지킬 수 있을 것이며 개도국은 빈곤의 문제를 해결할 수 있을 듯하다.

리우환경회담 이후 첨예화되었던 환경 파시즘/환경 테러리즘이라는 상호 간의 무익한 논쟁은 '하나밖에 없는 지구'를 위해 종식되어야 마땅하다. 기후 온난화가 남쪽에 위치한 개도국에게는 재앙이지만 북반구의 서구 국가들에게는 호기라는 분석도 있다.[34] 그럴수록 빈국에 대한 배려는 당위일 수밖에 없다. 제3세계 가난의 문제를 해결하는 것이 기후 붕괴를 막을 수 있는 대승적 차원임을 인식하고 GDP 1%의 환원을 어찌하든 성사시켜야만 한다. 한국 역시 이 점에서 예외성을 거두어야 할 시점이다. 민족주의의 틀을 넘어 아시아 속의 한국을 생각할 때인 것이다.

마지막으로 서구 국가들로부터 전 세계에 걸쳐 녹색 기술의 실용화가 이뤄지는 시대를 기대해본다. 코펜하겐 기후협약을 앞두고 주요 국가들이 이산화탄소 감축량을 발표하기 시작했다. EU는 1990년 대비 2020년까지 20% 감축을, 상대적으로 소극적이었던 일본과 러시아는 25% 그리고 미국은 2005년도 대비 2020년까지 17%, 중국[35] 역시도 애매한 기준이지만 목표치를 정해두었다. 이런 감축량의 실현은 현실적으로 녹색 기술의 덕으로 가능하다. 실제로 미국과 중국은 오래전부터 청정 기술 및 에너지 개발을 위한 경쟁체제에 들어갔다. 이들 두 나라는 이산화탄소 배출량만 많은 것이 아니라 청정에너지 기술도 독보적으로 확보하고 있는 상태이다. 여타 국가들의 상황도 이와 크게 다를 수 없다. 쓰레기를 버릴 녹지도, 물고기를 잡을 바다도 그리고 벨 수 있는 숲도 없어진 상황에서[36] 녹색Green 기술은 불가피한 대안인 것이다.

흔히들 자전거와 빨랫줄을 세상을 살리는 최상의 좋은 물건으로 꼽는다. 청정에너지 개발[37]이란 이런 차원에서 일어나는 친환경 산업의 일환일 것이다. 더러운 연료 시스템 대신 태양력, 풍력, 지열에 근거한 청정에너지 시장이 2050년까지 10%정도만 형성되어도 기후 붕괴 시대를 피해갈 수 있다는 지적도 있다.[38] 그러나 여기에는 분명 가시적 한계도 있을 것이다. 녹색 기술이 또다시 남북 간 빈부 격차를 심화시킬 수 있고 그것이 자본주의 체제 안에서만 가능한 현실인 까닭이다. 하지만 자연으로 돌아가는 것만이 대안이 아닌 것 역시 분명하다. 자가용 없이 살 수 있는 삶의 환경을 만드는 일은 물론 대단히 중요하다. 하지만 동시에 하이브리드 자동차를 만들 수 있다면 그것 역시 현실적이며 긍정될 수 있는 사안이다. 이도저도 아니라면 최소한 시속 80~90킬로미터로 주행하는 운전 태도를 갖는 것 역시 시급하다. 사무실을 비운 채 몇 시간씩 불을 켜두는 습관도 버릴 수 있어야 할 것이다. 항차 에너지 제로 상태인 주거환경에서 살 수 있다는 이야기도 들린다. 한국의 경우 흙집과 같은 전통 가옥 양식이 그에 해당될 듯하다. 자연과 감응하는 녹색 기술이란 필자에겐 전통의 재발견 내지 재구축과 크게 다르지 않게 보인다. 단지 이런 녹색 기술이 몇몇 서구 국가들만이 아니라 세계 전체를 구하는 일에 사용될 수 있는지에 대한 염려가 기우가 되었으면 하는 바람이 있을 뿐이다.

5. 기후 붕괴는 신학적 주제이다

진화 생물학자인 에드워드 윌슨은 얼마 전 종교인들에게 '생명의 편지'를 보내왔다.[39] 대자연을 향한 사랑을 인류 보편적 가치로 여기자는 제안을 기독교 목사들에게 하고 있는 것이다. 생물학자의 눈에 기독교가 창조신앙을 갖고 있음에도 자연 가치에 대해 눈뜨지 못하고 있는 듯 보였기 때문이다. 영혼 구원에만 매달리는 현실 교회에 대한 안타까움의 표현이었다. 하지만 기독교란 성립 초기부터 창조론과 성육신이 결코 둘이 아니었다. 반反생태론자로 알려진 어거스틴 조차도 창조론과 성육신 사상을 별개로 보지 않았다.[40] 하느님이 나사렛 예수의 인격만이 아니라 우주 자연 속에 육화되었다는 것이 성서 전통이었다.[41] 그래서 자연을 하느님 몸의 비유로 보자는 견해(맥페이그)도 생겼고 생태대로의 비약을 위해 이제는 성서보다는 자연에 집중하자는 급진적 주장(토마스 베리)도 등장했다. 성서와 자연이 하느님 계시의 장소로서 상호 대립되지 않았다는 것이 기독교의 본래성임을 재삼 숙지하자는 것이다. 하느님 나라를 세상 저편으로 보는 구속의 종교로서가 아니라 자연을 초월의 빛이 현존하는 공간으로 보는 창조 중심의 기독교로 확장되기 위함이다.

이런 맥락에서 생태여성학자 맥페이그는 기후 붕괴를 초래한 지구 온난화를 신학적 과제로 인식할 것을 촉구했다.[42] 기후 붕괴는 하느님 몸의 붕괴이자 성령의 탄식이며 결국 그것이 그리스도의 구속활동을 무력화시킬 수 있다는 판단 때문이다. 그래서 그녀는 하늘을 향하던 교회에게 그

시선을 땅으로 끌어내릴 것을 주문했다.[43] 세상 곳곳에서 일어나는 기후 붕괴 현실을 직시하며 굶주린 이웃을 돌보는 것이 바로 하느님을 사랑하고 만나는 기독교적 방식임을 천명하고 있는 것이다. 해서 교회를 '보편적' 교회라 고백할 때 그것은 오늘의 의미로 생태적이란 말과 다를 수 없다.[44] 왜냐하면 생태적이란 일체적Ecumenical이며 동시에 경제적Economic인 것을 뜻하기 때문이다. 따라서 보편적 교회를 생태적 교회라 할 때 교회의 본질적 의미가 더욱 분명해질 수 있다. 생태적 교회가 중요한 것은 그것이 경제, 곧 먹고사는 현실 문제, 다시 말해 지구 살림살이와의 유관有關하기 때문이다. 교회를 땅으로 끌어내려야 할 부인할 수 없는 근거인 셈이다. 그렇기에 생태적 교회는 더한층 지구적 법칙Oikonomia에 깊이 관심해야 마땅하다. 지구기후협약의 결과에 촉각을 곤두세우는 그런 교회가 단 몇 개라도 생겨나야 한다는 것이다. 진정한 보편적 교회는 오로지 이런 노력과 태도 그리고 관심을 통해 성립하는 것이라 믿고 싶다.

주지하듯 시편 114편에는 하느님이 배고픈 짐승들에게 먹이를 나눠주는 사려 깊은 '생태학적 경영자'의 모습을 하고 있다. 하느님은 뭇 배고픔의 소리에 응하지만 항시 전체를 고려해야만 했던 것이다. 생태학적 교회 역시 오늘날 세계를 향해 이런 역할이 필요하다. 청지기 모델이 인간 중심주의와 결별하지 못한 한계를 지니지만 그래도 일용할 양식에만 뜻을 두고 세상을 호텔처럼 살지 않으며 미래 거주들을 위한 여지를 남기는 삶이라면 비판할 이유는 없을 것이다. 물론 우주가 바로 '자신'이라는 인간관의 근본 전환이 생긴다면 이는 더더욱 쉽게 이뤄질 수 있다. 하지만 향락문화의 구조 최하층에서 값싼 은총을 상품처럼 팔고 있는 현실 교회에서 이런 인간상이 세워지고 양육될 수 있을지 걱정스럽기만 하다. 그래도 걱정이 능사가 아니고 때가 되면 숨겨진 하느님 사람들이 드러나는 것을 믿고 옳은 소리로 양심에 호소하면 생태적 교회로의 전환이 이뤄질 것이다.

필자는 생태적 교회가 감당해야 할 핵심 과제를 생명문화 창출을 위한 생태적 경제모델을 준비하고 확산시키는 일이라고 믿는다. 이는 공감 Sympathy을 토대로 인권은 물론 생물권과의 공동체성을 성사시키려는 EU의 꿈과 상응하는 일이다. 생태학적 으뜸 공리는 '모든 것은 모든 것과 관계되어 있다'는 것이고 이 관계성은 '나눔'의 에토스가 근간이 될 때만 유지되고 지탱될 수 있다. 기후협약이 거듭 난항에 부닥쳤던 것도 결국 나눔이 실현되지 못했던 까닭이다. 이 점에서 기독교 경제학은 하느님 몸의 담론을 기존의 개방적 밥상 공동체 이미지와 중첩시켜 자신의 골격을 만들 수 있어야 한다.[45] 몸의 기본적 욕구는 예외 없이 누구에게나 동일하기에 이에 근거한 밥상 공동체는 기본적으로 평등할 것이다. 하지만 몸의 욕구는 자본주의적 욕망과 다르며 공산주의적 평등성과도 같지 않다. 하느님 몸과 등가적인 절실한 몸의 욕구에 따른 경제 행위는 어느 경우든 '몸' 자체의 파괴를 허락할 수 없기 때문이다. 이미 공산주의는 그 이념적 실험을 역사상에서 실패했고 자본주의도 아메리칸 드림의 몰락과 함께 그 끝을 보이는 중이다. 우리 교회가 그들 이념적 끝자락에 다시 매달려 있을 이유가 없다.

인류의 미래를 위해 참으로 중요한 것은 창조론과 성육신이 하나라는 종교적 시각에 기초한 '몸의 진실한 욕구'란 개념이다. 불행하게도 서구 중산층 인간의 욕망은 이런 '몸'의 욕구와 너무도 한참 멀어져버렸다. 이들로 인해 인류 저편 가난한 이웃들의 기본적 욕구도 더 이상 현실이 되지 않고 있다. 타자의 얼굴, 신의 흔적들을 무시하고 짓밟아버린 결과이다. 이는 또한 앞서 말한 'Cold evil' 곧 '간접적 나쁜 행위'에 대한 감각이 아직 부재하다는 반증이기도 하다. 필자는 주기도문의 간구인 '일용할 양식'이 지구를 살리는 은총이라 부르길 주저치 않는다. 지속 가능한 정의, 곧 2도 이상으로 지구 온도가 상승치 않도록 일상을 의식하며 사는 성찰적 삶의 길은 이로부터 비롯할 수 있기 때문이다.

인간이 최소한의 물질로 살 수 있는 것은 오로지 녹색은총의 덕택이다. 자본주의 욕망을 거스를 수 있는 힘은 우리 자신의 노력의 결과일 수만은 없다고 믿는다. 그렇다면 죄란 우리의 욕망을 애써 정당화하고 녹색의 수사학을 무책임하게 남발하면서 은총의 실상을 거부하는 일이 될 것이다.[46] 녹색 성장이란 미명하에 그린벨트를 마구 훼손하고 4대강 사업에 '올인'하는 한국 정부가 바로 그 실상을 보이고 있다. 금번 코펜하겐 기후 협약의 결과가 한국 정부의 기본 정책을 재고하는 기회로 작용하기를 재차 바란다. 한국도 상당한 양의 이산화탄소 감축 국가로 선정될 공산이 너무도 큰 모임이 아니던가? 아프리카 국가들조차 발생량을 줄이겠다는 약속을 공공연히 하고 있는 상황인 것이다.

6. 나가는 글 - 우리 시대의 노아, 우리 시대의 방주

이상에서 필자는 기후 붕괴 원년의 실상과 이유, 실천적 대응 나아가 그를 위한 신학적 논거를 제시했다. 마지막에서 필자는 대홍수를 예감하며 방주를 준비했던 노아를 생각하며 글을 마감하려 한다. 노아가 위대한 것은 그가 시대의 징조를 예감했다는 데 있다. 하느님께서 노아에게 홍수를 예고한 것은 그가 그를 수용할 만한 감수성이 있었다는 사실과 무관치 않다. 오늘의 과학은 하느님을 대신하여 기후 붕괴 시대를 예고하고 있다. 노아의 홍수 사건을 익히 알고 있는 기독교인들은 그렇기에 기후 붕괴의 현실을 누구보다 예민하게 수용할 책무가 있다. 그 옛날 노아가 방주를 준비했듯 오늘의 기독교인들 역시 세상 파국을 막을 방도를 모색해야만 한다. 한국 교회는 자신의 정체성을 흔히 노아의 방주에 비유하곤 한다. 하지만 방주의 성격을 다시금 생각할 일이다. 방주 안에는 인간만 아니라 온갖 생명체가 거주했고 인간이 만든 필요/불필요의 범주마저 초극해 있다. 하느님의 새로운 세계를 위해 어떤 생명체라도 요긴했던 까닭이다. 한국 교회가 자신을 배타적 공동체로 여기고 있는 현실과 대별되는 부분이다. 에큐메니즘에 대한 적극적 이해가 필요한 이유이기도 하다. 다양한 인간들, 상이한 생명체들과 함께 거주하는 공간, 바로 그것이 방주의 의미가 아니겠는가? 방주로부터 나온 노아에게 주어진 책무 또한 새 문명 건설을 위해 중요하다. 사람들 눈에서 억울한 눈물을 거두고 동물을 피째로 먹지 말라는 명령을 지켜야 했던 것이다. 생명 공동체를 위해 이 두 조건은 종교, 이념을 막론하고 아주 핵심적 가치일 수밖에 없다. 에큐메니칼 신학은 바로 이 일을 위해 필요한 것이다. 해서 오늘의 기독교인들에게 세상이 기대하는 바는 저마다 노아가 되는 것이다. 노아의 감수성으로 세상을 구하는 존재가 되길 고대하고 있음을 명심할 일이다.

"피조물은 하느님의 자녀들이 나타나기를 간절히 기다리고 있습니다."

(로마서 8장 18절)

2

기후 붕괴에 직면한 한국 신학계의 반응*

김경재

1. 들어가는 말

이 글은 생태계 위기에 직면한 20세기 후반, 개신교 신학계의 응답들, 특히 기후 붕괴라는 지구 환경 상황에 대면하여, 지난 30년간 한국 신학계의 동향 중 특히 자연·생태신학적 담론의 추이가 어떻게 전개되어왔는가를 살피고, 향후 과제를 제시하려는 것이다.

지난 30년간을 시간대로서 한정하는 것은 한국 신학계와 교계가 자연·생태 문제에 대하여 의식을 가지고 대응하기 시작한 시기가 대체로 1980년대 중반부터이기 때문이다.[1] '기후 붕괴'라는 래디컬Radical한 표현으로 들리는 어휘는 자연·생태계 위기의 현상들 중에서 대중이 가장 피

---

* 본 논문은 2009년 지구의 날을 기념하여 한국교회환경연구소가 주최한 생태신학세미나 "기후붕괴와 신학적 응답"에서 발표한 것이다.

부로 민감하게 여기는 이상 기후 현상이 급속하게 진행되고 있다는 경고를 위한 과장 표현이 결코 아니다. 자연 질서 파괴 및 교란이 특히 기후변화 면에서 '양성 피드백positive feedback'의 악순환 현상을 나타내면서 어떤 임계점에 이를 땐, 온도 상승 추세는 돌이킬 수 없는 시점에 이르는데, 그 땐 지구 환경 붕괴가 '상승작용synergism'을 일으키면서 가속화되어, 자연 질서 회복이나 치유 시간 여유가 전혀 없이 갑작스런 생태계의 총체적 붕괴로 이어질 가능성을 지시하는 어휘이다.[2]

이 글의 목적은 자연생태계 파괴의 심각한 현황을 다시 소개하거나, 전문가들의 견해를 전달하려는 데 있지 않다.[3] 오늘날 전 세계의 정치, 경제, 사회, 문화 그리고 마침내 신학분야에서 '정의롭고 지속 가능한 인류 사회'를 가능하게 만드는 데 어떤 지혜와 실천이 필요한가에 대한 담론 중, 세계 기독교계 동향과 특히 한국 신학계의 동향을 총체적으로 파악하려는 데 있다. 한국 조직신학 분야에서 자연·생태신학의 지형도 혹은 해류 분포도를 작성해보고 보다 효과적인 자연·생태신학적 운동의 지속적 발전을 위한 자기 성찰에 이 글의 초점을 맞춘다. 이 글의 목적을 달성하기 위하여 다음 같이 몇 가지 분야를 좀 더 세밀하게 나누어 살피고자 한다.

· 서구 자연·생태신학의 대두와 한국 신학계로 소개
· 자연신학 및 생태신학의 철학적·신학적 기초로서 과정사상의 영향
· 세계 신학계에서 생태여성신학의 대두와 한국 기독교의 응답
· 한국 그리스도인들의 자연·생태신학적 담론들
· 한국 교회의 과제

2. 자연·생태신학으로의 신학적 패러다임 전환과 한국 신학계로 소개

1980년대 세계 신학계의 중요한 동향으로서는 제3세계 신학운동으로서 해방신학·민중신학·여성신학·오순절 신학운동이 1970년대의 열기를 이어갔다. 그렇지만 가장 중요한 신학운동으로는 존 도미니크 크로산과 로버트 펑크가 주도한 '예수 세미나' 운동과 기라성 같은 세계적 여성 신학자들 활동이 돋보인 '여성신학운동' 그리고 제2차 바티칸 공의회 이후 종교 간의 대화와 협력을 이슈로 하는 '종교문화신학'이 꼽힐 것이다.

서구 신학의 본 고장이라고 말할 수 있는 유럽 신학계 한복판에서 1980년대에, 특히 조직신학 부문에서 조용한 혁명이 일어나고 있었다. 그 결실의 대표적 작품으로서 위르겐 몰트만의 『창조 안에 계신 하느님』(1985)이 상징적으로 신학사에 자리 잡고 있다. 이 책의 부제목이 "생태학적 창조론"이었다는 것은 여러 가지를 의미한다.

첫째, 신학의 중심 주제가 '하나님의 인식' 문제나 현대적 그리스도론에 뿌리를 둔 '해방의 정치신학'으로부터 성령론적 생명신학, 신자연신학 그리고 창조신학으로 옮겨갔다. '생태학적 창조론'이라는 말 자체가 매우 생경하고도 신선하게 들려왔다. 인간 내면성과 하나님의 초월성이라는 양극을 잇는 수직관계형 개인적 영성이, 창조세계를 살리고 지탱하시는 생명의 영에 응답하는 생태학적 영성으로 수평관계형의 생명신학이 주된 화두가 되었다.

둘째, 인간의 영혼이 그 소외적 실존 상황과 육체적 타락 상태로부터 구원받는다는 방향, 다시 말해서 인간 영혼이 '썩어질 육체와 이 세계 및 덧없는 역사로부터 구원받는다'는 영지주의적 구원론 신학이 비판적으로 검토되었다. 그리고 히브리적 창조 긍정과 자연에 충만한 하나님의 영광을 노래하는 창조신앙으로 전환해갔다. '지구 자연과 역사의 구원'이라는 생각으로 구원론이 방향을 잡으면서 지구 몸, 다른 피조물 그리고 인간 삼자의 상호 유기적인 연대성이 강렬하게 자각되었다.

셋째, 따라서 성경 경전 말씀과 교회에 갇혀 있었던 성령이, 교회와 성경의 울타리를 넘어서 전 창조 지평으로 그 생명 활동 영역을 확대해갔다. 에큐메네Oekumene 신학이 글자 그대로 생명체가 살아가는 전 지구의 살림 신학으로 자각되었다. 날마다 발전하는 자연과학과 신학이 대화하면서 정태적-기계론적 자연관을 극복할 뿐 아니라, 창조계는 다차원적 실재a multi-dimensional Reality이며, 새로움이 창발되는 새로움의 바다이며, 4차원의 세계에 갇혀 있는 현재 인간의 사고구조로서는 포촉되지 않는 실재의 차원도 존재한다는 개방적 실재관을 수용할 수 있게 되었다.

한국의 신학자들 중에는 위르겐 몰트만의 우수한 제자들이 많은지라, 몰트만의 앞의 책과 조금 뒤에 출판된 『생명의 영: 총체적 성령론』(1991)이 김균진 교수에 의하여 대한기독교서회에서 출판되었고(1992) 그의 기독교적 종말론 『오시는 하나님』이 김명룡 교수에 의해 독어판과 거의 같은 시기에 번역되어 나왔다(1997). 필자가 정년 은퇴(2005)하기 전(한신대) 조직신학 세미나에서 위에 언급한 책들을 가지고 학생들과 공부하면서, 1970~80년대 초기까지 세계 진보적 신학계의 분위기 곧 그리스도 중심적·구원사 중심적·복음의 해방신학적 지향성과 다른 분위기를 만끽하면서 21세기 세계 신학계의 풍향을 충분히 감지할 수 있었다.

그러나, 이러한 유럽 신학계의 풍향 변화가 한국 신학계 전반과 한국 교계에 얼마나 반영되고 창조적 목회사역에까지 영향을 미쳤는지 그 평가에 대하여는 매우 부정적 판단을 하지 않을 수 없다. 칼빈주의가 강하다는 한국 교계에서 몰트만은 칼빈의 다음과 같은 말의 인용을 할지라도 한국 개신교 주류 교회들의 기존 태도 변화를 일으키는 데는 별 효용이 없었다: "성령은 어디에나 임재하여 모든 것을 유지하고 양육하며 살게 한다"(Institute. I.13.14.).

한국 개혁교회 신학과 교회들은 성령의 활동 영역을 성경과 교회 안에서 주로 활동하시는 영으로서 제한시키고 있다. 구원론은 여전히 개인 영혼이 천국에 들어가는 것으로 이해되고, 자연은 인간 지배와 활용의 선물로서 이해되고 설교되고 있다. 몰트만의 종말론은 창조세계의 대파국적 폐기를 말하지 않고 역사와 자연의 새로운 변혁과 변화에 있음을 강조하였지만, 한국 교회 중 몰트만 교수를 초청한 순복음교회 목회자들과 신도들이 그의 견해와 상관없는 우주적 대파멸을 강조하는 정통적 종말론을 포기하지 않고 있는 형국이다.

한마디로 말해서, 한국 신학계와 목회자들과 신도들이 위르겐 몰트만 교수를 건전한 '보수적 진보주의 신학자' 혹은 '정통적 진보주의 신학자'로서 자리매김한다면, 앞서 말한 그의 신학 여정의 후반기 신학 작품을 성실하게 검토하여 소화 흡수하면 한국 교회를 젊은 현대 교회로 개혁할 수 있으련만, 그를 초빙한 '하나님의 성회' 교단의 초청 의도가 어디에 있었는지 심히 의심될 뿐이다. 세계 신학계는 몰트만의 1980년대 이후 출판된 신학적 경향보다 더 앞으로 나아가고 있는 중인데, 한국 기독교계 대부분 지도자들은, 몰트만의 신학적 입장마저도 포용하지 않고 신학적으로는 1950년대 수준을 넘어가지 않으려고 신학적 태만과 목회적 기만을 계속하고 있는 셈이다.

3. 자연·생태신학 발전의 기반으로서 과정사상이 현대 신학에 끼친 영향

20세기 후반기는 분명히 1960년을 전환점으로 하여 20세기 전후반 신학적 분위기가 확연하게 달라졌다. 20세기 신학의 거성들 칼 바르트, 루돌프 불트만, 폴 틸리히, 폰 라드, 라인홀드 니버, 에밀 부룬너, 칼 라너, 본 훼퍼의 신학적 영향과 공헌은 여전히 그리스도교 교회를 풍성하게 하는 데 도움을 주고 있지만, 신학적 풍향계가 달라진 것이다. 신학이 영위되는 삶의 상황이 바뀌었기 때문이다. 영원한 신학체계란 없다는 것, 모든 좋은 신학은 철저히 시대 상황 속에서 기독교 진리와 인간 상황과의 진지한 씨름에서부터 탄생한다는 진리가 다시금 확인되었다.

20세기 후반기는 문화지성사 측면에서 보면 소위 말하는 포스트모던 시대이다. 삶과 사유체계에 있어서 다양성, 차이와 개성의 존중, 변화와 생성의 강조, 상대성과 모호성을 감내하는 존재로의 용기, 실체론적 실재관보다는 관계론적 실재관, 일방적 정보나 소통이 아닌 쌍방 소통과 참여가 강조되는 시대로 접어들었다. 이러한 시대 문명사적 흐름 속에서 하나님과 창조세계와의 관계, 자연과 인간과의 관계를 해명하는 데 '과정사상'이라고 부르는 알프레드 노스 화이트헤드의 과정철학 및 떼이야르 드 샤르뎅의 진화론적 우주적 그리스도론이 신학계에 큰 영향을 직간접으로 끼치게 되었다.

앞에서 언급한 유럽 정통신학 계보를 이어간 몰트만의 후기 조직신학 저서 속에서도 과정사상적 요소는 많이 수용되어 있고, 특히 생태여성신학자들의 주요 저서들 속에서는 과정사상의 영향이 거의 압도적이라 할 만큼 크게 영향받고 있다. 그 이유를 몇 가지 정리해보면 아래와 같을 것이다.

첫째, 과정사상은 20세기 자연과학의 연구 결과를 충분히 고려하면서 철학적·신학적 담론을 재구성한 사상체계인 것이다. 그러므로 신학 담론의 주제로 자연신학, 창조신학, 여성신학, 생태신학, 치유와 돌봄을 강조하는 생태학적 영성신학이 언급되는 곳에서는, 현대 자연과학의 기초 위에 세워진 과정사상으로부터 풍부한 영감과 도움을 받기 때문이다.

둘째, 과정사상은 물질/정신의 이원론적 실재관을 부정하고 '현실재actual entities'(화이트헤드)라고 부르던 '우주적 기본소universal stuff'(샤르뎅)라고 부르던, 그 근원 실재가 어떻게 구조적으로 관계되고 창발되느냐의 현상적 모습이라고 본다. 따라서 기계론적 실재관은 무너지고 삼라만물이 유기체적인 창발적 과정 속에 있다고 보기 때문에, 자연신학·창조신학·생태여성신학 등에 무한한 영감과 풍부함을 제공할 수 있다.

셋째, 과정사상이 20세기 후반 전위신학들에게 주는 영향은 무엇보다도 신관의 재정립에 새로운 이론적 기반을 제공하기 때문이다. 생태자연신학의 담론이나 새로운 창조신학 담론에서 가장 본질적 문제는 창조주와 창조세계, 인간과 자연계의 관계를 새롭게 정립하는 문제라고 볼 수 있다. 화이트헤드의 과정사상은 그동안 정통 기독교 신학이 지녔던 군주론적·가부장적·도덕률의 일방적 계시자로서 신관을 고대 특정 시대의 문화적 사유체계의 잔재물이라고 판단하고 그것의 초극지양을 주장한다. 대체로 거칠게 말한다면 정통적 기독교 신관의 초월적 유신론과 동양 종교 일반이 지지하는 범신론적 신관을 동시에 초극하여 범재신론Panentheism을 제시한다. 신과 세계 관계는 동반자적 관계이며 상관 관계적이고, 인간과 자연의 관계는 유기체적 관계로서 창조적 진화의 몸통에 핀 꽃이다.[4]

한국 기독교 신학계에 과정사상의 소개는 떼이야르 드 샤르뎅의 사상이 서남동 교수를 통하여 1960년대 후반 소개되면서부터이다.[5] 그러나 화이트헤드의 과정사상은 한국 철학계에 과정철학회가 조직되어 여러 가지 주요 저서들과 연구전문 학술지가 나오면서 활발하게 소개되었다. 신학계에서는 류기종 교수와 김상일 교수에 의해서, 화이트헤드 저서 일부와 화이트헤드 과정신학을 체계화한 클레어몬트 존 캅 교수의 『자연신학』이 번역되면서 본격화되어갔다.[6]

그런데, 문제는 위르겐 몰트만의 1980년대 후반기 신학 저술이 한국 기독교계 일반에 충분히 받아들여지지 않고, 더욱이 목회 일선에서는 대부분 보수적 교회지도자들에 의하여 이단적 신신학 운동쯤으로 치부되듯이, 아직도 과정사상이 한국 신학계나 목회 현장에 뿌리내리기엔 1세대(30년) 이상의 세월이 필요할지 모른다. 그만큼, 갈 길은 먼데 날은 이미 어둡단 말이고, 자연 생태계 위기를 돌파하려면 신학적 사고방식의 근본 변화가 동반되어야 하는데, 한국 교계를 지배하는 일반적 경향은 17세기 개신교 정통주의가 지배하는 형국이란 현실을 직시해야 하겠다.

무엇보다도, 한국 기독교계로 하여금 변화하는 세계적 신학경향성 특히 과정신학적 발달을 거부하도록 하는 족쇄는 근본주의 신학의 영향을 받은 성경무오영감설이며, 잘못된 성경 문자적 권위주의 때문이다. 찰스 다윈의 『종의 기원』 출판 150주년 기념행사들이 세상 한복판에서 진행되고 있는데, 아직도 교계 지도자라고 하는 분들이 진화론은 곧 유물론이요 무신론이라고 공중파 TV에 나와서 등식화하는 독단적 몽매주의에 사로잡혀 있다.

그런 중에도 교계의 반과학주의와 반지성적 독단적 신앙 행태를 극복하고자, 신학자들과 기독교 출판사에서 현대 자연과학과 기독교 신앙과의 새로운 관계 정립을 위한 출판물을 계속 내놓고 있는 것은 참으로 희망을 갖게 하는 다행한 일이다.[7] 특히 한국교회환경연구소가 엮어 발간한 『현대 생태신학자의 신학과 윤리』는 매우 돋보이는 기획출판물이라고 여겨진다.[8]

4. 세계 신학계에서 생태여성신학의 대두와 한국 기독교의 응답

1980년대 이후 세계 신학계의 창조적 활동 중에서 생태여성신학의 대두는 신학사에서 아마 가장 중요한 사건으로 평가되어야 할 것이다. '생태여성신학Ecofeminist Theology'이라는 어휘 자체가 그 분야에 종사하는 여성신학자들, 진보적 교회 여성운동가들, 생태환경 운동가들, 그리고 일부 진보적 남성신학자 그룹 밖에서는 유행 신학 중 하나를 지적하는 어휘이거나 어휘가 내포한 뜻이 분명하지 않은 채 모호한 개념어로 회자되면서, 배척해야 하고 경계해야 할 인본주의 신학의 일종이라고 매도되고 있다. 왜냐하면, 그 단어 자체가 〈생태학·여성학·신학〉 세 가지 학문의 통전적 표현이고, '생태학' 한 가지만을 이해하려 해도 지질학, 고생물학, 기상학, 생물학 등 전문분야의 영역이 관계되기 때문이다.

에른스트 헤켈의 고전적 정의에 의하면 생태학ecology은 "생명체와 그것의 환경 사이의 관계에 관한 연구"이다. 여성학Feminism은 사회의 공공적 삶의 주체로서 살지 못하도록 여성을 주변부에 자리매김시켜 열등한 인간 계층으로 몰아가고 규정하는 문화적·사회경제적 전통과 체계에 대한 저항적 비판학문이다.[9] 신학Theology이란 창조주 하나님과 피조세계의 관계 및 구원에 관한 학문적 담론이다. 이 세 가지 영역을 하나의 단어로

묶어내는 공통분모적인 상징 개념들은 압축하면 6가지인데 출산·양육·자기희생·고난·치유·소생이 그것들이다. 생태여성신학이란 통합적 학문 영역이자, 고도의 은유와 상징을 매개로하는 학제 간 연구 분야이다.

오늘의 주제와 관련하여 우리는 기라성 같은 외국의 생태여성학자들 중에서 로즈마리 류터와 샐리 맥페이그 두 학자의 견해를 일별하고 그 사상이 한국 기독교에 끼치고 있는 영향과 응답을 논하려 한다. 그 두 학자를 택하는 이유는, 두 분이 모두 조직신학자로서 여성신학을 하는 분들이고, 그들의 중요한 저술물들의 일부가 우리말로 번역되었고, 한국 여성신학자들이 깊이 연구하고 있기 때문이다.[10]

류터나 맥페이그 두 분 모두가 전통적 기독교 신학의 문제점, 특히 신관의 문제점을 지적하고, 오늘 지구의 생태계 위험의 발단과 가속화에 직간접적 책임이 정통 기독교에 있음을 인정한다. 그러나 두 사람은 여전히 기독교 조직신학자이면서 여성신학자이기 때문에 기독교 신앙과 신학의 수원지 같은 두 가지 전통, '계약 전통'과 '성례전 전통'을 다시 주목하고 재해석해야 할 것으로 본다. 두 전통은 상호보완적이지만, 류터의 생태여성신학에서는 '계약 전통'의 중요성이 더 강조되고, 맥페이그의 생태여성신학에서는 '성례전 전통'이 더 강조되고 있다는 느낌을 받는다. 류터의 말을 경청해보자:

내가 보기에 이 두 가지 전통(covenental tradition and sacramental tradition)은 대안적이기보다는 상호보완적인 것 같다. 한 전통(계약 전통)은 법과 윤리적 책임의 관점에서 인간과 자연의 관계 그리고 인간의 상호관계를 형성한다. 또 하나의 전통(성례전 전통)은 우주 안에 체현體現되는 신성을 신비적으로 경험하면서, 우리를 친밀한 관계로 부른다.[11]

위의 인용문이 중요한 것은 생태학적 신학이나 영성운동 및 환경운동에 종사하는 모든 사람이 명심해야 할 점을 지적하고 있기 때문이다. 그 이유는 인간 존재가 깊게 물질화되고 법질서적으로 체계화된 힘의 구조 속에 존재하는 정치경제적 존재이며, 동시에 지구 몸의 유기체적 생체 시스템의 일부라는 것과, 기독교가 말하는 신의 성육신 사건 안에서 신성의 충만한 영광과 새로움을 창조 안에서 맛보는 영성적 존재이기 때문이다.

생태학적 영성의 각성운동과 개인의 회개운동만으로는 변화가 불가능하지만, 동시에 회개운동 없이 사회구조적 혁명이나 경제정의 확립 운동만으로는 '정의롭고 지속 가능한 생태 시스템으로서 지구 생명'의 실현이 불가능하다는 깨달음을 확철하도록 한다. 무한경쟁과 소비를 당연하게 알았던 생태적 수치심에 동반하는 개인적 공동체적 회개metanoia, 생물학적 인류 종으로서 호모사피엔스가 '온생명'(장회익)의 중추신경계 기능을 담당하는 전체 유기체의 부분 생명이라는 의식의 변화, 현재 정치경제의 지배체계를 변혁시키려는 장기적인 사회정치적 투쟁이 병행해야 한다는 말이다.

조직신학자이면서 동시에 기독교 사상 연구가로서 류터는 오늘날 기독교 신앙과 신앙이 당면한 근본적 질문은 "살아 있는 거룩한 지구인 가이아Gaia와 성서 전통의 유일신론적monotheistic 신인 하느님은 서로 대화할 수 있는가?"라고 한다. 다시 말하면, 전통적인 유일신론적 신관이 무엇을 의미하느냐는 것은 그것 자체가 별도 주제로서 논의할 큰 주제이지만, 대체로 인격적·초자연적·가부장적이거나 군주적·비물질적·절대주체적 초월신으로 이해되어왔는데, 그러한 초월적 유신론 신관의 근본적 재검토를 요청한다. 그것은 오늘날 생태 위기라는 시대 상황 때문만이 아니라, 본래 헤브라이즘의 임마누엘 하나님 이해가 헬라 철학 영향을 받아

크게 변질된 결과를 바로잡아 본래 모습을 회복시키는 일이기 때문이다.

김애영이 잘 분석하고 있듯이, 기존의 초월적 유일신관을 비판적으로 극복하려는 류터의 신관은 초월신론과 범신론을 동시에 긍정/부정(Yes/No)하면서 제3의 신관을 제시하는 범재신관panentheism이다.[12] 범재신관은 대체로 과정신학자들의 신관인데, 특히 화이트헤드의 과정적 실재관에 의하면 실체론적 개체가 선행한 후에 그들 사이에 관계가 성립되는 것이 아니라, 관계성의 역동적 힘과 구조가(How) 개체의 본질을(What) 구성하며, 존재하는 모든 현실재들은 외면적 관계를 맺는 것이 아니라 내면적 관계성을 갖는다. 여성신학자 김애영은 류터의 과정신학적 범재신관과 창조의 근원적 선함·아름다움·축복을 강조하려는 조지 폭스의 근원적 축복original blessing 신학을 비정통적 기독교 신학이라고 가치 판단하며, 특히 류터의 범재신론적 사유체계를 "실천적 절충주의와 혼합주의적 양상들"로서 규정한다.[13]

'하나님의 초월성과 절대타자적 주체성'을 강조하는 칼 바르트의 신학에 자신의 신학적 기반을 두고 있는 김애영의 류터의 범재신관에 대한 부정적 비판은 그것대로 존중되어야 하지만, 필자는 김애영의 부정적 판단에 동의하기 어렵다. 도대체가 성서가 증언하는 하나님의 신비를 유신론, 이신론, 범신론, 일신론, 유일신론, 범재신론 등의 어느 범주 안에 넣을 수는 없지만, 신학이 하나님에 대한 불완전한 은유적 담론이라면 현대 문명 속에서 살아가는 인간들의 삶의 체험은 '범재신론'이 가장 적합성을 지닌다는 사실을 부정하기 어려운 것이다.

21세기 생태여성신학자 중에서 신학적 기반을 처음엔 칼 바르트의 초월적 절대타자로서 하나님의 계시신학에 두었지만, 그것들을 넘어서 오늘날 인류의 핵심 쟁점인 생태 위기 상황을 신학적으로 해명하고 그 대책을 제시하려는 학자가 샐리 맥페이그다.

맥페이그의 신학적 방법론은 『은유신학』(1982)으로 나타났고, 생태신학은 『기후변화와 신학의 재구성』(2008)으로 나타났다. 구미정의 올바른 분석 해설처럼, 맥페이그의 '은유신학'은 기독교 신학의 모든 담론이 성서 문자주의와 특정 신학체계를 절대화하려는 우상숭배에 빠지지 않도록 경고하는 안전핀 역할을 해준다. 유한한 것을 무한한 것으로, 상대적인 것을 절대적인 것으로 우상화하려는 모든 시도에 비판적으로 저항하는 '프로테스탄트 원리'(틸리히)를 충실하게 견지하면서 '종교 언어의 우상화'를 가장 강력하게 경고한다.[14]

우리가 맥페이그의 생태학적 여성신학의 내용에서 배우는 바가 많지만, 특히 한국 기독교의 기독교 경전의 절대주의나 보수적 신학체계의 규범주의적 우상화의 덫에서 벗어나기 위하여 그의 『은유신학』의 기본 명제가 더 많은 공헌을 할 수 있다고 평가된다. 그의 은유신학 명제는 다음 몇 가지로 요약할 수 있다.

첫째, 하나님은 언어를 초월하시기 때문에, 하나님에 대한 모든 신학적 언어는 은유적이며 상징적이다. 항상 직접적으로 하나님에 대해 말하는 것을 경계해야 한다.

둘째, 언어는 하나님을 다 드러내지 못하지만, 언어를 통하지 않고서는 하나님의 실재성과 세계의 개방성을 경험할 길이 없다. 언어는 존재의 감옥만이 아니라 하나님 현실성을 경험하도록 매개하고 인간으로 하여금 세계 개방성을 가능케 하는 '존재의 힘이자 집'이기도 하다.

셋째, 종교적 언어의 본질적 특징은 은유적이라는 점인데, 은유는 언제나 '이다/아니다'의 양면성을 가진다. 상징도 상징하려는 실재의 힘과 의미에 참여하면서 자기를 부정함으로써만 자기 기능을 수행할 수 있는 것이므로, 성경의 말씀을 비롯한 모든 신학적 명제를 문자적으로 절대화해서는 안 된다.

넷째, 하나님과 인간 구원에 대한 모든 신학적 담론들은 상징적 전통과 경전의 텍스트에 담겨 전승되어오지만, 그것들은 정치사회적·종교문화적·언어역사적 요인들과 맥락 구조 안에서 형성된 것이므로 성경 형성의 '해석학적 컨텍스트' 자체까지도 비판적으로 검증해야 한다. 종교 언어가 본래 지녔던 경외감, 놀라움, 신비감, 미학적 황홀감 등을 유발시키는 촉매 기능을 하지 못하고 죽은 언어, 굳어진 언어가 되면 교체되어야 한다.

위와 같은 몇 가지 점을 감안할 때, 생태여성신학의 신론이나 구원론에서 표현하는 여러 가지 표현들이 전통적 교회 언어에 익숙해져 있는 보수적 회중들의 거부 반응을 지혜롭게 대처할 수 있게 해준다. 예를 들면, 진보적 생태여성신학자들이 '어머니이신 하나님', '친구와 반려자이신 하나님', '고난의 동반자이신 하나님', '지구 대지를 몸으로 가지신 하나님'이라고 표현할 때, 그 은유들이 글자 그대로 은유이며 실재적 동일화가 아님을 분명하게 강조해줘야 한다.

은유는 '긍정의 길via positiva'이 추정하는 것을 피하며 '부정의 길via negativa'이 침묵하는 것도 피하는 '사이의 전략in-between startegy'이다. 은유는 해체주의가 우상숭배·본질주의·근본주의를 두려워하는 것을 존중하지만, 그런 두려움 때문에 우리가 침묵해야 할 필요는 없다고 주장한다.[15]

위에서 살핀 은유론적 신학방법론 혹은 인식론적 문제와 더불어, 맥페이그는 최근의 저서 『기후변화와 신학의 재구성(*New Climate for Theology*)』
에서 신학자들과 목회자들이 기후 붕괴의 위기 상황 속에서 근본적 두 가
지 핵심 교리를 해체하고 재구성해야 한다고 보는데, 그 한 가지는 세계
와의 관계성 가운데서 '하나님은 누구이신가?'라는 문제이며, 다른 하나
는 유기체적 자연·생태 시스템 가운데서 '사람은 누구인가?'라는 문제이
다. 기독교 신관과 인간학의 재구성이 우리 시대 신학적·신앙적 최대 화
두라는 것이다.[16] 기후 변화가 21세기의 가장 중요하고 긴급한 의제가 된
것이다. 과거 6500만 년 동안 지속된 신생대cainozoic era가 지나고, 인간과
자연 생태계가 의식적으로 한 몸으로 전환하는 생태대ecozoic era로 진입하
는 임계점에서 신관과 인간관의 근본적 변화가 새문명 사회의 핵심 문제
라는 것이다.[17]

맥페이그의 지론에 의하면, 종교개혁과 특히 계몽주의 이후 서구 사회
와 지구촌에 널리 퍼진 개인주의적 인간관과 기업의 무한 경쟁과 무한 성
장을 신뢰하는 신고전주의 경제학 곧 세계화를 주장하는 시장경제 패러
다임이 지구촌의 빈부 격차를 악화시키고 오늘의 기후 붕괴와 생태계 위
기를 불러온 가장 중요한 원인이라고 진단한다.[18] 신고전주의 경제학은
근본적으로 18세기 계몽주의 인간관이다. 개인의 권리와 책임성, 자유와
평등, 침해할 수 없는 인권, 기업의 창의성, 합리성의 보편적 세계 지배에
큰 공헌을 해왔다.

그러나, 신고전주의적 경제학이 기초하고 있는 세계관에서는 인간이
라는 생명종이 전일적인 지구 생태 시스템에 철저하게 의존하고 관련된
지구 몸의 자기 의식적 존재라는 자리매김이 없다. 자폐증 환자처럼, 이
기적이고 탐욕스러우며, 자기 몸이나 엄마 몸을 자해하면서 지구학살
geocide을 자행하는 존재가 되었다.

맥페이그의 생태신학은 성서의 '계약 전통'을 소홀히 하지 않지만, 류터와 비교할 때 좀 더 많이 '성례전적 전통'에 주목하는 학자라는 느낌을 받는다고 앞에서 말했다. 그 증거는 맥페이그가 그리스도교 신앙의 영성적 특성은 '성육신적 영성'을 지향한다는 점이며, '몸의 영성spirituality of the body'을 강조하고, 하나님의 나라가 이 땅 위에 실현되는 것을 앙망하는 신앙이며, 동시에 세계는 하나님 안에 살고, 지탱되며, 새롭게 되고 있다는 성례전적 종교적 감수성을 강조하는 점에서 두드러지게 나타난다.[19] 마지막으로 다시 한번 맥페이그의 범재신론적 새로운 신관을 그의 아름다운 은유신학적 언어로서 말하는 것을 경청해보자:

> 이레니우스의 표현처럼 "하느님의 영광은 만물이 완전하게 생생하게 살아 있는 것이다." … 이런 성육신적 이해는 우리가 하느님의 몸 안에서 살고 있다고, 세계는 하느님의 몸이며/아니라고(is/is not), 만물은 하나의 실재 속에 존재한다고, 그리고 그 실재는 생명과 그 완성을 편드는 실재라고 말해준다. 영으로서의 하느님(God as Spirit)은 생명과 사랑의 힘으로서, 모든 몸들이 그 힘 안에서 살고 있다. 대부분의 피조물들은 본능적으로 그들이 생겨난 의도대로 성례전으로서 살아간다. 즉 그들은 각자 무한한 방식으로 하느님의 영광을 반영한다.[20]

유감스럽게도, 오늘날 한국 기독교의 영성이 지향하는 방향은 이레네우스나 맥페이그가 말하는 방향과 다른 것처럼 보인다. 땅위에 임하는 하나님의 나라가 아니라 땅을 떠난 천계의 하늘나라를 앙망한다. 물질과 몸의 새로운 형태 변화를 앙망하는 몸의 영성이 아니라, 탈육체성을 강조하는 영지주의적 영성을 선호한다. 세계 안에 생명과 영광으로 충만한 임마누엘의 하나님이 아니라 세계를 시공간적으로 초월한 타계적 하나님을 앙망한다. 그러나 성서의 본래적 증언에 따르면 맥페이그의 말대로 "하느님과(and) 세계가 있는 것이 아니라, 존재하는 대로의 세계와 오직 하느님 안에서만 존재하는 세계가 있을 뿐이다. 우리는 지구를 통해서 하느님을 인식하게 된다."[21]

5. 한국 그리스도인들의 자연·생태신학적 담론과 기독교 환경단체들의 실천

신학계 밖에서 자연·생태신학적 증언의 소리

신학계 밖에서 울렸던 자연·생태신학적 증언의 사례로서 함석헌의 씨알사상과 장회익의 '온생명론'을 사례로 들고자 한다. 함석헌(1901-1989)은 이미 1930~40년대에 그의 역사철학을 진술하면서 지금 돌이켜보아도 선구자적인 자생적 생태자연신학을 평신도 사상가로서 전개하였다. 그의 역사철학서는 두 가지인데 『뜻으로 본 한국역사』와 『뜻으로 본 세계역사』가 그것이다.[22]

함석헌은 1920년대 후반 일본 동경사범학교에서 수학할 무렵부터, 찰스 다윈, H. G. 웰스, H. 베르그송에 친숙했고, 1950년대에 이미 떼이야르 드 샤르뎅을 알고 있었다. 그의 역사철학에서 역사의 주체요 담지자인 씨알은 지구 진화 과정의 결실물이요, 인류의 역사 또한 자연사와 불가분리적으로 연결된 '하나의 전일적 실재'의 유기체적 일부분이었다. 그는 이미 1940년대에 진화와 기독교적 신앙관계를 아래와 같이 파악하고 있었다.

진화론을 배워서 무신론에 빠지기보다는 도리어 만물은 한층 더 하나님의 사랑과 영광을 드러낼 것이므로 점점 더 경탄·외경의 념念을 가지게 한다. 영적 생명에 대한 확신을 점점 더 깊게 한다. 진화의 사실을 알게 되면서부터 생명은 발달하는 것이요, 다시 이보다 더 높은 것이 있을 줄을 믿게 된다. 혼돈한 중에서 물질이 형성되고, 물질 위에 생명이 있으며, 생명 위에 의식이 있으며, 의식 위에 양심이 있으며, 다시 그 위에 영적 생명이 나타남은 당연하다. … 그러므로, 우리는 이 세계를 길고 긴 진화 과정으로 보고, 앞으로도 생명의 비약에 의한 진화가 있으리라 믿는다.[23]

함석헌은 인류 역사가 지구자연사 및 우주사의 진화 과정과 불가분리적이며, 씨알이라고 이름하는 개체아도 서구 근대적 개인주의 인간관과는 전혀 다른 관점에서 이해하고 있다. 자연과 역사가 통전된 '하나로 반복하면서 자라나는 생명나무'에 핀 꽃이었다. 그의 문명사관은 오늘날 생태여성주의자가 말하는 '우주 자연 속에서 인간의 바른 위치 파악'을 강조하였던 것이다. 한국 기독교계의 타계주의 신앙과 우주 파국적 종말론을 신랄하게 비판하면서, 땅 중의 땅인 민중의 마음속에 하나님의 나라가 실현되기 전에는 종말이란 없는 것이라고 갈파했다.

함석헌과 동일한 해(1901)에 태어난 제1세대 신학자 김재준도 1945년 해방 정국에서 행한 "기독교의 건국이념"이라는 강연에서 '하나님의 나라'를 타계적이고 내세적인 것으로 이해하지 않고, 성령으로 변화된 생명의 현실이 죽음의 사선을 넘어 미래세계까지 생생 발전하는 전 우주적 공동체라고 갈파했다.[24]

우리는 한국적 자연·생태신학적 담론에서 신학자가 아닌 그리스도인으로서 참신한 연구를 발표한 물리학자 장회익 교수의 『삶과 온생명』을

주목해야 할 것이다.[25] 다음의 중요한 문장을 눈여겨보기로 하자:

인간은 자신이 속한 생명의 전모, 즉 온생명을 파악하는 최초의 존재가 되고 있다. 이러한 인간의 출현은 온생명의 입장에서 생각해본다면 이는 예사스러운 일이 아니다. 자신의 내부로부터 자신을 파악하는 존재가 발생했다는 것은 곧 스스로를 의식할 수 있는 단계에 도달했다는 의미가 되기 때문이다. 마치 개개의 인간이 그 중추신경계를 이루는 신경세포들의 활동에 의해 몸 전체를 자신이라 여기는 하나의 의식주체가 되어 있는 것과 같이, 집합적 의미의 인간은 다시 개개의 개체적 지능을 바탕으로 서로 사이의 관계를 정보적으로 연결하는 문화공동체를 이루었으며, 이렇게 이루어진 집합적 지성에 의해, 자신을 포함한 전체 생명의 모습을 시간·공간적으로 꿰뚫어 그 전모를 파악하기에 이른 것이다.[26]

길게 인용할 만한 충분한 이유와 가치가 있는 위 인용문을 나는 21세기 생태학적 시대의 '인간학에서 근본적 전회轉回'라고 부르고 싶다. 얼핏 보면 이미 모두 아는 기존 사실인 것 같아도, 오랜 동안 서구 사상을 지배해왔던 관념론적 주체철학이나 유물론적 물질환원론을 동시에 극복할 뿐 아니라, 기독교계에서 2,000년간 주도해오던 인간과 자연과의 관계성 정립에 있어서 '청지기 모델'을 획기적으로 변경시켜 '중추신경 모델'로 전환하기를 촉구하기 때문이다. 한 가지 더 중요한 점은 인간의 개체아의 의식 주체성과 집합적 지성의 의식 주체성을 동시에 긍정하고 확보하는 모델이라는 것이다.

'청지기 모델'에서 인간의 위치는 창조주와 자연 피조물의 중간지대에 있으며, 상호관계 방식은 철저하게 외면적 관계요 대상과 거리를 유지하는 관리자로서 관계이다. 그러나 '중추신경계 모델'에서는 인간은 자연·생태계와 불가분리적인 유기적 한 몸의 일부이며, 자연과 인간의 상호관계성은 내면적 관계요 공생적 동병상련의 관계가 된다.

한국 개신교 신학계 안에서 자연·생태·과학신학적 담론들[27]

유럽 신학계의 동향 특히 위르겐 몰트만의 자연신학·창조신학을 정확하게 그리고 원서 출판과 거의 동시에 한국어로 번역하는 작업을 하여, 한국 신학교육계에 큰 공헌을 한 김균진 교수는 자신의 저서 『생태학의 위기와 신학』의 맺는말에서 다음 같은 몇 가지 요점을 피력하였다.[28]

(1) 자연을 하나의 물건으로 보지 말고 '하나님의 창조'로 보며 생태계에 대하여 '경외심'을 가질 것. (2) 자연의 경외는 자연 자신이 지닌 '권리'를 존중하는 것이므로, 자연을 인간의 '환경'으로서가 아니라 '공세계 Mitwelt' 혹은 '본향'으로 생각할 것. (3) 자연보호법과 생태환경보호법을 만들고, 자연에 인위적 개입과 자연 질서 및 순환 과정을 인위적으로 변경하는 일을 피할 것. (4) 인간의 기본 가치관의 변화를 추구하고, 새로운 절제로서 소비나 소유 중심의 삶의 스타일을 바꾸고, 금욕적 문화를 창달할 것. (5) 인간(아담)은 히브리어 땅(adahma)에서 파생했고, 인간이라는 라틴어 호모(homo)는 땅(humus)에서 파생한 단어인즉, 땅은 하나님의 것이요 인간 모두의 공동 자산이기에 땅을 사고파는 부동산 투기나 개인 소유는 지양되어야 한다.

한국 신학자들의 자연신학·창조신학·생태신학의 흐름들은 외국에서 진행되고 있는 관련 주제들을 한국에 소개하면서 한국적 상황과 대화를 시도하는 신학 작업에 집중하는 학자 군이 있다. 과학과 종교의 대화 시도에 개척자 역할을 하고 있는 김흡영 교수, 서남동 교수에게 주어졌던

'세계 신학의 안테나'라는 명예로운 별칭을 이어받기에 조금도 부족함 없
는 이정배 교수의 창조적 활동, 유영모나 함석헌 등 한국적 토종 기독교
사상과 생명신학의 연결을 시도하는 박재순 교수와 최인식 교수의 활동
이 돋보인다. 서구 생태여성신학을 소개하고 우리의 입장에서 소화 흡수
하려는 한국의 우수한 여성신학자들, 유교 인문주의적 생태주의 영성을
개발하고 기독교 신앙과 접목을 시도하는 이은선 교수의 개척자적인 학
문 활동, 특히 한국교회환경연구소의 목회자들과 최근 기후 환경 위기 문
제에 집중하는 한국기독교연구소의 김준우 박사에게 감사드리고 싶다.
이 짧은 글 속에 그들의 학문 업적과 연구 동향을 소개하기는 불가능한
일이고, 이 글에서 언급하지 못한 귀중한 학자들의 학문 활동도 생략하지
않을 수 없다.

한국 교회의 자연·생태신학적 과제

이 글을 마치면서, 논자는 한국 사회에서 자연환경 보호와 생태계 보
존, 특히 기후 붕괴를 염려하지 않을 수 없는 긴급한 시대 상황 속에서,
교회의 과제가 무엇인지 점검하고자 한다.

(1) 한국 교회로 하여금 자연·생태계 위기 상황에 보다 적극적이고 능
동적으로 대응하지 못하도록 만드는 가장 큰 원인이 문자적 성경 영감설을
신봉하는 경전 우상화와 정통교리 및 정통신학 체계의 절대화에 있음을 직
시하고, 성서 해석학적 비판 접근에 신도들을 과감히 노출시켜야 한다.

(2) 한국 교회로 하여금 종교와 과학의 만남 모델에 있어서, 상호 배타
적 갈등 모델이나 불간섭 독립 모델을 지양하고, 상보적 대화 모델로의
전환을 서둘러야 한다. 구체적으로, 진화론과 창조신앙 사이의 불필요한

갈등관계를 화해시키되, 생명체의 '진화 사실 자체'와 진화 원인 규명을 밝히는 진화 이론을 구별하도록 교인들에게 숙지시켜야 한다. 다시 말해서 진화론을 수용하는 것이 곧바로 무신론을 수용하거나 유물론적 환원주의에로 귀속된다는 두려움에서 신도들을 해방시켜야 한다.

(3) 자연·생태 위기 앞에서 가장 중요한 근본적 영적 눈뜸의 사건을 각성시켜야 한다. 다시 말해서, 모든 것이 상호관계를 맺고 있으며 상호 의존되면서 생태학적 통일성과 유기체적 한 몸을 형성하고 있다는 철저한 각성을 내면화해야 한다. 인간과 자연의 상호관계성은 '청지기 모델'을 넘어서서 '중추신경계 모델'로의 전환을 촉구하고, 창조주 하나님과 창조세계의 관계성은 생명의 영이신 성령의 능력과 사랑 안에서, 하나님의 초월성·내재성·창조적 과정성이 역설적으로 통전되는 범재신관 panentheism에 대하여(엡 4:6) 수용적 태도를 견지하도록 교육해야 한다.

(4) 자연·생태신학과 환경운동을 펼침에 있어서 성서가 간직한 두 가지 귀중한 전통 곧 정의와 가난한 자의 배려를 우선시하는 '계약 전통'과 성육신적이고 몸 영성을 강조하는 '성례전적 전통'을 동시에 보존한다. 〈생명·평화·정의〉 혹은 JPIC를 동시에 충족시키는 자발적 청빈의 회심 운동과 자연·생태계를 파괴하는 기득권자들의 개발 논리에 대하여 정치사회적 저항과 시민연대적 투쟁을 병행해야 한다.

(5) 종교의 일차적인 정서는 피조세계에 대한 경이감, 자기가 존재한다는 것에 대한 놀라움, 하나님 안에 살고 있고 모든 생명 있는 것을 통하여 살아 있다는 감사, 그리고 자연의 무궁무진한 풍요로움과 다양함과 조화로움과 아름다움에 대한 찬양이다. 이 정서의 회복이 생태학적 영성의 단초가 된다. 성경의 자연·생태적 성구들에 대한 새로운 재해석이 요청된다(창세기 1장-2장; 호세아 2:18-21; 시편 90편, 103편, 104편, 139편; 로마서

8:18-23; 사도행전 17: 24-29; 에베소서 4:6; 골로새서 1:15-20).

(6) 예수의 복음은 '하나님의 나라'의 실현에 그 본래 초점이 있는 것이며 결코 기독교 왕국의 확장이나 기독교 교세 신장에 있지 않다. 현재 한국 교회를 주도하는 대형 교회 지향적 선교·목회신학은 19~20세기 서구 기업체의 사업 확장의 종교적 모방과 고전경제주의에 부합하는 형태일 뿐이다. 자연생태 친화적이 되지 못하고, 생태학적 영성 함양에 충돌과 갈등을 야기하는 개교회 및 기독교 종교의 무한 성장 신화와 '지배하고 영광 받는 창대신앙'을 강조하는 축복지상주의 선교와 목회신학을 개혁해야 한다. '십자군적 영성crusade spirituality'이 아니라 '십자가의 영성crucifix spirituality'으로 전환해야 한다.

(7) 자연·생태계의 위기 상황을 알리고, 생태학적 영성과 윤리의식을 고취시키고 그 실천을 독려하기 위하여, 교회 조직부서 안에 '생태환경위원회'(가칭)를 두고, 기독교환경연대와 실천적 연대 활동을 강화해야 한다. 교역자 양성 과정의 신학 커리큘럼 운영에 있어서 자연·생태신학 과목을 필수적으로 이수하도록 해야 할 것이다.

(8) 생존경쟁·약육강식·적자생존을 강조하는 19세기 유類의 진화론적 사회학을 창조세계의 근본 질서라고 전제하는 현 정부의 교육철학을 비판하여 공생·공진화·약자에 대해 배려하는 삶이 성경적 창조질서임을 강조해야 한다. '녹색경제성장론'이라는 포장지를 덮어서, 결국 한국의 산하와 자연을 파헤치면서 경제 우선 논리로 접근하려는 현 정부의 무모한 자연 생태 파괴적 국토개발정책을 기독교의 자연·생태신학적 신앙고백의 입장에서 반대하고 저지해야 한다.

(9) 기독교의 자연·생태환경운동을 보다 교회 선교적 사명 중 핵심 과제로 전환시키기 위하여, 각 교단별 그리고 개체 교회 차원의 생태환경운

동이 활성화됨과 동시에, 에큐메니칼 기관으로서 (사)한국교회환경연구
소나 기독교환경운동연대가 전문적이고 집중적인 3가지 사업을 강화해
가야 한다. 3가지 핵심 사업은 지구 및 한국의 신뢰할 수 있는 환경 실태
보고자료의 정기적 발행, 신학적 성찰과 개선방향 제시를 하는 학술적 연
구 및 대중화 사업, 그리고 구체적인 실천 과제 발굴과 생활 신앙 지침서
제공(예: 생태계 관리, 건강과 먹거리 관리, 생활 속에서 열에너지 관리, 자원 재활
용 관리, 국가예산 편성 및 집행에서 반생태적 개발정책과 언론홍보 감시 등등)이
그것이다.

기후 붕괴와 구약신학적 응답*

우택주

1. 들어가는 말

2002년에 연구자가 기독교환경운동연대가 출판한 『녹색의 눈으로 읽는 성서』란 책에 "환경친화적 성서 읽기: 12예언서"란 글을 기고한 지 7년이 지났다. 언제나 마음 한구석에 그리스도인은 모름지기 자연환경과 생태계를 보존해야 할 막중한 지상사명을 하나님께로부터 받았다는 생각을 잊지 않고 있었다고 자부해왔다. 그러나 막상 지난 2009년 부설기관인 한국교회환경연구소가 연, "기후 붕괴와 신학적 응답"이란 주제의 학술 세미나에 초대되어 글을 발표하게 되었을 때, 연구자는 그저 머리를 숙이고 한없이 부끄러운 자신을 고백하지 않을 수 없었다. 이 주제에 관하여

---

* 이 논문은 2009년 한국교회환경연구소가 지구의 날을 기념하여 개최한 "기후붕괴와 신학적 응답"에서 필자가 발표한 내용을 보완하여 "기후 붕괴와 구약신학적 응답"이란 제목으로 실은 『복음과 실천』 44 (2009), 39–63의 글을 거듭 다듬은 것이다.

참으로 무관심하고 무식하고 또 무책임했기 때문이다. 심지어 연구자가 7년 전에 위의 글을 쓸 당시의 사상이 거의 기억나지 않을 정도였다.[1]

그래서 관련 서적을 몇 권 들춰보았다. 두 권이 인상적이었다. 여성신학자 샐리 맥페이그Sally McFague의 『기후변화와 신학의 재구성』(2008)과 성서학자 노만 하벨Norman C. Habel과 피터 트루딩거Peter Trudinger가 편집한 *Exploring Ecological Hermeneutics*(2008)였다. 첫 번째 책 맥페이그의 글은 무엇보다 큰 충격으로 다가왔다. 유엔의 기후변화에관한정부간협의체 IPCC의 2007년 보고서들을 근거로 내린 그의 예고 때문이었다. 현재 진행 중인 지구 온난화의 현상과 맞물려 발생하고 있는 기후 변화란 '기후 임계점의 상황'으로서 '통제 불능의 상태'라고 한다.[2] 끔찍한 결과를 초래할 기후 변화의 실례를 들면서 그는 우리가 '기후에 의존하면서 사는 존재'이며 먹이사슬의 정점에 있는 창조의 면류관이 아니라 그 아래에 있는 여타의 생명체에 전적으로 의존하는 존재요 세계 인구의 20%의 에너지 독점이 지구상 빈곤의 원인 제공자로서 지구별의 파괴 주범이라는 사실을 인정하고 개인적으로 국가적으로 조속히 지금의 삶의 태도를 바꾸어 생태적 인간관을 구축하고 '다른 세상'을 건설해야 할 때라고 역설한다. 아울러 책임 있는 신학적 응답으로서 그의 창의적인 신학적 모델, 즉 생물과 무생물의 거주지인 지구세계를 '하나님의 몸'이라는 은유로 이해할 것을 제안한다.[2] 그의 신학적 모델을 전적으로 수용하기는 어렵지만 기후임계점의 상황에서 새로운 신학 작업을 통하여 그리스도교인의 인식을 순화시키고 대안적 세상을 추구하는 그의 신학 입장만은 충분히 이해하고 동의할 수 있었다.

하벨은 2003년에 생태해석학의 근거에 관한 소논문을 발표한 이후 3년간(2004, 2005, 2006년)에 걸쳐 미국성서학회SBL 안에서 생태해석학협의회를 구성하고 이와 관련한 성서연구논문을 발표하는 장을 만들어 생태학적 성서 해석의 초석을 다져왔다. 이 생태학적 성서 해석은 하벨을 중심으로 하는 '지구성경프로젝트'에 소속한 성서학자들의 기여에 기초를 두고 있다.

이 프로젝트는 "성서 읽기에 앞서 서구의 해석자들이 오랫동안 인간 중심적, 가부장적, 남성 중심적인 태도로 성서를 읽으면서 지구를 평가절하해왔고 그런 읽기를 보편화시켜왔음을 인정하기, 본문 읽기에 앞서 우리가 지구 공동체의 생존을 착취하고 억압하며 위협해왔음을 공개적으로 시인하기, 고대의 성서 본문과 대화를 할 때 우리 모두는 위험에 처한 지구 공동체의 일원임을 적극적으로 의식하기, 지구를 성서에서 합리적 분석 대상이 아닌 동병상련의 가슴으로 다루어야 할 주체로 인식하기, 지구를 위한 정의 구현하기와 지구 및 지구 공동체가 본문에서 억압되거나 침묵을 강요받거나 해방되는지를 확인하기, 그리고 지구와 지구 공동체의 목소리가 잠식당한 곳에서 대안적 전승을 분별해내고 회복시키는 성서 읽기 기술을 발전시키기를 목표로 삼았다."[4] 그의 주장은 이 연구의 방향과 방법론에 정확한 지침서가 되었다. 위 두 사람이 제공하는 생태적 성서해석학의 원리는 "성서 본문에 대한 급진적인 재조정"을 필요로 하며 성서 본문에서 "창조, 자연, 혹은 지구에 관해 말하고 있는 것을 탐구하는 정도가 아니라 … 본문 읽기에서 지구를 주체로 삼는 급진적 자세 변화를 통해 … 의심하고 동일시하며 복구하는 해석학(hermeneutics of suspicion, identification, and retrieval)"이라고 요약할 수 있다.[5]

연구자는 이 두 권의 독서를 논의의 출발점으로 삼고 기후 붕괴에 직면한 지구와 인류의 미래를 위해서는 성서신학적 혁신이 반드시 이루어져야 한다고 확신하게 되었다. 그 혁신이란 다른 해석학적 관점들에 의한 성서 해석의 결과에서 기대하는 것처럼[6] 다만 생태학적 관점으로 변경된 상태에서 이루어진 성서 해석의 또 다른 읽기를 통해 얻어진 성서 의미의 풍부함을 만끽하는 수준에 그치지 않고 생태학적 위기 타개를 성서 해석의 수단과 방법 그리고 목적으로 삼는 근본적인 변화를 의미한다.

이런 맥락에서 본 연구는 비록 철저하거나 체계적으로 숙성되지는 않았지만 위의 하벨의 제안에 따라 생태학적 관점에 따른 성서 연구를 어떻게 수행할 수 있는지를 나름대로 이해한 하나의 실례를 제시하려고 한다. 특히 이 연구는 기존의 성서 해석이 구원신학과 대조하여 창조신학을 보다 강조해서 읽던 방식을 탈피하여 창조기사에 대한 생태학적 읽기가 얼마나 철저하고 체계적으로 전환하여 수행될 수 있는지를 보여줄 것이다. 이 연구는 기존의 성서 연구 결과로 형성된 구원사 중심의 구약성서 이해를 생태학적 해석학에 따라 전환하여 읽는 데 의의가 있다.[7]

이 목표를 향해 구약신학적 응답을 하기 위한 해석 전략은 다음과 같다. 연구자는 다윗 왕국 시대의 문서(J)로 분류되는 태고사(창 2:4b-11)를 먼저 생태학적 관점으로 새롭게 읽은 뒤에 역사적으로 이보다 늦은 시대인 포로기 제사장들이 이 태고사의 머리말 위치에 덧붙인 창조기사(창 1:1-2:4a[P])의 배열이 생성하는 생태신학적 역할과 기능을 숙고해보려고 한다. 이 같은 본문 해석의 순서 설정은 기존의 생태신학적 구약해석이 창세기 1장으로 시작해서 2장 해석으로 나아가는 방식과 분명한 차별성을 지닌다.[8] 기존의 해석들은 창세기 해석에서 이스라엘 신앙공동체가 왕국 시대에서 포로기까지 겪어가는 역사적 경험과 그에 대한 신학적 반성의 역동적 변화를 고려하지 못하는 단점을 안고 있다.

연구자의 오경 본문해석 순서 설정에 기초한 오경의 구조와 신학사상에서 발견할 수 있는 생태신학적 의미는 예언서에서도 거듭 확인할 수 있으나 여기서는 지면관계상 생략하기로 하겠다.[9] 다만 성문서, 특히 욥기에서도 이와 같은 해석적 단초를 발견할 수 있다는 사실을 보여줄 것이다. 생태 위기에 대처하는 구약성서의 가치는 그것이 비록 고대의 문서이긴 하지만 현대의 신앙공동체와 지구별이 겪고 있는 생태 위기를 극복하기에 충분한 권위의 원천이 될 수 있다는 사실을 강조하고자 한다. 구체적으로 욥기 38장 이후에 수록된 하나님의 연설은 생태학적 성서 읽기의 주요 장소가 될 수 있음을 보여줄 것이다.

이 연구는 인류 공동체가 맞이하고 있는 작금의 기후 붕괴의 위기 앞에서 성서신학자들이 지구 생태계의 미래에 대한 안일한 생각을 버리고 보다 책임 있게 성서신학을 해야겠다는 생각을 갖기를 바라는 마음으로 수행하였다. 이 글은 기후 붕괴에 직면하고 있는 지구촌의 일원인 한국 성서학자의 구약신학적 응답이다.

2. 생태학적 태고사 읽기

창세기 2:4b로 시작하는 야훼문서(J)의 이스라엘의 창조기사는 에덴동산에서 벌어지는 일을 필두로 창세기 11장까지의 태고사를 기술해간다. 야훼기자(J)는 가장 먼저 지구별의 생태환경을 묘사하는 일로 시작한다. 이 기사는 지구의 시작을 "땅과 하늘"(2:4b)로 묘사함으로써[10] "땅"에 우선적인 초점을 맞추고 있다. 창세기 2:5에서 "비가 없을 때, 사람도 없을 때, 초목이 없을 때"란 다시 말해서 기후 조건이 갖춰지기 전, 그리고 사람과 생태계가 조성되기 전이라는 뜻으로 풀이된다. 이후 사람이 만들어지고, 그 사람이 존속하기에 가장 적합한 생태환경으로서 에덴동산이 조성된다

(창 2:8).

이어서 사람은 지구라는 생태계 안에서 살아갈 때 지켜야 할 준칙을 하나님으로부터 받는다. 모든 것이 가능하지만 모든 것이 유익하지는 않다. 즉, 생태계의 중앙에 있는 선악을 알게 하는 나무의 열매는 먹지 말라. 이를 어기고 그 열매를 먹는 날에는 죽음을 맞볼 것이다(창 2:16-17). 그러나 하나님과 같이 될지도 모른다는 유혹에 빠진 사람은 결국 이 준칙을 어기고 금지된 열매를 먹게 되었고 그 참담한 결과를 맛보아야 하는 처지에 이르게 된다(창 3장).[11]

가장 적합한 생태환경에서 쫓겨난 인류는 대안적 환경인 도시문명을 건설하여 위험에 처한 생존을 보존하고자 노력한다. 가인이 세운 에녹이란 성city이 최초의 증거이다(창 4:17). 그러나 도시문명 속의 인류는 기껏해야 부패와 폭력으로 가득한 세상을 만든 것이 고작이었다(창 6:12-13).[12] 이에 대해 하나님은 "사람의 죄악이 세상에 가득함과 그 마음으로 생각하는 모든 계획이 항상 악할 뿐임을 보시고 땅 위에 사람 지으셨음을 한탄"하시고 그 "마음에 근심하시고" " 창조한 사람을 지면에서 쓸어버리되 사람으로부터 가축과 기는 것과 공중의 새까지 그리"하겠다고 결심(창 6:5-7)하신 후 대홍수를 일으키신다. 대홍수에서 구원받은 노아와 그의 방주 이야기는 지구별의 생태 위기를 극복하는 한 모범적 실례이다. 그러나 홍수 후에도 인류의 교만은 그칠 줄 모른다. 인류는 또다시 시날 땅에서 성city과 대temple tower를 건설하는 모험을 감행한다(창 11:1-9).[13]

태고사의 인류는 지구란 땅에서 무엇을 어떻게 하는 것이 하나님이 만들어놓으신 세계에서 올바로 생존하는 길인지를 몰라 방황했으며 그 실수를 만회하지 못한 채 이를 반복한다. 어떤 면에서 태고사가 주는 해석학적 의미는 문명을 일구고 문화를 창달시키는 모든 노력이란 결국 공동

운명체인 인류 사회와 지구 안에 불법과 폭력 그리고 상호 간 의사소통의 불일치만을 초래했다는 경험 구조가 깔려 있다. 그래서 인류는 대홍수를 맞이하기에 이르렀다. 대홍수란 인류와 지구 사이에서 지구가 인류를 향해 일으킨 가장 폭력적 반사작용으로 해석할 수 있다.[14]

이와 같은 태고사 경험으로부터 수확해야 할 오늘의 깨달음은 땅과 인류, 지구와 사람은 서로의 생존을 위해 필수불가결한 동반자라는 사실이다. 이러한 상호적 관계 속에서 인류는 지구(땅)에 친화적인 삶을 꾸려가야 하고, 지구(땅)는 그런 인류를 보존하는 환경으로 응답한다는 원리가 생성된 것이다. 한 마디로 에덴동산에서 누렸던 자연친화적 삶을 떠난 도시 중심, 인간 중심의 삶을 그린 태고사는 지구와 인류가 평화롭게 공존하는 세상이 무엇이며 어떠해야 하는지 그리고 그것을 어길 경우 어떤 현실을 경험하게 되는지를 신화적 언어로 제시하고 있다. J기자가 기록한 태고사는 생태적 성서신학을 위한 서설 위치에 있다. 그러나 J의 태고사는 다른 역사를 기다리고 있다. 그것이 생태 위기에 처한 인류와 지구에게 새로운 성서적 해법을 줄 수 있을지는 이어지는 성서 역사를 두고 볼 일이다.

J기자의 태고사를 오늘의 현실에 접목해보자. 오늘날 지구상의 모든 인류 사회에서는 정치, 경제, 사회, 문화, 종교 어느 국면에서든지 이와 같은 태고사의 폭력적 현상과 혼돈이 중단될 줄 모른 채 확대되고 있고 그에 따라 생태 위기는 더욱 심화되고 있을 뿐이다.[15] 성서의 태고사와 마찬가지로 오늘날 역시 새로운 성서적 해법을 기다리고 있다.

이와 같은 생태 위기에 처한 인류와 지구에게 J기자는 족장사(창 12-50장)를 연결시킨다. 그것이 태고사 이후 지속된 인류와 지구별의 위기에 대한 대안이 될 수 있을지는 아직 미정이다. 족장사의 가장 지배적인 주제는 아브라함이란 인물에게 준 하나님의 약속의 말씀과 그것의 성취 과정이다. 그는 이를 믿음이라는 도구적 개념과 삶의 근본적 태도에 초점에 맞추어 묘사해나간다. 하나님이 주신 약속의 내용은 땅과 자손이다(창 12:1-3). 아브라함, 이삭, 야곱이란 인물들이 성서의 세계 속에서 경험하는 것은 문자 그대로 정착할 땅과 자손이다. 이 두 개념을 생태신학적 용어로 번역한다면 그것은 인류와 지구가 함께 존속이 가능한 생존 환경과 그 미래 세대라고 말할 수 있다. 이를 성취하기 위한 도구는 온갖 장애 요인과 열악한 조건 속에서도 오로지 약속의 말씀에 대한 믿음뿐이라는 것이 족장사의 강조점이라고 이해하는 것이 분명하다.[16]

이 족장사의 끝에 우리가 주목해야 할 긴 이야기가 등장한다. 그것은 요셉에 관한 이야기이다. 요셉 이야기는 지구별의 생태 위기를 극복하는 내용으로 해석할 수 있는 내용으로 전개되고 있다. 온갖 고초 끝에 총리 대신이 된 요셉은 7년 가뭄이라는 기후 붕괴로 식량 위기에 처한 이집트 사회와 자기 형제들을 사전에 준비해둔 식량으로 구해주는 공헌을 한다는 측면에서 특히 그렇다. 요셉 이야기의 극적인 결말은 그가 평소 꾸었던 꿈과 그 꿈에 대한 신앙적 해석이 이루어낸 소득이었다. 해와 달과 열한 개의 별이 요셉에게 절하고 곡식 단들이 요셉의 단을 중심에 두고 둘러서 있는 꿈 이야기(창 37:5-10) 속에서 꿈에 등장하는 표상들(해, 달, 별, 곡식 단들)이 상징하는 바는 요셉의 부모와 형제를 지시하는 것으로 해석해왔다. 하지만 이 표상들이 표시하는 일차적 의미를 감안한다면 이는 자연계 전체가 요셉이란 신앙인을 통하여 구원받게 되는 이야기로 보아도 크게 잘못된 일은 아닐 것이다. 그들이 요셉에게 절한다! 그런 의미에서 요셉은 생태 위기에 처한 지구별과 세상을 구할 구원자의 상징이다. 이 이야기는 희망이란 닥쳐올 지구별의 위기를 간파하고 이를 실천적으로 대비하는 참된 신앙인의 손에 놓여 있다는 의미로 읽힌다.

요셉 이야기 속에도 태고사 이래 계속되는 폭력과 부패의 기운은 여전하다. 요셉은 형제들에게 부당하게 미움을 받았고 그들에게 죽임을 당할 위기에 처한다. 미디안 상인들은 여행 이윤을 추구하기 위해서 구덩이에 빠진 요셉을 애굽에 종으로 팔아넘긴다. 보디발 장군의 아내는 청년 요셉을 유혹하는 일에 실패하자 누명을 씌워 감옥에 가둔다. 요셉은 한을 품고 원망하거나 불평하는 대신 오로지 하나님의 섭리를 믿고(!) 성실하게 생활한다. 위기는 기회가 된다. 옥살이하는 애굽의 술을 맡은 관원의 꿈을 해석해주고 요셉은 그의 관직 회복에 기여하고 급기야 애굽 왕의 꿈까지 해석해주는 실력을 발휘한다. 애굽 왕은 요셉을 가리켜 "하나님의 영에 감동한 사람"(창 41:38)이라고 부른다. 이렇게 인정받은 요셉은 애굽의 총리대신 직위에 오르게 된다.

요셉의 해석에 따르면 애굽 왕의 꿈은 7년 풍년에 7년 흉년이 든다는 예고였다. 여기서 우리는 꿈에 깃든 하나님의 재앙 예고 앞에 그가 보여준 태도를 눈여겨볼 필요가 있다. 예고는 하늘로부터 오지만 이를 극복할 대책은 요셉의 결단으로부터 시작된다.[17] 닥쳐올 7년 흉년 앞에 그는 나라 곳곳에 식량 창고를 건축하고 그곳에 식량을 비축해둠으로써 흉년을 극복하는 지혜를 발휘한다. 여기서 흉년이란 고대 세계에 벌어진 기후 붕괴 현상임을 잊지 말자! 요셉은 이 기후 붕괴의 예고 앞에 지혜를 발휘하여 이를 대비하고 나라와 백성을 구원하기에 성공한 것이다. 그런 맥락에서 볼 때 족장사의 대미를 장식하는 요셉 이야기는 태고사 이래 지속된 생태 위기와 이를 극복하는 유일한 실례로 자리매김하고 있다고 이해된다.

기후임계점에 도달한 인류와 지구. 태고사에서 대홍수를 일으켜야 하는 지구와 그 앞에선 인류와 다를 바 없다. 노아와 그 가족을 제외한 나머지 사람들이 방주 건설의 의도를 깨닫지 못하는 것은 오늘날 인류가 환경 위기로 지구와 인류의 몰락을 아무리 예고해도 무시하는 현상과 다를 바 없어 보인다. 자식을 낳지 못하는 족장들의 믿음. 현재 진행 중인 기후 변동을 순화시키지는 못할지언정 더 이상 악화되지 않게 해야 하고 그렇게 할 수 있다고 믿고 고단한 환경운동에 헌신하는 극소수 사람의 희망과 다를 바 없다. 그래도 성서는 세상과 생명을 구원한 신앙인 요셉에게서 지구별의 희망의 단초를 발견케 하고 그의 삶을 지구의 생태 위기에 처한 인류가 본받아야 할 모델로 제시한다.

이후에 전개되는 출애굽 이야기와 이스라엘 민족의 형성사 그리고 가나안 땅에서 왕국을 이루면서 살다가 멸망당하는 이야기(신명기 역사서)와 귀환하는 공동체가 벌이는 이야기(역대기 역사서)는 방금 제시한 태고사와 족장사가 함께 제시하고 있는 생태신학적 원리를 구체적으로 실증해 준다. 이스라엘은 하나님과 언약을 맺은 백성을 일컫는다. 그들은 언약을 준수하며 살아야 한다. 언약의 요지는 땅(지구)과 인류를 소중히 여겨 서로 돌보며 사는 일이다.[18] 가나안 땅은 이스라엘 백성이 하나님께 선물로 받은 것이다. 그 땅에서 나라를 만들어 살다가 멸망당하고 그 땅에서 쫓겨나게 된 까닭은 이 언약을 위배했기 때문에 하나님께로부터 심판을 받은 것이다.[19] 아니 땅이 그들을 토해낸 것이었다! 귀환한 백성들에게는 이제 오로지 신앙적 원리에 충실한 삶만을 요구하기에 이르지만 종교는 또 다른 형태의 정치권력으로 발전한다.

신명기 역사서에서 읽을 수 있는 이와 같은 구원사적 이해는 생태신학적으로 변환하여 새롭게 이해할 수 있다. 지구 생태계는 신앙인에게 하나님이 선물로 주신 것이다. 지구 생태계가 위태롭게 된 까닭은 신앙인이 지구와 세상을 돌보아야 할 책임과 의무가 담긴 언약을 위반하였기 때문이다. 그동안 신앙인은 스스로를 돌보고 살찌우기에 여념이 없었다. 정치적으로 경제적으로 강대국과 강자가 약소국과 약자를 짓밟고 무력과 폭력을 행사해 이윤을 추구해온 것이다. 이런 현상은 태고사에서 보여준 인류의 고질적인 죄악을 반복하는 것이다. 언약을 맺은 사람들에게 하나님은 정의를 기대했으나 포학한 행위만 저질렀고 공평을 원했지만 울부짖는 지구촌으로 만들었던 것이다(참고. 사 5:7). 결국 하나님 신앙인은 다른 신앙인이거나 신앙 없는 자연인을 포함한 전체 인류와 함께 이 지구에서 멸망당할지도 모른다. 예언자들은 꾸준히 이를 경고하였다. 지구는 이렇게 살아가는 인류를 언제든 또 다시 거부하고 토해낼 수 있다.[20] 기후임계점에 도달한 지구별의 현재 상황은 이제 지구별이 인류를 토해내기까지 시간이 얼마 남지 않았다는 마지막 신호인 것이다. 대안은 어디에 있는가?

3. 포로기 제사장의 창조기사와 생태신학적 이해

창세기 1:1–2:4a가 바벨론에 끌려간 유다 왕국의 지도계층 가운데 주요 구성원이었던 제사장 집단the Priestly group이 기록한 본문이라는 점은 역사비평학에서 주장하고 있는 논지이다.[21] 이 집단은 기원전 586년 유다의 정권이 몰락하고 야훼 성전이 파괴되는 현실을 목도하면서 오랫동안 확고부동하게 믿어왔던 야훼 신앙의 붕괴를 몸소 체험한 사람들이었다. 이들이 어떤 정신적·신앙적 회복 과정을 거쳤는지 더 이상 추정할 길 없지만[22] 그들은 꺼져가는 야훼 신앙과 무너진 정체성을 회복하기 위해 인류 역사에 영원토록 남을 가장 고상한 업적을 창안하기에 이르렀다.[23] 그들

의 업적은 신명기를 제외하고 창세기부터 민수기에 이르는 사경Tetrateuch
을 편찬한 일로 마무리 되었다.[24] 이 사경의 구조를 살펴보면, 포로 경험
을 한 제사장들은 창세기 2:4b로부터 시작하여 민수기에서 끝나는 야훼
문서(J) 혹은 야훼 엘로힘 통합문서(JE) 앞에 창세기 1:1-2:4a를 배치하기
로 결정한 것으로 드러난다. 바로 이와 같은 결정은 생태학적 성서 해석
에 지극히 중대한 의미를 제공한다.

앞에서 우리는 창세기 2:4b로 시작하는 왕국 시대의 태고사를 생태신
학적으로 이해해보았다. 그런데 포로기를 겪고 있는 제사장들은 이와 같
은 왕국 시대의 역사 이해에 자신들이 생각하는 보다 나은 해결 방안을
교묘하게 작성하여 배치시킨 것이다. 그것도 생태신학적 해법을 담은 창
조기사를. 왜 그랬을까? 무엇보다도 그들은 곧 발생하리라고 예상하는
애기들을 간혹 직접적으로 혹은 간접적으로 듣기는 종종 들었어도 결코
그런 일이 일어나지는 않을 것이라고 굳게 믿었던 현실을 직접 체험했고
바로 그런 현실 한가운데서 살아가던 사람들이었다. 그들은 그런 깨달음
을 기록해두기로 작정했다. 이들이 창조기사를 작성한 결과물(창 1:1-2:4a)
은 종교사적인 의의뿐 아니라 생태신학적으로도 암시하는 바가 크다. 포
로기 이전의 경험은 지구 온난화로 기후 체계가 붕괴되어가는 위기에 처
해 있다고 경고음을 듣는 때와 견줄 수 있다. 그리고 포로 경험은 기후가
완전히 붕괴되어 인류가 더 이상 존속할 수 없게 된 운명에 처한 상황으
로 견주어 이해할 수 있다.

포로기를 경험한 제사장들은 서로 신앙적 해설과 비평 그리고 자성의
목소리를 내면서 대응책 마련에 부심하였다.[25] 그 가운데 어떤 목소리는
포로기 이전의 구원사적 이해는 민족의 현실을 거꾸로 되돌리기에는 불
충분한 것 같다는 지적을 했을 것이다. 모세 언약이나 다윗 언약과 같은

사상만으로는 백성들의 흔들린 신앙 양태를 격려하기에 상당히 역부족이라는 비평의 목소리도 나왔을 것이다. 혹은 새로운 창조신앙만이 구원신앙의 결점을 보완하고 해소시켜줄 수 있다는 대안도 제시되었을 것이다. 그중에서도 최종적으로는 이 마지막 목소리가 제사장 집단 내부에서 보다 만족스런 해법으로 용납된 것 같다. 포로기 제사장들이 생태계에 대해 얼마만큼 관심을 갖고 있었는지는 아무도 모르고 또 그것을 추정하기란 지금으로서는 불가능하다. 그러나 분명한 것은 제사장의 창조기사에는 기존의 창조 이야기, 즉 야훼 문서의 창조기사로 시작하는 태고사(창 2:4b-11장)가 전해주려고 하는 신학적 해법에 더욱 완벽한 신학적 해법을 추가하고 있으며 그 빛에 비추어 예의 창조기사를 가진 태고사와 족장사 그리고 민족사를 이해해주길 염원했다고 추정할 수 있다.

여기서 제사장들은 인류가 지구라는 생태계에서 살아갈 때 필요불가결한 가장 근원적인 태도를 명시하고 있다.[26] 그것은 이후에 뒤따르는 성서에 기록된 모든 역사의 대원칙이요 대전제라는 것을 깨우쳐주기 위해서이다. 현재 이스라엘 백성이 경험하고 있는 포로기라는 가공할 혼란은 바로 이 대원칙을 망각하였기 때문이라는 또 다른 그러나 보다 나은 역사 해석을 제공하기 위해서일 것으로도 여겨진다. 생태신학적 관점에서 볼 때 창세기 1장은 현재 지구가 직면하고 있는 기후임계점의 상황에 대한 인류와 신앙공동체가 취해야 할 가장 근원적인 원리와 태도를 담고 있는 것이 틀림없다.

제사장들은 이제 땅에서 하늘을 쳐다보는 인간 중심주의 신학을 하던 때를 회상하고 그것의 불완전함을 경험하였다. 그리고 그들은 이제 미래를 향해 하늘에서 땅을 쳐다보는 신 중심주의 신학을 선포하고 있다. 그들은 "하나님이 (땅과 하늘이 아니라) 하늘과 땅을 만드시는" 태초의 시점에서 이야기를 시작한다. 제사장들은 매우 체계적인 방식으로 순서에 따라 창조하시는 하나님의 행동을 묘사한다. 빛, 궁창, 바다와 육지, 식물, 크고 작은 광명체, 육지 짐승과 조류, 그리고 사람. 이 피조된 세계에서 그들은 어떤 피조체가 다른 피조물보다 우월하다거나 열등하다고 말한 적 없다. 본문에는 이를 추정할 만한 아무런 단서도 남기지 않았다.[27] 먼저 창조된 것이 나중 창조된 것에 비해 중요치 않다거나 나중에 창조된 것이 더 중요하다고 말한 적도 없다. 그저 창조하시는 하나님을 전하며 만들어진 모든 것들이 하나님 보시기에 좋다는 찬사만을 보도할 뿐이다. 따라서 전통적으로 인간 창조에 대한 묘사가 다른 날 창조에 비해 본문에서 비중을 많이 차지하고 있다는 자체를 두고 인간 창조를 하나님 창조의 면류관으로 보는 해석은 인간 중심적 해석에 불과하며 이는 성서적 근거가 빈약한 자의적 해석에 불과하다.

여기서는 각각의 피조물이 할 역할에 대한 정보가 주어진다. 빛은 낮과 밤을 구분한다. 궁창은 윗물과 아랫물을 나눈다. 뭍(마른 땅)은 바다를 한곳에 가두어두는 역할을 한다. 동시에 식물이 뿌리를 내리고 자라는 토양을 제공한다. 물론 햇빛, 물, 온도 모든 것이 식물이라는 생명체가 존속하는 환경에 협력하도록 조정되었다. 광명체들은 그 움직임으로 징조와 계절(기후 변화)과 날짜와 연한을 알 수 있는 표지 역할을 했다. 그리고 짐승과 사람은 이 완벽한 생태계에 몸담고 살아가는 생명체들로 지음받았는데 여기서 짐승의 역할은 더 이상 명백하게 언급되어 있지 않다. 다만, 하나님의 형상대로 지음받은 사람은 이 모든 창조세계를 돌볼 책임이 부여되고 있을 뿐이다.

하나님의 행동에서 발견할 수 있는 특징적 양상은 질서 창조, 생명 수여, 평화 유지이다.[28] 하나님의 형상대로 지음받은 사람은 이 하나님의 특징적 행동 양태를 반영하며 살아가는 존재로 지음받았다는 것이다. 따라서 사람이 살아가야 할 마땅한 자세와 삶의 목표란 바로 이와 같아야 한다는 뜻이다. 세상의 질서를 원래의 창조질서에 합당하게 유지하거나 복구하기, 생명 세계를 지키고 돌보며 그래서 지구의 안식과 평화를 추구하기를 위해 지음받은 존재가 사람인 것이다. 특히, 인류 사회 안에서는 강자와 약자 사이에 정의와 공평을 구현해야 하고 지구 생태계에 대해서는 사람이 그것에 의존하며 살아갈 존재이므로 지구 생태계에서 인류가 계속 생존 가능한 환경을 위해 노력하는 일은 전적으로 사람의 책임적 결단 여하에 달려 있다는 이와 같은 주장은, 앞서 살펴본 인간 중심적 신학에 입각한 역사 이해(태고사–족장사–민족사)를 완벽하게 보완해준다.

여기서 사람에게 주신 하나님의 문화명령(창 1:28, "생육하고 번성하여 땅에 충만하기, 땅을 정복하기, 모든 생물을 다스리기")은 오랫동안 인류의 지구 착취와 개발의 근거로 읽혀왔다. 그러나 이는 생태신학적 관점에서 볼 때 잘못된 해석이며 따라서 재해석되어야 마땅하다. 이 본문의 '사람이 생육하고 번성하여 땅에 충만하기'는 모든 생태계의 보호와 돌봄 그리고 유지를 위한 '적절한 숫자적 증가'를, '땅 정복subdue'은 땅의 환경에 적절하게 적응하되 자연을 신성시하고 숭배하는 굴종적 태도를 탈피하고 무한한 파괴력을 가진 자연의 힘을 초래하여 이에 종속되는 상황이 발생하지 않기를, '다스리기'는 지구에서 유일한 하나님의 대리인으로서 '하나님처럼 질서를 유지하며 생명을 보호하며 지구를 지극한 정성으로 돌보아 평화로운 세상을 간직하기'를 각각 뜻하는 것으로 읽어야 한다. 이런 해석은 각종 짐승과 생명체들을 창조하신 후 하나님이 이들에게도 복을 주시며 하신 말씀(창 1:21)의 속뜻과도 상응한다. 하나님이 각종 생명체들에게도 생육하고 번성하고 충만하라는 복을 주신 까닭은 결국 지구 공동체 안의 구성원인 모든 생명체들의 먹이사슬을 지속시키려는 의도도 포함한다. 어느 한쪽이 지나치거나 모자랄 경우, 지구상 생태계의 먹이사슬은 깨지고 지구의 생명 공동체는 피차 존속하기가 불가능해지게 된다는 것은 주지의 사실이다.

결론적으로 말해서 하나님이 지으신 세상에서 자연과 인간은 상호 동반자적 관계에 있다. 양자는 상호 의존적이다. 양자의 균형이 깨어지게 되면 그 결과는 지극히 파괴적이 될 수밖에 없다.[29] 특별히 지구별의 역사는 언제나 인류가 먼저 자연의 분노를 촉발시킨 주체로 살아왔다. 지금 제사장들은 포로기 상황에서 이 새로운 창조기사를 통해 생태계의 질서가 바로잡힌 새로운 세상을 꿈꾸고 있다. 그들은 신앙인의 생태계에 대한 돌봄과 관리의 책임을 명시하면서 기존의 인간 중심적 구원사에 나타난 불완전한 세계 이해를 완성시키고 있는 것이다. 이런 측면에서 포로기와 그 이후의 경험에 근거하여 제사장 집단을 제의와 의식을 소중히 여기고 경직된 율법주의로 전락했다는 개신교 성서신학자들의 평가는 여기서 다른 측면에서 재평가되어야 마땅하다.[30] 이 시기의 제사장들은 인간과 자연이 조화로운 관계를 통하여 존속하는 세상을 꿈꾸었던 것이다. 왕국이 출발하던 처음부터 제사장들은 그렇게 질서 잡힌 세상이 언제나 지속되리라고 안일하게 생각해왔었다. 비록 문서로 기록되지는 않았지만 구전 전승에 따라, 레위기에 대표적인 구절들로 기억되는 정하고 부정한 짐승을 나누어 식생활을 조정하려 했던 의도도 이러한 질서 잡힌 생태적 세상에 대한 제사장들의 가치 판단이 자리 잡고 있지 않았을까? 왕국이 멸망한 지금 제사장들은 이러한 생태계와 조화로운 관계를 유지하며 사는 책임 있는 삶을 향한 뼈아픈 신앙적 각성을 글로 남기고 있는 것이다. 그들은 이 대원칙 아래 자기 민족이 걸어온 길과 신학을 되돌아보고 반성하여 지금의 사경을 편찬하게 된 것으로 이해된다.

4. 욥기: 생태신학적 읽기[31]

지혜문학에 속한 욥기는 앞서의 생태적 성서신학적 해석에 결정적인 성서적 자원으로 활용될 수 있다. 욥기서는 까닭 없이 고난을 당하다가 스스로 의롭다고 여기고 하나님을 원망하는 욥의 현실을 중심으로 생태 위기에 처한 인류를 향한 하나님의 계시를 전하고 있다. 욥의 세 친구와 뒤늦게 등장하는 엘리후라는 친구는 욥이 당하는 고난의 문제를 순전히 인간의 경험을 중심으로 구성된 신학의 틀로 해결하려는 모습을 보여준다. 세 명의 친구가 차례로 등장하는 모습과 이에 만족치 못하는 욥에게 뒤늦게 등장하는 엘리후는 인간의 다양한 경험 구조에 의거한 인간 중심적 신학 그리고 새롭게 제시하는 다른 풍조의 인간 중심 신학조차 욥의 문제를 풀기에는 역부족임을 확인시켜준다. 특히 엘리후는 천둥과 번개를 자연을 통치하시는 하나님의 모습이라고 설득했지만 욥은 이를 부인하고 하나님의 직접적인 나타나심(신현현)만을 고집한다(욥 37:3-7).[32] 그래서 드디어 하나님은 폭풍 가운데 언약 백성의 하나님 명칭인 야훼로 등장하고 긴 연설을 토한다(욥 38-41장).[33]

무엇보다 먼저 '폭풍' 가운데 등장하는 하나님의 모습이란 다시 말해서 생태계의 파괴나 혼란으로 야기된 환경적 변화와 그 속에 말씀하시는 하나님을 제시한다.[34] 반대로 욥은 생태계의 파괴 현실인 이 폭풍 속에서 창조주 하나님의 연설을 듣고 있는 것이다. 그런데 하나님의 장황한 연설이 초점을 맞추고 있는 것은 욥이 고난을 받게 된 연유의 해명이 아니라는 데 문제의 핵심이 있다. 대신에 이와 전혀 무관심한 채로 오로지 인간을 제외한 지구 생태계 전체(생명체, 무생명체, 기후)에 대한 하나님의 돌봄(설계와 운영)을 강요하고 있다.[35] 야훼의 이 긴 연설은 법정 소송 형식을 띠고 있으며 이 법정에서 야훼는 욥을 고소하는 자(=검사)가 되어 말씀하고 있다. 이런 말씀의 신학적 의도는 어떻게 풀이할 수 있을까?

첫째, 인간의 경험 구조에 입각한 신학은 그것이 어떤 권위—모세의 권위든 족장의 권위든—에 입각한 것일지라도 인간에게 벌어지는 고난의 문제를 궁극적으로 풀기에 역부족이라는 것을 역설한다. 욥을 시험하기로 하늘회의(욥 1-2장)에서 내린 결정을 의롭지 못하다고 할 처지에 있지 않은 것이 피조물 인간이기에 더욱 그렇다. 이는 지구 생태계 파괴의 관점에서 볼 때 욥은 바로 그 파괴의 주범이거나 방관자였다는 의미가 전제되어 있지는 않았을까? 욥이 부자였다는 사실을 기억한다면 대체로 이 세상의 부자가 그렇듯이 과연 욥이 자연 생태계의 보존에도 관심을 기울였을까? 인간 중심의 신학이 그렇듯이 지구 생태계에 대한 관심 자체가 없었거나 지극히 부족했다고 보는 것이 무리는 아닌 것 같다. 그렇다면 욥이 당하는 고난은 이유가 없는 것이 아닐 수도 있다.

둘째, 하나님의 진정어린 관심사는 인간에게만 국한된 것이 아니다. 그의 관심사는 인간을 제외한 창조세계 즉 생태계 전체를 향하여 있다. 기존의 인간 중심적 신학은 이에 무지하고 무책임하며 무능하다. 그렇지만 이제 생태계 전체를 포용하는 신학을 구사한다면 인간 중심적 신학의 비효율성을 극복할 수 있다. 하나님은 삼위일체라는 교리적 진술로 정의되어 그 안에 규정된 존재가 아니라 그 개념적 정의 저 너머에 자유롭게 존재하시며 활동하신다.[36] 하나님은 인간만의 하나님이 아니라 지구 공동체 전체의 하나님이다.[37] 하나님은 인간의 신학에 따라 피동적으로 움직이는 분이 아니다. 지구별의 생태계를 고려하지 않은 신학은 시작부터 문제를 안고 있었고 이제는 그 한계에 도달했다. 그간의 신학 작업이 폐기 처분되기를 원치 않는다면 이제는 생태계를 돌보시는 하나님의 마음과 행동을 반영한 신학으로 환골탈태해야 한다.

이어지는 욥의 회개(욥 42:1-6)는 전통 신학적 해법의 미흡함을 깨닫고 자기주장에 치우쳐 의로움을 내세워왔던 인간적 완고함에 대한 뉘우침으로 이해된다. "내가 주께 대하여 귀로 듣기만 하였사오나 이제는 눈으로 주를 뵈옵나이다"(욥 42:5)는 고백은 폭풍 속에 나타나 음성을 들려주신 하나님의 모습 앞에 욥이 토설한 내용이다. 욥에게 듣고 보는 시청각적 체험은 분리되어 있었다.

이를 생태계의 위기 상황으로 번역한다면 다음 같은 이해가 가능하다. 욥이란 사람은 기후 붕괴와 생태계 위기에 대한 담론을 오랫동안 들어왔다. 하지만 이를 직접 목도하고 체험하기는 지금에 와서야 비로소 이루어진 경험이라는 뜻이다. 마치 오늘날의 대다수 사람들처럼.

생태계 전체가 절체절명의 위기에 처해 있다. 지구 온난화로 인한 기후 시스템이 붕괴되어가는 중이라고 한다. 그로 인해 인간이 재난과 고통을 당하고 있다. 생태계의 구조 자체가 파괴되어가고 있다. 본문에 묘사된 폭풍을 바로 이러한 생태계 파괴의 현상으로 이해할 수 있다. 모두가 오로지 인간(본문 안에서 욥)의 무관심 속에 방치되거나 무의식 속에 자행된 일이다. 이제 그 욥이 이 위기를 깨닫게 된 것이다. 그래서 그는 처음의 행복한 삶으로 회복된다. 무슨 의미인가? 우리 인류가 지구 전체의 위기 앞에 이를 자행한 과거를 뉘우치고 생태계 파괴와 기후 붕괴 현상을 제지하기 위한 조치들에 과감하게 결단하고 이를 준행한다면 그 미래가 그리 암담하지만은 않을 것이며, 지구상에서 지금껏 누려왔던 복된 삶을 지속할 수 있는 길이 열릴 수 있음을 긍정하는 말씀으로 이해된다.

5. 나가는 말

오경의 작성 과정과 문학 구조에 대한 역사비평적 관찰은 생태신학적 읽기를 위해 아주 효과적으로 활용될 수 있다. 그 결과는 기후 붕괴로 표현된 오늘날의 생태계의 위기를 극복하기 위한 성서신학 작업에 매우 중요한 한 모델로 기능할 수 있다. 예언서는 물론이고 지혜문학인 욥기의 일부(욥 38-40장)조차 생태신학적 읽기를 하면, 기존 신학의 한계를 지적하면서 동시에 생태계의 위기를 자초한 인류가 스스로 결단하고 그 회복이나 복구에 나서기를 촉구하는 본문으로 읽을 수 있다.

신앙공동체의 구성원 대다수는 오랫동안 이와 같은 생태신학적 성서 읽기에 무관심했으며 간과해왔다. 이제 성서신학은 지구의 생태계를 주요 관점으로 삼아 다시 성서 읽기를 시도해야 하며 성서는 우리가 얼마든지 그렇게 할 수 있는 충분한 원천이 된다는 것을 알 수 있다. 이제 지구별의 구성원 중에서 가장 지적인 생명체로서 인류가 기후임계점의 현실을 신속히 깨닫고 생태계 보존을 위해 보다 과감하게 변화된 삶을 영위하기를 희망해본다. 이에 성서신학도 생태계 위기를 의미하는 기후 붕괴 현상을 해석학적 주제로 삼아 환골탈태할 필요가 있다. 현재 지구별의 위기는 이를 심각하게 여기지 않는 성서학자들의 안일한 성서 해석 탓이었음을 깨달았기 때문이다.

기독교환경운동연대, 『녹색의 눈으로 읽는 성서』, 서울: 대한기독교서회, 2002.

McFague, Sally., 『기후변화와 신학의 재구성』, 김준우 역, 서울: 한국기독교연구소, 2008.

우택주, 『모두가 예언자가 되었으면』, 대전: 침례신학대학교출판부, 2009.

______, 『요나서의 숨결』, 대전: 침례신학대학교출판부, 2009.

강성열, "구약성서의 창조론과 생태학," 『생태학과 기독교 신학의 미래』, 호남신학대학교 편, 9-48, 서울: 한들출판사, 1999.

우택주. "오경에 나타난 제사장 문헌의 공헌에 대한 재평가," 『복음과 실천』 40 (2007): 69-93.

______, "사회학적 관점에서 해석한 바벨탑 사건(창 11:1-9): 도시문명비판의 신학," 『8세기 예언서 이해의 새 지평』, 369-96, 서울: 대한기독교서회, 2005.

______, "교수논단: 하나님 형상의 신학," 『침신대학보』 219호, 2007년 3월 23일, 2면.

______, "환경친화적 성서 읽기: 12예언서," 『녹색의 눈으로 읽는 성서』, 116-23, 서울: 기독교환경운동연대, 2002.

______, "창세기," 『성서입문』, 침례교신학연구소 편, 대전: 침례신학대학교출판부, 2007.

Ackroyd, P. R., *Exile and Restoration*, London: SCM Press, 1968.

Albertz, R., 『이스라엘 종교사 II』, 강성열 역, 서울: 크리스찬다이제스트, 2004[orig., 1992].

Anderson, B. W., *Understanding the Old Testament*, 4th Ed. Englewood Cliffs, New Jersey: Prentice-Hall, 1986.

Coote, R. B. and Ord, D. R., *In the Beginning: Creation and the Priestly History*, Minneapolis: Fortress Press, 1991.

Grabbe, L. L. and Haak, R. D. Eds., *Every City Shall be Forsaken: Urbanism and Prophecy in the Ancient Israel and the Near East*. Sheffield: Sheffield Academic Press, 2001.

Habel, Norman C. and Trudinger, Peter, Eds., *Exploring Ecological Hermeneutics*, Atlanta: SBL, 2008.

Habel, Norman C., *The Book of Job*, London: SCM Press, 1985.

Mann, T. W., *The Book of Torah: The Narrative Integrity of the Pentateuch*, Atlanta: John Knox Press, 1988.

Noth, M., *A History of Pentateuchal Tradition*, Trans. by B. W. Anderson. Chico: Scholars Press, 1981.

______, *The Deuteronomistic History*, Sheffield: JSOT Press, 1981[orig., 1943].

Pope, Marvin H., *Job: A New Translation with Introduction and Commentary*, New York: Doubleday, 1965.

Wright, Jacob L., "Warfare and Wanton Destruction: A Reexamination of Deuteronomy 20:19-20 on Relation to Ancient Siegecraft," *Journal of Biblical Literature* 127 (2008): 423-58.

기후 변화와 현대 생태 담론의 흐름

전현식

1. 기후 변화는 우리에게 무엇을 말해주는가?

현재 인류는 정치경제, 사회문화, 과학기술, 생태의 모든 영역에서 과거에 우리가 경험해보지 못한 엄청난 변화와 갈등을 직접 경험하고 있다. 우리가 이런 지구적 변화와 도전에 어떻게 준비하고 대응하느냐에 따라 인류의 미래가 결정될 것이다. 21세기에 인류는 소비 중심적 산업문명의 종언이냐 지속 가능한 새로운 문명으로의 발전이냐의 기로에 서 있다. 한 미래학자의 말대로, 21세기는 인간의 영혼을 시험하는 결정적인 시대가 될 것이다. 기후 변화란 이런 지구적 변화와 위기의 대표적인 징후이자, 신학적으로 표현하면 인간 영혼을 시험하는 계시적 사건이다.

우리는 왜 기후 변화의 현실에 즉시 응답하지 못하고 여전히 머뭇거리고 있는가? 그 근원적 이유는 생태적 무지 때문이다. 여기서 생태적 무지란 기후에 어떤 변화가 일어나고 있다는 사실에 대한 무지가 아니라, 기후 변화의 규모와 위급성 및 결과에 대한 무지를 말한다. 현재 기후 시스템이 이상하고 위험하다는 징후를 깨닫고는 있지만, 그 징후가 가리키는 심각성을 잘 모르고 있다. 그 징후들이 바로 동시다발적으로 발생하는 태풍과 홍수와 가뭄, 확산되는 기근과 질병과 전염병, 고갈되는 물과 식량과 화석연료, 이로 인한 전쟁과 환경 난민, 멸종과 만년설 및 빙하의 녹아내림, 세계화로 인한 지역경제의 붕괴와 심화되는 빈부 격차 현상이다. 우리가 이런 개별적인 징후들에 주목하는 것도 중요하지만, 더 근원적인 것은 이 징후들이 가리키는 지구적 재앙의 모습을 분명히 직시하는 것이다.

생태적 무지란 또한 기후 변화의 증상에 대해서는 어느 정도 알고 있지만, 그것에 대해 행동으로 실천할 만큼 충분히 알지 못하는 것을 의미한다. 우리가 어느 정도로 알아야 기후 변화의 현실을 인정하고 이에 적극적으로 대처할 수 있는가? 이 글의 목적은 기후 변화의 지구적 재앙에 적극적으로 저항할 수 있도록 우리가 생태적 지식을 충분히 얻는 데 있다. 빌 맥키번이 말한 대로, 우리가 어떤 이슈에 대해 설득력 있게 주장하기 위해 반드시 그 분야에 전문가가 될 필요는 없다.[1] 예들 들어, 우리가 노동의 대가로 받는 적절한 임금에 대해 주장하기 위기 위해 반드시 경제학자가 될 필요는 없다. 우리의 삶에 지대한 영향을 주는 전쟁과 평화에 대해 말하기 위해 우리가 반드시 군사전문가나 사회운동가가 될 필요는 없다. 건강한 몸과 정신을 유지하기 위해 우리는 의사나 정신분석가가 될 필요는 없다. 우리는 성실한 노동자와 건전한 시민으로서 삶의 이런 중요한 이슈들에 대해 자신의 견해를 주장하는 데 큰 방해를 받지 않는다.

그러나 기후 변화의 문제는 사정이 좀 다르다. 우리가 기후 변화의 문제를 복합적일 뿐만 아니라, 과학적인 문제라고 생각하기 때문이다. 그러나 위에서 말한 사회적 문제들과 마찬가지로, 기후 변화에 대해 말하기 위해 우리가 반드시 기후학자가 될 필요는 없다. 기후 변화의 현실에 적극적으로 대처할 수 있을 만큼 충분한 지식을 갖추면 된다. 우리가 기후 변화의 위기를 잘 극복하기 위해 필요한 생태적 지식은 어느 정도면 충분한가? 기후 변화에 대해 어느 정도의 정보를 알게 되면 우리는 기후 변화의 현실을 인정하고 다른 삶을 살 수 있는가? 우선 기후 변화를 실천하는 데 필요한 충분한 생태적 지식을 얻기 위해 먼저 기후 변화의 정의, 성격 및 본질을 살펴보자.

2. 기후 변화(지구 온난화)의 정의, 성격 및 본질

기후 변화climate change란 무엇인가? 기후 변화는 기후 조건이 변하는 것을 의미한다. 여기서 "기후climate란 한 지역에서 오랜 기간에 걸쳐 나타나는 일기 조건weather condition"[2]을 말한다. 여기서 우리는 기후와 일기를 구별할 필요가 있다. 우리가 일기예보라고 말할 때 그 일기weather 혹은 날씨는 매우 가변적이어서, 하루에도 심하게 변한다. 반면에 기후란 일기의 평균적 통계를 말하는 것으로, 일정한 기간, 적어도 10년 이상 동안 주어진 지역에서 드러나는 "모든 환경적 구성요소의 평균조건"을 말한다. 일기가 매우 가변적이라면, 기후란 상대적으로 안정적이다.

일반적으로 우리가 기후 변화라 할 때, 지구 기후 조건, 더 구체적으로 지구의 환경적 구성요소들의 평균조건의 변화를 뜻한다. 그 대표적 환경 구성요소들이 대기와 바다와 땅이다. 지구 기후는 이런 환경 구성요소들

안에서 발생하는 많은 물리적 활동에 기인하지만, 그중에서도 기후 변화의 결정적 요인은 대기의 작용이다. 대기의 구성요소로 공기의 압력, 온도, 습도 및 바람을 들 수 있다. 지구를 구성하는 수많은 환경적 구성요소들의 변화를 의미하는 기후 변화란 지구 온난화, 해수면 상승, 홍수, 가뭄, 태풍의 동시적 발생, 이로 인한 기근, 질병, 멸종, 전쟁, 환경난민 등 수많은 지구적 재앙을 포함한다. 이 중에서도 지구 온난화는 기후 변화의 가장 대표적인 현상이다.

지구 온난화는 대기 중의 온실가스가 지구 표면의 열을 흡수함으로써 지구 온도가 상승하는 것을 의미한다. 사실 온실가스 덕분에 지구는 생명이 살아갈 수 있을 정도로 따뜻하다. 우리는 이런 현상을 자연 온실효과라 부른다. 잠시 지구 온실효과에 대해 알아보자.[3] 지구가 계속 따뜻하게 유지되는 것은 태양복사선solar radiation과 지구복사선(열선thermal radiation)이 균형을 이루기 때문이다. 복사radiation란 태양과 지구 사이에서 에너지가 전이되는 구조를 일컫는다. 평균적으로 태양에서 지구로 들어오는 복사에너지(자외선)와 지구에서 나가는 열선(적외선)이 서로 균형을 유지한다. 이 과정을 간단히 살펴보자. 지구 표면은 태양에서 지구로 들어오는 복사에너지를 흡수하여 따뜻하게 된다. 이때 태양에너지의 약 반은 지구와 대기에 의해 반사되고, 약 반 정도가 지구 표면에 흡수된다. 따뜻해진 지구는 열을 발산하기 시작하며, 그 열은 대기 중의 온실가스에 의해 흡수된다. 열을 흡수한 대기는 더워져 다시 열을 발산하게 된다. 이 열의 일부는 대기를 통과하여 지구 밖으로 나아가지만, 나머지 열은 지구 표면으로 다시 발산된다.

지난 세기까지 지구에 의해 우주로 발산되는 열에너지와 지구가 흡수하는 태양에너지의 양은 거의 균형을 이루었다. 그러나 금세기 들어 대기 중의 온실가스 증가로 지구가 태양으로부터 받는 열이 발산하는 열보다 점점 더 많아지게 되었다. 이 여분의 열에너지가 지구 온도를 더 상승시키게 된다. 태양으로부터 받는 복사에너지와 지구가 발산하는 열에너지의 균형이 깨어진 것은 바로 인간이 만들어낸 온실가스의 급증에 있다. 자연 온실효과의 가장 큰 문제는 대기 중 온실가스의 급증으로 지구 평균 온도가 너무 상승하는 것이다.

대기 중의 대부분을 차지하는 질소와 산소는 열을 흡수하거나 발산하지 않는다. 지구 열선을 흡수하는 대기 중의 가스는 온실가스로 수증기, 이산화탄소(CO_2), 메탄(CH_4), 아산화질소(N_2O), 프레온 가스(CFCs) 그리고 오존(O_3)을 들 수 있다. 이 중 수증기를 제외한 모든 온실가스는 인간 활동에 의해 직접적으로 영향을 받는다. 특히 지구 온난화에 가장 큰 영향을 주는 온실가스는 이산화탄소, 메탄 그리고 아산화질소이다. 지구 온난화의 영향은 대기 중 온실가스의 농도와 이들이 지구복사선을 흡수하는 강도에 달려 있다. 지난 2세기 동안 이산화탄소와 아산화질소는 25%, 메탄은 3배 증가했다. 온실가스의 급증은 화석연료 연소, 산림 파괴 및 농업에 기인한다. 지금까지 온실가스가 지구 온도 상승에 끼친 영향을 보면, 이산화탄소 72%, 메탄 21%, 아산화질소 7%의 순이다. 따라서 인간 활동에 의해 발생한 지구 온난화에 가장 큰 영향을 미친 온실가스는 바로 이산화탄소라는 사실이 분명해진다.

2007년 IPCC(정부간기후변화위원회Inter-governmental Panel on Climate Change) 4차 보고서는 파국적 결과의 핵심으로 『6도의 악몽』[4]을 재확인했다. 이 보고서는 수백 명의 과학자가 합의한 결과를 기초로 지구 평균 온도가 21세기 안에 섭씨 4.5에서 6도까지 상승할 수 있다고 발표한 것이다. 지구 평균 온도 6도 상승은 상상하기조차 싫은 지구적 재앙이다. 대양은 푸른

색으로 변하여 바다 생물이 살 수 없는 불모의 땅이 되고, 대륙의 사막화가 급속화되며, 자연 재해는 일상화되어, 지구의 생물은 거의 사라지게 된다. 그린란드와 남극의 빙원이 녹아내려 해수면이 25피트 상승하면, 세계 주요도시들은 침수되기 시작한다. 지구 최후의 날의 모습이다. 이런 지구적 재앙을 피하기 위해 지구 평균 온도 상승을 최소 2도 최대 3도까지로 막아야 한다. 그러기 위해 우리는 2050년까지 현재 이산화탄소 배출량의 80%를 감소시켜야만 한다. 우리 모두가 지금부터 즉시 매년 2%씩 감소하면 자연은 우리에게 정의롭고 지속 가능한 미래를 약속해줄 것이다. 그렇지 않으면 우리는 6도 악몽의 지구적 재앙을 피할 수 없을 것이다. 이것이 IPCC 4차 보고서의 핵심이다.

그런데 우리는 IPCC가 과학적 근거를 가지고 예상하는 이런 지구적 재앙에 왜 즉각적으로 응답하지 않는가? 기후 변화에 대한 의식과 관심은 증대하고 있지만, 화석연료의 소비는 증가하고 지구 평균 온도는 계속 상승하고 있다. 우리가 지구적 재앙의 핵심인 지구 온난화에 즉각적으로 대처하지 못하는 이유는 지구 온난화의 성격에 기인한다.[5]

첫째, 지구 온난화의 **잠행적 성격**이다. 이것은 지구 평균 온도 상승의 과정은 포찰할 수 없을 정도로 보이지 않게 서서히 일어나지만 그 결과는 파국적이라는 사실에 있다. 지구 온난화의 잠행적 성격으로 인하여, 우리는 지구 온도 상승에 대해 무관심하고, 즉각적으로 대처하지 않는 경향이 있다. 알코올 중독으로 비유되는 지구 온난화의 이런 특성은 현대인이 소비 중심적 삶에 중독되어 미래에 닥칠 '6도 악몽'이라는 지구적 재앙의 위급성과 파국적 결과에 왜 무관심한지를 잘 설명해준다.

둘째, 지구 온난화의 **부정의한 측면**이다. 화석연료를 가장 많이 소비하는 개인, 집단, 국가가 지구 온난화로부터 오는 피해를 가장 적게 입으며 오히려 적게 소비하는 자들이 가장 많은 피해를 입는다는 사실에 있다. 부유한 북아메리카와 서유럽의 이산화탄소 배출량이 전 세계 배출량의 3분의 2를 차지한다면, 가난한 아프리카는 겨우 3%만을 차지한다. 부유한 나라들은 지구 온난화에 가장 책임이 있으면서도 기술과 자본이 풍족하기 때문에 홍수 방지벽을 건설하는 등 그 피해를 줄일 수 있다. 반면에 가장 책임이 없는 제3세계 가난한 나라들은 자본과 기술의 부족으로 막대한 피해를 입는다. 또한 중국이 최근 미국보다 이산화탄소를 더 많이 배출하지만, 지금까지 중국의 총배출량이 1850년 이후 전체 배출량의 8%에 지나지 않는다면, 제1세계 국가들은 56%를 차지한다. 이것은 기후 변화의 책임과 피해를 공평하게 나누는 것이 아님을 의미한다. 기후 변화의 불공평한 측면은 온실가스를 줄이기 위한 지구적인 합의를 이루기가 어렵다는 것을 의미한다. 이런 의미에서 제1세계는 제3세계에 기후 부채climate debt를 지고 있다 볼 수 있다. 이와 같은 기후 변화의 책임, 혜택과 피해의 불공평한 분배는 생태 정의ecojustice의 필요성을 깨닫게 해준다. 생태 정의란 생태계 보존과 인간 사이의 분배 정의는 상호 연결되어 있음을 강조한다.

셋째, 지구 온난화의 **복합적 성격**이다. 이 특성은 지구적 위기의 원인과 책임, 해결책이 복잡하다는 것이다. 우리 대부분은 지구 평균 온도 상승을 2도 이내로 제한시켜 지구적 재앙을 피해야 한다는 데 동의하지만, 자신들의 입장에 따라 지구 온난화의 원인을 다르게 본다. 제1세계는 그 원인을 기술 및 환경정책의 부족, 인구 팽창 등에서 찾는다면, 제3세계는 가난, 군사주의, 현대 산업물질문명, 서구의 이원론적 가치관 및 세계관에서 찾는다. 이와 같이 지구 온난화의 원인을 다르게 분석함으로써, 책임과 해결책을 다르게 제시하게 된다. 지구 온난화의 복합적 특성은 창조

세계 안에 있는 모든 피조물들의 상호연관성과 깊게 연결되어 있다.

3. 생태 담론의 흐름(인간 중심주의에서 생태 중심주의로)

필자는 인간 중심적 관점에서 생태 중심적 관점에 이르기까지 생태 담론의 다양한 이론 및 운동들(자원 보호, 인간복지생태학, 보존, 동물해방운동, 생태 중심주의)[6]을 살펴보면서 기후 변화에 가장 적합하게 대처할 수 있는 생태적 담론이 무엇인지 살펴보겠다.

첫째, 자원 보호resource conservation는 자연 자원의 효율적 사용 및 개발을 통하여 경제적 재화와 용역을 극대화하는 데 목적이 있다. 이 이론의 창시자는 미국 초대산림국장을 지낸 기포트 핀코트Gifford Pinchot로, 그는 보호의 핵심을 낭비의 제거로 봄으로써, 자연 자원의 비효율적 사용뿐만 아니라 사용하지 않은 것 자체를 낭비로 보았다. 사실상 자원 보호는 개발과 동일시된다. 따라서 자원 보호는 자연 자원의 무분별한 착취를 제한하고, 과학기술에 기초하여 자원을 효율적으로 관리하는 데 공헌을 했지만, 자연을 인간의 이익과 목적을 위한 자원 및 수단으로 보는 공리적 관점을 가짐으로써 자연에 대한 인간 중심적 한계를 분명히 드러내고 있다.

둘째, 인간복지생태학은 자원 보호 이론의 좁은 경제적 관점을 비판하면서, 인간 복지(인간의 건강과 안전 및 행복)에 관심을 집중한다. 그런데 인간 복지를 실현하기 위해서 생태계(환경의 질과 회복력)를 유지해야 한다는 사실을 인정함으로써 인간 복지와 생태계를 연결시킨다. 이 이론은 지속 가능한 개발sustainable development과 청지기적 책임의 윤리를 제시한다. 지속 가능한 개발(미래 세대의 번영과 기회를 박탈하지 않으면서 현세대의 이익과 요구를 충족시키는 경제개발)은 인간의 생산을 위해 자연 자원을 유지(자원 보호의 관점)할 뿐만 아니라, 인간의 재생산을 위해 생태계를 유지해야 함을 강조한다. 이런 관점은 하나님으로부터 자연환경을 보호, 관리, 양육하라는 사명을 부여받았다는 청지기적 책임 윤리를 지지한다. 그러나 이런 관점은 인간 복지에 일차적인 관심을 가짐으로써, 생태계 안의 피조물에 내재적 가치를 부여하지 못하는 인간 중심주의의 한계를 지니고 있다.

셋째, 자원 보호가 개발을 위한 자원의 효율적 사용에, 인간복지생태학이 인간 복지를 위한 환경의 질에 관심을 가진다면, 보존은 야생 자연의 미학적·영적 가치를 존중하여 경외하는 이론 및 철학을 말한다. 이 운동의 대표자로 불리는 씨에라 클럽의 창시자, 존 무어John Muhr는 우주 창조가 인간의 행복만이 아니라 모든 생명체를 위한 것임을 강조함으로써, 인간복지생태학의 인간 중심적 한계를 잘 지적하고 있다. 그의 범신론적 세계관, 생명의 평등성은 인간 중심적 기술문명에 대한 상징적 저항을 잘 표현하지만 동시에 환경 문제 및 사회 문제의 연관성을 간과하는 약점이 있다.

넷째, 동물해방운동은 동물이 고통받지 않고 살 권리와 인간이 동물을 사랑하고 돌봐야 할 책임을 주장한다. 동물의 행복권과 인간의 책임의 도덕적 근거는 동물이 즐거움과 고통을 느낄 수 있는 감각성sentience에 있다. 이 운동은 도덕적 고려의 기준을 인간의 이성과 언어의 능력에서 감각성으로 낮춰 동물을 도덕적 고려의 범주에 포함시킴으로써 동물 학대를 방지하고 그들의 삶의 권리를 인정하는 데 공헌을 한다.[7] 그러나 이 운동은 감각성이 없는 식물, 숲, 생태계를 보존할 수 있는 포괄적 생태윤리를 제시하지 못하는 한계를 지니고 있다고 볼 수 있다.

끝으로 생태 중심주의는 만물의 상호 연결 및 상호 의존이라는 생명의 본성에 기초한 생태이론 및 운동으로 인간 중심주의를 강하게 비판한다. 인간 중심주의는 자아와 세계 사이의 상호 의존을 무시하여, 과학만능주의, 기술 중심주의와 공모하여 지나친 자기 이익을 극대화시키며, 만물의 형제자매kinship, 공동 기원 및 공동 운명을 인식하지 못하여, 자연의 비극이 인간의 비극임을 깨닫지 못한다. 생태 중심주의는 개체의 독립과 자율의 자유주의적 가치의 한계를 지적하고, 살아 있는 것과 살아 있지 않은 것, 인간과 자연의 절대적 구분을 허용하지 않는다. 생태 중심주의의 대표적 세 가지 이론에는 내재적 가치이론, 심층생태학 그리고 생태여성학이 있다. 내재적 가치이론은 자기 생산self-production 혹은 자기 회복self-renewal의 특성이 있는 모든 실재들에 내재적 가치(인간의 이익과 목적에 관계없이 스스로 가치를 갖는)를 인정한다. 다음에서 심층생태학, 사회생태학 그리고 생태여성학에 대해 알아보자.

4. 세 가지 주요 생태 패러다임: 심층생태학, 사회생태학, 생태여성학

기후 변화는 새로운 패러다임, 즉 새로운 신념, 가치와 의식체계를 요구한다. 기후 변화에 적극적으로 대처하는 데 도움을 주는 생태 패러다임은 무엇인가? 어떤 생태 패러다임이 우리의 실천에 필요한 충분한 지식을 줄 수 있는가? 이를 위해 세 가지 주요 담론인 심층생태학, 사회생태학 그리고 생태여성학에 대해 알아보자.

심층생태학Deep Ecology

생태학이란 용어는 1866년 독일 생물학자 에른스트 헤켈Ernst Haeckel이

처음 사용했다. 생태학은 집안(가족)을 의미하는 희랍어인 '오이코스oikos' 에서 온 말로 집안 개념을 지구적으로 확장시켜 지구 집안에 대해 연구하는 학문을 말한다. 다시 말해 지구 공동체의 모든 구성원을 한 가족으로 보면서 이 구성원들 사이의 상호관계, 즉 유기체와 환경 사이의 상호 의존, 네트워크, 균형 및 순환(생산-소비-분해)에 대해 연구한다. 생태학은 인간의 자연에 대한 간섭이 어떻게 생태계 균형을 파괴하는지를 검토하면서 인간의 간섭 및 착취로부터 자연을 해방시켜 인간과 자연이 조화롭게 살아가는 방법을 다룬다.[8] 노르웨이 생태철학자인 아느 네스Arne Naess 는 생태학을 표층생태학과 심층생태학으로 구분하면서 자연에 대한 담론을 인간 중심적 관점에서 생태 중심적 관점으로 전환시키는 데 큰 공헌을 했다.[9] 표층생태학은 인간 중심적 생태학으로 자연을 도구적·실용적·공리적 관점에서 바라본다. 인간은 환경과 구별되어 그 중심에 있으며 환경보다 우월한 존재로 모든 가치의 근원인 반면, 환경은 인간 필요와 이익의 도구적·사용적 가치만을 지닌다. 따라서 환경은 그 자체를 위해 존재하는 것이 아니라 인간의 이익과 목적을 위한 도구 및 수단으로 존재한다.

반면에 심층생태학은 인간에 의한 자연 지배의 상징적, 심리적, 윤리적 패턴들을 추적하여 자연에 대한 인간 중심적 관계를 상호관계로 회복시키기 위하여 생태적 문화와 의식을 추구한다.[10] 심층생태학의 전제와 원천, 핵심주제에 대해 알아보자.

첫째, 심층생태학은 인간 중심적인 패러다임의 전제를 근원적으로 비판한다. 현대 사회를 지배하는 인간 중심주의의 기본적 신념 및 가치는 경제성장, 과학과 기술의 발전 및 해결, 인간을 위한 자원으로서의 자연, 물질 소유를 통한 개인 만족을 들 수 있다. 심층생태학자들은 인간 중심적 패러다임의 원천으로 유대 기독교, 자본주의, 로크의 사유재산주의,

서구의 과학적 만능주의 및 기술적 낙관주의를 든다.[11] 심층생태학은 인간 중심적인 패러다임이 생태 중심적 패러다임으로의 혁명적 변화가 일어나지 않는 한 어떤 환경운동 및 환경이론도 충분하지 않다고 주장한다. 그 예로 개혁적 환경주의reformist environmentalism를 들고 있다. 개혁적 환경주의란 아느 네스가 비판한 인간 중심적인 표층생태학을 일컫는다. 인간 중심적 환경운동은 사회의 지배적 가치와 전제를 근원적으로 비판하지 않고 좋은 삶을 위한 사회 변화를 추구한다. 기존의 패러다임 안에서 논의되는 문제, 규칙, 해결책에 대한 근원적 반성 없이, 추구하는 목적은 충분히 성취될 수 없다. 개혁적 환경주의의 예로 앞에서 언급한 자원 보호, 인간복지생태학, 보존운동, 동물해방운동을 들 수 있다. 심층생태학자들의 주장은 이런 이론 및 운동들이 인간과 자연의 조화로운 삶을 위해 필요하지만 충분하지 않다는 것이다.

둘째, 심층생태학은 생태적 문화와 의식을 추구한다. 우리는 인간과 자연의 상생관계의 필요충분조건을 만족시킬 수 있는 생태적 문화와 의식을 어디에서 배울 수 있는가? 심층생태학은 동양의 영적 전통으로부터 생태 영성과 의식을 발전시켰다. 그 예로 1960~70년대 동양과 서양 전통을 연결시킨 철학자(Gary Snyder), 과학자(Fritjof Capra) 및 사회비판가(Herbert Marcuse, Theodore Roszak)를 들 수 있다.[12] 또한 심층생태학은 북아메리카 원주민에게 자연과 인간의 신비로운 일치감을 배웠다.[13] 심층생태학은 서구 종교 및 철학의 소수 전통(St. Francis, Spinoza, Henry Thoreau, John Muir, Alfred Whitehead 등)으로부터 생태적 통찰력을 얻었다. 예들 들어, 심층생태학은 스피노자에게서 17세기 산업사회의 인간 중심적 패러다임의 기초를 세운 당대 주류 철학자들인 베이컨, 데카르트, 라이프니츠에 저항했던 생명권 평등주의 윤리 및 신성한 우주의 영성을 배울 수 있었다. 또한 심층생태학은 생태학이라는 과학적 학문과 장소감a sense of place을 일깨워주었던 예술로부터 생태의식을 발전시킬 수 있었다.

셋째, 심층생태학이 추구하는 생태의식은 새로운 인식론, 형이상학, 심리학 및 윤리를 필요로 한다. 생태의식은 인간 본성이나 인간 필요로부터 시작하는 것이 아니라, "산처럼 생각함으로써" 시작되는 것이다. 즉 심층생태학은 인간 이익을 확장시키기 위해 자원을 어떻게 효율적으로 사용하느냐에 주목하는 것이 아니라, 인간의 필요와 욕망을 자연의 상호 의존적 질서에 맞추는 것이다. 생태의식을 깨닫고 실천하기에 충분한 지식은 무엇인가? 이를 위해 심층생태학의 핵심 주제들을 살펴보자.

심층생태학은 주지주의와 경험주의를 변증법적으로 종합하는 새로운 인식론을 필요로 한다. 주지주의는 의식과 대상의 관계 안에서 의식의 능동성을, 경험주의는 의식의 수동을 너무 강조하여, 전통적인 두 인식론은 구체적인 지각세계의 현상을 잘 기술하지 못한다. 메를로-퐁티는 『지각의 현상학』[14]에서 지각 대상과 의식 주체가 일방적으로 결정되는 것이 아니라, 변증법적 유기적 관계에 있음을 밝히면서, 의식은 언제나 몸을 통해 사물을 향하는 체현된 의식embodied consciousness이라고 주장했다. 즉 우리가 대상을 지각할 때 의식은 대상으로부터 오는 객관적 감각자료를 수동적으로 받아들이는 것이 아니라, 그 감각자료를 적극적으로 통합하여 의미를 부여한다. 따라서 지각된 대상은 있는 그대로의 객관적 대상이 아니라 의식에 의해 이미 해석된 대상이다. 지각 대상과 의식 주체의 새로운 유기적 인식론은 주관적인 인간 중심주의와 객관적인 자연주의의 한계를 넘어 인간과 자연의 상호 의존의 형이상학으로 나아가도록 도와준다. 세계는 우리 밖에 있는 객관적인 물질적 대상이 아니라, 우리의 몸과 의식과 분리될 수 없이 연결되어 있는 우리의 삶의 공간이다. 심층생태학은 세계를 고립된 개체들의 단순한 총합으로 보지 않고 모든 생명과 하나로 통합되어 있는 상호의존적인 '생명의 망'으로 본다. 인간은 생명의 망의 한 구성원으로 결국 인간과 자연의 일치를 주장하는 '확장된 자아the extended self'의 심리학으로 나아간다. 또한 모든 생명은 인간 이익과 목적에 관계없이 본질적으로 스스로의 가치, 즉 '내재적 가치'를 지닌다. 결국 심층생태학은 내재적 가치를 지니는 모든 생명의 동일한 살 권리를 인정하는 '생물권 평등주의biospherical egalitarianism'의 윤리로 나아간다. 또한 자연의 먹이사슬의 본질이란 적자생존의 원리 안에서 무한경쟁을 통한 착취와 억압의 능력이 아니라, '다양성과 공생'의 원리 안에서 공존과 협력의 능력으로 이해된다.[15] 필자는 심층생태학의 핵심을 인간(주체)과 자연(대상)의 유기적 인식론, 만물의 상호의존의 형이상학, 확장된 자아의 심리학, 생물권 평등주의의 윤리로 집약해본다.

사회생태학Social Ecology

사회생태학은 폭넓게 이해되지만, 주로 두 가지 의미로 사용된다. 생태계 안에서 인간의 역할을 강조하는 인간(복지)생태학과 구체적으로는 머레이 북친Murray Bookchin이 주장하는 사회생태학이 있다. 앞에서 살펴본 대로 인간 복지와 생태계의 관계성, 지속 가능한 개발, 청지기 윤리를 강조하는 인간복지생태학은 인간과 자연, 사회 문제와 생태 문제, 환경 보존과 경제 개발의 밀접한 관계성을 주장하는 머레이 북친의 사회생태학과 많은 부분에서 공통점을 지닌다. 여기서 필자는 머레이 북친이 주장하는 사회생태학의 핵심에 대해 살펴보겠다. 머레이 북친은 사회생태학를 개척한 이론가인 동시에 사회생태 운동가이다. 『자유의 생태학』, 『사회생태론의 철학』, 『휴머니즘의 옹호』 등 수많은 책을 저술했다.[16]

첫째, 사회생태학은 인간 지배가 자연 지배로 확대된다고 주장한다. 머레이 북친은 인간이 자기 이외에 다른 모든 것을 지배하려는 속성을 생태계 위기의 근원으로 파악한다. 인간의 지배속성이 지배적인 이성, 과학, 기술, 사회, 정치, 경제제도를 만들어낸다. 인간이 자연을 지배하기 위해 인간을 지배하게 되었다는 마르크스 사회주의의 주장은 사실은 정반대라는 것이다. 그는 인간이 자연에 투사한 악마적이며 적대적인 이미지를 그 예로 들면서, 인간의 지배의식을 신랄하게 비판한다. 인간의 자연에 대한 지배적 이미지는 자연과 사회의 분열을 야기시키고 이것은 또한 정신과 육체, 주체와 대상, 이성과 감성의 이원론을 강화시킨다. 자연을 '피로 물든 이빨과 발톱'으로 보는 경쟁적 이미지와 사자를 '동물의 왕', 개미를 '자연의 종'으로 보는 위계적 이미지는 인간의 지배 욕망과 의식이 투사된 것이다.[17] 자연의 위계적 이미지를 통해 인간의 인간에 대한 지배가 정당화되며, 결국 인간의 자연 지배로 확장된다. 북친은 젠더, 연령 및 인종 등에 근거한 사회 위계질서가 사회 계급 및 국가 제도보다 더 근원적인 문제로 본다.

둘째, 북친은 사회생태학의 목적으로 전일성wholeness을 강조한다. 사회생태학은 인간과 자연의 분열을 비판할 뿐만 아니라, 자연 세계와 인간 사회의 깊은 연속성을 회복하려고 노력한다. 사회생태학은 자연과 사회의 상호관계성을 회복시키는 생태적 원리로 전일성을 제시한다. 생태공동체의 자연적 사회적 관계들을 통전적으로 이해하기 위해, 북친은 상호관계성의 패턴들을 밝힌다. 전일성의 개념은 생태계의 안정성, 다산성, 혁신성을 제공하는 '다양성 안의 통일성'이라는 생태적 원리를 의미한다. 북친은 이 생태원리를 사회생태학적으로 재구성하여 설명한다. 북친은 전일성이란 "한 현상을 다른 현상들과의 공통성으로 환원시키는 무차별적인 냉혹한 보편성"[18]이 아니라고 주장하면서, 파시즘의 전체주의적 이데올로기와 적극적으로 구별한다. 오히려 전일성이란 한 식물, 한 아기, 한 공동체의 잠재성이 다양하게 구현됨으로써 아직 발전되지 않은 이들의 구체성이 유기적으로 만개하는 것을 말한다. 즉 각 개체의 특수성에 궁극적 질서를 부여하는 통일성을 의미한다. 통일성이 만개하는 과정에서 각 개체의 다양성이 구체화되며, 다양성은 각 개체에 자기실현의 방향성을 부여한다.[19]

셋째, 사회생태학은 생태적 감수성과 의식의 배양을 강조한다. 사회생태학의 목적인 전일성을 실현하기 위해 우리는 생태적 감수성, 과학 및 공동체 등을 필요로 한다. 사회 위계질서는 생물학적 현상이 아니라, 인간의 지배의식이 투사된 사회적 제도의 현상일 뿐이다. 자연 안의 생명들은 지배와 종속의 위계적 관계가 아니라, 상호성의 관계 안에 있다. 공진화 과정 안에서 생명은 단지 수동적인 것이 아니라 자기 지시적self-directive이며 상호의존적인 존재이다. 북친은 생태적 감수성을 회복하고 생태계를 보존하여 인간 해방을 이루는 데 있어서 인간(이성)의 능동적, 창조적 역할을 강조한다.[20] 생태계 위기에서 드러난 인간의 파괴 능력은 인간의 재구성의 능력을 역설적으로 보여준다. 우리는 논리적 이성의 능력뿐만 아니라 감정적 응답의 능력, 만물의 상호관계성의 깨달음 그리고 가능한 미래에 대한 비전이 필요하다. 북친은 생태적 감수성과 의식은 시적인 동시에 과학적이어야 한다고 주장한다. 이런 생태적 의식은 이론과 실천, 공상과 이성, 상상과 논리, 비전과 기술이 연합된 새로운 영역이다.[21] 북친은 윌슨의 사회생물학 및 도킨스의 문화적 유전자 결정론은 위계를 질서로 너무 단순화하고 기계적으로 투사시킴으로써 생태적 의식이 결여되어 있다고 비판한다. 북친은 생태계의 전일성을 실현할 수 있는 이론과 실천, 상상과 이성의 새로운 영역으로 사회생태학을 제시하는 것이다.

생태여성학Ecofeminism

생태여성학은 생태학과 여성학이 결합된 학문적 비판이론 및 윤리적 실천운동이다. 생태여성학이 두 학문으로부터 여성적 통찰력과 생태적 통찰력을 함께 이어받았기 때문에 우선 두 학문에 대해 잠시 살펴보자. 생태학적 통찰력은 앞에서 살펴보았으므로, 여기서는 여성학적 통찰력에 대해 간단히 알아본다.

첫째, 여성학(페미니즘)은 '여성의 특성'을 의미하는 라틴어 '페미나 femina'에서 온 것으로 1890년대 남녀평등이론 및 여성권리운동을 지칭하는 말로 사용되었으며, 남녀평등의 신념(성서적 근거, 창 1:27)에 기초하여 남성과 동등한 여성 권리를 주장하는 이론 및 여성권리운동으로 발전되었다. 여성학은 여성이 별도의 종이 아니라 남성과 같이 하나의 인간 종에 속한다는 아주 당연한 주장을 한다. 이런 기본적 주장이 실현될 때 남성뿐만 아니라 여성 인식의 근본적 변화와 가부장체제의 변혁을 수반하는 급진적인 결과를 가져오게 될 것이다. 일반적으로 정치적 함의를 갖는 사회적 비전으로서 가부장체제를 비판할 때는 페미니즘이란 용어를, 학문적 방법으로서 남성 중심주의를 비판할 때는 여성학이란 용어를 사용한다. 여성학은 가부장체제 하에서 여성 억압의 원인과 규모를 분석하면서 남성 지배로부터 여성의 해방을 통하여 지배당하는 여성뿐만 아니라 지배하는 남성, 즉 여성과 남성 모두의 온전한 인간성the full humanity 회복에 목표를 둔다.[22]

여성 억압은 세계의 거의 모든 문화 안에서 나타나는 보편적 현상이며, 성차별은 우리 모두가 극복해야 하는 사회악이다. 그러므로 여성 종속은 여성만의 문제가 아니라, 인간 모두, 특히 가부장 사회 안에서 여성과 자연 억압의 대가로 혜택을 누리는 남성의 지배의식과 삶의 변화 문제이다. 이런 의미에서 남성도 여성학적 가치와 주장에 관심을 가져야 한다. 우리가 여성학을 지지해야 하는 이유는, 성차별은 사회악(죄의 히브리적인 핵심은 약자에 대한 힘 있는 자들의 억압과 착취인 사회적 부정의이다, 암 2:6-8)이며, 성차별의 극복은 사회 정의(암 5:24)의 문제로 우리가 마땅히 실천해야 하는 성서적·윤리적 당위이기 때문이다.

또한 현시대는 성평등의 민주적 시대이며 여성학은 이런 세상의 변화를 반영한다. 여성들은 자신의 몸과 재생산의 권리를 인식하고 주장하는 여성의식을 가지고 있으므로 여성과 여성의 몸을 통제하려는 가부장적 의식과 삶은 시대착오적인 것이 되었다. 또한 여성학은 남성과 여성 모두의 온전한 인간성을 회복하려고 노력한다. 여성학의 궁극적 목표는 지배받는 여성뿐만 아니라 지배하는 남성도 온전한 인간성을 회복할 수 없다는 인식 아래 여성에 대한 남성의 지배로부터 여성의 해방뿐만 아니라 이런 지배적·파괴적 관계로부터 남성의 해방을 통하여 남녀 모두 온전한 인간성의 회복에 목표를 둔다. 그러므로 여성학은 여성뿐만 아니라 남성의 구원을 위해서도 필요하다. 생태여성학은 두 학문으로부터 생태적·여성적 통찰력을 함께 이어받아 여성 억압과 자연 파괴가 문화 이데올로기와 사회구조 안에서 어떻게 상호 연관되어 나타났는지를 검토한다.

둘째, 생태여성학의 기원 및 발전에 대해 알아보자. 생태여성학이란 용어는 1972년 프랑수와 드본느Francoise d'Eaubonne가 "자연 파괴는 남성 권력에 내재되어 있는 이윤동기에 기인한다"고 주장하면서 1974년 그녀의 책 『페미니즘이냐 죽음이냐』[23]에서 여성이 생태학적 혁명의 중심에 서야 됨을 역설하며 최초로 사용한 용어이다. 1960년대 초 생태학적 의식과 사회제도의 변혁의 필요성을 일깨워준 레이첼 카슨의 기념비적 저서 『침묵의 봄(*the Silent Spring*)』[24]을 시작으로 여러 학문 분야(여성학, 생태학, 종교, 신학, 철학, 사회학, 정치학 및 경제학)에서 환경 문제에 대한 여성의 관심이 집중되기 시작하면서 생태여성주의 이론 및 운동은 1970년대를 거쳐 1980 대에 꽃을 피우게 된다[25] 생태여성학은 생태학(자연 해방)과 여성학(여성 해방)이 결합된 학문적 비판이론 및 윤리적 실천운동으로 각 분야에서 1990 대 열매를 맺어 지금까지 포스트모더니즘 담론을 주도해오고 있다.[26]

셋째, 생태여성학은 환경 문제와 사회 문제의 상호연관성을 인식하고 지구적 위기의 근원을 자연 파괴와 여성 억압의 상호연관성 안에서 찾아내는 비판 담론이다. 비판 담론으로서 생태여성학은 '의심의 해석학 Hermeneutics of Suspicion'으로부터 출발한다. 의심의 해석학은 전통적 신념과 관습, 제도 및 체제에 대해 회의하고 의심하는 태도를 말한다. 생태여성학은 우리가 당연히 여겼던 전통적 담론들을 의심하고 비판하는 것으로부터 출발한다.

우선 생태여성학은 여러 형태의 이원론들, 즉 성차별, 계층차별, 인종차별, 종차별(인간 중심주의), 신식민지주의, 기업세계화(신자유주의 세계경제 지배체제), 군사주의 등 다양한 지배관계들의 상호연관성을 깨달으면서 이런 위계적 이원론들의 사회적·문화적 뿌리를 찾아내는 비판 담론이다. 위계적 이원론이란 세계를 이원론적이고 위계적으로 보는 일련의 신념체계를 말한다. 생태여성학은 위계적 이원론이 사회적 산물임을 밝히며, 그 구성 과정을 다음과 같이 설명한다.[27] 어느 사회에나 우리 자신과 세계에 대한 견해를 형성하고 설명하는 개념적 틀이 존재한다. 개념적 틀이란 우리가 패러다임이라고 일컫는 "일련의 가치, 신념, 태도 및 가정들"을 의미한다. 이런 패러다임은 자연적으로 주어지는 것이 아니라 성, 계급, 인종, 종교, 민족 등에 따라서 사회적으로 구성되는 것이다.

대부분의 가부장 문화 안에서 개념적 틀은 남성적인 것에 높은 지위와 특권을 부여한다. 이런 남성 중심적인 개념적 틀을 가부장적 개념적 틀이라고 부른다. 가부장적 개념적 틀(패러다임)은 가치위계적 사고를 지니고 있다. 가치위계적 사고는 실재를 한 쌍이나 양극(남성/여성, 남성적인 것/여성적인 것, 백인/유색인, 부자/가난한 자, 문화/자연, 정신/물질, 우월/열등)으로 나눠 전자에 속하는 남성적인 것에 더 높은 가치를 부여하며, 이런 사고는 지배논리로 이어진다. 지배논리란 전자에 있는 남성적인 것들이 지적·신체적·도덕적으로 우월하며, 후자에 있는 여성적인 것들은 열등하므로 따라서 우월한 것이 열등한 것을 지배하는 것을 정당화하는 논리이다. 위계적 이원론을 만들어내는 가부장적 가치위계적 사고는 실재의 두 양상을 적대적이고 대립적인 것으로 봄으로써, 실재의 상호의존적 본질을 개념적으로 왜곡하는 배타적인 사고이다. 남성적 범주와 여성적 범주는 상호 배타적이고 적대적이며, 각 범주는 내부적으로 연결되어, 각 지배형태들은 지배와 종속의 패턴 안에서 상호연결되어 있다.

또한 생태여성학은 다양한 억압 형태들 중에서, 특히 자연 파괴(종차별)와 여성 억압(성차별)의 상호연결을 검토하는 비판 담론이다. 다시 말해, 여성 억압과 자연 착취의 상징적·심리적·윤리적 연관성을 찾아내서 남성과 여성, 인간과 자연, 부자와 가난한 자, 그리고 제1세계와 제3세계 사이의 파괴적 지배관계를 비판한다. 따라서 생태여성학은 앞에서 살펴본 생태이론 및 운동들이 환경 문제와 사회 문제, 특히 자연 파괴와 여성 억압의 상호연결을 보지 못하는 남성 중심적 편견을 지적하면서 이런 쌍둥이 차별(종차별과 성차별)에 대한 문화적·사회적 분석 및 비판으로부터 출발한다.

넷째, 지금까지 여성 억압과 자연 파괴의 상호연관성을 비판하는 생
태여성학의 비판 담론에 대해 살펴보았다. 생태여성학은 이런 비판적 분
석에 기초해 모든 억압의 형태를 종식시키기 위하여 이런 지배와 착취의
관계를 상호관계성mutuality으로 회복시키기 위해 필요한 생태학적 영성
과 비전을 제시하는 구원 담론이다. 구원 담론으로서의 생태여성학은 전
통적 기독교 신학이 모든 인간의 경험과 가치를 반영하는 보편적 신학이
라고 주장해왔지만 사실은 여성의 경험과 가치가 배제된 남성 중심의 신
학이었음을 지적한다. 지금까지 서구 기독교 신학의 여러 주제들 안에 드
러난 여성의 침묵과 부재를 밝히면서 남성과 여성의 구원뿐만 아니라 창
조세계 전체의 구원을 반영할 수 있는 기독교 신학의 재구성을 요청한
다. 따라서 생태여성신학은 방법론, 창조론, 인간론, 기독론, 교회론, 구
원론, 종말론의 생태여성학적 재구성을 통해 여성, 자연, 약자에 대한 지
배관계를 모든 생명의 상생관계로 치유할 수 있는 구원의 비전과 영성을
제시한다.

5. 나가는 말

필자는 우리가 기후 변화의 현실에 즉각적으로 응답하지 않는 근본 이
유는 생태적 무지에 있다고 보았다. 생태적 무지란 기후 변화의 파국적
결과에 대한 무지이며, 기후 변화에 대해 행동으로 실천할 만큼 충분히
알지 못하는 것이다. 우선 실천에 필요한 충분한 생태적 지식으로 기후
변화(지구 온난화)의 정의, 성격 및 본질에 대해 알아보았다. 온실효과의
작용을 통해, 우리는 지구 온난화의 원인이 지구가 태양으로부터 받는 에

너지가 발산하는 에너지보다 많기 때문이라는 사실을 확인했다. 이런 생태적 지식은 지구 안에 축적되는 온실가스의 양과 여분의 열이 인간 탐욕의 크기와 같다는 것을 말해준다. 또한 지구 온난화의 세 가지 성격(잠행성, 부정의, 복합성)은 생명의 본질인 상호관계성이란 우리가 인식할 수 없을 정도로 복잡해서 기후 변화는 과학기술의 발전 및 환경정책의 개선 혹은 자원의 배급이나 인구 통제에 의해 쉽게 해결될 수 있는 문제가 아니라는 것을 의미한다. 기후 변화의 본질은 근거 없는 낙관주의나 과학기술적 만능주의의 환상을 버리고 현대 문명의 소비 중심적 패러다임에서 생태적 패러다임으로 철저히 전환하는 것이다.

이와 관련하여 다양한 생태 담론의 흐름을 통해 인간 중심주의로부터 생태 중심주의로의 패러다임 발전과정을 살펴보았다. 자연을 인간 이익의 극대화를 위한 자원 및 수단으로 보는 인간 중심적인 자원 보호로부터 시작해서 인간의 건강과 복지를 최고의 가치로 보는 인간복지생태학, 야생 자연의 존중과 경외에 중점을 두는 보존운동, 그리고 동물의 고통과 삶의 권리를 인정하는 동물해방운동으로 나아가면서 강한 인간 중심주의로부터 편협한 인간 이익을 벗어나 다른 생명을 존중하는 약한 인간 중심주의로 나아가지만 이 모든 이론들은 큰 틀에서 인간 중심주의에 머물러 있다는 것을 확인하였다. 이 이론 및 운동들은 개혁적 환경주의 담론으로 기후 변화의 실천을 위해 필요하지만 충분하지 않다는 것이다. 동시에 생태 중심주의는 만물의 상호의존이라는 생명의 본성에 근거해 기후 변화의 근원인 인간 중심주의의 한계를 잘 드러내주지만, 종종 과학과 인간을 반대하며 자연을 신비적으로 이상화시킨다는 비판을 받는다. 그러나 생태 중심주의는 과학science이 아니라 과학만능주의scientism, 기술이 아니라 기술 중심주의technocentrism혹은 기술적 낙관주의technological optimism, 인간이 아니라 인간 우월주의human chauvinism라고 비판한다.

그래서 필자는 끝으로 기후 변화의 지구적 재앙에 책임 있게 응답할 수 있는 생태적 패러다임을 알기보기 위해 세 가지 주요 생태 패러다임(심층생태학, 사회생태학, 생태여성학)의 핵심을 살펴보았다. 필자는 생태여성학을 심층생태학과 사회생태학의 역동적인 종합으로 이해한다. 세 패러다임은 지배관계로부터 상호관계성으로의 회복이라는 공동의 목표를 추구하지만 생태계 위기의 근원에 대한 이해가 다르므로 해결책도 다르게 제시한다. 생태여성학은 기후 변화의 근원을 인간 중심주의로 보는 심층생태학과 사회 위계질서로 보는 사회생태학의 주장에 일반적으로 동의한다. 그러나 이 두 이론이 가부장체제 안에서 문화와 권력을 독점하는 남성이 자연을 더 많이 파괴한다는 사실을 간과하고 있다고 비판한다.

생태여성학에 의하면, 심층생태학은 생태적 의식과 삶을 위한 철학적 영적 근거(인간과 자연의 유기적 인식론, 만물의 상호의존의 형이상학, 확장된 자아의 심리학 및 생물권 평등주의의 윤리)를 잘 제공해주지만 기후 변화를 야기시킨 가부장적 문화와 사회 위계체제에 대한 분석이 미흡하다. 생태여성학은 기후 변화의 근본 원인을 문화와 의식의 파괴적 패턴(인간 중심주의, 이원론, 과학적 환원주의, 경쟁적 이기주의) 안에서 찾는 심층생태학에 동의하지만, 이런 서구적 세계관의 근본 뿌리를 가부장적 개념적 틀(패러다임) 안에서 찾는다. 즉 생태여성학은 심층생태학이 기후 변화의 근본 원인을 인간 중심주의에 두는 것보다 더 깊은 근원을 추적하여 그 뿌리를 남성 중심주의에서 찾는다. 심층생태학이 주장하듯이, 생태계를 파괴하는 것은 인간이지만, 그중에서도 가부장체제 안에서 문화와 권력을 독점하는 남성이 자연을 더 많이 착취하고 더 많이 파괴한다는 사실을 지적하면서, 생태여성학은 자연과 여성의 연합을 통하여 자연과 여성을 함께 무시하고 착취하는 가부장적 지배이데올로기를 근원적으로 비판한다. 생태여성학은 심층생태학이 성차별, 인종차별, 계급차별 등 다양한 가부장적 억압 형태들의 상호연관성을 깨닫지 못하고 있다고 비판한다.

사회생태학은 심층생태학의 약점을 잘 지적하면서 사회 위계질서 및 과학적 만능주의와 기술적 낙관주의의 반생태적 본성을 날카롭게 비판한다. 사회생태학은 반생태적 지배체제의 전형으로 제국주의와 자본주의, 인종 및 성차별주의를 들면서 사회체제의 지배 패턴을 잘 분석하고 있다. 그러나 사회경제 지배체제 안에서 인간 사이의 지배가 인간의 자연 지배로 확장된다고 봄으로써, 기후 변화를 자연의 문제가 아니라 사회 문제로 환원시키며, 사회체제의 변화 없이는 기후 변화의 문제는 해결될 수 없다고 봄으로써, 자연에 대한 인간 중심적 견해를 유지하고 있다. 북친은 성차별을 계급차별이나 국가 제도보다 더 근원적인 문제로 보기는 하지만, 자연 파괴와 여성 억압 사이의 관계를 충분히 분석하지 못한다. 생태여성학은 심층생태학과 사회생태학을 변증법적으로 종합하여, 인간 중심주의 원형을 남성 중심주의로, 위계적 사회제도의 원형을 가부장제도로 본다. 따라서 생태여성학은 기후 변화의 근원을 인간 중심주의에서 남성 중심주의로, 사회경제 지배체제에서 가부장 지배체제로 심화해 봄으로써, 그 위기의 근원을 여성 억압과 자연 파괴라는 쌍둥이 차별(성차별과 종차별)의 상호연관성 안에서 더 예리하게 분석하고 있다. 이런 의미에서 생태여성학은 심층생태학(생태적 문화와 의식)과 사회생태학(생태 정의)을 역동적으로 종합하여 인간 의식과 사회 제도의 동시적 변혁을 추구함으로써 정의롭고 지속 가능한 삶을 제시하는 가장 포괄적이고 책임 있는 최신의 생태적 패러다임이라고 볼 수 있다.

(이 글은 『기독교사상』 2010년 4월호에 게재된 바 있다.)

기후 변화에 대한 신학적 성찰*
새로운 인간주의를 향하여

김은혜

1. 들어가는 말

한국의 뚜렷한 사계절이 여름과 겨울만 분명한 아열대성 기후로 바뀌고 있다. 또한 삼한사온 현상이 사라지고 식물의 북방한계선 변화, 수온 상승으로 인한 어종의 변화가 일어나고 있다. 이미 2007년 3월 유엔 산하의 정부간기후변화위원회Intergovernmental Panel on Climate Change, IPCC는 앞으로 적절한 대응이 이루어지지 않는다면 지구 온난화가 홍수·가뭄·질병·극단적인 기후 변화를 동반한 대재앙을 발생시킬 것이라고 경고했다. 2년이 지난 2009년 3월 세계 최고 수준의 과학자들을 포함한 2000여 명의 환경 전문가들이 덴마크 코펜하겐에 모여 내린 결론은 2년 전 정부간

---

* 본 논문은 2009년 지구의 날을 기념하여 한국교회환경연구소가 주최한 생태신학세미나 "기후붕괴와 신학적 응답"에서 발표한 논문을 기초로 한 글로 「장신논단」 제36집에 실렸다.

기후변화위원회가 예측했던 것보다 훨씬 더 빠른 속도로 지구 온난화가 진행되고 있다는 것이다. 말하자면 기후 변화의 결과가 그 계산 값보다 훨씬 더 심각하고 더 빨리 일어난다는 뜻이다. 이 회의에 참여한 많은 과학자들은 금세기 중 지구 온도 상승을 2도 이내로 막지 못하면 재앙이 불가피하며 이를 위해 즉각적인 행동이 필요함을 촉구하였다. 한국도 예외는 아니다. 이와 같이 최악의 기후 변화가 예고되었음에도, 현 정부는 그린벨트를 해제하고 각종 규제를 완화해 자연환경뿐만 아니라 인간의 생명을 위기에 몰아넣는 대규모 개발 사업을 시작하고 4대강 사업에 박차를 가하고 있다.[1]

최근의 생태 위기에 대한 다양한 통계와 수치는 인간이 필요불가결한 자원을 소비하고 오염물질을 산출하는 속도가 대부분 이미 물리적으로 지속 가능한 속도를 넘어버렸다고 말한다. 즉 인간의 활동은 환경 용량 environmental capacity을 넘어버리고 기후 변화는 임계점에 도달하고 있다는 것이다. 지구는 생명이 살 수 있는 유일한 행성으로 지난 4억만 년 이래로 대기 중 산소 21%와 이산화탄소 0.03%가 생명이 존재할 수 있는 항상성이 유지되는 조건이 되었다. 그러나 인간 중심의 성장과 개발 이데올로기에 기초한 근대 문명은 이산화탄소 양을 급격하게 증가시켰고 지구 온난화와 오존층의 파괴로 수많은 생명종들을 위협하고 있다.[2]

즉, 자연의 자정 능력의 한도 내로 인간 생활을 억제 또는 조정하는 것이 시급하다는 의미다. 따라서 인간은 물질 및 에너지 소비를 대폭 줄이고 보다 많은 것을 소유함으로써 얻는 자기 충족감보다는 작은 것에 감사하고 만족할 줄 아는 생활태도를[3] 실천해야 함에도 불구하고 생태신학적 반성과 성찰이 생각에 그치고 구호에 머물고 있다. 지난 몇 세기 동안 경제와 물질에 대한 욕망은 어김없이 소비를 증가시켜왔다. 자동차가 없는 삶, 더위를 참아내야 하는 삶, 좁아도 만족할 수 있는 삶 등은 모두에게 어려운 결단이다. 그래서 이기적인 인간이 자연을 배려하여 인간의 불이익과 불편함을 감수하는 대안적 삶을 살아가면서 소비사회를 지속 가능한 사회와 바꿔간다는 것은 때론 불가능해 보인다.

지난 십여 년 동안 지구 위기에 대한 신학적 응답의 핵심은 신, 인간, 자연과의 관계에 대한 근원적 성찰과 비판이다. 샐리 맥페이그의 말대로 "환경 위기는 신학적 문제이기 때문에"[4] 생태신학은 그동안 신론과 그리스도론, 인간론 그리고 구속론에 이르기까지 일목요연하게 정리하기 어려울 만큼 다양한 입장과 관점으로 연구되어왔다. 그럼에도 불구하고 가속화되는 기후 변화에 가장 책임이 있는 인간의 생활방식의 변화는 매우 더디고, 거대한 자본주의에 기초한 반자연적인 근대 문명은 전환의 기미조차 보이지 않는다. 기후 변화는 전적으로 인간 활동에 관련된 문제이므로 경제 대책, 법률, 심지어 음식과 같은 일상생활에 이르기까지 인간 사회의 모든 면에서 즉각적인 조치가 요구된다. 예를 들면 육류 제품 생산에 사용되는 화석연료의 소비와 가축 폐기물에서 나오는 메탄·암모니아 같은 더욱 강력한 온실가스의 배출로 인해 육류 위주의 식단이 철저한 채식 식단에 비해 1.5톤이나 더 많은 이산화탄소를 배출한다. 따라서 우리가 채식주의자가 되고 재생에너지를 사용하고 지구가 지속 가능한 생활방식을 채택하는 것이 지구가 더 뜨거워지는 것을 막을 수 있는 즉각적인 방법이라는 사실은 모두 알고 있지만 인간은 그동안 누려왔던 안일함을 포기하지 않고 불편함을 감수하지 않으려 한다.

특별히 이 글의 이론적 전제는 생태학과 여성신학과의 대화를 통해 얻어진 생태여성신학적 연구결과들과 심층생태학과 사회생태학의 논쟁, 즉 생명 중심주의와 인간주의 간의 주요한 논쟁들을 토대로 하고 있다. 이러한 생태신학의 학문적 성과들과 그것들이 가지고 있는 한계들을 비판적으로 성찰하면서 기후 붕괴 시대에 응답하는 실천적 대안으로 새로운 인간주의를 제시하고자 한다. 생태여성신학의 중요한 신학적 자산들과 한계 그리고 근대 신학에 나타나는 이성과 정신에 기초한 인식론적 한계를 비판적으로 분석함으로써 몸과 경험의 중요성들을 부각시켜온 생태여성신학적 담론들을 기초한 삶의 일상성과 몸실천에 대한 신학적 함의를 찾아보려고 노력했다. 이 글은 가속화되는 기후 변화의 새로운 시대 상황을 맞이하여 생태신학적 숙고들이 인식의 추상성을 넘어 일상생활 속에서 구체적으로 '다르게 살기'를 실현함으로 기독교 생명문화를 형성하기 위한 윤리적 성찰을 하기 위함이다.

2. 지구의 위기에 대한 생태여성신학의 한계와 발전

최근에 지구 위기에 대한 다양한 통계와 수치는 인간이 필요불가결한 자원을 소비하고 오염물질을 산출하는 속도가 대부분 이미 물리적으로 지속 가능한 속도를 넘어버렸다고 말한다. 환경 문제와 지구 위기에 대한 성찰은 지난 몇 십 년간 광범위한 동의를 얻으면서 환경에 대한 사람들의 생각의 변화를 가능하게 하고 인간과 자연의 관계에 대한 근본적인 변화를 요구하였다. 이러한 과정에서 지구 위기에 대한 생태신학이론들과 혹은 환경신학이론들이 간학문적 연구를 통하여서 여러 가지 관점으로 논의되어왔다. 장도곤은 21세기를 생태신학의 춘추전국시대라고 부를 만큼 신학자들이 다양한 신학적 관점을 가지고 생태신학을 발전시켜왔다고 말한다.[5] 현대의 환경 문제는 단순한 자연과학적 측면에서 접근하기보다는 좀 더 근본적인 문제 즉 인간의 자연에 대한 태도 혹은 가치관에 더욱 중점을 두고 접근하는 방식이 주를 이루었다.

특별히 1980년대 이후 신학계에 가장 큰 영향력을 미쳤던 생태신학이 자연과 인간의 새로운 관계를 모색하였다면 생태여성신학은 자연과 여성에 대한 연관성을 어떻게 바라볼 것인가를 심도 깊게 연구했다. 특별히 생태여성신학적 관점은 자연의 억압과 여성의 억압을 관계맺음으로 지구 위기를 바라보는 유용한 관점들을 제공하였다. 로즈마리 류터는 이미 1975년에 생태 문제와 여성 해방은 분리되어 있지 않은 강고한 결속체임을 밝혔다. 그 후 여러 관점으로 발전된 생태여성주의신학은 심층생태주의와 사회생태주의에 영향을 받으면서 스스로를 확장시켰다. 여성 억압과 자연 착취의 연관성을 시작으로 여성의 가치를 강조하는 문화적 생태여성주의는 여성적 원리들을 재가치화하고 때로 여성성의 우월함을 주장하며 자연의 파괴를 가져온 가부장적인 남성성에 대해 비판하였다. 이러한 생태여성주의신학은 가부장적인 문제와 생태 문제를 함께 풀어내는 데 결정적 기여를 한다.

그러나 생태여성신학은 여성과 자연의 존엄성을 회복하게 하기 위해 여성성에 대한 우월적 평가와 자연과 여성의 관계성에 대한 지나친 강조로 인해 불필요하게 남성과 문화로부터 분리 관점은 취하게 되는 한계를 가져왔다. 즉 자연의 문제를 해결하기 위하여 비판의 대상이 되었던 계층적 이원론의 덫에 걸려 또 다른 서열화를 배태시킴으로 남성을 배제시키는 전도된 본질주의라는 비판을 면치 못했다. 이러한 전도된 본질주의는 남성성에 대한 부정의 문제와 이성에 대한 가치절하 그리고 남성성과 여성성의 정의 문제도 관련되어 있다. 여성성에 대한 재가치화는 남성성 일반 혹은 이성 일반을 부정하는 것이 아니라 가부장적이고 남성 중심적인 서열화된 가치들을 비판하는 것이다.

　이러한 흐름에서 문화적 생태여성주의는 자연과의 영성적 영속을 중시하는 반면에 사회적 생태여성주의는 사회적이고 정치적인 점을 강조하였다. 그러나 여성이든 남성이든 인간은 자연적 존재이고 또한 사회문화적 존재이다. 따라서 남성을 문화적 존재로 여성을 자연적 존재로, 남성을 이성적 존재로 여성을 감성적 존재로 분리하는 이원론적 인간 이해는 이미 근대 여성신학에 대한 비판 과정을 통하여 충분히 지적되어왔다. 나는 자연과 문화의 지나친 분리와 동일화 그리고 여성과 자연의 지나친 유비는 다양한 윤리적 실천의 문제를 야기한다고 생각한다. 자연과 여성의 유비에 관심을 가짐으로써 얻은 새로운 논쟁들도 있지만 동시에 여성을 문화에서 분리시키는 결과를 초래하여 여성의 자연적 특성에 오히려 고정시키고 여성의 이성적 능력을 간과하게 되는 결과를 가져왔다. 이러한 논쟁을 통하여 최근 여성신학은 대체로 본질주의적 관점보다는 사회문화적 구성체로 여성성과 남성성을 이해한다. 따라서 문화와 자연, 인간과 자연 그리고 남성과 여성의 상호작용과 비서열화를 서열화hierarchical된 인간 사회에 어떻게 정치적으로 구현하고 윤리적으로 실현할 수 있는지 고민해야 한다.[6]

　성육신의 종교인 그리스도교의 독특한 특징은 하나님이 육신을 입고 우리와 함께 이곳, 이 지구 위에 계신다는 사실이다.[7] 즉 성육신적 그리스도교는 하나님이 우리의 지구에 지금 여기에서 모든 생명들과 더불어 함께하시는 내재적 영성을 강조하면서 자연 속에서의 하나님의 현존을 깊이 고려한다. 특별히 생태여성신학자인 맥페이그의 하나님 몸으로서의 지구의 상징이 중요한 신학적 은유로서 대상화된 자연에 신성과 생명을 부여하고 생태신학에 있어서 새로운 지평을 열어놓았지만, 구체적으로 어떻게 실현되어야 하는지 충분히 논의되지 못한 한계를 상기할 때 자연의 존중과 생명에 대한 경외도 사회적 맥락과 관계성의 성찰 속에서 인식되어야 함을 강조하게 된다. 또한 이정배의 비판대로 맥페이그는 성육신 신앙에 근거해 하나님과 세계의 이분법을 철폐했으나 하나님과 세계의 동일성을 막기 위해 하나님의 영(정신)과 몸을 다시 구분하는 한계를 보이고 있다. 따라서 세상은 하나님의 몸이 되지만 그의 영(정신)은 될 수 없게 되는 결과론적인 이원론으로 다시 돌아가게 된다는 것이다.[8] 그럼에도 불구하고 하나님의 몸으로서의 지구에 대한 이해는 인간으로 하여금 자연을 책임 있게 관리하도록 격려하고 더욱이 하나님에 대한 이러한 이해는 생태 위기가 신앙의 문제임을 적극적으로 확신하는 데 중요한 공헌을 하였다.

생태적 관점을 고려하는 윤리학자들은 공통적으로 현대 생태 파괴의 문제의 원인으로 근대 계몽주의의 기계적 자연관을 지목하고 그 대안으로 자연과의 감성적 교감, 자연의 목적적 혹은 내재적 가치 그리고 윤리의식의 확대 등을 제시하여왔다.[9] 특별히 생태론과 여성신학의 대화는 우리에게 생명 공동체로서의 자연과 인간의 생태학적 세계관에 기초한 상생의 대안적 존재방식에 대한 일깨움을 주었다. 이러한 대화를 통해 존재방식이 단순한 이론으로 끝나는 것이 아니라 반드시 대안적 삶의 방식 또는 실천방식으로 연결되기 위해 생태윤리[10]에 관심을 갖게 되었다. 맥페이그는 파괴된 지구의 약함에 대해 연민의 윤리학an ethic of compassion을 주장하였다.[11] 필자도 이러한 기후 변화의 시대에 새로운 윤리학은 인간 중심 문화와 남성 중심 문화의 끝없는 파괴와 죽임의 문화를 전환시킬 수 있는 여성적 가치에 기초한 기독교 생명문화 윤리[12]가 되어야 함을 주장했다.

연민의 윤리학과 생명문화 윤리는 모두 몸실천과 몸에 대한 배려를 중요하게 고려한다. 따라서 이제는 생태신학적 숙고를 기초로 인간이 자연을 책임 있게 돌보고 자연에 대한 폭력적 사상과 제도에 불복종하게 하는 생활방식을 사회문화적 맥락 속에서 실현할 때 자연과 생명에 대한 경외를 구체적으로 실현하는 것이 된다. 더 나아가 인간의 생태신학적 깨달음이 이론과 사유를 넘어 생활과 문화로 뿌리내리고 의식의 차원에서 삶의 차원으로 육화되어야 생태신학적 윤리는 인간 중심 문화의 끝없는 파괴와 죽임의 행진을 전환시킬 수 있는 기독교적 응답이 된다. 나는 일상성과 그것을 아우르는 문화양식의 변화를 위해 몸실천의 중요성을 제안하며 이것이 보다 적극적으로 기독교 생명문화를 형성하는 길임을 확신한다. 인간의 다른 삶이 자연과 세계를 동시에 다르게 변화시키게 될 것이다.

3. 기후 붕괴의 시대에 생태신학이 남긴 신학적, 윤리적 과제

자연과 문화의 새로운 만남

인간이 생존해야 하는 거주지로서, 그리고 생활 장소로서의 지구는 생물권 안의 다른 모든 생물체처럼 단지 생명을 유지하기 위해서만 필요한 환경이 아니다. 이것이 다른 동물들과 인간을 구분하는 것이며 일반적인 생물체로 인간을 동일하게 다룰 수 없는 이유이다. 인간의 거주지로서 땅, 지구는 단순한 환경을 넘어 인간을 인간답게 해주는 조건이다. 세계는 태초부터 하나님께서 사랑하셨으며, 세계는 하나님을 반영하는 것이라고 이해하는 것은 육신, 몸, 공간과 장소, 공기와 물, 음식과 거주지가 모두 '종교적' 문제임을 의미하는 것이다.[13]

야휘스트의 창조 이야기는 '땅'을 배경으로 하고 있다. 인간(adam)이 땅(adamah)의 흙(먼지, aphar)으로 만들어졌다는 것은 인간과 땅은 불가분의 관계라는 것을 의미한다.[14] 경제학economy과 생태학ecology의 여원은 동일하게 그리스어 '오이코스oikos'로서 그 뜻은 "집, 주거, 거주"이다. 인간을 지칭하는 아담은 히브리어의 땅(adahma)에서 파생하였고, 인간이라는 라틴어 호모(homo)는 땅(humus)에서 파생된 단어이다. 문화culture도 "땅을 경작하다"는 의미의 라틴어에서 파생된 단어이다. 이러한 관점은 더 이상 자연과 문화를 분리하는 이원론에 빠지지 않고 스스로 인간이 된다는 것은 문화와 장소를 갖게 되는 것임을 명심하게 한다.[15] 그러므로 자연과 인간 그리고 자연과 문화는 상호 관련 속에서 항상 공존해왔다.

지구적 위기 극복을 위해 인간의 자연성이 중요하고 자연의 부분으로서의 인간에 대한 인식을 강화하는 것은 자연을 대상화한 폭력적 근대성에 대한 다양한 비판적 성찰의 중요한 결과임에 틀림없다. 그러나 인간은 분명 자연과는 다른 문화에 대한 본성을 지니고 있음을 부인할 수 없다. 지구 생명 존중에 인간은 가치를 추구하는 유일한 윤리적 종이다. 하나님의 형상으로서의 인간은 선악을 구분하는 도덕 공동체로서 문화 속에서 윤리적이고 인간다운 삶을 끊임없이 추구하는 생명체이다. 만일 인간이 가치를 선택할 수 없고 환경에 의해 좌우된다면 오직 생물학적인 의미만이 존재할 뿐 그곳에는 윤리적 삶도 도덕적 행위도 없을 것이다.[16] 자연신학자 랭던 길킨키는 자연을 우리 존재의 원천으로서 이해하는 것과 자연 밖에 있는 존재의 가능성을 제기하며 말, 개념, 상징으로서 자연은 정신의 구성으로 능동적이며 지적이며 목적을 지닌 주체의 대상으로 자연의 의미를 부각시키면서 인간과 자연을 구별시킨다. 자연을 개념화할 수 있는 우리의 능력은 물론 인간됨의 의미를 보여주는 것이며 인간은 모든 것을 상징하고 해석하고 성찰하고 개념화한다. 이것이 인간에 대한 정의이며 인간의 독특한 활동이다.[17] 따라서 이러한 과정을 통하여 인간은 생물학적인 생명과 생태학적인 체계를 넘어서 문화 속에서 다양한 윤리적 삶의 영역을 확대시켜왔다.

그렇기 때문에 인간만이 자기 행위에 대해서 해명할 수 있으며, 책임질 수 있다. 전통적 윤리학에서 윤리는 인간과 인간 사이에 적용되는 것으로 인간 이외 어떠한 대상에게도 윤리적으로 중요한 영역을 형성하지 않았다. 전통윤리학은 미래의 인간이나 존재가 아니라 '여기'와 '지금'과 관계되어왔다.[18] 한스 요나스는 이러한 전통윤리학의 한계를 지적하면서 전통윤리학은 지구 위기라는 특수한 상황을 인식하지 못함으로 인해 자연에 대한 도덕적 책임을 윤리학에서 제외시켜왔음을 지적하였다. 따라서 요나스의 확대된 책임윤리학은 기후 변화의 위기 앞에서 인간적 삶의 전 지구적 조건이나 인류의 지속적인 실존의 요구를 투영할 수 있는 중요한 관점을 제공한다.[19] 이러한 인간은 생태계 내에서 반성적 사고와 더불어 개발과 변형을 할 수 있는 유일한 존재이다. 인간은 자연을 변형하여 문화를 형성해왔다. 따라서 우리가 자연에 대해서 도덕적으로 행위한다는 것은 결국 인간이 형성한 문화 안에 당위적으로 설명되어야 한다. 이러한 문화의 형성은 자연을 파괴하는 죽임의 문화를 비판하고 자연과 인간의 새로운 관계 모형을 통하여 모든 생명의 충만함을 가능케 하는 생활환경을 창조해가는 것을 의미한다.

더 나아가 자연에 대한 도구적 가치를 비판하고 자연 그대로의 목적적 가치에 대한 인식도 인간에 의해 규정되는 것이다. 물론 인식을 지닌 인간 없이 하나님에 의해 부여된 자연이 갖는 내재적 가치도 중요하지만, 윤리적 관점은 자연의 고유한 가치가 인간과 자연의 상호작용 속에서 나타나는 상관적 성질의 것임을 말한다.[20] 그동안 인간 중심주의의 패러다임 속에서 도구적 이성의 야만과 폭력으로 인해 자연과 인간이 동시에 고유한 가치를 상실한 채 수단과 부품으로 전락해버리고, 자연은 도구적 대상으로 간주되어 무차별하게 착취되어 본래적 모습을 상실하였다. 하지만 인간 이성의 긍정적 역할 또한 간과할 수 없다.

인간은 '이성'이란 특수한 힘으로 자연에 대한 변형과 문화화를 가능하게 하는 모든 가치판단의 유일한 주체이다. 우리가 비판한 도구적 이성은 과학과 기술의 발전을 가능케 했고, 인간에게 물질적 풍요로움과 안락을 제공해주었다. 그러나 이러한 인간의 이성이 다른 생명체에 대한 고려 없이 이기적 욕망에만 치우쳐 향한다면 자연과 인간 모두가 공멸할 것이다. 따라서 인간은 자연적 가치의 중요성을 부각시킬 뿐 아니라 문화적 가치 형성을 통해서 자연과 인간 모두를 살릴 수 있는 합리적 방법들을 강구해야 한다. 그러므로 도구적이고 분리적 이성을 비판하지만 인간은 관계적 이성과 생태적 이성이 기초된 도덕성과 윤리적 분별력을 가지고 자연과 상생하는 문화와 사회를 이룩해야 한다. 왜냐하면 다시 자연으로 돌아간다는 낭만적 생각을 넘어서 결국은 문화와 자연의 새로운 만남이 필수적이기 때문이다.

소기석은 기존의 생태연구를 결코 폄하할 수는 없지만 심지어 오늘날 생태 파괴의 주범으로 지탄받는 근대 계몽주의의 인간 중심적인 기계적 세계관과 인간주의에서 나타난 근대 인간의 생존을 향한 노력들을 가벼이 평가해서는 안 된다고 말한다. 때로는 인류는 자연 앞에 너무 약한 존재이고 엄청난 자연의 힘 앞에서 나약한 존재이다. 과학과 기술의 역사는 자연 파괴의 역사만을 이루어놓은 것이 아니고 자연의 광폭한 힘으로부터 인간의 존엄성을 지켜온 인간주의의 한부분임을 부정해서도 안 된다고 주장한다.[21] 사회생태론자들도 이성에 기반한 근대의 휴머니즘적인 유산을 평가해야 한다고 말한다. 대표적 사회생태학자인 북친이 말하는 합리적 이성은 자연을 대상화하고 물질화한 도구적 이성과는 다르며 개념적이고 분석적 사유능력이라기보다는 협동과 감정이입, 생명권에 대한 책임감, 그리고 공동체의 연대라는 새로운 개념을 포괄한다는 것이다.[22] 우리는 자연 재해로 인한 가장 큰 피해의 대상이 주로 가난한 나라들임을 상기할 필요 있다. 따라서 인간의 윤리적 반성과 생태신학적 성찰을 통하여 지나친 반과학 또는 기술주의보다는 유기적 자연관에 입각한 과학기술의 노력으로 인류의 생존 차원을 넘어 자연과의 공생을 지향하는 자연에 대한 새로운 인간의 태도와 가치관을 정립하는 것도 중요하다.

그러므로 생태신학이 강조하는 새로운 생태영성은 사회와 정치에서 분리되어 있는 것이 아니라 윤리적 실천을 통해서 사회와 역사 그리고 문화 안에서 육화되어야 함을 강조한다. 이러한 관계적 노력 안에서 윤리적으로 건전한 이성은 사회적, 역사적, 또한 자연적 차원에서 감성적이고 영성적으로 조화를 이루게 되는 것이다. 특별히 모든 신학에는 그 맥락이 있다. 맥락적 윤리contexual ethics는 자연과 이성, 자연과 인간을 고립적으로 분리하려는 관점보다는 구체적 역사 속에서 관계론적인 전체성을 견지하도록 한다. 인간 이외의 자연적 존재(동식물, 바람, 돌 등)에게 윤리적으로 다가갈 때 인간이 지닌 합리성이나 이해, 관심, 권리, 감각과 같은 요소로 평가하기보다는 자연적 존재가 인간과 맺는 관계로 평가해야 한다.[23] 또한 인간 공동체는 물론이고 자연과 인간의 관계 맺기 방식도 다양하기 때문에 인간과 자연의 차이 그리고 인간과 자연적 존재에 대한 차이difference에 따른 다름을 승인하여야 한다. 즉 문화와 자연의 이분법적인 분리를 거부한다 하여도 다양한 측면에서 인간은 생태 공동체이면서 동시에 인간 이외의 자연적 존재와 다른 여러 가지 차이를 소멸시키지 않으면서 차

별화되는 특수성을 문화사회적 맥락 속에서 형성하여야 한다.[24]

　앞서 살펴본 바와 같이 최근의 다양한 생태신학적 논쟁을 통하여 자연에 대한 관점이 변화되었지만 현재의 지구 생명 공동체에 속해 있는 인간의 현실은 위태롭다. 자연과 문화의 관계성을 구체화할 수 있는 인간 문화의 책임을 강조해야 할 이유가 여기에 있다. 건강한 지구 생명 공동체를 위해서는 물론이고 인간이 생존을 하려면 다른 개체 생명을 먹이로 하는 것이 자연스러운 현상이니만큼 다른 개체 동식물에 대한 관리가 필요하다. 다만 문제는 인간을 위해 자연이 희생을 하듯이 전체인 자연을 위해 인간도 희생시킬 수 있느냐의 문제는 심각한 윤리적 문제를 야기한다.[25] 이러한 의미에서 문화와 자연의 새로운 관계와 상생을 도모하려는 노력과 의지가 필요하다. 인간이 자연과의 관계성 안에서 생존 가능하고 자연 역시 내재적 가치를 가지고 있다는 인간의 의식적 평가는 가능하지만 양자가 평등한 가치를 갖는다고는 볼 수 없다. 자연과 인간의 관계 사이에서 자연의 고통을 나의 고통으로 받아들여서 상호주체성을 실현하는 것도 인간이 우선적인 행위의 주체가 된다. 자연의 내재적 가치는 인정하지만 그렇다고 인간과 자연의 평등한 가치를 인정하지 않는 현실주의적 접근방식은 여전히 유효하다.

　즉 인간이 자연의 진화과정에서 발전하고 자연을 회복해야 하는 도덕적 책임을 자각하면서 사회와 자연이 더불어 공진화하는 가능성을 적극적으로 모색하여야 한다. 지구 생물권에 대한 자연적 책임과 함께 다른 한편으로 자연과 공존할 수 있는 가치를 생산하는 문화적 책임도 요청된다는 의미이다. 자연 파괴적 · 인간 중심적 기술기계 문화 그리고 자연은 없고 문화만 있는 소비문화, 퇴폐문화를 근절하고 자연을 회복하는 생명문화를 형성하는 것은 인간의 필수적인 의무이다. 그러나 자연적 인간도 문화를 떠나서는 살 수 없다. 생태 감수성은 문화적 감수성을 통해서 일상의 생활과 만나야 하기 때문이다. 더욱이 문화의 과잉과 자연의 소멸이 인간의 삶을 더욱 황폐하게 만든다 할지라도 문화는 인간에게 필수적인 삶의 환경이다.

자연에 대한 생태신학적 구성도 문화적 산물이다. 지구 위기의 극복을 위해 인간의 힘뿐 아니라 자연 스스로의 힘을 부정하지 않지만, 자연 스스로의 힘을 인식하는 것은 인간이 노력을 포기하게 한다거나 덜 중요하게 생각하도록 하는 것이 아니다. 왜냐하면 인간에 의한 자연의 회복뿐 아니라 자연의 고유한 가치는 인간에 의해 부여될 때 비로소 의미가 있기 때문이다. 새로운 인간주의는 이러한 윤리적 주체로서 가치지향적인 인간 이해를 기초로 하고 있다. 인간 중심주의를 극복하고 인간과 자연과의 공존을 위한 관계적 이성을 기초로 인간과 더불어서 자연이 그 존재와 가치의 권리를 부여받게 되는 것이 새로운 인간주의다.

새로운 인간주의New Humanism

지구 문제는 근원적으로 자연의 문제가 아니라 인간의 문제이다. 다른 세상의 가능성과 상상력은 오직 인간만이 할 수 있다. 기후 변화, 식량 문제, 에너지 소비, 그리고 물과 토지의 문제 등 우주 안에서 인간이 자신의 사명을 분명히 깨닫지 못하면 미래는 어둡다. 왜냐하면 자연은 인간 없이도 살아갈 수 있지만 인간은 자연 없이 살아갈 수 없기 때문이다. 이러한 의미에서 인간 중심주의는 여러 가지 문제점에도 불구하고, 그것을 근본적으로 비판하기는 매우 어렵다. 그리스도교의 하나님 형상의 이론은 타락에 대한 다양한 해석에도 불구하고 하나님의 속성이 인간에게 내재하고 인간은 고귀한 존재일 뿐 아니라 영적인 것을 인식할 수 있도록 지음

받았음을 강조한다. 이러한 의미에서 필자는 심층생태학자들이 인간 중심주의를 비판하면서 부분 개별자보다는 생태망 전체의 유익을 강조하다 보면 인간까지도 생태 전체의 이익에 위반된다면 차라리 소멸되는 것이 낫다고 생각하는 인간 혐오주의로 경도되고 있음을 비판적으로 본다.[26] 왜냐하면 대안적 패러다임들이 제시하는 인간과 자연과의 관계에서 비롯하는 모든 가치들에 있어, 그것을 평가할 수 있는 인간에게 의존적일 수밖에 없기 때문이다. 자연의 고유한 가치를 만들어내는 것도 인간 기원적인 개념이다. 제 아무리 자연에 동등하거나 혹은 우월한 가치를 부여한다고 해도 결국 그 가치 설정의 행위자는 인간이다.

북친은 "오직 인간만이 단순히 생존하는 것이 아니라, 희망을 품을 수 있으며, 단순히 과거를 기억하기보다는 앞날을 예측할 수 있으며, 수동적인 존재로 살아가는 것이 아니라 능동적인 행위자로 살아가며, 세상을 그저 받아들이는 것이 아니라 더 나은 쪽으로 변화시키고, 단순히 적응하는 것이 아니라 자기 개선적인 존재이다"[27]라고 말한다. 북친의 이러한 인간 이해는 이성과 합리성에 대한 근대적 희망을 포기하지 않는 인간에 대한 지나친 낙관주의라는 한계를 띠고 있지만, 한편으로는 하나님의 의도를 실현시킬 수 있는 인간의 책임을 논함이 없이 기후 변화 위기에 대처하는 구체적 방법을 논할 수 없음도 동시에 인식되어야 하는 한계이다. 궁극적으로 인간이 된다는 것은 하나님과의 관계 속에서 온전한 인간됨의 자의식을 갖는 것이고, 의식적으로 자연계와 사회의 능동적인 행위자로 참여한다는 의미이다. 하나님의 형상으로서의 인간은 하나님과의 관계 속에서 온전한 인간을 향한 되어짐의 과정을 경험하는 것이다. '인간 되어짐'은 이 땅에서 인간의 삶과 행위의 연속체로서 이해되어야 한다.

새로운 인간주의는 '인간의 자기완성'이라는 고전적 인간주의와 '인간다운 인간의 자기실현'이라는 근대적 인간주의를 넘어 '인간과 자연의 연대에 기초한 자연적 인간'을 지향하는 것이다. 새로운 인간주의는 자연 세계를 지배함으로써 자기실현을 이루려는 오래된 인간주의를 극복하고 자연을 자연 되게 하는 문화를 조성하는 인간적 관점을 말하기 때문에, 또한 자연과 상생을 지향하는 인간의 관점을 취하기 때문에 인간적이다. 새로운 인간주의는 낭만적 생태 중심주의에서 나타나는 자기 말살의 반인간주의에도 반대하고 자기 확장이나 약탈에 근거한 근대에 구성된 휴머니즘에도 반대한다. 그러나 새로운 인간주의는 자연과 인간의 생명적 관계를 중요하게 생각하는 생태 중심주의다. 즉 새로운 인간주의는 하나님의 형상으로서의 인간은 세계에 의미와 가치를 부여하는 특별한 능력 때문에 전체 생명 즉 지구 전체에 대한 확고한 책임을 져야 한다고 주장한다. 인간만이 살아 있는 지구 생태망을 전체적으로 생각할 수 있는 유일한 종인 것이다. 이것이 인간만이 하나님의 형상대로 창조된 중요한 이유가 된다. 소기석은 환경윤리적 관점에서 인간이 생태 파괴의 주요 요인이지만 극복과 해결을 위해서도 큰 역할을 할 수 있다는 점을 인식하는 것이 중요하다고 말한다.[28]

새로운 인간주의는 이러한 자연과 인간의 관계 속에서 인간을 조명할 때 개인의 책임성과 상호성 그리고 공동체성을 강조하는 인간주의이다. 따라서 새로운 인간주의는 이러한 윤리적 추체로서 가치지향적인 인간 이해를 기초로 하고 있다. 새로운 인간주의는 기후 변화라는 지구의 절대적 위협에서 생태적 삶의 공동체의 대안적 모형을 만들어가고 생태적 문명의 사회적 모형을 구체적으로 제시하기 위해 노력한다. 즉 인간이 자연의 진화과정에서 발전하고 자연을 회복해야 하는 도덕적 책임을 자각하는 것이 사회와 자연이 더불어 공존하는 문명을 적극적으로 모색하는 길이 된다는 믿음이다.

특별히 기독교 생명윤리는 근대의 낙관적 인간 이해에 기초하여 인간의 이성을 기준으로 모든 생물들의 가치를 서열화하는 잘못된 인간 중심주의의 시도를 멈추고 "인간의 특별한 역할을 만물의 잣대measure가 아니라 만물의 측량자measurer로 생각하여, 만물을 돌보고 감탄하고 성찰할 수 있는 존재로 생각할 것을" 강조한다.[29] 인간은 하나님을 도와 지구가 계속해서 번창하도록 돕는 조력자가 되어야 한다. 따라서 인간은 이성적 존재라는 계몽주의적 휴머니즘을 넘어선 이성적이고 합리적일 뿐 아니라 지혜롭고 영적인 존재이다. 인간은 또한 윤리적일 뿐 아니라 미학적이고 인간성의 깊이의 차원에서 그리고 하나님과의 관계 안에서 인간이 되어가는 것이다. 판넨버그는 인간을 '사람 되어감becoming human'의 존재로 측정할 수 없는 신비스러운 열려 있는 존재로 정의한다. 이러한 의미에서 인간만이 더욱 중요한 존재인 것은 아니지만 인간은 다른 모든 피조물에 대해 더욱 특별한 책임을 지는 존재인 것은 분명한다. 새로운 인간주의는 인간이 홀로 고립된 존재로서 개인으로 존재해온 지난 근대의 인간관을 비판하고 모든 생물과 상호관계 속에서 생존할 수 있는 존재임을 깨닫게 되는 것이고 더욱이 기후 붕괴에 대한 인간의 책임을 인정하는 적극적 응답이다.

기후 붕괴의 문제는 결국 인간의 문제이며 지식과 기술의 문제를 넘어 인간의 인식과 태도 그리고 실천의 문제로 보아야 한다. 따라서 사회 전반의 정신적 풍토와 문명의 상위개념을 생산하기 위한 인간들의 실천적 합의의 산물로서 가치가 중요하다. 지구 위기를 극복하기 위한 인간의 생활양식, 다시 말해서 피조물과 자연계의 비도구적 가치, 본질적 가치 그리고 객관적 가치를 인정하여 이러한 가치의 실천을 구현하는 문제로 귀

착된다. 즉 지구 문제는 윤리적 문제이며 내재적 가치와 도덕적 의무의 문제이다. 새로운 인간주의는 자기의 소산인 문화와 물질 속으로 함몰해 가고 있는 오늘의 인간주의를 반성하게 한다. 하나님의 선한 창조의 질서를 다시 회복시켜야 하는 책임적인 존재로 다시 서는 것이다.

새로운 인간주의는 기후 변화의 문제가 해결하기 힘든 문제임에는 틀림없지만 해결 불가능한 것은 결코 아니라는 희망을 발견하기 위한 관점을 제공한다. 맥페이그는 그녀의 마지막 책『기후변화와 신학의 재구성』에서 결론적으로 하나님에 대한 절대적 신뢰로 글을 맺는다. 세계 안에 계시는 하나님의 현존은 그녀에게 궁극적 소망의 근거가 된다. 맥페이그는 은유신학방법론을 매개로 세계를 하나님의 몸으로 상상했고, 몸적(생태적)인 현실에 대한 관심을 성육신 신앙의 본질로 정의했다. 그러나 맥페이그는 하나님과 세계의 일치를 끝까지 거부하고 인간의 책임만이 아니라 세계가 결국 하나님의 책임하에 있다는 신학적인 신념도 유지하고 있다. 이 지구 속에 생명을 수여하는 영이신 하나님의 실재를 철저하게 신뢰하고 있는 것이다. 하나님에 대한 절대적 신뢰가 인간의 무기력을 불러일으키기보다는 인간에 대한 포기할 수 없는 하나님의 희망이며 가능성임을 확인시킨다.

하나님에 대한 믿음은 세계에 대한 희망이며 인간에 대한 희망을 잃지 않는 유일한 길이다. 하나님에 대한 믿음은 세계와 인간을 향한 결코 중단 없는 창조적 사랑, 구원의 사랑, 지탱시키는 사랑을 신뢰하는 것이고 인간이 하나님을 향하여 마땅히 가져야 하는 믿음이다. 기후 변화에 대한 인간의 책임을 인정하고 몸으로 다른 삶을 살아갈 때 인간은 "하나님에 의해 창조되고 사랑받고 있으며 지켜지고 있는 것이다."[30] 인간은 하나님의 현존을 인식하고 믿을 때 희망의 주체가 된다. 새로운 인간주의는 생명 중심주의와 인간 중심주의의 한계를 극복하면서 하나님과의 관계 속에서 인간이 더욱 인간다워지는 새로운 인간주의를 주장한다. 새로운 인간주의는 하나님 자신의 형상대로 만들어진 하나님의 피조물인 인간이 이 지구상에서 일상에서 하나님의 뜻을 실현시킴으로써 온전한 인간을 경험하고 형성해나가는 것이다.

4. '몸실천'을 통한 새로운 인간주의의 실현

최근 기후 변화에 따른 다양한 보고서에 의하면 인간의 활동은 환경용량environmental capacity을 넘어버렸고 기후 변화는 임계점에 도달하고 있다고 말한다. 즉 자연의 자정 능력의 한도 내로 인간 생활을 억제 또는 조정하는 것이 시급하다는 의미다. 따라서 인간은 물질 및 에너지 소비를 대폭 줄이고 보다 많은 것을 소유함으로써 얻는 자기충족감보다는 적은 것에 감사하고 만족할 줄 아는 생활태도를[31] 실천해야 함에도 불구하고 생태신학적 반성과 성찰이 생각에 그치고 구호에 머물고 있다. 무수한 생태신학적 담론들이 넘쳐나지만 지적인 탐구로 위안을 얻을 뿐 인간 중심적 문화가 여전히 세계를 지배하고 인간의 행동의 결정적인 준거가 되고 있다. 지난 몇 세기 동안 경제와 물질에 대한 욕망은 어김없이 소비를 증가시켜왔다. 자동차가 없는 삶, 더위를 참아내야 하는 삶, 좁아도 만족할 수 있는 삶 등은 모두에게 어려운 결단이다. 그래서 이기적인 인간이 자연을 배려하여 인간의 불이익과 불편함을 감수하는 대안적 삶을 살아가면서 소비사회를 지속 가능한 사회로 바꿔간다는 것은 때론 불가능해 보인다.

앞에서 살펴보았듯이 생태 문제와 지구 위기에 대한 연구가 지난 몇십 년간 광범위한 동의를 얻으면서 여러 가지 생태 담론들을 생산하여왔지만 자연과 인간에 대한 새로운 가치를 일상의 삶 속에서 실현시키지는 못하고 있다. 반복되는 삶 속에서 실천되는 가치로 생태적 문화가 형성되지 않는 것은 몸의 실천 없는 사유의 무기력을 반복하고 있다는 증거이다. 더군다나 현재 진행되는 기후 변화는 구체적 '몸실천' 없이 생각하는 일만으로 얻을 수 있는 것은 별로 많지 않다. 심층생태이론의 급진성도 구체적으로 실현시킬 인간의 생활방식이 형성되지 않는 한 새로운 생태적 감수성도 생태영성도 자기만족적 감정에 지나지 않는다.

우리의 몸은 이미 근대의 산업화와 과학기술의 정신에 길들여져서 인식의 변화가 단순하게 인간의 손과 발을 움직이게 하는 몸실천으로 전환되지 못한다. 따라서 자본주의 정신을 넘어 대안을 모색하려면 겹겹의 어둠을 헤쳐나가려는 결연한 의지가 요구된다. 이러한 습관적인 삶은 적극적인 죄를 범하는 것이 아니라(sin of commission) 기후 변화에 대한 나태와 무관심과 부정으로 그저 다른 사람들처럼 그렇게 살아가는 태만과 실패의 죄(sin of ommission)를 범하는 것이다.[31] 이러한 절망적 무력감을 극복하기 위해 맥페이그는 행동하는 것이 생각하는 것보다 중요함을 강조하며 먼저 행동하면 믿음이 뒤따를 것이라고 말한다.[32] 세계에 대한 하나님의 절대적 돌봄에 대한 약한 믿음이 손과 발을 움직여 먼저 행동함으로 더욱 굳건하게 된다는 것이다. 거꾸로 일상에서의 몸실천이 인식의 전환을 더 근원적으로 가능하게 한다는 의미이다.

교회 공동체 안에서도 환경 위기에 대한 관심으로 자연을 바라보는 관점이 근본적으로 변화되었지만 그리스도인들의 신앙생활과 예배의 형식 그리고 일상의 삶은 변화가 적다. 인식의 변화는 생활의 실천으로 뿌리내려야 하고 이러한 노력은 문화 형식으로 가치화됨으로 근본적인 사회 변화를 불러온다. 성육신의 관점에서 보면 인간을 비롯해서 모든 생명체들의 몸의 건강에 직접적인 영향을 끼치는 기후 변화와 같은 문제는 대단히 흉악한 죄가 되며[33] 그 어떠한 도덕적 잘못보다도 더 악한 죄가 된다. 성육신의 종교인 그리스도교는 타인들의 육신, 몸 그리고 가장 기본적인 필요에 대해 배려할 것을 요구한다. "성육신적인 그리스도교의 관심의 초점은 몸이다. 즉 세계가 몸이며 그 세계를 구성하고 있는 것도 몸들이다."[34] 타인들의 물질적 필요에 초점을 맞춤으로써 우리는 우리 자신의 물질적 행복이 얼마나 우리로 하여금 다르게 보는 것을 방해하는지 깨닫기 시작할 수 있기 때문이다.

기독교는 하나님이 인간들 사이에 거하시고 우리의 육신을 입으시고 이 땅에 거하심을 믿는다. 이러한 성육신의 종교는 성육신의 영성을 요구한다. 맥페이그의 주장대로 "하나님을 사랑하는 것은 이 세계의 고통당하는 몸을 먹이는 길이다. 하나님을 사랑하는 것은 신비주의적인 경지에 깊이 빠져드는 것이 아니라 세상적인 과제, '여성적인' 양육과 돌봄의 과제를 수행하는 것"임을 강조한다. 그것은 "비천하고 기초적인 것으로서 무엇보다도 육체적인 필요와 육체적인 고통과 관련되는 것이다."[35] 많은 교회의 성자들은 다른 생명체들의 물질적 상태를 영적인 문제로 간주한다. 가난한 사람들이 구원을 받아서 영혼이 천당에 가도록 일하는 것뿐 아니라 자신들이 몸을 내어놓아 다른 사람들의 일상적이며 세속적인 요구가 충족되도록 노력했다. 즉 "경계선이 없는 그들의 보편적 사랑은 몸으로 하는 사랑이며 지상에서의 사랑"이다.

새로운 인간주의는 인간이 희망임을 포기하지 않는다. 인간이 하나님의 모상을 회복하는 길은 영혼과 정신만이 아니라 그것이 깃든 인간의 몸을 전제로 한다. 몸실천은 전통적 기독교 신학 속에서 형성되어온 탈육화된 영성을 재구성하기 위해, 하나님의 몸으로서의 세계 안에서 몸에 대한 존재론적이고 인식론적인 변화를 통해 다른 몸들을 돌보고 배려하기 위해 성례전적인 삶을 살게 한다. 즉 몸신학은 이성과 자아에서 추방된 몸이나 육체성을 재형상화하기 위해 육화된 정신embodied mind과 영혼embodied spirit이 새롭게 신학적 사유의 내용이 되게 하는 것이다. 이러한 의미에서 맥페이그는 몸의 신학body theology은 기초 신학이라고 말한다. 다른 몸들의 필요성을 채우기 위해 자신의 몸을 내어놓음으로써 하나님을 만나며 이러한 몸실천이 철저한 내재로서의 초월을 비추는 일이다. 우리는 우리 자신의 몸을 타자를 위해 내려놓음으로써 타자의 몸 안에서 그리고 그 몸을 통해서 하나님을 만난다. 이러한 몸실천은 몸의 차원에서 다르게 살아가도록 촉구하는 예언자적인 요청이다. 몸실천은 하나님의 몸으로서의 지구와 그 거주자들의 육체적 필요와 건강을 최우선으로 배려하는 신학이다.[36] 지구의 회복은 하나님의 몸의 회복으로, 새로운 인간주의에 기초하여 자연과의 새로운 관계에 기초한다.

새로운 감수성과 생태영성도 윤리적으로 건전한 관계적 몸실천을 기초로 사회적으로나 자연적으로 조화를 이루며 이 땅에서 육화되어야 한다. 살림, 돌봄, 생명애 등 일상에서 식물에 물을 주고 배고파 우는 아이의 양육과 병든 자들의 돌봄에 몸으로 참여하지 않는 사람이 이름 모를 생명과 소리 없는 땅의 울부짖음에 정직하게 응답할 수 없다. 타자들의 몸의 필요성을 채우기 위해 자신의 몸을 내어놓음으로써 하나님을 만나는 이것이 철저한 내재로서 초월을 비추는 일이다.[37] 몸신학은 이론적인 추상성을 넘어 실생활의 과정에 초점을 맞춘다. 생활세계야말로 초월을 비추는 몸이 직접 부딪치면서 이루어지는 세계이다. 그리고 그 몸은 지구라고 하는 거주지를 전제하지 않고는 불가능하다. 공간이라는 근본 개념의 기초에는 인간의 몸이 있으며 우리가 세계를 지각하고 경험하는 것도, 우리가 거룩함을 경험하는 것도, 거룩함을 추구하는 것도 몸을 통해서만이 가능하기 때문이다. 이러한 의미에서 생명문화 형성을 위한 새로운 인간주의의 출발은 의식과 정신이 아니라 몸이어야 한다.

이러한 관점에서 필자는 새로운 인간주의는 인간과 자연과의 화해를 넘어 생명과 영성의 몸을 통해 통합을 시도하는 몸신학을 지향함으로써 더 근원적으로 지구 위기에 저항할 수 있는 길을 제시한다고 생각한다. 이러한 노력은 몸이 이제 핵심적인 신학의 언어로 재인식되며 하나님의 경험과 은혜의 일상적인 근원으로서 재평가되어야 함을 의미한다. 이러한 일상의 몸실천을 통하여 지금부터라도 우리가 다른 방식으로 살 수 있다는 희망의 불길을 되살려내기 때문이다. 지속 가능한 생존과 인간과 인간의 연대와 자연과의 상생, 이 시대의 평범한 사람들이 현재 우리가 서 있는 곳에서부터 매일 매일을 살아갈 대안으로 '몸실천'을 제안한다.

이러한 몸신학적 결과물들이 어떻게 기후 재앙에 적절히 대응하도록 우리의 의식을 변화시킬 것인가? 자신의 몸실천 없이 하나님의 몸인 지구를 논할 수 없다. 자신들의 몸실천과 새로운 몸 인식과 몸 영성에 대한 경험을 통해서 하나님의 몸인 지구의 고통에 민감해질 수 있다. 더 나아가 타자를 위해 나의 손과 발을 움직여서 하나님의 현존을 증거하고 실천하게 되는 것이다. 이러한 몸으로 경험된 인식은 이름 모를 생명체들의 낯선 고통도 무심코 지나치지 않는 예민한 감수성으로 확산되고, 우리의 정신을 승화시키는 몸 영성body spirituality은 몸을 통해 구체적 실천으로 삶의 변화를 가능케 한다. 기후 변화는 우리 모두의 일이며 우리 모두의 문제이다. 우리들의 행동이 그리고 작은 몸실천들이 세상을 바꿀 수 있다는 믿음이 중요한다.

5. 나가는 말

기후 붕괴는 지구 전체에 영향을 미치는 매우 긴급한 문제로 지금 당장 일상생활에 영향을 줄 뿐 아니라 인간 생존의 문제와 직결되어 있다. 따라서 기후 변화에 대한 신학적 성찰을 통하여 교리적 이론과 세계관을 정립하는 것만큼 구체적이고 실천적인 측면을 강조하는 것이 중요하다. 인간에 대한 희망과 가능성에 대한 회의를 갖게 하는 기후임계점 상황에서도 우리에게는 아직 뭔가 할 수 있는 일이 남아 있다는 희망을 발견하는 길은 결의에 찬 행동을 시작하는 순간이다. 이 문제를 해결하기 위한 적합한 삶의 방식이 가장 긴급한 우리의 결단이 되어야 한다는 의미이다. 이러한 몸실천은 불편함을 참아내는 의지로 살아 있는 모든 생명체를 이웃을 사랑하듯 아끼고 돌보는 윤리적 결단이다. 더 나아가 이러한 사려 깊은 실천은, 불편하지만 조화로운 생태적 삶을 살기 위해 국가권력과 자본에 타협하지 않으려는 노력으로 생태영성이 삶으로 육화되는 것이다. 새로운 인식을 담아내는 새로운 신학은 관념을 넘어 이러한 생활방식의 변화를 통해 인간과 자연이 함께 평화롭게 공존하며 상생하는 문화가치로 나타나야 한다. 이러한 태도는 기후 변화로 인한 지구 공동체를 보살피는 중요한 몸의 실천이며 이러한 몸실천을 통하여 반자연적 죽임의 문화를 저항하게 하는 것이다. 새로운 인간주의를 향한 다양한 생명윤리적 가치들이 몸실천을 통해 일상에서 실현될 때 기독교 생명문화를 형성함으로 기후 붕괴 시대에 그리스도인의 책임적 응답이 구체화되는 것이다.

모든 생태신학적 숙고는 이론의 추상성을 넘어서 결국 우리가 진정으로 추구해야 할 삶이란 무엇인지 말할 수 있어야 한다. 그리고 기후 변화에 대한 바른 응답은 우리에게 '하나의 윤리적 의무'를 지우며, 그 의무를 다할 때 우리는 대안의 삶을 사는 것이 된다.

참고문헌

김경재, "기후붕괴와 신학적 응답", 2009 지구의 날 기념 생태신학세미나 자료집.

김지하, "생명과 평화의 동아시아, 태평양 신문명 창조에 관하여,"『동아시아문예부흥과 생명평화』, 세계생명평화 포럼, 2005.

김지하,『생명과 평화의 길』, 서울: 문학과지성사, 2004.

김대식,『환경과 생태영성』, 파주: 한국학술정보, 2006.

김은혜, "자연과 여성 사이의 연관성에 대한 생태여성주의와 여성신학의 대화," 한국기독교신학논총, vol. 30, 서울: 한국기독교서회, 2003.

김정희, "생명과 여성생명운동," 세계생명문화포럼,『동아시아문예부흥과 생명평화』, 세계생명평화 포럼, 경기-2006.

소기석,『현대 환경윤리에 대한 종교학적 연구』, 경기도 파주: 학술정보, 2005.

이기상, "생명학의 미래를 생각한다: 지구살림살이를 위한 생명학,"『21세기 문명의 전환과 생명문화』, 세계생명문화포럼, 2003.

정인석,『인간중심적 자연관의 극복: 공생의 자기실현을 위하여』, 서울: 나노미디어, 2005.

바티스타 몬딘,『전환기의 새로운 문화모색』, 서울: 가톨릭출판사, 2006.

샐리 맥페이그,『기후변화와 신학의 재구성』, 서울: 한국기독교연구소, 2008

제레미 리프킨,『생명권의 정치학』, 이정배 역, 파주: 대화출판사, 1996.

존 브라이언트, 이원봉 옮김,『생명과학과 윤리』, 서울: 아카넷, 2007.

프란츠 알트, 손성현 옮김,『생태주의자 예수』, 서울: 나무심는사람, 2003.

한스 요나스, 이진우 옮김,『책임의 원칙: 기술 시대의 생태학적 윤리』, 서울: 서광사, 1994.

한면희,『미래사회와 생태윤리』, 서울: 철학과 현실사, 2007.

Luce Irigaray, 윤은민 옮김,『동양과 서양 사이: 개인으로부터 공동체로』, 서울: 동문선, 2004.

기후 붕괴, 문명의 전환 그리고 신학의 재구성*

장윤재

하나님의 세계는 사랑스러운 세계다. 과학자들은 종종 신학자들보다도 이 세계에 대한 사랑에 더 깊이 빠져든다
– 허먼 데일리.[1]

1. 들어가는 말

얼마 전까지만 해도 생태계와 환경 문제는 그리 절실한 이슈가 아니었다. 지구 온난화를 이야기하면 코웃음 치는 사람들도 있었다. 기온이란 본래 계절별로 혹은 수백 년이나 수만 년을 주기로 변하는 것인데 왜 난리법석이냐는 것이었다. 하지만 지금은 모든 것이 달라졌다. 현재 인류가 직면한 가장 큰 문제 가운데 하나가 바로 기후 변화, 혹은 기후 붕괴라는 데 반대할 사람은 아마 아무도 없을 것이다.

사실 더 큰 문제는 우리에게 그리 시간이 많지 않다는 점이다. '세계 환경위기시계'는 2008년에 이미 9시 33분을 가리키고 있었다.[2] 앨 고어의

---

* 이 글은 한국교회환경연구소가 진행해온 '기후 변화 대응 교회지도자 교육'의 일환으로 열린, 예장총회 환경선교정책협의회(2009. 4. 23)에서 "기후 변화의 현실과 교회의 대응"이라는 제목으로 발표된 글이다.

<불편한 진실>은 지구의 대기권이 얼마나 얇고 연약한 존재인가를 잘 보여주었으며,[3] 다큐 <지구온난화 – 6도의 악몽>은 만약 지구 최후의 날이 온다면 그것은 어떤 모습으로 올지 우리에게 보여주었다.[4] 지구의 평균 기온은 이미 0.8도가 올랐다. 문제는 시간이다. 션 맥도나Sean McDonagh가 『기후 변화』에서 반복해서 말하듯이 "시간이 얼마 남지 않았다."[5] 앞으로 10년 안에 인류가 생태적 문명 전환을 이뤄내지 못하면 우리에게는 미래가 없다.

그런데 기후 변화는, 윤순진 교수가 잘 지적하듯이, "자본주의 경제의 생태적 전환, 아울러 물질지향적인 자본주의적 가치와 인식의 생태적 전환을 촉구하는 자연의 메시지"임을 인식하는 것이 대단히 중요하다.[6] 환경 문제는 자연 스스로가 만든 문제가 아니다. 그것은 인간이 만든 문제다. 구체적으로 인간의 경제 활동이 빚어낸 문제다. 그렇다면 생태 위기의 극복은 경제 문제의 해결에서 그 실마리를 찾을 수 있다. 원래 '생태ecology'라는 말과 '경제economy'라는 말이 '한 집안'을 뜻하는 그리스어 '오이코스oikos'에서 파생된 말임을 유념하자. 만약 지금까지의 생태운동과 환경선교가 마치 자연에 대해 남다른 감수성을 가진 특별한 사람들의 전유물처럼 잘못 여겨졌다면, 그리고 만약 이 운동이 왠지 앞으로 힘 있게 나아가지 못하고 제자리를 맴도는 듯한 느낌을 받았다면 그것은 그동안 '생태'와 '경제'라는, 한 마차의 두 바퀴 가운데 한 바퀴만 돌고 있었기 때문일 수 있다.

북미의 생태여성신학자 샐리 맥페이그Sallie McFague가 말하듯이, 기독교가 "(자연) 사랑, 사랑"을 이야기하지만, "경제학 없는 사랑은 공허한 미사여구에 불과하다." 환경 문제는 기본적으로 산업의 문제이고 구조의 문제다. 현재 환경 문제의 본질은 자본주의 사회가 갖고 있는 대량 생산–

대량 소비의 경제 구조에서 기인한다. 때문에 각 개인과 가정이 무엇을 할 것인가에 관한 구체적인 방안을 찾는 것도 중요하지만, 생태운동과 환경선교에서 게을리해서는 안 되는 것은 현재의 파멸적 인류 경제체제에 대한 대안적 논의와 전문적 정책 대안의 제시인 것이다.[7] 28년 전 이 땅에 환경운동의 모체인 '한국공해문제연구소'가 출현한 가장 큰 역사적 의미도 기존의 자본주의와 사회주의 모형으로는 감당할 수 없는, 새로운 패러다임의 씨앗을 뿌렸다는 점이다. 우리의 싸움은 허공의 바람과의 싸움이 아니다. 결국 우리의 싸움은 시장 만능주의자, 발전 근본주의자들과의 싸움이다. 때문에 필자는 먼저 현재의 '경제 위기'로부터 시작해 '생태 위기'의 문제로 나아가려 한다. 그리고 그 두 위기를 하나의 위기로 인식하면서 그에 대한 총체적 대안을 모색해보려고 한다. 나아가 그 대안을 위한 새로운 신학적 상상과 구상을 제안해보고자 한다.

2. 신자유주의 40년, 그리고 그 몰락

조류가 바뀌고 있다. 사상의 조류가 집산주의에 대한 믿음에서 벗어나 개인주의와 사적 시장에 대한 믿음으로 향하고 있다. 시대의 사조가 철의 장막 양쪽에서 이렇게 극적으로 바뀔 것이라고는 정말 꿈도 꾸지 못했다.[8]

약 30년 전 밀튼 프리드만Milton Friedman과 로즈 프리드만Rose Friedman은 신자유주의가 지배하는 세상이 도래한 감회를 이렇게 표현했었다. 하지만 영원할 줄만 알았던 이 세상이 이렇게 빨리, 또한 이렇게 극적으로 바뀔 것이라고는, 그들은 "정말 꿈도 꾸지 못했"을 것이다.

2008년 월가의 금융 위기로 신자유주의는 종언을 고했다. 1929년 대공황 이후 최악의 금융 위기라는 이번 참사는 다시 한번 우리에게 '규율받지 않는 시장'은 언제든지 거대한 탐욕과 투기의 전쟁터로 변할 수 있음을 여실히 보여주었다. 충격은 오래갈 것이다. 그리고 신자유주의를 대체할 새로운 사상이 전면적으로 등장할 때까지 세계는 신자유주의와 정부 개입 이데올로기가 혼재하는 불확실성의 긴 터널을 고통스럽게 통과하게 될 것이다.

2007년 봄 미국에서 서브프라임 모기지 사태가 처음 시작되었을 때만 해도 그 파장이 이렇게까지 클 줄 짐작한 사람은 많지 않았을 것이다. 위기의 씨앗은 눈앞의 고수익에 눈이 어두워진 금융기관들이 신용이 취약한 계층에게 마구잡이로 돈을 빌려준 것이었다. (심지어는 죽은 사람의 이름으로도 대출을 해주었다고 하니 그 도덕적 해이와 방종이 가히 하늘을 찔렀다.) 그런데 미국 전체 주택담보대출 시장에서 겨우 9% 정도의 작은 비중밖에 차지하지 않는 서브프라임이 미국 전체, 나아가 세계를 집어 삼키는 '괴물'로 변신하게 된 이유는 무엇인가? 그것은 역설적으로 미국이 그동안 글로벌 스탠더드라며 그토록 자랑하고 우리나라를 비롯한 세계에 강요해 왔던 '자유 시장'과 '첨단 금융기법' 때문이었다.

제2차 세계 대전 이후 세계 경제는 두 단계의 과정을 밟아왔다. 첫 단계는 전후부터 1970년대 초반까지, 경제학자들이 소위 '산업자본주의'의 황금기라 부르는 브레턴우즈 체제의 시기와, 두 번째는 고정환율제와 자본의 국제적 이동에 제약을 가하고 있던 이 브레턴우즈 체제가 붕괴한 이후 지금까지, 즉 경제학자들이 '금융자본주의' 단계라 부르는 시기다. 신자유주의와 연계된 바로 이 금융자본주의 아래서 지난 40년간 세계 경제에 많은 변화가 일어났다. 그중 가장 크고 위험한 변화는 금융자본의 전면 부상이다. 사적으로 통제되는 금융자본은 과연 어떤 얼굴의 소유자이 며 세계를 어떻게 변화시켜왔는가?

먼저 사적 금융자본은 '공공의 책임성'이 없다. 이문을 낼 수 있는 곳이면 땅 끝까지도 찾아가지만, 자신의 기대가 거품으로 판명되었을 때 즉각 그 비용과 손실을 '사회화'한다. 가난한 자들에게 전가한다는 말이다. 또한 사적 금융자본은 투자가 아니라 투기를 본업으로 한다. 국제 외환시장에서 거래되는 하루 약 1.5조의 천문학적인 자본 가운데 단지 2.5%만이 실물경제에 쓰이고 있으며, 나머지 97.5%는, '약탈 자본주의'의 첨병으로 알려진 헤지 펀드에 의해 주도되는, 단기성 투기다. 그래서 누군가는 분명 돈을 벌지만, 일자리가 창출되지도, 공장이 새로 지어지지도, 그리고 작은 부품 하나가 만들어지지도 않는다. 이러면서 금융자본은 우리가 사는 실제 세계와의 연관성을 상실했다. 브레턴우즈 시스템이 붕괴된 1970년대 초반 이후 금융경제가 실물경제보다 비대해졌으며, 실제의 생산과 교환 활동에 복무해야 할 자본은 실물경제로부터 분리되어 추상화되었다.

미국식 금융자본주의는 1980년대 초 시작된 '레이거노믹스'로부터 본격화되었다. 레이거노믹스 아래서 1929년의 대공황 이전까지 세계 경제를 주물렀던 전업 투자은행(IB)들이 다시금 금융자본주의의 주인공으로 부상했다. 컴퓨터와 수학 및 공학의 발달까지 이뤄지면서 이들 전업 투자은행들은 소위 파생금융상품이란 걸 만들어 그 규모를 50조 달러로 키웠다. 스스로는 첨단 금융기법을 개발했다며 '리스크 제로'의 환상에 취했다. 자기 자본의 100배에 달하는 돈을 빌려 이리저리 투자하는 위험천만한 짓도 서슴지 않았다. 그리고 세계화라는 이름 아래 미국의 금융자본은 아무런 규제 없이 국경을 넘나들었고, 이들이 벌어들이는 돈은 제조업이 거덜난 미국을 세계 최강국으로 지탱시키는 힘이 됐다. '카지노 자본주의'라는 비판이 거셌지만 이에 아랑곳하지 않았다. 하지만 방종과 오만의 대가는 너무나 컸다. 이번 월가 금융사태의 뇌관 구실을 한 파생금융상품 CDS(Credit Default Swap)의 예에서 엿볼 수 있듯이, 대형 투자은행들이 벌이는 머니게임 속에서 리스크는 결코 죽지 않았다. 다만 시한폭탄처럼 이리저리 떠넘겨졌을 뿐이다.

이런 특성의 금융자본주의 아래서 부富는 어떻게 창출되는가? 주목할 것은 국제 금융시스템이 '부채'를 창출함으로써 (가치가 아니라) 돈을 창출한다는 점이다. 사실 급속하게 축적되어온 국제 금융자산의 대부분이 부채다. 빚이란 말이다. 현재의 금융시스템은 실질 가치를 창조하지 않고도 부채의 창출을 통해 부를 창출할 수 있으며,[9] 자산 가치의 증식을 통해서도 부를 창출할 수 있다.[10] 우리가 사는 현대 금융자본주의 아래서 돈은 이제 거의 순수한 추상물이 되고 있으며 화폐의 창조는 가치의 창조에서 분리되고 있다.[11]

그렇다면 이렇게 순수한 추상물이 되어버린 부를 복제하면서 시장 투기를 통해 부의 환상을 창조하는 현대 금융자본주의 체제 아래서 그리스도인으로 살아간다는 것은 무엇을 의미하는가? 생산에 필요한 단 하나의 실질적 가치도 없이 돈을 창조할 수 있는, 그러니까 돈을 '무로부터 창조creatio ex nihilo'(?)할 수 있는 금융자본주의 세계 속에서 온 세상을 창조하신 하나님을 믿는다는 것은 과연 무엇을 의미하는가? 이런 신학적 물음을 교회는 던져보기나 했는가? 다음의 글을 읽으며 마음에 찔림이 없는 그리스도인이나 교회는 얼마나 되겠는가?

잘나간다는 차이나 펀드나 남들 다 한다는 펀드 몇 개에 소액 자산을 쪼개 넣었다. … 복잡한 파생상품 설명에 질리자, 호기롭게 그냥 질렀다. 잠깐은 재미도 봤다. 수익률 예상 조회를 해보면, 하루만에도 몇 달치 은행 이자 만큼이 붙어 있었다. 어디서 그런 돈이 오는지는 궁금하지 않았다. 중국 경제가 자동차를 팔아 돈을 버는지, 가짜 시멘트나 멜라민을 가득 탄 우유로 수익을 내는지는 고려 대상이 아니었다. … 물론 나는 개중 어설픈 개미 투자자였겠지만, 상당수 보통 사람들도 펀드 수익이 발생하는 근원을 따져보는 대신 펀드사 이름값에 휘둘렸을 것이다. … 그래서 그 결과는, 미국발 금융 대공황이다. 보통 사람들이 이해하는 상품 생산과 거래를 제쳐두고 돈만으로 돈을 벌어들인다는 파생상품의 수익 잔치는 거대한 사기극이었음이 들통났다.[12]

과연 이 '거대한 사기극'으로부터 자유로운 그리스도인이나 교회는 얼마나 될까? 시장이 미쳐 돌아가면서 이른바 '재테크'라는 이름으로 온통 불로소득을 쫓아다닐 때, 그리고 세계 외환시장의 변동에 따라 '돈 놓고 돈 먹기' 식으로 한몫 잡겠다고 온 세상이 미쳐서 날뛸 때, 얼마나 많은 교회가 이런 식으로 '나의 풍족함을 위해 다른 이들에게 고통을 떠넘기는 일'이 다름 아닌 죄라고 설교하고 가르쳤는가? 성실하게 땀 흘려 노동하지 않고 누리는 부가 사실은 가난한 사람들뿐만 아니라 바로 자연에 대한 약탈의 결과라고 가르쳤는가? 아니 교회는 오히려 청빈淸貧이 아니라 청부淸富가 '성경적 원리'라고 가르치지 않았던가?[13] 요즘은 지식인들이나 예술가뿐만 아니라 심지어 성직자들까지도 경쟁시대에 뒤떨어져서는 안 된다는 집단적인 강박관념에 빠져 있다. 예전에 비하면 정말 넘치게 살면서도 현재의 삶의 수준을 유지하기 위해 끝없이 개발하고, 발전하고, 또 경쟁해야 한다고 노래를 부른다. 그러다보니 그리스도교의 복음은 '이 땅에서 성공, 죽어서는 천당'이 되고 만다. 지금 여기 이 땅 위에 이루어지는 하나님의 나라는 없다.

이제 한국 교회는 신자유주의에 포섭된 것을 깊이 회개해야 한다. 이 세계와의 종말론적 긴장관계를 잃어버리고 강자의 편에 서서 피 묻은 돈으로 바친 헌금을 하나님의 축복이라고 기도해준 공범관계를 통렬히 자복해야 한다. 과거의 독재자들은 '강압'으로 국민을 지배했다. 금융자본이라는 오늘날의 맘몬은 돈에 대한 우리의 '사랑'을 무기로 우리를 지배한다. 스리랑카의 신학자 알로이스 피에리스Aloysius Pieris는 '가난으로부터의 자유freedom from poverty'가 '가난으로부터 오는 자유freedom that comes from poverty'와 결합되지 않으면 우리는 맘몬과의 싸움에서 결코 이길 수 없다고 말했다. 예수께서는 우리가 하나님과 맘몬을 동시에 섬길 수 없다(마 6:24)고 단언했다. 우리 시대에 그리스도인으로 살아가기 위해 처음으로 할 일은 빈곤의 신 맘몬으로부터 생명의 신 하나님에게 돌아서는 것이다. '회심'하는 것이다. '돈 신'에 대한 우리의 은밀한 사랑과 비겁한 굴종으로부터 영적·정신적 자유를 얻는 것이다. 이것이 지금의 경제 위기 시대 무엇보다 먼저 요청되는 기독교적 영성spirituality이다. 바로 이런 영성이 생태적 영성과 결합되지 않으면 우리의 '자연 사랑'은 반쪽짜리 영성이 되고 만다.

3. 대안은 있는가?

비판은 쉽다. 하지만 대안은 있는가? 다행히 고삐 풀린 금융자본의 파괴 행위를 제어하기 위한 국제적 거버넌스 움직임이 강화되고 있다. 한국 교회는 세계 에큐메니칼 기구를 통해, 지구촌 경제에 절실한 것은 투기에 기초하지 않은 금융체제이며, 과거에 그랬던 것처럼, 지역 경제의 이익에 복무하는 금융체제임을 주장해야 한다. 하지만 우리는 시장에 대한 국가의 개입을 강조하는 케인스주의로의 복귀가 신자유주의 경제체제에 대한 유일한 대안이라는 생각에서 벗어나야 한다. 국가의 시장에 대한 통제권을 회복하는 것이 마치 만병통치약이나 되는 것처럼 생각해서도 안 된다. 우리에게는 보다 근원적이고radical 현실적인realistic 대안이 필요하다. 그것은 첫째 경제의 '지역화', 둘째 화석연료에 기초한 현 인간 문명으로부터의 탈피, 셋째 '생태 경제'로의 문명사적 전환이다.

첫째, 신자유주의 세계화의 근본적 대안으로 경제의 '지역화localization'가 모색되어야 한다. 이 말은 지금의 팽창 지향적인 단일 지구촌 경제 모델을 버리고 세계 경제를 '작은 규모small scale'의 지역 경제로 재편하고 다원화하여 그들 간의 평등하고 호혜적인 상호 협력관계를 창출하는 것을 의미한다. 물리적으로 큰 시장이 더욱 효율적이며 번영에 더욱 효과적이라고 주장하는 사람들이 있다. 하지만 일찍이 슈마허E. F. Schumacher는 이런 생각을 '거대망상증giantism'이라고 강력히 비판했으며, 언제나 자연환경에 덜 유해한 작은 규모로 세계 경제를 재편하는 것이 인류의 미래가 걸린 사활적 과제라고 역설한 바 있다.[14] 대규모 시장경제는 언제나 자원집약적이며, 경제의 규모가 커질수록 비용은 당연히 증가한다. 요점은 자연 자원이 유한하기 때문에 인간의 경제활동 규모도 반드시 그 한계 안에 제한되어야 한다는 점이다. 현재와 같은 대규모의 인간 경제는 인류의 기나긴 역사에서 고작 5백여 년밖에 되지 않은 것이다. 우리는 인류 역사의 대부분을 차지하는 작은 규모의 지역 자립경제로 되돌아가야 한다. 친환경적인 작은 규모의 지역 경제들이 거대한 국제시장의 폭력으로부터 보호되어야 한다. 우리는 우리가 원래 땅과 함께 숨 쉬며 살았던 세계를 회복해야 하는 것이다.

둘째, 신자유주의 경제체제에 대한 근원적인 대안은 화석연료에 기초한 현재의 에너지 문명에서 탈피하는 것과 병행되어 찾아져야 한다. 기후 변화뿐만 아니라 피크 오일peak oil 그리고 자원의 고갈이 이른바 '전 지구적 삼중 위기global triple crises'로 지목된 지 오래다.[15] 지금 월가의 붕괴 이후 '시장의 실패'라는 말이 유행하고 있다. 시장의 실패란 시장 메커니즘으로는 효율적인 자원 분배가 이뤄질 수 없는 경우를 말한다. 그런데 월드워치연구소World Watch Institute의 레스터 브라운Lester Brown 박사는 무엇이 '진정한' 시장의 실패인지 말한다. 그에 의하면 지금 무너지고 있는 것은 월가가 아니라 화석연료를 기반으로 하고 있는 우리의 인간 문명 그 자체다. 그 핵심 원인은 시장 가격에 '진실'이 담겨 있지 않기 때문이다.

예를 들어 각종 석유 제품이나 육류의 시장 가격에는 지구 온난화나 사막화 등의 간접적인 비용이 반영돼 있지 않다. 마땅히 받아야 할 정당한 가격이 포함되지 않고 싸게 공급되다 보니 당연히 자원이 고갈되고 과잉 개발된다. 이렇게 시장이 '잘못된 신호'를 보내는 바람에 석유와 육류의 소비가 많아지고 우리는 그 문화에 안주하게 되는 것이다. 이것이 바로 시장의 철저한 실패다. 많은 오염 물질을 배출하는 정유 공장은 대기 오염이나 지구 온난화 등 사회적 비용을 일으키는 데도 불구하고 정유 가격에 이 비용을 포함시키지 않아 사회적으로 적정한 수준 이상의 소비를 초래할 수 있다. 문제는 누군가 이 비용을 반드시 부담하게 되어 있다는 점이다.

'공짜 점심free lunch'은 없다. 언제, 누가 부담하는가만 정해지지 않았을 뿐이다. 그런데 지금 모두가 그 대가를 치러야 하는 때가 왔다. 우리가 전쟁과 폭력으로 얼룩진 현재의 문명으로부터 근본적으로 탈출하려면 우리는 특정 지역에 묻혀 있는 석유 자원이 아니라 이 세상 누구에게나 하나님께서 골고루 내리시는 태양빛과 또 지구의 70%를 이루고 있는 물에 의존하는 에너지 문명으로 근본적인 패러다임 전환을 이뤄내야 한다. 이것은 가능한 일이고, 여기에 교회가 할 일은 무궁무진하다.[16]

셋째로, 신자유주의 경제체제의 근원적인 대안은 생태 경제로의 전환이다. 현재의 경제 위기로부터의 탈출은, 무한한 경제성장이 가능하며 경제적 발전이 곧 빈곤으로부터의 탈출이라는 기존의 경제적 신앙과 가설들을 극복하는 것부터 시작되어야 한다. 고전적 자유주의든, 신자유주의든, 케인스주의든, 마르크스주의든, 비록 그들이 시장과 국가와 자본주의에 관해 서로 적대적인 견해를 가지고 있다 할지라도, 그들은 끝없는 '물질적 진보'를 정당화한다는 점에서 근본적으로 하나다. 그들은 모두 서구 계몽주의의 자식들이다.

사실 지금까지 무한한 경제 발전이 가능한 것처럼 잘못 인식되어온 이유는 경제를 자연에서 고립된 것처럼 그리고 또한 인간의 경제 안에 자연이 한 하부구조로 포함되어 있는 것처럼 생각해왔기 때문이다. 하지만 생태경제학자 허먼 데일리Herman E. Daly가 주장하다시피, 경제란, 그 물리적인 차원에서, "유한하고, 성장하지 않으며, 물질적으로 닫힌 지구의 에코시스템 아래 존재하는 열린 한 하부구조"다.[17] 이런 견해에서는 에코시스템(창조질서)이라는 큰 원 안에 인간의 경제라는 작은 원이 포함된다.

데일리에 의하면, 어떤 특정한 지점을 넘어서면 경제성장은 물리적으로나 경제적으로 지속 가능하지 않으며 또한 도덕적으로도 바람직하지 않다. 왜 지속 가능하지 않은가 하면, 인류는 이미 오래전에 경제의 '규모' 면에서 성장의 최종적인 생물 물리학적bio-physical 한계를 넘어섰기 때문이다. 왜 바람직하지 않은가 하면, 인류는 이미 '최적의 규모optimal scale', 즉 더 이상의 성장은 그 성장의 가치보다 더 많은 것을 잃게 만드는 어떤 지점을 통과했기 때문이다.[18] 간디가 남긴 말처럼, 우리의 지구는 모든 사람들의 필요need를 만족시키기에 충분하지만 모든 사람들의 욕심greed을 만족시키기에 충분하지 못하다. 때문에 가난 문제의 해결은, 데일리가 주장하듯이, 이미 실패한 것으로 드러났고 또한 환경적으로도 지탱하기 어려운 것으로 판명된 '양적 성장quantitative growth'에 의해서가 아니라, 분배 정의의 실현과 인구 증가의 억제와 같은 사회적 관계의 개혁, 즉 '질적 발전qualitative development'에 의해서 해결되어야 한다.

데일리는 우리에게 '불가능성의 원리impossibility theorem'를 제시한다. 이 원리는 세계 경제가 성장을 통해서는 가난과 환경 파괴의 문제를 해결할 수 없다는 원리다. 좀 더 단순히 표현하면 미국식 고도 자원소비 방식의 경제로는 60억 인류의 빈곤과 환경 문제를 해결할 수 없다는 원리다. 마치 무한정 책을 사 모으기만 하고 버리지 않는 도서관이 이 세상에 존재할 수 없듯이, 영원한 경제성장은 불가능하고 어느 지점에서는 반드시 멈춰야 한다. 그뿐만 아니라 이 원리에 의하면 요즘 유행하고 있는 '지속가능한 성장sustainable growth' 혹은 '녹색 성장green growth'이라는 것도 불가능하다.

사실 데일리에게 지속 가능한 성장이란 용어는 '나쁜 모순어법'에 속한다. 왜냐하면 '성장'에다가 '지속 가능한'이란 형용사를 붙이거나 녹색 물감을 칠함으로써 마치 여전히 성장이 가능한 것처럼 믿도록 우리를 속이고, 그럼으로써 우리가 지금 반드시 단행해야 할 문명사적 전환을 다시금 연기시킴으로써 결국 그 전환의 고통을 배가시킬 것이기 때문이다. 데일리에 의하면, 성장에 대한 대안은 지속 가능한 성장 혹은 녹색 성장이 아니라 '지속 가능한 발전sustainable development'이다.[19] 경제의 목표는 '무한

한 빵'이 아니라 '충분한 빵'이 되어야 한다. 이것이 '일용할 양식'을 구하라고 가르치신 예수의 정신과도 일맥상통한다고 필자는 믿는다.

이러한 거시적이고 구조적인 패러다임의 전환과 더불어 그리스도인들은 일상의 작은 실천에서부터 대안적 삶을 실천하며 살 수 있다. 신자유주의 경제체제에 대한 대안은 매일 우리의 '먹는 일'부터 시작한다. 생명밥상 운동이 그 예가 될 것이다. 경제 지역화의 핵심이 '안전한 먹을거리 문제를 중심으로 한 사회적 연대'를 이루는 것이라면, 지속 가능한 생태 소농 공동체를 꾸려내기 위한 지역 간 도농연대가 교회의 구체적 실천이 될 수 있을 것이다. 귀농운동은 경제 논리로는 도저히 불가능하고 신앙이 없으면 못 하는 운동이기에 교회가 앞장설 충분한 이유가 있다. 또한 지역경제의 활성화와 빈곤층 구제라는 '두 마리 토끼'를 한꺼번에 잡을 수 있는 대안 화폐 운동도 유망하다. 교인들 간의 상호부조가 이미 보편화되고 있는 교회가 여기에 적극적으로 참여하면 큰 진전을 이루어낼 수 있을 것이다. 착한 소비 운동 혹은 윤리적 소비 운동도 교회가 앞장서서 전개할 수 있는 생활운동이다. "Fair trade, not free trade!"를 표어로 공정무역 상품을 소비하는 것은 사실상 가장 작은 실천으로 세상을 바꾸는 길이기도 하다. 마지막으로 기독교 사회책임투자Socially Responsible Investment, SRI 운동도 확대해나갈 수 있을 것이다.[20] 미국의 서브프라임 대출과 무함마드 유누스Muhammad Yunus가 창설한 그라민 은행의 '서브 서브 서브프라임 대출'의 차이는 간단하다. 그라민 은행은 사람을 살리려고 사람에게 다가가는 은행이다. 미국의 은행은 이윤극대화를 위한 은행이다. 혹 한국교회가 서브 서브 서브프라임과 같은 이런 대안적 금융을 꿈꾸고, 제안하고, 교회가 가진 물적 자원을 통해 실현해볼 길은 있을까? 한국 개신교회가 가용한 자금이 3조이며 이는 가톨릭이나 불교에 비해 거의 10배에 이른다는 보도에 이러한 제안을 던져본다. 물론 꿈같은 이야기다.

4. 신-인간-자연에 대한 신학적 재구성

앞서 살펴보았지만 우리의 세계는 무한한 성장이 가능하지 않은 세계다. 우리는 우리의 세계가 물리적으로 한계를 가진 세계로 다시 인식해야한다. 그리고 그에 발맞춰 인간 중심적인 창조 이해에서 벗어나 창조세계의 통전성 안에서 인간의 창조성과 자유를 다시 인식해야 한다.

데일리도 깨달았듯이, 경제성장을 둘러싼 논쟁은 단순한 기술적 논쟁이 아니다. 그것은 우리 인간이 가진 세계관의 근본적인 변화를 수반하는 논쟁이다. 생태적 대안 경제는 결코 기술적 해결책이 아니라 도덕적이고 종교적인 해결책이다. 1967년 "생태적 위기의 역사적 뿌리"라는 한 편의 작은 논문에서 기독교의 '지독한 인간 중심주의'가 오늘날 생태 파괴의 근본 원인이라고 지목하여 현대 기독교 신학의 대각성을 촉구한 린 화이트Lynn White, Jr. 박사도 현재의 생태적 위기가 과학과 기술의 힘에 의해서 극복할 수 있는 성질의 것이 아니며 이 위기에 대한 본질적 대책은 다름 아닌 종교적인 것이 되어야 한다고 말했다.[21]

우리는 우리 인간에 대한 이해를 바꿔야 한다. 경제학자들은 인간을 생산자 혹은 소비자라고 부르지만, 열역학 법칙들에 의하면 인간은 창조자가 아니라 오히려 '폐기물의 생산자'에 불과하다.[22] 인간이 소유한 기술이 인간을 피조물에서 창조자의 반열에 올려놓을 것이라는 믿음은 근대가 만든 허상일 뿐이다. 이제 우리는 인간이 가진 창조적인 능력을 옹호하는 방법으로 성장에 탐닉하는 습관을 버려야 하며, 인간이 가지고 있는

'파생된' 창조적 능력이 마치 자생적이고 자율적이며 무한한 것인 양 생각하는 망상에서 벗어나야 한다.[23] 창조성을 부여받았으나 여전히 한계성을 가지고 있는 피조물이라는 겸허한 인간학적 이해로부터 변화는 시작되어야 한다. 인간은 "창조성을 부여받았으나 한계에 복종해야 하는 존재"인 것이다.[24]

사실 4백 년 된 기계론적 세계관이 문제다. 베이컨, 데카르트, 뉴턴, 로크, 스미스가 퍼뜨린 이 기계론적 세계관의 특징은 진보라는 개념이다. 진보란 '덜 질서 있는' 자연 세계가 인간에 의해 '더 질서 있는' 문명으로 나아간다는 개념이다. 이 과정에서 더 많은 물질적 부가 축적될수록 세계는 더욱 질서 있는 세계가 된다는 것이며, 과학과 기술은 이를 실천하는 도구라는 것이다. 하지만 아인슈타인이 "모든 과학의 제1법칙"이라고 말한 엔트로피 법칙에 따르면, 지구상이건 우주건 그 어디서든 질서를 창조하기 위해서는 더 큰 무질서를 만들어내야 한다.[25] 이 법칙에 의하면 역사가 진보의 과정이라는 가설뿐만 아니라 과학과 기술이 질서 있는 세계를 창조할 것이라는 가설도 무너진다.

이렇듯 오늘날 생태 위기의 이면에는 잘못된 인간학적·신학적 전제가 숨어 있다. 인간은 '경제적 인간homo economicus'이며 이런 인간의 욕망은 만족을 모른다는 인간학적 전제와, 이러한 '무한한 욕망이라는 원죄'는 인간의 기술에 의해 '속죄'될 수 있고, 신의 명령 가운데 가장 중요한 명령은 더 많은 사람들을 위해 더 많은 재화를 생산하라는 것이라는 신학적 전제가 뒤에 숨어 있는 것이다. 하지만, 데일리가 지적하듯이, 실재의 세계에 사는 인간은 만족을 모르는 '경제 인간'이 아니며, 인간의 '상대적 필요'는 만족시킬 수 없어도 '절대적 필요'는 만족시킬 수 있다.[26] 우리에게는 '신학적 삼위일체'라 불리는 신-인간-자연에 대한 근본적인 새 이해가 필요한 것이다.

신학이 중요하다. 당장 현장에 뛰어드는 실천도 중요하지만 먼저 우리의 신학이 바뀌어야 한다. 신-인간-자연에 대한 세계관이 총체적으로 변해야 한다. 세상을 고치려면 먼저 이 세상이 어떻게 짜여 있는가를 먼저 알아야 한다. 문제가 바로 거기서 비롯되었기 때문이다. 샐리 맥페이그는 기후 변화를 정면으로 다룬 그의 최근작에서 지구 온난화를 신학적 의제로 받아들인다.[27] 인간종을 포함한 지구 전체의 멸종의 위기 앞에서 그는 인간 사상의 가장 근원을 다루는 신학적 패러다임의 변화부터 시작되어야 한다고 강조한다. "하느님과 우리 자신에 대한 잘못된 인습적 의미 때문에 지구와 생명체들에 대한 파괴가 계속되는 것이다"라고 그는 잘라 말한다. 잘못된 신관과 인간관이 우리의 잘못된 행동을 묵인하고 있는 것이고, 그렇다면 우리는 이러한 신관과 인간관을 비판하고 해체하여 재구성할 필요가 있는 것이다.

맥페이그에 따르면, 고전적 신학의 영혼 중심적이고 저세상적인 구원관은 기후 변화의 위기 앞에서 인간을 방관자로 만들었다. 맥페이그는 오늘날 지구 시장을 다스리는 신고전주의 경제학은 고전적인 신학의 구원관과 잘 어울리며 현재의 기후 변화 위기를 촉진한다고 비판한다. 고전적 신학은 기본적으로 이원론적 시각에서 세상을 바라본다. 영/육, 하나님/세계, 정신/육체 등 서로 대립된다고 생각하는 두 개의 가치를 이분법적으로 나눈다. 한쪽이 다른 한쪽보다 더 우월하다고 위계를 짓는 이러한 이원론적인 위계질서는 인간이 하나님과 세계를 바라보는 데 큰 영향을 미쳤다. 이원론적 위계질서 안에서 하나님은 저세상의 바깥에 초월해 계시는 위계질서 맨 위의 최고 존재다. 하나님은 인간의 영혼 구원에 대해서만 관심을 가지고 그 외의 일에 대해서는 무관심하다. 또한 세상은 인간이 잠시 머물다가는 호텔과 같은 곳이기 때문에 인간은 살면서 모든 자원을 내키는 대로 착취하고 과다하게 이용해도 된다. 이러한 고전적 신학관은 고전주의 경제학에서 해석한 인간, 즉 인간은 욕망을 지닌 개인적 존재라고 보는 인간관과 묘하게 조화를 이루며 생태계의 파괴를 가속화하고 있는 것이다.

하지만 맥페이그는 우리가 보다 공동체적 인간 이해, 즉 인간을 '지구에 속한 존재'로 보는 인간관의 전환이 필요하다고 역설한다. 인간만이 중요한 존재가 아니다. 우주가 자신을 인식한 '우주의 자의식'이 바로 우리 인간이긴 하지만 인간은 지구 '위'에 혹은 지구 '밖'에 군림하는 지배자가 아니다. 우리는 지구에 속해 있을 뿐만 아니라, 물, 식량, 토지 그리고 기후 등에 철저히 의존해 있다. 우리는 지구 '안'에 다른 생명과 함께, 그 생명들 덕분에 존재한다. 그런데 여가서 맥페이그는 대단히 중요한 신학적 선언을 한다. 그는, "하나님이 이 세계 속에 성육신해 계신다"고 말한다. 사실 이것은 우리가 가지고 있는 기존의 신-인간-자연 모델을 뒤엎는 대단히 과감한 제안이다.

이정배 교수가 지적하듯이, 하나님이 나사렛 예수 한 몸으로 육화되었다기보다는 온 세계 속에 육화되었다는 것이 바로 구성신학자인 맥페이그의 출발점이다.[28] 전통적 창조론이 이원론적 위계구조 하에서 피조물을 배제시켰던 것에 비해, 성육신에 토대를 둔 창조 이해에 의하면 하나님은 우주 안에 계시고, 인간과 삼라만상은 하나님을 드러내는 표시이며, 따라서 세계의 고통은 곧 하나님 자신의 고통과 상처다. 맥페이그는 하나님이 계시지 않는 곳이 없다는 아우구스티누스의 말에 의거하여 기독교 신학의 창조론과 성육신 사상이 서로 다른 별개의 것이 아님을 논증한다.[29] 한마디로 맥페이그에게 이 세계는 '하나님의 몸'이다. 하나님과 세계는 동일하지 않으나 그는 세계를 하나님의 몸의 육화라고 보는 것이다. 이러한 신학적 모델의 변화는 우리의 삶과 신앙에 어떤 변화를 가져오는가?

만약 우리가 이 세계를 하나님의 몸으로 이해한다면 우리는 하나님을 천상이나 사후에서가 아니라 지금 여기 이 땅 위에서 만날 수 있다. 그리고 우리가 하나님을 이 우주와 세계 안에서 만날 수 있다면 그것은 곧 우리의 실천의 문제와 직결된다. 즉 굶주린 이들을 먹이고 병든 자들을 치유하며 온실가스를 줄이는 것이 바로 세계 안에서 하나님을 만나는 방식이 되는 것이다. 하나님이 지금 여기 세계(지구) 안에 현존하기에 지구를 돌보는 것이 곧 하나님을 사랑하는 일이 되는 것이다. 이처럼 우리가 인간의 생존 공간인 지구를 하나님 현존의 자리로 인식하는 것은 기후 변화의 시대 인류의 문명사적 전환을 제안할 수 있는 종교적 근거가 된다. 세상을 기계가 아니라 하나님의 몸으로 다시 볼 수 있을 때 우리를 지배하던 인습과 교리 그리고 거기에 기생한 성장 이데올로기는 힘을 잃고 우리는 과감히 새로운 세계를 상상할 수 있는 영적인 자유와 눈을 얻게 되는 것이다.

사실 기후 변화가 요구하는 신학적 성찰의 자원은 풍부하다. 기후 변화가 요구하는 신학적 성찰의 지평을 우리는 켈트 영성과 중세 기독교의 신비주의로도 확장할 수 있다. 최후의 만찬 때 예수의 품에 기대어 사랑받던 제자, 그래서 '하나님의 심장 박동 소리'를 직접 들었다는 요한의 전통에서 나온 켈트 영성에 우리는 다시 주목할 필요가 있다.[30] 갓 태어난 어린아이의 얼굴에서 하나님의 형상을 본 펠라기우스에게서, 가장 진정하게 인간적인 것이 가장 신적인 것이라고 말한 존 스코트에게서, 그리고 하나님은 물질적 영역으로부터의 도피가 아니라 창조의 물질적 영역 가운데서 찾아질 수 있다고 말한 조지 마크라우드 등에게서 흘러나온 신학적 자원을 우리는 복권시킬 수 있다. 그래서 우리에게 하늘과 태양, 달과 별들의 빛 가운데에서 하나님의 은총을 말하고, 육체적인 것을 통해 영적인 것을 보며, 모든 생명 가운데서 생명으로써 하나님을 바라보는 눈이 형성되어야 한다.[31] 이렇게 "우리의 숨결보다 더 우리에게 가까이 계시는 분"을 만날 수 있을 때 기독교의 신앙은 이 세계 안에 존재하는 자신의 삶 자체를 긍정하는 일이 살아 있는 사실 자체에 대한 놀라움과 감사가 될 수 있으며, 궁극적으로 인간의 생존 공간인 지구를 하나님 현존의 자리로 인식할 수 있게 될 것이다.

또한 신비주의가 되살아나야 한다. 신비주의란 세상으로부터 멀어지는 것이 아니라 오히려 삶 속으로 들어가는 것이다. 이 세계의 잘못된 그 어떤 것들보다 더 깊숙이 있는 삶의 중심에서 하나님을 찾는 것이다. 도로테 죌레Dorothee Soelle가 말하듯이 진정한 신비주의는 일상성의 문제를 진지하게 취급하며, 저항적 정신을 내포하고, 이기적 자아를 벗어나 다른 것들과의 관계성을 마음에 품고 적극적으로 연대하는 신비주의다.[32] 그것은 끊임없이 세계 안으로 들어가며, 그 안에서 정의를 추구하고 또한 정열적으로 살아가는 어우러짐이며 춤이다. 이러한 신비주의 영성에 의하면 우리가 '나'로부터 벗어나는 방법은 우리 안에 있는 '하나님의 것'을 깨닫는 것에서 비롯된다. '내 것'이라고 소유한 것을 '하나님의 것'으로 기억하는 것, 욕망으로부터 자유롭게 되어 그리스도와 하나를 이루는 것, 그리고 소유보다 존재에서 그리스도를 만나는 것, 바로 이것이 세상과 자신의 몸을 긍정하게 하고 신비와 생명을 억압하는 모든 것에 저항하게 하는 기독교를 만들 수 있다.

5. 나가는 말

생태ecology와 경제economy의 위기 시대, 만약 교회에 여전히 희망이 있다면 그것은 교회가 '기억의 공동체'임을 기억할 때이다. 더글러스 러미스Douglas C. Lummis는 한 가지 우리에게 중요한 통찰을 이야기한다.[33] 인류 역사를 넓게 보면, 산업혁명 이후 인간이 하루를 살면서 관리된 10시간 또는 12시간을 매일 아침부터 저녁까지 계속해서 일한다는 것은 극히 부자연스러운 생활방식이었다. 그런데 그것이 부자연스럽고, 부자유스러운 것이라는 것을 그것과 처음 마주친 대부분의 사람들은 곧바로 이해했다. 그래서 그러한 노동생활에 편입되기 시작한 제1세대와 제2세대까지는 다양한 반대운동을 일으키고 저항했다. 왜냐하면 그 이전의 생활방식에 대한 '기억'이 남아 있었기 때문이다. 하지만 그 이후의 세대에 이르러 어느덧 그 기억은 남아 있지 않게 되었다. 그들은 마치 세상이 원래부터 그렇게 짜인 것으로 느꼈기에 거기에 자신을 맞추기 시작했다.

투기를 통한 부의 환상을 창조하는 현대 금융자본주의 아래서 교회가 한 가닥 희망이 되기 위해서는 우리가 이렇게 살지 않았던 세계를 기억할 수 있게 할 때에 가능하다. 성서는 하나님이 기억하는 분이며 신앙은 우리가 하나님께서 하신 일을 기억하는 것이라고 말한다. 성서 전체를 통틀어 '기억하다'와 관련된 말은 모두 328번 나오는데, 성서는 '기억하다'로 시작해 '기억하다'로 끝난다 해도 과언이 아니다. 사도행전 2장과 4장에 초대 교회의 기억이 우리에게 전해온다. 복음서에 예수의 하나님 나라 복음에 대한 기억이 우리에게 전해온다. 히브리 성서에 고아와 과부와 나그네를 특별히 살피시는 야훼 하나님에 대한 기억이 고스란히 우리에게 전해온다.

그 '위험한 기억dangerous memory'이 살아 있는 기억으로 날마다 교회에서 예배되고 선포되고 교육될 때 기후 붕괴의 시대를 사는 우리에게 희망이 있다.

3

창조영성과 그 목회적 적용 가능성 모색

박성용

1. 시대의 징조로서 위기와 변화의 긴급성

2000년대 이후에 들어와 전 지구적으로나 자신이 사는 지역에서 우리가 피부로 느낄 만큼 위기에 대한 의식이 점점 뚜렷해지고 실감할 정도가 되고 있다. 최근 몇 년의 사례를 통해 보면 미국에서 기원한 부동산 시장에서 발생한 금융 위기의 지구적 혼란, 급등한 기름 값으로 인한 각종 수입농산물과 원자재의 비용 상승과 생필품의 상승압박 등의 지구경제의 위기감이 증폭되고 있다. 또한 더욱 심해진 폭염과 태풍의 잦은 피해와 배추 값의 폭등 등을 가져온 지구 온난화의 어두운 결과들은 전에는 멀리서 희미하게 보이던 것이 바로 내 주변에 바싹 다가와 일상의 현실이 되면서 안전에 대한 두려움과 절망이 유포되고 있는 것이다.

엘 고어의 〈불편한 진실〉이란 영화에서 이야기하듯이 개구리가 뜨거운 물에 들어가면 위기를 즉각 간파하고 튀어나오지만, 아주 서서히 불을 달구기 시작하면 위기를 느끼지 못해서 움직이지 않는다는 비유처럼 그만큼 서서히 달궈지는 환경 위기는 이미 뜨거운 상황이 되었는데도 우린 아직 움직이려고 하지 않는 상황이 되어버린 것이다. 또 하나의 문제는 이런 문제를 발생시킨 장본인인 부유한 국가들은 그대로 편하게 살지만, 친환경적으로 살던 제3세계의 아프리카 등의 국가들처럼 피해는 다른 사람들이 보고 있다는 점이다. 더욱 심각한 것은 환경 문제의 원인이 남이 아닌 '나'에게 있기 때문에 자기의 행위를 의심한다는 것은 참으로 어려운 난제가 되고 있다.

낡은 기술을 가지고 낡은 생활습관대로 사는 삶은 별로 환경에 큰 변화를 주지 않으며 예측이 가능하지만, 첨단 기술을 갖고 낡은 생활습관대로 산다는 것은 예측 불가능한 엄청난 결과를 초래한다. 엘 고어의 이 〈불편한 진실〉은 위기의 상승과 이를 근본적으로 해결해야 할 변화의 요청이 이제 이 시대의 징조가 되었을 뿐만 아니라 그 변화와 규모에서 긴급함을 요청하고 있다는 경고이다. 그럼에도 불구하고, 이런 환경 위기는 사실상 또한 우리 기독교의 영적 위기의 바로미터가 된다. 왜냐하면 외적인 행동의 결과는 언제나 안에서 일어난 것을 투영하기 때문이다. 하나님이 이 세상에서 일어나는 문제와 상관없다고 생각하는 전통적인 신앙관이 초래한 우리와 자연과의 결속 상실로 인한 우주적인 고독 속에서, 인간 중심의 거만함과 자연 파괴를 가져온 무기력증은 바로 기독교의 자기 존재의 근거인 신비적이고 예언적인 감각의 상실(창조영성의 상실)에서 오기 때문이다. 이것이 지금 열대우림을 베어내고, 미래 세대를 죽이면서도 자기 홀로 경건하고 행복해 할 수 있었던 이유인 것이다.

2. 위기의 시대에서 기독교 신앙의 재성찰

환경 문제에 대응하기 위한 기독교 신앙의 참됨의 기준과 실천 에너지의 근원에 대한 판단의 세 가지 패러다임 축은 창조사건에 대한 이야기(존재론적 측면), 출애굽 사건에 대한 이야기(윤리적 측면) 그리고 그리스도 사건에 대한 이야기(전망적 측면)의 접합점에서 이루어진다. 성서의 증언에 따르면 기독교 신앙 공동체의 존재 근거는 하나님께서 먼저 행하신 샬롬의 질서화에 있다. 창세기 서두에서 보듯이 혼돈과 어둠(카오스)에서 "있으라" 하신 창조주 하나님은 먼저 그분의 "있으라"라는 의지에 의해 만물들이 자기 삶의 공간을 갖게 하신다. 이 "있으라"라는 신의 명령이 바로 모든 생명의 다양성, 풍족함, 평화로운 상호의존이라는 샬롬의 질서화를 가져오며, 각 생명의 존재론적 근거를 그분의 의지를 통해 얻게 된다. 신은 이러한 다양성, 풍족함, 상호관계성에 의해 '보기에 좋았다'는 심미적 충격과 기쁨을 이들 존재로부터 받으며, 창조자로서 경이로운 우주 만물에 흡족하며 안식하신다. 샬롬의 질서화의 가장 궁극 상태인 이 '안식'은 '존재의 근거/힘'이신 창조주가 피조물에게 주는 궁극의 선물이자 창조의 최종 목표이다. 또한 인간은 '하나님 형상'에 근거하여 신의 자비와 신의 뜻을 실행하는 능력을 품수받으며 생물에 '이름을 짓는' 행위를 통해 상호 교제 능력을 갖고 샬롬의 질서화를 위한 대리인의 역할을 수행한다.

하나님 백성의 태동에 대한 시원적 사건primordial event으로서 출애굽의 이야기는 샬롬의 질서화에 대한 윤리적이며 사회구조적 행동의 근거를 제시한다. 억압, 고역, 지배, 폭력의 이집트로부터 자유, 해방, 평등의 가나안으로의 여정을 통해 이들은 정체성의 변화(떠돌이 밑바닥 집단인 하비

루가 이스라엘이 됨)를 얻게 되었고, 그 정체성의 확증으로서 십계명에 대한 약속 즉, 삶의 신성함에 대한 헌신(1-4계명)과 형제자매로서의 상호 의존성(5-10계명)에 대한 계약covenant을 통해 해방 공동체 안에서의 샬롬의 질서화를 가시화한다. 출애굽 사건이 특히 중요한 이유는 어떤 하나님을 계시받았고, 그들은 누구를 섬기며, 어떤 삶을 지향해야 하는가에 대한 근원적 경험을 갖게 되었기 때문이다. 즉 하나님은 신음하는 자들의 고통과 신음을 '보시고 들으시며 행동하시는' 분이시라는 것과 자기 자신을 윤리적·사회적 어둠과 혼돈에서 샬롬의 질서화로 불러내시는 분이시고 이에 대해 이스라엘은 책임을 갖고 있고 이에 대한 헌신의 계약으로서 우리의 삶이 존재한다는 것이다.

또한 예수님의 하나님 나라 실현의 목회는 샬롬의 질서화에 대한 재-표현이자 전망에 대해 확증한다. 즉 존재적 근거로서 혼돈(카오스)으로부터 샬롬의 질서화(코스모스)로, 그리고 윤리적이고 사회구조적인 행동 근거로서 억압, 폭력, 죽음, 고역 그리고 지배질서로부터 샬롬의 질서화(해방 공동체의 형성)는 예수의 목회에서 극명하게 초점을 이루게 된다(신의 자비로움에 근거한 샬롬과 돌봄 공동체의 형성). 예수께서는 신의 통치(신의 현재적이고 역동적 활동으로서의 통치/지배)를 선포하고 안식의 최고점인 '주님의 은총의 해'(눅 4:18-19; 묶인 자에게 해방, 눈먼 자가 눈뜸, 억눌린 자의 자유)를 목회의 알파와 오메가로 삼는다.

그의 하나님 나라 목회는 비유, 치유, 식탁 교제를 통해 가시화된다. 첫째, 생태적 비유를 통해—들의 백합/공중의 새, 겨자씨, 문, 양, 빛/소금, 밭의 보화, 무화과나무, 누룩 등등—존재하는 사물에 내재된 신성을 드러내어 삶의 거룩성과 약자들에 대한 하나님의 관심을 증거한다. 둘째, 몸의 치유를 통해 영혼만이 아니라 이 세상에서의 온전한 실존과 육체성에 대한 관심, 파괴된 몸과 상처난 몸(인간의 몸과 지구의 몸)의 고통과 분리에 대한 극복을 보여주신다. 셋째, 사회적 약자들과의 식탁 교제를 통해 하나님 나라에서의 친교와 돌봄의 전망을 여신다. 추방된 자들에 대한 식탁에서의 포용하심과 그들과의 친교는 미래에 모든 존재들이 포용되고 친교를 할 것이라는 종말론적 전망을 열어준다.

비유는 샬롬의 질서화에 대한 인식론적 변화를("이건 새로운 권위인데"), 치유사건은 고통받고 상처받기 쉬우며 빈궁한 몸에 대한 샬롬의 질서화의 확대와 그 철저성을, 그리고 추방된 자들과의 식탁 교제는 생명의 향연에 대한 비전을 제시함으로써 샬롬의 질서화에 대한 미래적 전망을 제시한다(빈궁한 생명이 포함되는 포용적이고 비계급적인 생명의 향연과 풍성함 그리고 그 기쁨—'보기에 좋았더라'의 재표현). 이렇게 예수의 하나님 나라의 목회—샬롬의 질서화—는 만물 안에 계시고, 만물을 통하여 계신 우주적 그리스도를 통하여 새로운 가난한 자인 생태적 타자와의 친교와 돌봄의 우주적 목회로 확산되는 것이다.

3. 지속 가능한 미래 사회를 위한 기독교 신앙에의 새로운 도전

창조 사건, 출애굽 사건 그리고 그리스도 사건에 대한 성서의 근본적인 비전이 바로 위기의 시대에 21세기 인류가 모색하는 지속 가능성의 문제인 인간, 미래 세대 그리고 자연 간의 샬롬의 비전과 연결되는 신앙적 기초를 제공하게 된다. 하나님께서 '보시기에 좋았던' 창조질서의 회복에 대한 근본 전망으로부터 21세기 기독교인은 지구적 샬롬의 질서화를 위한 보편적 책임성이라는 새로운 자기 실존의 의미를 부여받게 된다. 이제는 1970년대 이후 지구 공동체가 국제환경회의를 통해 제시한 인류의 새로운 덕목인 '지속 가능성'에 대해 책임을 지고, 인류의 새로운 계약인 '지구헌장the Earth Charter'이 출현하게 되었다. 이 '지구헌장'이 제기하는 새로운 신성한 믿음으로서 "지구의 생명력과 다양성과 아름다움을 지키는 것"에 대한 요청은 기존의 기독교 신앙생활에 대한 새로운 도전을 가져오고 있으며 이들 도전의 특징들은 다음과 같다.

· 신앙의 관심 영역이 교회 내부와 개인의 영혼의 문제라는 좁은 관점에서 지구가 문제가 되는 신앙훈련에 대한 방향 설정을 다시 해야 한다(세상에서 참살이의 심화).
· 환경 파괴의 시급성과 수정 가능한 시간의 제한은 '변화'를 가져오는 신앙훈련이 요구된다(선택, 개입, 변혁을 통한 변화를 가져오는 기독교인의 윤리적 결단).
· 지구의 생존은 상호관계성, 공동 협력, 대화, 보편적 책임성을 강조하는 지구 윤리에 의존한다(지구 시민으로서 보편적인 공동의 선에 대한 헌신으로의 전환).
· '더불어 사는 삶'이 가능한 갈등 해결 능력을 갖춘 기독교 제자직 훈련이 요청된다(소수자의 인권 존중과 사회적·생태적 타자와의 공존 능력 강화).
· 마음의 변화와 사회구조의 개혁은 생명을 섬기는 신념과 가치를 내재한 종교적 상징의 재활성화를 전제한다(상징의 힘 부여 능력 회복).
· 위기 상황에 대한 빠른 대처, 의사 결정의 민주적 수렴 그리고 시민단체와의 공동사업과 파트너십을 강화하는 신앙수련이 중요해졌다(샬롬의 통치를 위한 협력적 지도력의 강화).

4. 창조영성의 의미

기존의 신앙의 패러다임이자 어거스틴과 종교개혁자들에 의해 완성된 타락-구속fall-redemption 모델은 하나님이 어떻게 인간 영혼 속에서 일하시는가 하는 내향성을 강조함으로써 인간 중심주의의 사고틀을 형성하고 이는 토양 살해, 생태 살해 등의 죄를 적발하는 데 무능하였고, 원죄를 강조함으로써 우리 인생의 이 지상성, 육체성, 아름다움, 축제에 대한 감각에 대한 부정적 시각을 얻었다. 이는 생에 대한 냉소, 무관심 그리고 따분함으로 이어지는 것이다. 결국은 지구 파괴에 대한 인간의 책임과 자기 결단의 창조적 능력을 북돋는 데 무력해지고 말았다.

어거스틴보다 더 오래된 성서 전통으로서 창조영성은 공간과 시간의 피조물들에 대한 관계 회복이라는 영성에 관한 것이다. 공동 관계로서 모든 존재는 상호관련됨, 교제함, 응답함 속에서 정체성을 지닌다. 신의 거룩성은 이 관계를 통해 표현된다. 창조영성은 야휘스트 기자의 "좋았다"는 선언처럼, 생을 선물로 즐기고 나누며 감사하며 이에 대한 심미적 표현을 긍정하게 된다. 존재한다는 놀라움과 경외를 각성시킴으로 사소함, 산만함, 중독 등에 덜 종속시킨다. 신의 의지에 따라 모두의 기원은 거룩하며, 따라서 우리의 운명도 타자에 의존해 있고, 모두가 구원받지 않으면 어느 누구도 구원받을 수 없다는 사실을 알려준다. 창조영성은 생에 대한 신비주의를 부활시켜 하나님(예, "있음isness"이신 하나님—에크하르트)의 자비와 만물의 상호관계성을 회복시키며, 사물에 대한 깊은 경외, 이 세상에 대한 긍정, 쾌활성과 유머, 그리고 마음을 각성시켜 힘을 부여하게 된다.

5. 창조영성에 기초한 목회의 전망·

예배

우리의 경외는 하나님의 선한 창조력을 통한 창조질서의 아름다움과 우주적 깊이를 맛봄으로 시작한다. 존재하는 것에 대해 "좋다" 하신 신의 축복에 대해 감사의 응답이 예배이며 이는 인간 위주나 역사 중심의 종교 언어 사용을 넘어서 존재하는 모든 것에 대해 더욱 깊이 존중함과 다양한 생명들이 우리에게 주는 삶의 지혜와 녹색 은총을 통해 현현하는 생명의 거룩함과 그 거룩함의 근거이자 힘이 되시는 신의 활동을 우리는 예배를 통해 경축한다. 존재하는 것의 선함과 선물로서의 생에 대한 찬양은 우리가 경험하는 비탄과 슬픔을 극복한다. 은총이 모든 존재 이전에 먼저 있었다. 우리가 은총의 감각을 회복할 수 있게 되면, 또한 다른 이와 다른 존재들에게도 은총을 베풀 수 있는 치유의 작업과 진정한 노력들이 생겨난다.

이 무조건적인 사랑에 의해 넘치는 풍부성의 감각은 은총의 희소성에 따른 소유와 경쟁으로부터 우리를 자유롭게 한다. 여기서 우리의 기도는 이제 생명에 대한 철저한 응답이 된다. 생의 거룩함과 선함에 대한 철저한 긍정(신비주의)과 더불어 신의 은총을 제한하는 어떤 어둠과 억압에 대한 부정(예언)의 힘이 '솟구치는 샘'을 맛본 영혼들의 공동표현을 통해 형성된다. 그리고 생명들은 이러한 은총의 동역자로서 존재하며, 예배는 선물로서의 삶의 거룩함과 신비를 경외하는 데 있어 인간 중심적이고 역사 중심적인 영역을 넘어서 생태적이고 우주적인 차원이 그 깊이, 넓이 그리고 높이에 있어서 더 확장된 영역에서 신과의 접촉점이 열리게 된다.

선교/봉사

"보기에 좋았다"는 하나님의 세계에 대한 심미적 감동과 그리스도의 성육신 사건은 우리의 땅에 속함the earth-ness에 대한 각성을 불러일으키며, 세계를 하나님의 몸으로서 성사적인sacramental 것으로 보게 한다. 세계를 성사적으로 본다 함은 하느님이 모든 것 안에 그리고 모든 것이 하느님 안에 있음을 보는 것이다. 즉 신의 은총과 자비의 보편성을 통해 우리 모두가 연계되고 우주는 하나의 공동체가 된다. 그러기에 조화, 아름다움, 정의가 요구된다. 이 보편성 속에서 개인화된 이원론이 아니라 타자에 대한 존중이 싹튼다. 신의 은총과 자비의 보편성에 대한 자각을 통해 우리는 자신이 신의 자녀라는 인격적 존엄에 대한 이해와 하나님 나라의 건설에 대한 보편적 책임감에 대한 각성이 일어나게 된다. 왜냐하면 그분의 자비가 우주에 편만하다는 것은 세상 만물에 대한 그분의 자비에 대한 응답으로서 자연스러운 우리의 보편적인 책임감을 불러일으키기 때문이다.

이 자비를 통해 우리는 타자의 고통에 개방되며, 비움, 침묵, 어둠을 통해 신적 깊이에로 잠겨들어간다. 우리가 은총의 선재성을 인식하면, 실제로 아무것도 잃을 것이 없다는 통찰의 기회를 얻게 되며, 따라서 우리는 해방에 투신할 수 있게 된다. 은총 안에서 자기 겸허를 통해 여러 마음의 무장들이—경쟁, 성공, 소유, 능력의 확보—해체되는 삶의 변화가 일어나게 된다.

친교

지배와 고역의 종살이에서 벗어나 새로운 하나님의 백성으로서 우리의 정체성을 회복하고 이를 확인하는 것은 삶에 대한 축제와 친교를 강화시킨다. 신앙공동체는 축제와 친교를 통해 힘을 부여받고 해방과 자유의 체험들을 소통하고 다음 세대가 이를 자연스럽게 받아들이도록 함으로써 공동체의 정체성과 상호 신뢰를 지속한다. 파괴적이고 비극적인 죽임의 삶이 아름다움과 놀라움, 경이와 정의, 부드러움과 즐거운 놀이를 창조하게 되는 것이다. 그리하여 내면의 심리학에 머물러 희생과 무거움에 둘러싸여 있던 우리는 춤추는 자이신 하나님의 춤이 되어 교제하고 긴장을 풀며 즐거움을 발견한다. 이 놀이와 교제를 통해 그 어떤 자기방어의 수단을 갖지 않고 오히려 자신의 연약함에도 불구하고 상대방에게 더욱 개방적이게 된다. 그래서 타자와 낯선 자는 위협과 경쟁이 아니라 힘과 생명을 주는 파트너가 된다. 이들의 친교는 사회적·생태적 약자의 존엄과 정의 그리고 그들의 축제를 포함한다. 이 축제를 통해 약자들은 상상력을 강화하고 신적 에너지를 부여받으며 새로운 자기 세계를 창조할 힘을 얻는다. 왜냐하면 친교는 우주적 상호 의존에 대한 새로운 인식을 수반하기 때문이다.

이 상호 의존 속에서 신의 자비가 품어져 나오고, 타자에게 주는 것은 자연스런 표현이 된다. 여기서 무력감과 냉담, 분열이 치유되고 불의로 고통받는 희생에 대한 회복적 정의로의 열정이 창조된다. 그리하여 새 창조, 즉 하느님의 백성의 새 탈출과 새로운 해방으로 변혁의 길이 열리는 것이다. 샬롬의 질서화는 구약의 창조 사건과 출애굽 사건에서 예표되고 그리스도 사건에서 실증되며 보혜사 성령의 사역을 통해 궁극적 미래에 실현될 것에 대한 선취가 된다. 이는 바로 더 이상 어둠과 혼돈이 없는 샬롬의 질서화로서 교제와 그 창조의 면류관이자 궁극 표현인 안식이 바로 그것이다.

교육

창조영성은 하나님의 형상이자 공동창조자로서의 우리의 내면을 발전시킨다. 기존의 교육 모델은 죄로 인한 인간의 불완전함과 두려움의 강조를 통해 이러한 신의 형상을 억압하고 상상력을 거세하였다. 그리하여 영혼이 왜소해지면서 폭력적이게 되고 권태를 증가시켰다. 따라서 창조영성 교육의 근본은 우리 안의 신적인 창조성에 대한 각성을 통해 우리의 신성에 대한 잠재성(하나님의 형상)을 현실화하고 이를 성장시키는 데 노력한다. 그러한 수련을 통해 우리는 치유하고 일치시키며 힘과 지혜를 길러내고 사회의 변혁에 공헌한다.

은총과 자비의 선제권—하나님께서 먼저 하셨고 우리와 함께하신다/성육신—에 대한 각성으로서의 신앙 수련은 삶의 선함과 존재들의 가치를 식별하고 삶의 의미에 대한 전망과 의미를 재창조할 수 있는 인격 혁명을 가능케 한다. 절망과 냉소 그리고 분노가 자유와 정의의 새 창조의 길로 변혁된다.

6. 맺는 말

창조영성에서 신의 자비와 은총은 치유와 축제 그리고 정의를 실천할 수 있는 에너지를 가능케 하고 대안의 지속 가능한 삶을 가능하게 하는 존재론적이고 실천적인 에너지원이자 원리로 이해된다. 즉, 신의 자비는 사적이며 감상적이고 도덕적인 성격을 넘어서서 정의를 실천하고, 축하하며, 자기 사랑과 타자 사랑을 하나로 하는 상호의존적이며 실천적인 영성의 핵심인 것이다. 그것이 인간의 인간다움의 생활방식이 되고 사회 변혁의 행동방식이 된다. 그것의 결여로 사회는 식량과 에너지 문제, 과학의 비인간화, 실직과 불필요한 사치와 소비품의 증가, 삭막한 관료주의, 냉혹한 경제학, 메마른 일과 지루한 교육활동, 자연에 대한 폭력 등으로 이어지게 된다.

이에 반해 창조영성 목회로의 초대는 생의 거룩함에 대한 신비 체험을 강화하고, 엘리트 영성이 아닌 민중의 영성을 지향하며, 사회적·생태적 약자를 위한 평화, 정의 그리고 해방의 길을 열어주며, 메마른 현대 교회의 목회를 일과 놀이 그리고 축제와 연결시킴으로써새 영혼, 새 땅 그리고 새 하늘의 출현에 기여하게 된다.

창조 사건, 출애굽 사건 그리고 그리스도 사건 안에 일관되게 흐르고 있는 것은 '샬롬의 질서화'에 대한 신의 의지와 이에 관여하는 신의 자비이다. 우리의 목회가 구원을 개인 영혼 안에서만 일어나는 것으로 오해함으로써, 신의 통치를 세상에서 인간의 심리적 영혼의 문제로 국한하게 되어 그동안 악의 통치는 세상에서 그 위력을 발휘하고 있다. 그렇기에 환경의 위기는 곧 신앙의 위기요 영적 위기이기도 한 것이다. 구속적 영성 redemptive spirituality이 창조영성creation spirituality 안에 근거 지워지고 우리의 목회가 샬롬의 질서화라는 존재론적이고 사회적이며 생태적인 영역을 회복할 때 환경 문제는 새로운 돌파구를 얻게 되고 '새 하늘과 새 땅'에 대한 가능성을 얻게 된다. 21세기 한국 기독교가 사회적 지도력을 얻고 영적 근원을 회복할 수 있는 길은 바로 이러한 샬롬의 질서화라는 성서 비전을 투철하게 하는 생명평화 목회를 회복할 때 가능하게 될 것이다.

기후 변화와 생태 예배, 그리고 생활*

홍순원

이 글에서는 네 마당으로 기후 변화 문제를 설명하고 그 구체적인 실천을 제시하려 한다. 첫째 마당에서는 신학적인 설명을 할 것이다. "기후 변화와 생태 예배, 그리고 생활"이라는 주제로 창조세계 보전이나 생명신앙의 면에서 교회가 벌이고 있는 신앙적인 노력들을 소개하겠다. 다음으로는 창조 신화 안에 암시된 예배와 기후 변화에 대한 통찰을 통하여 생태적인 예배와 영성 그리고 그 삶을 찾아보려고 한다.

둘째 마당에서는 창조절 성만찬 예배를 안내해서, 교회들에게 '생태 예배'의 한 모범을 제시할 것이다. 이와 함께 설교/강론 자료를 제시하고 그에 따른 예배활동 만들기를 안내하려 한다.

셋째 마당에서는 기후 붕괴의 주범인 이산화탄소의 배출을 줄이는 것

---

* 이 논문은 2009년 한국교회환경연구소가 개최한 "기후변화 시대의 교회교육" 세미나에서 필자가 발표한 글을 수정, 보완한 것이다.

은 물론 우리의 삶 전체가 생태신앙으로 짜인 '주간 기도생활'을 안내할 것이다.

첫 마당: 기후 변화와 생태 예배, 그리고 생활

1) 창조세계 보전과 생명을 위한 신앙과 예배

기후 변화와 예배가 어떻게 직접적인 연관이 있는지, 둘을 직접 연결 짓기는 어렵다. 그리스도교 예배는 기후제가 아닐뿐더러, 예배를 통해서 기후를 바꿀 수도 없기 때문이다. 이 주제를 다루는 또 하나의 어려움이 있다. 기후 변화를 주제로 하는 예배의 사례나 현장이 없다는 점이다. 아무튼 나는 개인으로는 섬기는 교회에서 예배력과 사계절에 따라 드리는 예배 안에서—계절마다 죄의 고백이나 기도 등의 순서들을 통해서—자연은 물론 날씨, 기후, 농사에 대한 관심을 표현하고 있다. 그러나 이것은 직접적으로 기후 변화를 염두에 두고 하는 것은 아니다. 이런 사정은 생태나 환경 문제에 관심이 있는 다른 교회들도 마찬가지일 것이다. 그러나 주제를 더 넓혀서 창조세계 보전과 생명이란 차원에서는 교회연합운동에서는 물론이고 각 교단마다 신앙적이고 교육적인 노력을 상당히 기울이고 있다고 본다.

내가 속한 교단(한국기독교장로회)에서는 교단의 문서와 교재와 예배를 통하여 창조세계 보전과 생명신학의 관점에서 생태나 환경 문제에 아주 큰 노력을 기울여왔다. 생태에 대한 신앙적 관심이 교단 삶의 전면에 부각된 것은 1987년 교단의 「제5문서」를 통해서였다. 제5문서는 그 당시 세계 교회에서 논의 되던 '정의 · 평화 · 창조세계 보전' 신학을 우리 한국 교회의 상황에서 깊숙이 수용한 것이다. 이 문서는 '정의의 원리', '사랑의 원리', '평화의 원리', '창조세계 보전의 원리'를 제시하며, '창조세계 보전의 원리'를 통해서 생태 문제를 신앙과 교육의 전면에 내세웠다. 이에 따라 교회 교육에서도 창조세계 보전을 위한 교육을 그 중요 과제로 정하고, 3년 주기로 어린이부와 청소년부의 교재를 발간하여, 창조학기를 두고 집중적으로 창조신앙을 교육했다. 이때부터 교단 안에 '생명교육'이란 큰 흐름이 이어지고 있다.

창조신앙과 생태에 대한 관심이 예배 안에도 직접적으로 반영되었다. 우리가 쓰는 예배력은 전통적인 축제력을 개혁한 '삼위일체력'이다. 이 '삼위일체력'은 긴 성령강림 절기를 나누어, 그 후반기(9월 첫주)부터 '창조절'을 두어 하나님의 창조의 섭리를 되새기도록 하고 있다. 예배력 자체가 자연 생태에 관심을 갖도록 되어 있다.

우리 교단에서는 2003년 '은총·생명·섬김'이라고 하는 희년 신앙을 선포했다. 이에 따라 교단헌법의 「예배모범」을 개정하고, 교단의 예배서인 「희년예배서」를 냈다. 이 개정된 예배모범은 예배신학을 혁명적으로 바꾸었다. 하나님의 백성들이 드리는 예배 앞에 생태예배를 먼저 안내했다. 이 예배모범의 1장은 "온 생명의 찬양"이다. 그 안에 '1) 온 만물과 생명의 창조주 하나님, 2) 온 생명에 가득한 주님의 은총, 3) 온 피조물의 찬양과 예배, 4) 하나님의 새 창조'라고 하는 항목들이 들어 있다. 이른바 생태예배이다.

이 같은 생태예배 신학을 반영하여 「희년예배서」는 '계절에 따른 생업 축복 예식'이라고 하는 독특한 예배순서들을 안내했다. '달맞이 축복 예식(대보름)', '씨 뿌림 축복 예식(봄 파종)', '첫 열매 축복 예식', '가을걷이 축복 예식'을 마련해서 자연의 운동과 그 질서 안에서 일하는 삶을 축복하도록 했다.

농촌 교회에서는 더욱 활발하게 생명교육 활동을 하고 있다. '기독교 농촌개발원'이란 곳을 중심으로 농촌 목회자, 신학생 그리고 교인들을 대상으로 자연과 생명에 대해 공부하는 모임을 계속 열고 있다. 또한 24절기 묵상집을 마련해서 교인들이 일 년 내내 자연의 순환을 따라가며 생명과 노동을 그리스도교 신앙으로 묵상하도록 지도하고 있다.

이런 노력들과 함께 6월 첫주를 환경주일로 지키며 총회 차원에서 생태, 환경, 기후 문제를 교육할 수 있도록 자료들을 공급한다. 신도회 차원과 노회마다 요즘은 환경에 대한 관심을 가지고 종종 세미나를 열고 있다. 특히 여신도회를 중심으로 이미 1980년대부터 생명운동이 전개되어 왔고, 1990년, 서울에서 J.P.I.C.(정의, 평화, 창조세계 보전)대회가 열린 것을 계기로 1993년도부터는 제5물결 운동이라고 하는 그리스도교 생태실천, 생활운동을 활발히 벌여왔다.

이제 생명운동은 본 교단 선교의 제1순위가 되었다. 1970~80년대 민주인권운동, 90년대 통일운동에 이어, 2008년에는 교단에 '생태공동체운동본부'를 두고 생명운동에 모든 역량과 관심을 집중하고 있다. 이 생태공동체운동본부는 정부가 벌이는 4대강 정비사업과 같은 반생태적 정책을 비판하는 것과 함께 교단 산하의 모든 교회들을 환경과 생태, 생명살림의 실천 안으로 엮어가고 있다.

사실 교단적인 차원에서는 아주 적극적이고 활발하게 환경과 생태의 문제를 신앙의 과제로 삼고 씨름하고 있다. 실제로 그 내용면이나 실천면에 있어서 일반 공교육이나 그 어느 시민사회단체보다 더 생태에 대한 인식을 깊이하고, 그 운동을 벌이고 있다. 그러나 이런 노력들이 아직 개교회까지 깊숙이 영향을 미치고 있는 것 같지는 않다. 교인들은 교회를 통하여 종종 환경에 대한 인식을 하고, 간단한 생활의 실천들을 해가지만, 이 생태 문제를 그리스도교의 구원의 문제나 신앙의 문제로 여기는 것 같지는 않다. 이제는 교회연합이나 교단 차원의 생태환경 운동이 더욱 깊숙이 교회의 생활 안에서 이루어져야 하고, 이것을 구원과 신앙의 문제로 인식할 수 있어야 한다.

2) 창조신앙에 나타난 기후 회복 이야기

기후 변화와 예배라는 주제는 창조신화 안에서 통찰할 수 있다. 신화나 설화는 역사적 사실은 아니다. 그러나 옛 사람들이 지어낸 미개한 이야기만도 아니다. 심층심리학과 인류학, 신화학 같은 학문들이 발전하면서 신화의 소중함도 깨닫게 되었다. 신화나 설화는 이성으로는 알 수 없는 것에 대한 직관적 통찰을 담고 있는 상징의 언어이다. 그 안에는 세계와 인류, 생명의 기원이나 본성에 대한 진실을 담고 있다.

창세기의 '원 역사' 가운데(8:20-9:11) 기후의 회복 이야기가 나온다. 홍수가 끝나자 노아는 제단을 쌓고 주님께 제사를 드린다. 주님께서는 이 제사를 받으시고, 다시는 사람으로 인해 땅을 저주하지 않겠다고 하시며, "땅이 있는 한 뿌리는 때와 거두는 때, 추위와 더위, 여름과 겨울, 낮과 밤이 그치지 아니할 것이다"고 선언하신다(8:22). 이는 곧 기후 회복의 선언이다. 이어서 하나님은 이 회복된 기후가 안정되고 영구하도록 노아와 그 아들들(인류)과 함께 땅과 계약을 맺으신다(9:13). 그리고 그 표시로 하늘에 무지개를 걸어두신다. 이 무지개 계약은 하나님과 노아만의 계약이 아니다. '하나님과 땅 사이에 노아와 더불어' 맺은 계약이다. 곧 '하나님-땅-인류' 삼자 계약이다.

기후 붕괴의 원인은 인류의 범죄 이야기에서 시작된다. 창세기 3장에서 첫 사람은 동산 한가운데 있는 지식나무의 열매를 따먹으라는 뱀의 유혹을 받는다. 첫 사람은 그 열매를 따먹고 눈이 밝아졌다. 그러나 하나님의 말씀을 어긴 죄로 에덴동산에서 쫓겨난다. 이 낙원 추방의 신화 속에 인간의 운명과 본성이 담겨 있다. 이것은 총체적 소외의 이야기이다. 인간은 눈이 밝아진—짐승과는 차원을 달리 하는 신적인 속성을 가진—존재가 되었지만, 하나님과는 남이 되었다. 하나님과 남이 된 인간은 서로를 탓하며 핑계대면서 자신들끼리도 남이 되었다. 하나님과 이웃과 남이 된 인간은 에덴으로부터도 소외되어서, 에덴 밖의 황량한 세계에서 살게 되었다. 이로써 인간은 하나님을, 동료 인간을, 그리고 자연을 나와 연결된 존재가 아닌 타자로만 여기고, 나를 위한 수단으로 삼게 되었다. 때문에 모든 것이 서슴없이 정복하고 착취하는 적대 대상이 되고 말았다.

우리는 에덴동산을 '하나님의 창조질서 안에 있는 세상'으로 이해할 수 있다. 그리고 하나님의 창조질서를 자연질서로 받아들일 수 있다. 창세기 1장(P기자)의 통찰에 따르면, 하나님은 말씀으로 우주를 지으셨다. 그러나 식물과 생물들은 "땅에서" 생겨나게 하셨다(1:11, 24). 하나님의 말씀을 받들어 땅이 생명들을 냈으므로, 생명들은 땅(자연)의 질서에 속하게 되었다.

그러나 인간은 더 이상 에덴 안에서는 살 수 없게 되었다. 자연질서 밖에서 자연을 거스르며, 자연을 정복하며 살게 되었다. 인간은 자연에게만 폭력을 행사한 것은 아니었다. 모두와 남이 된 인간은 하나님께도, 인간 서로에게도 악을 행하는 존재가 되었다. 주님의 눈에는 사람의 죄악이 온 세상에 가득했다(6:5). 하나님이 내신 땅은 무법천지가 되었고 하나님은 땅을 쓸어버리기로 하신다(6:13).

이 인간의 악과 폭력으로 인한 땅의 황폐 때문에 하나님은 대홍수를 세상에 내린다. 이 대홍수가 상징하는 바는 땅과 생명의 모든 것이—기후도—도로 하나님이 천지를 지으시기 이전의 혼돈 상태로 돌아가는 것이다. 생명(질서)의 붕괴이다. 그러나 하나님은 하나님 앞에서 살아가는 사람 노아를 보전하시고, 이 노아의 제사를 통해서 다시 새 세상을 여신다. 노아가 하나님께 제사를 드리자, 다시 계절과 기후는 정상으로 돌아갔고, 하나님은 노아와 땅과 더불어 영원토록 세계를 보전하시는 무지개 계약을 맺으신다.

이 신화는 기후 회복을 위해서 인류가 하나님과 자연과 바른 계약의 관계 안에서 살아가는 삶, 곧 예배의 삶이 필요함을 알려준다. 깊은 차원에서 기후 회복과 예배 공동체의 삶은 직결되어 있다.

3) 예배하는 백성의 생태적인 영성과 삶

바른 관계 안에 있는 영성: 하나님과 노아와 땅의 삼자계약은 인간이 맺어야 할 바른 관계를 보여준다. 인간은 '하나님 안에서', '이웃과 더불어', '자연의 질서에 따라서' 살아야 한다. 하나님 안에서 사는 것은 야훼 하나님을 주님으로 모시고, 그 뜻 안에서 사는 것이다. 하나님을 모시고 사는 인간은—이것이 하나님 사랑인데—동료 인간과는 더불어 살아간다. 사랑으로 나누는 삶을 사는 것이다. 인간과 자연과의 관계는 '자연의 질서'에 따라야 한다. 종종 자연과 더불어 살자고 한다. 그러면서 우리는 숲과 강 옆에 아파트나 주택을 짓고 살아간다. 자연은 우리의 벗이 아니다. 우리 자신이 이 자연의 일부이다. 우리는 자연에 의존해 있다. 이제 그리스도교 신앙은 자연과 더불어 사는 삶을 넘어서, 자연의 질서에 따라 사는 것을 하나님의 창조질서로, 인간과 자연의 바른 관계로 인식해야 한다.

성체로서의 자연세계: 예민한 시인의 눈에는 자연이 물질덩이가 아니다. 시인은 자연 속에서 하나님의 임재를 경험한다(시 18:7-15). 자연은 하나님의 솜씨를 드러내고 알리는 선포자이다(시 19:1-4). 자연 안에는 이처럼 하나님의 영광이 반영되어 있다. 존 칼빈의 말대로 자연은 '하나님의 영광의 무대'이다. 이제 그리스도교 신앙은 자연을 하나님의 몸, 곧 성체로서 이해해야 한다. 하나님은 이 세상을 초월해 계신 동시에 이 세계 안에 계신다(엡 4:6/범재신론). 자연은 인간의 편의를 위해 있는 이용대상이 아니다. 인간에게 필요물을 내어주는 은총의 어머니이다. 동시에 초월자이신 하나님이 자기를 드러내시는 신령한 몸체이다. 따라서 그리스도 신앙은 자연의 귀중함을 말하는 것을 넘어서 자연을 거룩한 신비로 체험해야 한다.

가난한 영성과 삶: 생태적인 신앙에서 가난의 영성과 삶은 너무도 중요하다. 가난은 금욕주의나 궁핍이 아니다. 성서는 금욕주의와 궁핍을 가르치지 않는다. 하나님은 생명들과 인간을 지으시고 "생육하고 번성하라"하는 풍요의 복을 주셨다. 이 복을 제대로 풍성하게 누리는 가치와 삶이 가난이다. 가난은 비움이다. 우리 안에서 탐욕과 자기중심성을 버리면 하나님과 이웃과 자연을 우리 안에 다시 받아들이게 된다. 하나님과 이웃과 자연을 대상이 아니라 목적으로 대하게 된다.

가난은 생활에 필요한 만큼만 얻고 쓰는 삶이다. 현대 산업사회 자본주의 경제는 무한 생산, 무한 소비라고 하는 신화 위에 이루어졌다. 이 때문에 하나님은 '복 방망이'가 되었고, 자연은 철저히 파괴되었다. 우리 모두가 건강한 생명을 유지하는 데 필요한 만큼만 생산하고 소비하면 자연은 언제든 쓸 것을 내어준다. 필요한 만큼만 가지고 살 때 인류의 빈부 문제도 해결되고, 인간은 소유가 아니라 존재 자체를 추구하는 삶을 살게 될 것이다.

불편한 삶의 아름다움: 풍요와 편리는 우리 세계의 특징이다. 그러나 풍요와 편리가 우리의 신앙을 왜곡시키고 자연을 망가뜨린다. 그리스도교 신앙은 하나님을 예배하는 데 있다. 예배는 섬김이다. 하나님께 나아가 헌신하는 몸의 일이다. 그러나 풍요와 편리는 하나님께 몸으로 나아가는 순례신앙을 등졌다. 하나님을 우리의 번영과 편안함 속으로 불러들여서, 하나님을 인간을 위한 존재로 만들어버렸다.

풍요와 편리는 자연을 마구 이용하고 파헤치는 파괴를 가져왔다. 신앙의 회복과 생태보전을 위해서는 불편한 삶의 아름다움을 깨닫고 즐길 수 있어야 한다. 몸을 움직이는 수고는 건강을 누리게 하고, 자원을 아끼게 한다. 걷기, 일회용 안 쓰기, 냉난방 안 하기……. 이와 같은 생활들이 일상에서 불편이 아니라 몸을 놀리는 기쁨이 될 때, 우리는 몸의 가치도 새로이 발견하게 되고, 지구 자원도 획기적으로 보전하게 된다.

민감한 영의 감수성: 인간은 영적인 존재이고 영은 감수성을 가지고 있다. 건강한 영은 예민하게 감지하고 반응한다. 영은 고립되어 있지 않고 옴살스레 온 생명과 얽혀 있다. 때문에 몸 안에서 한 지체가 아프면 온 몸이 아프듯이, 이웃이나 자연이 아프면 같이 아플 수가 있다. 이것이 영의 민감성이다.

현대인들은 이 영의 민감성을 잃어버려서 이웃의 고난이나 자연의 신음을 깊이 느끼지 못한다. 그리스도교는 관상과 묵상 등을 통하여 영을 민감하게 훈련해야 한다. 고난 가운데 있는 우리 안에서 성령께서 대신 탄식하시며 기도하고 계심을 발견할 때, 자연 만물이 인간의 죄로 함께 신음하며 구원을 기다리고 있음을 느낄 때, 우리는 자연보호 차원을 넘어서 진정한 생태적인 삶을 살게 된다.

4) 생태예배를 향해서

그리스도교 예배는 하나님께서 당신의 은총을 경험하도록 계시하신 것이지만, 이 예배 안에는 인간의 상황적인 요소가 있다. 그것은 우리 시대의 영성과 언어로 드리는 것이다. 예배의 상황과 표현이란 면에서 그리스도교 예배는 이 시대의 가장 절박한 문제들을 그 안에 담아야 한다. 때문에 이 시대의 생태 문제나 기후 붕괴와 같은 상황이 예배에 반영되어야 한다. 이 문제들이 설교의 주된 주제가 되는 것은 물론, 예배의 순서들—특히 기도나 중보기도, 죄의 고백—에서 표현되어야 한다.

그러나 예배 안에 생태적인 관심을 담는 것을 넘어서서 예배의 본질을 생태의 관점에서 인식할 필요가 있다. 창세기의 무지개 계약에서 보듯이 예배 안에는 하나님과 인류만이 아니라 땅이 함께 계약(예배) 안에 있다. 우리는 예배 안에서 하나님의 구원을 회상하는 동시에 메시아가 오실 것을 기다린다. 이 구원의 회상과 기다림 속에는 온 피조물이 함께하고 있다. 바울에 따르면 현재 인간의 죄 때문에 피조물들도 함께 고통에 매여 구원을 기다리고 있다(롬 8:18-25).

우리 그리스도교 예배 안에는 그날 참석한 회중만이 있는 것은 아니다. 눈에는 보이지 않는 하늘의 천사들과 함께, 먼저 하나님 품에 안긴 모든 성도들과 함께, 하나님이 내신 온 우주의 피조물들이 함께 참여한다. 우리는 온 피조물들과 함께 기도하며 찬양하고, 말씀을 듣고 선포하며 구원의 축제를 누린다. 함께 예배하는 온 생명들이 실로 우리의 벗이요, 가족이다.

　예배 안에서 생태적인 감각을 얻기 위해 예배당의 환경과 구조도 개선해야 한다. 많은 예배당들이 나쁜 기운을 뿜어내는 콘크리트나 벽돌로 이루어졌다. 예배당 내부는 첨단의 음향이나 시청각 장비로 가득하다. 예전이 집전되는 제단은 쇼를 펼치는 극장 무대처럼 만들었다. 예배는 예배에 적합한 환경과 구조를 가져야 한다. 무엇보다 생태예배는 예배당과 제단에서 생태적인 감각을 익히고 체험할 수 있어야 한다. 예배 공간이 흙과 돌로 되어 있어서 온 예배당에 맑은 기운(생기)이 뿜어져 나와야 한다. 예전이 이루어지는 제단도 말씀을 선포하는 언덕, 성만찬을 나누는 들판, 세례를 주는 요단강인 계곡의 형상을 갖추면 좋겠다.

　예배는 모이는 차원과 흩어지는 차원을 갖는다. 주일에 교회에 모여 예배드리면, 거기서 주님은 우리를 세상을 향해 보내신다. 그러면 우리는 세상에 나아가 삶으로써 하나님 나라를 증언한다. 이른바 흩어지는 예배이고, 예배 이후의 예배이다. 생태예배를 드렸다면 나아가 세상에서 생태적인 삶을 실천해야 한다. 이를 위해 교회는 신앙교육의 자리에서 생태적인 삶을 교육하고 운동을 펼쳐가야 한다. 주일의 생태예배(모이는 교회)는 평일의 생태실천(흩어지는 교회)으로 이어져야만 한다.

(이 예배 순서는 창조절로부터 시작하는 삼위일체력에 따라, 필자의 교회에서 창조절 첫째 주일에 드리는 성만찬 예배이다. 리마예전의 요소들을—개혁교회 예배신학 안에 담아—우리 가락을 살려가며 마련해보았다. †표시는 일어난다는 의미다. 가는 글씨는 집례자가, 굵은 글씨는 회중이 읽는다.)

– 모임의 예전 –

(*입례찬송 29장)

예배부름

† **모임송.** 다같이

† **기원**

주님께서 여러분과 함께!

또한 목사님과도 함께 하시기를!(서로 돌아보며 포옹)

주님이여 원하오니 주성령을 보내소서

성령이여 오시어서 이예배를 받으소서

거룩함과 진정으로 주님찾게 하옵시고

허물어진 우리심령 다시세워 주옵소서

주님이름 부를때에 하늘생기 보내셔서

온누리와 온생명을 새로지어 주옵소서. 아멘.

† **시편 교독.** 시 8편(교독 시작과 끝에 아래 응답송을 부른다.)

♫ 온세상에 크신이름 우리주님 귀한이름

하늘높이 퍼져가네 우리주님 기린노래

어린이도 젖먹이도 주의영광 찬양하네

원수들과 반역자는 주님앞에 잠잠하네

주님몸소 만드시어 하늘위에 달아놓은

달과별들 바라보면 크신사랑 한없도다

우리가 무엇인데 이다지도 생각하며

우리가 무엇인데 이다지도 돌보실까

주님다음 자리에다 우리를 앉히시고

모든존귀 모든영광 관을씌워 주시었네

주님께선 몸소지은 삼라만상 모든것을

우리에게 주시고는 다스리게 하시었네

모든가축 야생짐승 하늘나는 날짐승들

바다고기 온갖생명 다스리게 하시었네

온세상에 크신이름 우리주님 귀한이름 ♫

† 죄의 고백

주님, 하나님의 창조를 되새기는 이 빛나는 아침에, 저희가 사는 세계를 바라보며, 크나큰 죄를 깨닫습니다. 주님께서 정해주신 사시사철의 흐름과 기후가 붕괴되어, 이 세상은 뜨거워지고, 날로 온갖 환경재앙이 무섭게 일어나고 있습니다. 이것은 우리가 하나님의 형상 따라 거룩하게 살지 못하고, 탐욕을 부리며 불의하게 살고 있기 때문입니다. 주님, 하나님을 등지고, 이웃을 미워하며, 자연을 파괴하는 우리의 마음과 생활을 깊은 침묵으로 돌아봅니다. 우리 죄를 깨닫게 하시고, 자비를 베풀어 주소서.

(큰 침묵/자비송. 다함께)

† 용서의 선언

(교회 전통에 따라 사제가 죄의 용서를 선언한다.)

하나님께 영광 하나님께 영광

땅에서는 평화 온 땅위에 평화

– 말씀의 예전 –

찬송 (그날 예배주제에 맞는 찬송)

예배 기도. 목사나 교회의 대표

(기도송. 다함께)

말씀 봉독

구약 말씀: 창세기 1:1–25

서신서 말씀: 요한계시록 4:1–11

† 할렐루야송

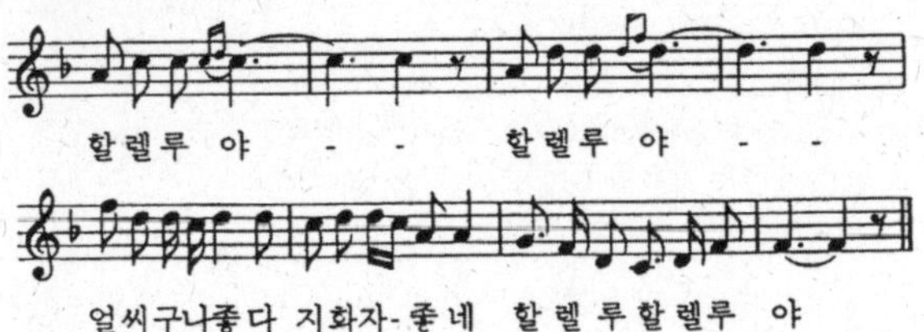

복음서 말씀 : 요한복음서 1:1–5

이는 주님의 말씀입니다

그리스도를 찬미합니다.

찬양. 성가대

말씀선포. "하나님의 풍물과 세상의 추임새"(*예배순서 뒤에 설교/강론자료 수록)

(작은 침묵/말씀송. 다같이)

니케아 신조

다같이 니케아 신조로 받은 말씀에 감사의 응답을 드립시다.

우리는 한 분이신 성부 하나님을 믿습니다.

그분은 전능하셔서 하늘과 땅,

그리고 보이는 것과

보이지 않는 모든 것을 지으셨습니다.

우리는 한 분이신 주 예수 그리스도를 믿습니다.

그분은 창세전에 성부에게서 나신

하나님의 독생자이십니다.

그분은 하나님에게서 나신 하나님이시요,

빛에서 나신 빛이시요,

참 하나님에게서 나신 참 하나님이시며,

성부와 같으신 분으로,

낳음과 지음을 받으신 분이 아닙니다.

오히려 그분을 통해서 만물이 지음 받았습니다.

그분은 우리의 구원을 위하여 하늘로부터 내려오시어,

성령의 능력으로 동정녀 마리아에게서 태어나

참 인간이 되셨습니다.

우리 때문에 본디오 빌라도에게 십자가형을 받아

죽임을 당하시고 묻히셨으나,

성경의 말씀대로 사흘만에 부활하셨습니다.

그분은 하늘에 올라 하나님 오른편에 앉아 계십니다.

그분은 산 자와 죽은 자를 심판하러

영광 가운데 다시 오실 것입니다.

그리고 그분의 나라는 영원할 것입니다.

우리는 생명을 주시는 주 성령을 믿습니다.

성령은 성부(와 성자)로부터 나오시며,

성부 성자와 더불어 예배와 영광을 받으시고,

예언자들을 통하여 말씀하고 계십니다.

우리는 거룩하고 세계적이며

사도적인 한 교회를 믿습니다.

우리는 죄를 용서하는 한 세례를 믿습니다.

우리는 죽은 자들의 부활과,

장차 임할 하나님 나라에서 살게 될 것을 믿습니다.

아멘.

중보기도

성령의 능력 안에서,

그리스도와 하나 되어 기도드립시다.

고난 가운데 있는 이웃을 위해 기도합니다.

주님, 굶는 이웃, 병든 이웃, 전쟁 가운데 있는 이웃,

차별과 억압 속에 사는 이웃이 이 땅위에 있습니다.

주님은 사랑이시고 정의이시니,

이 탄식들을 들어주소서.

아픔을 만들어내는 악들을 돌이키게 하소서.

주여, 자비를 베푸소서.(또는 자비송으로)

주님, 하나님께서 사랑으로 내신

온 자연 만물이 신음하고 있습니다.

인간의 죄 때문에 고통받고 있습니다.

메시아가 오시기를 간절히 기다리고 있습니다.

하나님의 창조의 말씀과 생기를 보내시어

힘차게 살아나게 하소서.

주여, 자비를 베푸소서.

이 땅의 교회들을 위하여 기도합시다.

주님, 온 교회가 주님을 창조주로 고백하게 하시고,

이 세상과 이웃을 하나님의 거룩한 몸으로 깨닫게 하소서.

그리하여 이웃을 내 몸처럼 사랑하고

온 생명과 만물을 가꾸고 돌보는

선한 청지기로 살게 하소서.

주여, 자비를 베푸소서.

– 성만찬 예전 –

봉헌사

만방의 민족들아, 주님을 찬양하여라.

주님의 영광과 권능을 찬양하여라.

주님의 이름에 어울리는 영광을 주님께 돌려라. (시편 96:7, 8)

(봉헌찬송을 부르며, 봉헌위원은 예물과 떡과 포도주를 들고 나아온다.)

† 봉헌기도

주 하나님, 주님께서 초대하신 이 귀한 자리에, 저희가 마음과 뜻을 모아, 떡과 포도주, 그리고 주님께 드릴 헌물을 가지고 왔습니다. 이 예물을 기꺼이 주님께 바치오니, 주 성령이시여, 이 예물을 성별하시어, 그리스도를 통하여, 또한 그리스도와 함께, 하나님께 봉헌하여 주소서.

주 하나님, 이 예물을 받으시어, 주님의 귀한 일에 써주시고, 우리 가정들 위에 건강과 평화, 생활에 필요한 것들을 가득 내려 주옵소서. 여기 떡과 포도주를 저희가 그리스도의 생명으로 나눌 때, 예수 그리스도에 대한 믿음이 자라게 하시고, 주님의 이름과 뜻을 위하여, 헌신하게 하소서.

(봉헌송. 다같이)

† **성만찬 초대**

여러분, 이 식탁은

주님께서 자기 백성을 위하여 마련하신 잔칫상입니다.

우리 주님께서는

주님을 믿고 그 뜻대로 살고자 하는

모든 사람을 초청하십니다.

우리 모두 주님의 잔칫상에 참여합시다.

이 성만찬을 통하여 주님과 한 몸을 이루고

우리 모두가 주님 안에서 형제자매임을 확인합시다.

† **성만찬 기도**

주님께서 여러분과 함께!

또한 목사님과 함께!

주님을 향하여 우리의 마음을 드높이!

주님을 향하여 우리의 마음을 엽시다!

우리 주 하나님께 감사드립시다!

우리의 감사와 찬양을 드림이 마땅합니다.

하나님께서는 말씀으로 하늘과 땅,

그리고 그 안에 있는 모든 것을 지으시고

"참 좋다"고 말씀하셨습니다.

또한 하나님의 모습을 따라 몸소 우리를 지으시고,

모든 피조물을 바르게 보존하라는 사명을 주셨습니다.

그러나 우리는 탐욕에 사로잡혀

하나님이 지으신 동산을 황폐시켰습니다.

우리가 창조 세계의 청지기직을

제대로 감당하지 못하여

온 생명세계가 파멸의 위기에 이르렀을 때,

하나님께서는 그리스도를 이 땅에 보내시어

잃어버린 창조질서를 회복하게 하셨습니다.

거룩하시고 전능하시며 영원하신 하나님!

주님의 은혜에 감사와 찬양을 돌립니다.

거룩하시다. 거룩하시다. 거룩하시다.

만군의 주 하나님,

하늘과 땅에 가득한 그 영광, 높은데서 호산나!

주의 이름으로 오시는 이여, 찬미받으소서.

높은데서 호산나! (앉는다.)

제정의 말씀

예수 그리스도께서는

죄와 허물 가운데 사는 우리들을

구원하시기 위하여 이 땅에 오셨습니다.

그리고 기꺼이 자신을 하나님께 바치심으로

우리를 하나님의 자녀로 새롭게 지어 주셨습니다.

예수께서 잡히시던 날 밤에,

손에 떡을 드시고,

하나님께 감사드리신 다음,

떡을 떼어 제자들에게 주시며 이렇게 말씀하셨습니다.

"받아먹어라.

이것은 너희를 위하여 주는 내 몸이니,

이 일을 행할 때마다 나를 기억하여라."

또 저녁을 드신 뒤에,

손에 잔을 드시고,

감사드리신 다음,

제자들에게 그것을 주시며 이렇게 말씀하셨습니다.

"모두 이 잔을 마셔라.

이것은 내가 너희와 많은 사람에게

죄를 사하여 주려고 흘리는 새 언약의 피이니,

이것을 행할 때마다 나를 기억하여라."

신앙의 신비여!

크고도 놀라워라!

예수 그리스도 죽으셨네!

예수 그리스도 다시 사셨네!

예수 그리스도 다시 오시리!

성령임재의 기원

창조주 하나님,

하늘과 땅을 지으시고 모든 것을 주관하시는 이여,

죄와 죽음에서 저희를 구원하신

예수 그리스도여!

주님의 명령과 약속에 따라 이 식탁을 마련하였사오니,

성령으로 임재하여 주소서.

그리하여 이 식탁을 성별하여 주시고,

우리가 나누는 떡과 포도주가

그리스도의 살과 피가 되게 하소서.

우리가 그리스도의 몸에 참여할 때,

우리에게 성령을 부어 주셔서,

그리스도 안에서 한 몸과 한 마음 이루게 하시고,

잃어버린 하나님의 모습을

저희 가운데서 회복하게 하옵소서.

아멘.(또는 대 아멘 송으로)

주의 기도

떡과 잔 의례

이 떡은 여러분을 위해서 주시는

그리스도의 몸입니다.

이 잔은 여러분을 위해서 흘리신

새로운 언약의 보혈입니다.

평화의 인사

주님의 평화가 여러분과 함께!

또한 목사님과도 함께하시기를 빕니다.

(주님의 몸을 받기 전에, 우리 서로 화해한 증표로 평화의 인사를 나눕시다.)

성만찬 나눔

(성만찬송을 부르면서, 앞으로 나와 그리스도의 몸과 보혈을 받는다.)

† 감사기도

창조주 하나님,

이 성만찬에서 저희는

하나님께서 지으신 온 피조물을

새롭게 볼 수 있게 되었습니다.

하나님의 창조질서와 그 아름다움을

다시 한 번 깨닫게 되었습니다.

우리의 삶 속에서

자연의 신비 속에 담긴 하나님의 오묘한 솜씨를 보며

날마다 하나님을 찬양하게 하옵소서.

하나님께서 내신 계절마다

저희에게 필요한 은총을 베풀어주옵소서.

오늘 성만찬을 통해 하나님과 우리와 자연세계가 맺은

화해의 약속을 소중히 간직하며,

하나님의 청지기로 살아가도록 도와주옵소서.

예수님의 이름으로 기도 드립니다. 아멘.

- 보냄의 예전 -

† 보냄찬송

2. 복이로다 시냇가에 나무처럼

   잎새 가득 열매 가득 푸르르네

   하는 일마다 축복을 받으니

   만사형통 은혜라네 은혜라네

3. 악한 자는 흩날리는 겨와 같아

   주님심판 모질도다 견디지 못해

   불의한 길 가면 멸망을 하지만

   정의길 걸어가면 보호받네

† 보내는 말씀

우리에게는 희망이 있습니다.

우리 하나님은 생명의 하나님이십니다.

성령께서는 우리에게 살림의 능력을 주십니다.

그러므로 여러분은 세상에 나아가

온 생명을 살리는 예수 그리스도의 증인이 되십시오.

아멘.

† 축복기도

하나님의 풍물과 세상의 추임새

*

성서는 하나님께서 말씀으로 세상을 창조하셨다는 이야기로 시작됩니다. 하나님께서 "빛이 있으라" 하고 말씀하시니 빛이 생겼습니다. 이 빛이 하나님이 말씀으로 지으신 첫 번째 창조물입니다. 요한복음서 첫머리는 창세기의 이 첫 창조를 말씀이 육신이 되어 이 땅에 오신 예수 그리스도의 관점에서, 그리고 헬라 세계의 언어로, 새로이 소개하고 있습니다. 요한계시록 본문에는 하늘의 장엄한 예배 장면이 묘사되고 있습니다. 이 예배는 하나님의 창조를 온 우주에 선포하는 찬양으로 이루어져 있습니다.

**

창세기 1장 1절부터 5절의 말씀을 중심으로 "소리사건인 하나님의 창조"를 만나보려고 합니다.

1장 1, 2절은 창조 이야기의 서론입니다. 하나님의 창조가 일어나던 때의 배경, 환경, 상황에 대한 묘사입니다. 땅이 혼돈하고, 공허하며, 어둠이 깊음 위에 있었습니다. 하나님의 창조가 이루어지기 전의 암울한 세계 상황입니다. 하늘과 땅, 그리고 바다와 같은 삶의 공간이 뒤죽박죽되어 있습니다. 동물은 육지에, 물고기는 바다에 있을 때 살 수 있는데, 삶의 터가 제대로 되어 있지 않으니, 생명체들이 살 수 없게 되었습니다. 어둠의 심연이 온 우주에 깊게 드리워 있습니다. 빛나고 밝은 생명이 깊은 어둠속에 꽁꽁 갇혀 버렸습니다. 하나님의 창조는 혼돈, 무질서, 아픔, 고난, 절망 등 어둠과 죽음의 상황에서부터 생명과 질서를 만들어내는 작업입니다.

하나님의 영이 물위를 움직이고 있었다고 합니다. 하나님의 영은 히브리어로 "루아하"입니다. 이 루아하는 기운, 숨, 바람, 영 등 여러 뜻으로 번역되는데, 우리말에 아주 딱 떨어지는 말이 "신바람"입니다. 어둠과 죽음의 세계 위에 신바람이 불고 있는 것입니다. 이 신바람은 하나님께서 벌이시는 창조의 예비 작업입니다.

다음 1장 3절을 보면 창조의 과정이 나옵니다. "하나님이 말씀하시기를 '빛이 생겨라' 하시니, 빛이 생겼다"고 합니다. 먼저 '빛이 생겨라' 하는 하나님의 말씀이 나옵니다. 그러자 이 말씀에 따라서 빛이 생겼습니다. 하나님의 말씀에 응답하여 빛이 나온 것이죠. 창세기 1장 전체를 보면, 하나님께서 말씀으로 선언하시고, 이 말씀에 따라 차례로 질서와 생명들이 나타납니다. 이처럼 '하나님의 창조의 구조'는 '하나님이 건네시는 말씀'과 '여기에 응답하는 피조물의 생성 또는 등장'으로 이루어졌습니다.

빛이 생겼습니다. 그리고 차례로 만물이 그 질서와 모습과 생명성을 드러냈습니다. 그런데 이 창조는 하나님의 말씀으로 일어난 것입니다. 창조를 가져온 이 하나님의 말씀을 히브리어로는 "다바르"라고 하는데, 이 다바르는 하나님의 창조의 말씀에만 사용된다고 합니다. 이 하나님의 말씀이 헬라어로 번역될 때 "로고스"로 옮겨졌습니다. 헬라 세계에서 로고스는 "말"이란 뜻과 더불어 "논리, 이성, 의미, 세계를 있게 하는 근본 원리" 등의 뜻을 나타냅니다.

이 로고스라는 단어는 헬라 세계가 하나님의 말씀과 예수 그리스도를 이해하는 데 큰 도움을 주었습니다. 하나님의 말씀, 그리고 인간이 되신 하나님의 말씀인 그리스도를 로고스라고 소개함으로써, 하나님의 말씀과 그리스도는 이 세계를 움직이는 원리요, 이성이요, 법칙이요, 세계를 존재하게 하는 터전으로 이해하게 만들었습니다.

이렇게 해서 하나님의 말씀이 이천 년 서구 그리스도교 역사에서 "로고스 신학"이 되었는데, 그만 큰 문제가 생겼습니다. 하나님의 말씀은 창조를 일으키는 힘입니다. 사건입니다. 하나님의 말씀은 어둠을 물리쳐 빛을 끌어내고, 혼돈을 갈라 질서를 세우고, 불의를 꺾어 정의를 세우고, 노예를 풀어 자유를 주고, 질병을 물리쳐서 건강을 주는 동사적인 성격을 가졌습니다. 그런데 이 하나님의 말씀이 로고스 신학이 되면서, 그만 그리스도교 신학은 말씀이 일으키는 구원과 해방의 사건은 사라지고, 말씀의 의미나 이해, 지식을 추구하는 명사적 신학, 추상의 신학, 관념의 신학이 되고 말았습니다. 때문에 하나님의 창조의 실체를 경험하고 증언하기 위해서는, 그리고 하나님의 말씀을 통하여 우리 세계 속에서 새 창조를 일으키기 위해서는, 이제 로고스가 아니라 더 적절한 말이 필요하게 되었습니다.

빛을 나오게 한 하나님의 말씀은 창조를 일으키는 독특한 능력과 힘을 가졌습니다. 오늘, 우리 문화에서 착상을 얻어서 이 하나님의 말씀을 우리말인 '소리'로서 풀어가려고 합니다. 서구의 로고스 신학에서 벗어나서 우리의 "소리신학"을 찾아보려고 합니다. 이때 창조의 신비와 실체가 드러날 뿐더러, 우리도 그 창조의 놀라움을 경험할 수 있습니다.

우리말의 소리는 첫째, 사물이 내는 소리를 뜻합니다. 바람소리, 물소리, 새소리 등 만물이 소리를 냅니다. 그중 사람에게서 나오는 소리를 목소리라고 합니다. 사람의 목소리 중 말소리는 그냥 음성이 아니죠? 뜻과 감정을 전달하는 소리가 말소리입니다. 창세기의 "다바르"는 하나님의 말씀만을 지칭하는데, 우리의 "소리"란 단어는 모든 소리에 사용되기 때문에 문제가 있습니다. 그러나 말소리에는 뜻이 담겨 있다는 점에서 하나님의 목적과 계획, 의지를 타나내는 데도 사용할 수 있을 것입니다. "하나님의 소리"에는 생명을 향한 하나님의 뜻과 의지, 그리고 능력이 담겨 있습니다.

둘째, 우리말의 소리는 노래란 뜻도 있습니다. 친목 모임이나 잔치자리에 가면 돌아가며 노래들을 하는데, 이때 "소리 한 자락 해라" 이렇게 말을 합니다. 노래는 일정한 가락이 있습니다. 사실 감동을 주는 말, 오래 기억에 남는 말, 또는 예배나 의례에 사용되는 말은 일정한 형식과 가락이 있습니다. 이것은 모든 사물이 고유의 진동수가 있는 것과 같습니다. 글로 적으면 운율이 있는 시가 되고, 그것을 장단고저에 맞추어 말하면 노래가 됩니다. 시편과 같은 성서의 시는 물론, 예언자들을 통한 하나님의 말씀은 시와 노래의 형식으로 되어 있습니다.

셋째, 우리말의 소리는 긴 이야기를 말하는 방법입니다. "소리 한 마디, 또는 한 자락 해라" 할 때는 노래 한 곡조를 말합니다. 그러나 소리 한 마당은 긴 노래입니다. 사연이 있고, 역사가 있는 긴 이야기의 경우는 마당을 그 단위로 해서, 이야기를 노래로서 전합니다. 판소리가 그것입니다. 한 사람의 소리꾼이 고수의 장단에 맞추어 긴 이야기를 노래와 사설과 몸짓으로 이야기하는 것입니다. 성경은 하나님의 구원 역사를 증언하는 아주 긴 이야기입니다. 그리고 문자가 기록되기 전에는 노래꾼들을 통하여 구전으로 전해졌습니다. 지금도 산골마을 할머니 할아버지는 춘향전이나 흥부전처럼 긴 이야기를 노래로 흥얼거립니다. 사막의 베두인들이나 원시부족들은 모닥불 가에서 노래로써 그네들의 신화와 역사를 마을 사람들에게 들려줍니다.

넷째, 우리말의 소리가 갖는 아주 독특한 점은 추임새를 동반한다는 것입니다. 우리의 많은 노래가 주고받는 형식으로 되어 있습니다. 상여행렬

이 나가는 때, 행렬의 인도자인 요령잡이가 맨 앞이나 상여 위에 서서 "가네 가네 나는 가네" 하고 소리를 매기면, 따르는 이들이 "오호이 오호" 하고 받습니다. "쾌지나 칭칭 나네"는 정말 신나는 주고받는 노래입니다. "하늘에는 별도 총총" 하고 선창자가 매기면 "쾌지나 칭칭 나네"를 모두가 후렴으로 받습니다. 이 주고받는 노래는 끝이 없습니다. 마당극에서 광대가 사설을 늘어놓을 때, 청중들은 그냥 구경하지 않지요? 흥이 날 때마다, 또는 사이사이에 "얼쑤 좋—다" 추임새를 넣습니다. 말로만 추임새를 넣지 않고, 어깨춤을 추며, 몸짓으로도 장단을 맞춥니다. 마당극이 끝나고 뒤풀이를 하는 그때까지, 줄곧 공연자와 청중은 이 추임새를 통해 일체가 됩니다. 우리의 소리마당에서 청중은—서양의 음악 공연처럼 조용히 감상하다가 공연이 다 끝나고 박수를 보내는—관객이 아닙니다. 추임새를 통해 공연하는 사람과 같은 연기자가 되고, 그럼으로써 그 장엄한 이야기 속의 살아 있는 한 장면이 되는 것입니다. 이처럼 추임새를 동반하는 소리는 하나님의 말씀에 응답하고 참여하는 피조물의 일체감과 능동성을 설명해줄 수 있습니다.

***

이제 우리의 소리로서 다시 한 번 창세기 1장 1절부터 3절을 읽어보겠습니다. 하나님이 천지를 창조하셨을 때, 그때 상황은 어둠과 혼돈의 죽음세계였습니다. 이 신화적 표현이 담고 있는 역사는 이집트의 노예, 바빌론의 포로, 로마의 식민지 같은 세계입니다. 우상숭배, 불의와 악, 질병 등으로 탄식하는 죽은 세계입니다. 하나님은 이 어둡고, 혼돈스럽고, 죽은 세계를 밝은 세계, 질서의 세계, 생명의 세계로 바꾸고자 하십니다. 이것이 하나님의 창조입니다.

하나님의 영이 이 죽음의 세계 위를 움직이고 계셨습니다. 이 표현에서

두 가지 형상을 연상하게 됩니다. 이 움직임은 단순한 운행은 아닙니다. 어미 닭이 날개를 펴서 병아리들을 품는 형상입니다. 예수께서 예루살렘을 향해 탄식하면서 "암탉이 제 새끼를 날개 아래 품듯이 내가 몇 번이나 자기 자녀를 모아 품으려 하였더냐!"(눅 13:34) 하셨을 때, 바로 창세기 1장 2절의 하나님의 영이 온 세계를 날개로 품는 이미지를 사용하셨습니다. 하나님은 울고 있는 세계를 가슴에 끌어안고 계신다는 뜻입니다. 하나님이 이 죽음덩어리 세계를 품고 애지중지 다독거리신다는 뜻입니다.

서구 신학은 높은 곳에서 하나님이 말씀 한 마디로 척척 만물을 창조한 것처럼 이해했습니다. 그러나 말씀을 하시기 전에 하나님은 어둠 속에, 혼돈 속에, 죽음 속에 갇혀서 꽁꽁 숨어 있는 생명들을 품어 안으셨습니다. 보듬었습니다. 쓰다듬고, 어루만지고 계셨습니다.

하나님의 영이 물위를 움직이고 있었다는 구절을 '소리'의 관점으로 읽어볼 때, 또 다른 아주 역동적인 형상을 갖습니다. 하나님의 영, 곧 신바람이 혼돈스런 세계 위를 부지런히 돌아다니는 것입니다. 하나님이 죽은 세계를 돌며 신바람을 일으키십니다. 신명을 지피십니다. 어둠의 세계를 품는 것과 어둠의 세계에 신바람을 일으키는 것은—살림을 일으키는—서로 통하는 행동이라고 봅니다. 품음이 고요한 방식이라면, 신바람은 오순절의 영처럼 역동적인 방식입니다.

어느 마을이 큰 곤경을 겪었습니다. 농사짓다가 너무 힘들어서 다들 맥이 빠졌습니다. 이때 지혜로운 마을 어른은 사비도 털고 돈을 걷어서 놀이패를 데려옵니다. 돼지도 잡고 술도 받아둡니다. 놀이패가 와서 먼저 하는 일은 풍물을 치며 마을을 도는 일입니다. 바람을 잡는 것이죠. 처음에 기진맥진해 있던 사람들도 놀이패가 연신 풍물을 치며 동네를 몇 바퀴 돌면, 자기도 모르는 새 조금씩 흥에 겨워서 어깨를 들썩이다, 이내 놀이 패 뒤에 붙어서 마당으로 나오게 됩니다. 이 마당에서 한바탕 먹고 놀면, 새 힘이 생겨서, 다시 농사를 짓게 됩니다. 공동체가 어려움을 털고 새 출발하게 됩니다. 지친 마을이 회생할 때 꼭 필요한 것이 신바람을 일으키는 것입니다. 신바람이 일어야 그 뒤에 놀라운 일들이 기적처럼 일어날 수 있는 것이죠.

말씀으로 세상을 창조하시기 전에, 하나님은 먼저 죽음의 세계를 돌면서 신바람을 일으키고 계십니다. 어둠과 혼돈 속에 갇혀 있고, 숨어 있고, 죽어 있던 생명들의 흥을 돋우고 계십니다. 기분을 띄우고 계십니다. 이렇게 신바람이 일자 깊은 어둠 속이지만, 생명들이 들썩들썩 합니다. 신바람에 잡혀서 장단을 맞추기 시작합니다.

창세기 1장 3절입니다. 하나님이 첫 말씀을 하셨습니다. "빛이 있으라." 풍물놀이 풍경에 비추어보면 얼마나 흥겹고 힘찬 말씀인지 모릅니다. "덩덕기 덩덕궁, 덩덕기 덩덕궁, 얼쑤." 신바람이 일고, 풀 죽었던 생명들은 풍물 소리에 장단을 맞추며 흥이 익을 대로 익었습니다. 흥이 절정에 이른 순간, 꽹과리를 높이 쳐들고 상쇠 역할을 하시는 하나님이 힘차게 소리하십니다. "빛은 나오너라." 이때, 흥에 겨운 세상이 어찌 추임새가 없겠습니까? 어둠 속에서 들썩대던 빛이 "얼―쑤 좋―다. 주님, 나 여기 있습니다" 하면서, 한순간에 어둠을 박차고 주님 앞에 나왔습니다. 탈출입니다. 해방입니다. 출애굽입니다. 부활입니다. 하나님의 말씀과 그 말씀에 응답하여 튀어나온 빛이 신바람과 함께 어울리자, 어둠의 깊음 위에 있던 죽음 세상도 온통 밝은 세상이 되었습니다. 이런 과정으로 계속 질서들과 생명들이 하나님 앞에 나왔습니다.

1장 4절과 5절은 첫 창조에 대한 평가라고 하겠습니다. 4절은 "그 빛이 하나님 보시기에 좋았다"고 합니다. 빛의 생김이 생명들을 그늘지게 하는 어둠의 모습이 아니고, 생명을 웃게 하고 환하게 하는 밝은 모습이기에 하나님 보시기에 좋았습니다. 소리의 관점에서도 빛은 하나님 보시기에 좋았을 것입니다. 하나님의 소리에 빛이 응답했습니다. 반응했습니다. 추임새를 넣었습니다. 그 결과로 어둠을 이겨내고, 그 어둠으로부터 뛰쳐나와, 하나님 앞에 우뚝 섰습니다. 하나님의 소리에 응답하는 생명! 그 생명은 하나님 보시기에 좋습니다.

그 다음, 하나님은 빛과 어둠을 나누고, 빛을 낮이라, 어둠을 밤이라고 하셨습니다. 빛의 나타남을 통해 생명과 삶의 질서를 지을 수 있게 되었습니다. 바다와 땅이 엉켜 있는 것이 혼돈입니다. 빛과 어둠이 뒤섞인 것이 혼돈입니다. 이런 혼돈 속에서는 어느 생명도 살 수 없습니다. 그런데 빛이 어둠을 박차고 나옴으로써 빛과 어둠이 나뉘게 되었습니다. 자리가 구분되고, 역할이 분명해졌습니다. 하나님은 빛을 낮의 자리에, 어둠을 밤의 자리에 놓으셨습니다. 이로써 생명은 낮에 눈떠 활발히 일하고, 밤에는 편안히 잠들 수 있게 되었습니다.

빛이 이 세상에 나와 비추자 놀랍게도 어둠도 악의 기능이 아니라 선한 기능을 하게 되었습니다. 빛과 섞여 있을 때는 어둠이 죽음을 주었지만, 빛이 제자리—생명의 자리—로 나와 제 기능을 하자, 어둠도 밤 동안에 그 본래의 기능인 쉼을 주게 되었습니다.

하나님의 첫 창조, 그리고 하나님의 소리에 대한 이 세계의 첫 추임새는 빛의 등장이었습니다. 빛이 주는 영감이 있습니다. 우리는 아프거나, 실패하거나, 슬플 때, 마음이 어둡다고 합니다. 앞이 캄캄하다고 합니다. 그러나 기분이 좋거나, 아픈 몸이 감쪽같이 낫거나, 간절히 바라던 일이 이루어졌을 때, 온 세상이 환해지는 것을 경험합니다. 때문에 빛의 등장은 세계의 양상을 뜻합니다. 하나님의 창조는 근본에서 우주 만물을 좌절과 질병과 낭패와 절망에서부터 바꾸어내는 것입니다. 때문에 이 창조는 치유나 회복과도 같은 것입니다.

****

창조절 첫째 주일입니다. 우리는 성만찬 예배를 통해서 이 세상을 파괴해서 혼돈이 되게 한 우리의 죄를 고백했습니다. 그리고 하나님의 뜻을 받들어 이웃을 사랑하고 자연 생명을 돌보는 청지기로 살 것을 다짐했습니다. 이제 창조절 동안 하나님은 우리와 이 세계 전체를 다시 지어주실 것입니다. 다시 치료해주시고, 다시 구출해주실 것입니다. 하나님의 이 창조는 하나님의 소리 사건입니다.

현재 우리 한 사람 한 사람도, 교회들도, 세계도, 자연의 기후도 혼돈 가운데 있습니다. 밝고 선한 생명들이 어둠 속에 갇혀 있습니다. 하나님은 이런 우리 세계를 새로 지으시려 하십니다. 하나님은 우리 삶을 그 넓은 품으로 감싸 안으십니다. 하나님은 축 늘어진 우리 삶에 풍물을 울리며, 우리를 이 좌절의 늪에서 이끌어내십니다. 흥을 돋게 하십니다. 그러고는 "네 인생에서, 네 교회에서, 네 역사와 이 우주 속에서 빛아, 나오너라!" 외치십니다. 하나님의 창조 소리입니다.

신앙은 무엇입니까? 하나님의 "나오너라!" 하시는 이 소리에 "얼—쑤, 나 여기 있습니다" 하고 추임새를 넣는 응답입니다. 이번 주부터 매주, 하나님이 소리 하실 때, 아멘! 응답하며 어둠을 떨치고, 낡음을 벗어던지고, 질병을 걷어차고, 주님 앞에 빛으로 나와 우뚝 서는 여러분이 되시기 바랍니다. 또한 우리도 우리의 그릇된 삶 때문에 신음하며 망가진 생명들과 세상을 향하여 하나님이 하신 그 창조의 일을 하기 바랍니다. 망가진 생명들을 끌어

안고 보듬으며, 신바람으로 부축이며 일어나라 외치면, 하나씩 하나씩 에덴의 생명들이 살아나고 회복될 것입니다. 그러면 다시 하나님이 내신, 씨 뿌리고 거두는 사계절과 자연의 질서와 기후도 회복될 것입니다.

오늘 그 따스한 사랑과 흥겨운 소리로써 우리 안에서 밝은 빛을 다시 불러내신 하나님께, 새들은 지저귀고, 우리는 영원무궁 노래를 불러 바치기를! 아멘.

(*위의 창조 이야기를 통해서 네 마당의 예배 극을 꾸며볼 수 있다. 첫째 마당은 혼돈 마당으로 고난이나 죽음의 문제와 현장을 표현하다 둘째 마당은 기도 마당으로 죽은 생명들을 위한 중보기도를 드린다. 셋째 마당은 소리 마당으로 그 죽음을 떨쳐내라는 하나님의 살림 말씀을 듣고 나눈다. 넷째 마당은 응답 마당으로 첫째 마당에서 표현한 고난과 죽음을 떨쳐내고 일어나면서 하나님을 찬미한다.)

셋째 마당: 주간 기도생활

(*그리스도인의 예배의 삶은 주일예배와 매일기도로 이루어졌다. 예수께서 부활하신 주일 아침에 모여 성만찬 예배를 드린 신자들은, 흩어져서 평일에는 아침, 점심, 저녁으로 세 차례의 매일기도를 드린다. 제시한 주간 기도생활은 전통적인 매일기도에 생태적인 주제를 담아서 기도와 함께 생태신앙을 실천하도록 안내했다. 이 생태생활은 기후 변화를 초래하는 이산화탄소를 줄이는 데도 도움이 될 것이다. 기도 주제 아래의 생태생활 주제와 실천은 한국교회환경연구소가 「기후변화와 신학적 응답」이란 주제로 주최한 2009년 생태신학 세미나 자료집 안에 있는 유미호의 글, "기후변화 대응 교회사례 및 실천 방안", 112쪽에서 가져온 것이다.)

주일: 하나님을 위한 하루

주일은 한 주간의 목적이며 주인공이다. 주일은 하나님께서 창조하신 마지막 날로서 안식일이다. 모든 피조물은 이 마지막 날에 하나님을 예배하며 쉼과 평화에 든다. 주일은 부활의 날이다. 모든 생명이 이날 그리스도와 함께 새 생명으로 태어나 새로운 삶을 시작하는 주간의 첫날이다. 주일은 은총의 날이다. 그리스도가 주신 선물인 생명을 누리는 날이다. 이런 기능이 있는 이날은 주님의 날이다. 밥도 주님을 위해 먹고, 생각도 주님을 생각하고, 일도 주님을 위해 하며, 쉼도 주님을 위해 쉰다.

월요일: 하나님 나라를 위한 하루

주일 예배에서 하나님의 말씀을 깨우치고 성령의 능력을 받은 우리를 하나님께서 파송하셨다. 그러므로 이날 우리는 저마다 일터에 나간다. 자신의 일들을 통해서 선하고 정의로운 하나님의 뜻을 씨 뿌리는 일을 시작한다. 이와 함께 복음과 하나님 나라에 대한 증언을 말과 행실로써 전하기 시작한다. 한 주간의 일을 시작하며 모든 것을 통해 하나님의 뜻이 이루어지기를 기도한다.

화요일: 선행을 위한 하루

주일이 성부의 날이라면 화요일은 성령의 날이다. 불(火)은 성령과 통하고 성령은 숨, 바람, 기운, 생명과 통한다. 공기와도 같은 날이다. 이날 우리는 맑은 공기를 위해 기도한다. 맑은 공기는 투명하고 선한 삶을 뜻한다. 그러기에 정의를 다짐하는 날이다. 선한 삶을 가꾸는 날이다. 성령의 은사를 구하며, 성령과 더불어 선을 위해 기도한다.

<화요일 생태생활 주제: 전기 >

- 쓰지 않는 기기 플러그 뽑기

- 적정한 실내 온도 유지하기

- 냉장고 문 자주 열지 않기

- 꼭 필요한 TV프로그램만 시청하기

- 불필요한 컴퓨터 사용 자제하기

수요일: 자기를 위한 하루

물(水)의 날인데, 하나님은 물에게 세상의 생명을 번영케 하라는 임무를 주셨다. 월요일의 하나님 나라를 위한 씨 뿌림이, 화요일의 선한 일로써 싹이 나서, 수요일에 잎과 가지가 무성하게 된다. 이날은 생명을 번성케 하는 지구의 물을 위해 기도한다. 하나님께서 우리 모두를 내시고 번영하라는 복을 주셨으니 이날은 자기 자신의 복지와 행복을 위해 기도하고 일한다, 이날은 물에 들어가 죄와 허물을 씻는 회개의 날이다. 이 땅에서 우리의 행복을 막는 하나님을 벗어난 삶들을 돌아본다.

<수요일 생태생활 주제: 물 >

- 물 아껴서 사용하기

- 불필요한 목욕시간 줄이기

- 화장실 물탱크에 벽돌 쌓기

- 세탁물은 모아서 세탁하기

- 모아진 빗물로 물주기

목요일: 섬김을 위한 하루

이날은 나무(木), 숲, 산림의 날이다. 푸른 세상을 위해 기도한다. 숲은 열매를 내주기 때문에 이날은 열매의 날이다. 월요일에 뿌린 씨앗에서부터 풍성한 결실을 거둔다. 우리 생활에서는 성령의 열매를 맺는다. 사랑, 기쁨, 화평, 인내, 친절, 선함, 신실, 온유, 절제가 성령의 열매이다. 매주 목요일은 예수께서 제자들의 발을 씻기시고 성만찬을 베푸신 날이다. 이 날 우리는 풍성한 열매를 섬김을 위해 쓴다. 고난받는 모든 생명을 위해 기도하며 남들이 귀찮아하는 일을 하나 더 하는 날이다.

〈목요일 생태생활 주제: 나무 〉

- 나무 심고 가꾸기

- 화단, 상자 텃밭 가꾸기

- 재생지를 쓰고 이면지를 활용하기

- 종이컵 사용하지 않기

금요일: 화해를 위한 하루

이날은 광물(金)의 날이다. 지구 자원의 보전을 위해 기도하고, 우리의 모든 것들을 쓰레기로부터 되살려내는 날이다. 매주 금요일은 예수께서 십자가를 지시고 돌아가신 성금요일로 성자의 날이다. 예수께서 십자가를 지심으로 하나님과 우리 사이에, 그리고 인류 사이에 벽이 허물어졌음으로, 이날 우리는 모든 이들과 화해하고, 민족의 평화와 인류의 상생, 만물의 화해를 위해 기도한다.

〈금요일 생태생활 주제: 소비 〉

- 일회용품 사용 안 하기

- 분리수거 철저히 하기

- 초록(재활용)가게 자주 이용하기

- 친환경상품 사용하기

- 새 물건 사지 않기

토요일: 남을 위한 하루

이날은 흙(土)의 날이다. 하나님께서 우리를 흙으로 지으시고, '흙에서 왔으니 흙으로 돌아가라' 하신 말씀을 기억하며 겸손해지는 날이다. 겸손 가운데서 주님의 날에 있을 부활 생명의 잔치를 기다리며 준비한다. 우리에게 잔치는 언제나 나눔이므로 이날은 우리의 선한 것들을 나누는 날이다. 그러므로 남을 위한 하루를 살면서 삼위일체 하나님을 예배할 주일을 바라보며 기쁜 시간을 보낸다.

〈토요일 생태생활 주제: 흙〉

- 비닐봉지 대신 장바구니 활용하기

- 제철 음식 먹기

- 음식 남기지 않기

- 우리 농산물 애용하기

교회에서 할 수 있는 기후 변화 교육*

박미경

1. 시작하는 글

오늘날 기후 변화의 이슈는 알면 알수록 절실하고 시급한 과제라는 위기감을 느끼게 한다. 2009년 12월 기후정상회의가 열렸던 덴마크의 코펜하겐을 향해 세계인들의 이목이 집중된 것도 기후 변화에 대한 위기감을 세계가 깊이 공감하고 있기 때문이다. 선진국들과 개도국들은 기후 변화의 핵심 주제인 이산화탄소 배출량 문제에 있어 감축을 위해 단합해나가야 한다는 공동목표에 동의하고 있다. 그러나 국가별로 얼마의 탄소 배출을 감축할 것인가 하는 분배에 있어서는 이견을 좁히지 못하고 있다. 이러한 이유 때문에 기대를 모았던 코펜하겐 회의도 결국 구속력 있는 협약

---

* 이 논문은 2009년 한국교회환경연구소가 개최한 "기후변화 시대의 교회교육" 세미나에서 발표한 것이다.

을 만들어내지 못하고 실패에 그치고 말았다.[1]

비록 코펜하겐 회의가 합의를 만들어내지는 못했지만, 여전히 기후 변화 시대의 위기가 전 지구적인 공동과제로 인류 앞에 놓여 있다는 현실은 분주하게 대안을 모색하도록 재촉하고 있다. 세계 곳곳에서 국가별, 지역별, 영역별 네트워킹을 통해 공동대처의 노력을 쏟는 모습을 볼 수 있다.

그렇다면, 교회는 이 이슈에 대해 어느 정도의 힘을 쏟고 있으며 어떤 노력을 기울이고 있는가? 이 질문에 대해 몇 가지 단답형 대답을 던질 수는 있지만, 지금 교회에는 보다 근본적으로 기후 변화 시대를 인식하고 삶의 실천을 할 수 있도록 지원하는 풍토가 조성되는 것이 필요한 상황이라 할 수 있다. 현재 한국 교회가 깊이 자성하고 있는 부분 중 하나는 신앙인들의 신앙 양태가 지나치게 사사화私事化, privatization되어 있다는 것이다. 신앙인들의 관심이 온통 개인과 가정의 행복에 쏠려 있고 신앙을 통해 개인의 내적 평안을 누리는 것에 만족하고 있는 경향이 있다는 것이다.

이러한 신앙의 모습은 공적 이슈에 대해 긴밀한 신앙적 삶의 이슈로 인식하지 않게 만들고 있다. 따라서 기후 변화 시대에 교회의 교육은 공적 신앙을 형성하며 소명의식을 갖고 공적 이슈에 참여하고 헌신할 수 있도록 기르는 교육이 되어야 한다. 이를 위해 공적 신앙을 만들 수 있도록 도전하고 격려하는 신학적 근거가 필요하며, 그 바탕 위에 교육 구조를 세우고, 실천 방향과 구체적인 지침들을 제공하는 교회 교육이 될 필요가 있다. 그러므로 필자는 먼저 기후 변화의 위기 시대에 신앙인들에게 공적 신앙의 형성을 지원할 수 있는 하나님의 프락시스 논의를 살펴볼 것이다. 그리고 나서 그 하나님의 프락시스로서의 부르심에 응답하는 교회 교육을 구조화해보고, 그러한 구조에 따라 기후 변화 시대에 교회에서 할 수 있는 구체적인 교육 실천들을 제시해나갈 것이다.

2. 기후 변화와 인간

지구에 나타나는 급격한 기후 붕괴를 직면하면서 학자들과 전문가들은 경고와 우려로 심각성을 일깨우고 있다. 그들이 제시하는 기후 변화의 과정과 결과에 대한 예측과 전망은 크게 세 가지로 요약할 수 있다.[2] 첫째, 세계 곳곳에서 발생하는 기후 급변 현상의 원인은 이산화탄소의 과다 배출로 인한 지구 온난화로 인한 것이며, 탄소 배출을 통제하지 않을 경우 파국으로 치닫게 된다는 것이다. 둘째, 지구 온난화는 극지방의 빙하와 얼음을 매우 빠른 속도로 녹아내리게 하고 있으며, 이것은 얼마 지나지 않아 해수면을 상승시켜 저지대 국가들이나 해안 평야 지역의 침수로 안전과 식량생산에 대한 위협을 받을 수 있다는 것이다. 셋째, 지구 온난화는 태풍과 집중호우가 더 빈번해지거나 몹시 심한 더위나 추위를 겪게 되거나 사막화가 빠르게 진척되는 등 극단적인 기상 사건들을 자주 나타나게 한다는 것이다.

이와 같은 자연과학자들의 예측과 더불어 기후 위기에 따른 개인과 국가의 반응이 어떻게 나타나고 그 결과 어떤 일이 벌어질 것인가와 같이 사회과학적인 연구들도 출현하고 있다. 사회과학자들은 사회적 기후 영향에 관심을 기울이며 조사하는 가운데 탄소 배출을 많이 해왔고 이에 대한 큰 책임이 있는 나라들은 재난에 대한 대비가 잘되어 있어 상대적으로 덜 고통을 당할 것으로 보고 있다. 반면, 가장 적은 탄소를 배출했던 가난한 나라들은 가혹한 시련을 겪게 될 것임을 발표하고 있다.[3] 이러한 관점은 기후 변화와 인간 삶의 관계를 보다 포괄적으로 조망해주며 책임적 응답의 차원을 확대해주고 있다.

이러한 과정과 결과 중 일부는 이미 우리나라에서도 경험되고 있다.

지난여름 한국은 극단적인 기상 현상으로서 오랜 혹서와 잦은 집중 호우로 물난리를 겪기도 하였다. 이상 기후로 인해 채소 생산량 급감으로 가격이 폭등하는 현상이 나타나기도 하였다. 이미 우리를 둘러싸고 있는 기후 변화의 환경은 심각한 상태이며 사람들에게 당황스러움과 혼란을 야기하고 있다. 이렇듯 인간의 삶에 직접적인 영향을 주고 있는 기후 변화의 시대에 인간은 무엇을 어떻게 하며 살아가야 할 것인지 실존적인 질문에 직면하지 않을 수 없다.

전문가들의 일치된 의견은 산업화 이후로 국가마다 경제적인 성장과 발전을 외치며 질주해온 결과 급격하게 탄소가스 배출이 증가했고 이러한 삶의 방식이 지구의 온도 상승에 상당 부분 책임이 있다는 것이다.[4] 따라서 기후 변화 시대의 최우선적인 대안은 전 세계가 하나가 되어 탈탄소 사회postcarbon society를 열어가야 한다는 것이다. 즉, 개인적인 차원과 국가적인 차원에서 에너지 효율을 높이며 탄소 배출을 억제하는 삶의 방식을 살아가야 한다. 이를 위해서 먼저 개인 차원과 국가 차원에서 기후 위기에 대한 책임을 절감하고 기후 현실을 수용하는 과정이 선행되어야 할 것이다. 그리고 생활방식이나 경제운영방식 등 미시적이고 거시적인 차원의 실천이 뒤따라야 할 것이다.

이와 같은 기후 위기 시대에 기독교인들은 더욱 적극적으로 책임적 응답을 해나가야 한다. 왜냐하면 환경 파괴로 인한 기후 변화의 문제는 창조주 하나님께서 인간에게 위임해주신 다스리고 관리하는 청지기적 사명을 제대로 수행하지 못한 결과이기 때문이다. 그러므로 기후 위기의 문제는 신앙의 문제이며 삶의 방식으로서의 응답은 신앙적인 응답인 것이다.

그런데, 개인적인 복과 내면의 평안 문제에 몰두해 있는 신앙의 사사화 속에서 살고 있다면 기후 위기에 대한 책임적 응답 논의는 기독교인들

에게 거리감을 주는 비현실적인 주제일 수밖에 없다. 따라서 기후 위기가
신앙의 문제이며, 삼위일체 하나님께서 신앙인들을 부르시는 자리이자
응답할 자리임을 해석해줄 수 있는 신학적인 틀이 요청됨을 알 수 있다.
이에 필자는 제임스 파울러James Fowler의 하나님의 프락시스론이 유용성을
지니고 있음을 발견하고, 하나님의 프락시스를 통한 공적 신앙의 형성을
제안하고자 한다.

3. 기후 변화 시대에 공적 신앙을 일깨우는 하나님의 프락시스

제임스 파울러James Fowler는 역사 속에서 드러나는 하나님의 현존과 행
동의 비전들을 규명하는 것에 관심을 기울였다. 이는 피터 하지슨Peter C.
Hodgson과 샐리 맥페이그Sallie McFague, 그리고 리처드 니버Richard H. Niebuhr
의 신학적 근거에 영향을 받아 '하나님의 프락시스' 논의로 발전되고 있
다. 하지슨에 따르면 하나님께서는 이 세상에 형성하고 변형하는 영향력
으로서 존재하시고 프락시스의 패턴들 속에 존재하신다고 보고 있다. 비
록 인간이 하나님을 직접 파악할 수는 없으나 자연세계의 소리나 장면을
통해서, 그리고 하나님이 구별하신 인간들의 말이나 행동을 통해 하나님
의 계시가 중재되고 있다는 것이다. 그런데, 그러한 형태들과 프락시스적
패턴들의 방향은 인간의 연대를 구축하고, 자유를 증가시키고, 제도적 억
압을 깨뜨리고, 상처받은 자를 치유하고, 자연을 돌보는 것처럼 하나님이
주체가 된 역동적인 하나님의 현존과 영향력을 보여주는 것이다.[5] 이러한
하지슨의 신적 형태들을 만나면서 파울러는 그것들이 하나님이 주체가
되어 뚜렷한 하나님의 목적들을 향해 움직이는 프락시스임을 확인하게

된다. 그 목적들은 타협과 다양성을 부정하지 않으면서 새로운 상승운동을 일으키는 존재의 통일성unity이며, 사람들 사이와 자연과의 관계에 연대를 이루며 창조적 종합을 만들고 있으며 자유를 강화하고 의로운 공동체를 형성해나가는 것이다. 그리고 지구, 하늘, 물, 인간들과 동물들 사이의 상호성 속에서 화해를 위하여 돌보는 방향을 나타내고 있다.[6]

또한, 파울러는 맥페이그가 세계를 하나님의 몸으로 설명하면서 삼위일체이신 하나님의 은유를 통해 하나님이 자연과 역사의 진보 속에서 세계와 관계 맺으시는 행동 양식과 방법[7]을 보여주었다는 점에서 통찰을 얻게 된다. 그리고 니버가 하나님과 인간의 관계성을 나타내기 위해 사용한 '창조자로서의 하나님', '통치자로서의 하나님', '해방자요 구원자로서의 하나님'이라는 하나님의 이미지들을 사용하여 하나님의 프락시스의 포괄적인 범위를 범주화하게 된다.

이러한 과정을 통해 파울러는 삼위일체 하나님이 우주 속에 이루고 계시는 일과 방향을 목격하게 하는 하나님의 프락시스 논의를 펼쳐가게 된다. 하나님의 프락시스는 우주 속에 하나님이 참여하시는 특징적인 패턴인 동시에 우주의 과정들에 대한 섭리적인 안내라고 할 수 있다. 그는 우주적 차원의 하나님의 프락시스에 개인이 어떻게 참여할 수 있는가를 보여주는 실례로서 마틴 루터 킹 목사와 머튼 신부의 전기, 그리고 자신의 스승인 마니의 이야기를 들려준다. 한 개인의 생애에 하나님이 함께하신 방법과 그 인간됨을 사용하신 하나님의 프락시스의 윤곽을 보여주면서 개인들이 성실하고 지혜롭게 소명에 응답하는 삶이 하나님의 프락시스에 참여하는 모습이라고 말한다.

파울러는 하나님의 프락시스를 성경의 규범적이고 상상적인 원천들의 범위 내에서 '하나님의 창조하시는 프락시스', '하나님의 다스리시는 프

락시스', '하나님의 구원하시는 프락시스'로 명명되는 크고 포괄적인 패턴으로 제시하고 있다.[8]

하나님의 창조하시는 프락시스는 태초에 하나님이 창조하신 이래 여전히 하나님이 계속해서 창조하심을 보여준다. 지금도 새로운 별들과 행성들이 형성되면서 우주가 확장되는가 하면, 새로운 생물의 종들이 나타나고 발전하기도 하며 사라지기도 한다. 인간은 하나님의 창조하시는 프락시스를 만나면서 하나님의 창조로 세상이 만들어졌다는 신앙을 지닐 뿐만 아니라 이후에도 계속되는 하나님의 창조의 패턴을 깨달아 그 방향 안에 목적을 두고 살아가도록 부름받고 있다.

하나님의 다스리시는 프락시스는 올바른 관계들을 구조화하고, 질서를 세우고, 유지하게 하시는 하나님의 활동을 뜻한다. 역사의 흥망성쇠를 볼 때 타락한 공동체는 내부적 붕괴뿐만 아니라 그들 너머에서 오는 반대를 통해 파괴가 일어나는 것을 보면서 하나님이 주체가 되어 다스리시는 패턴을 볼 수 있다. 다스리시는 프락시스에 참여하는 것은 창조의 패턴들을 살펴나갈 때에 적법성을 발견할 수 있는 것처럼 그러한 적법성을 구조화하는 것이며, 불의와 기만의 패턴들에 직면할 때 정의와 올바른 관계성을 위해 활동하는 것이다.

하나님의 구원하시는 프락시스는 예수 그리스도를 통한 인간의 죄 용서와 구원이 중심 이미지를 이루면서 하나님과 모든 피조물의 관계가 회복되고 화해로서 관계의 개선을 이루어가시는 활동이라 할 수 있다. 하나님은 고통받는 피조물들과의 연대 속으로 들어가셔서 그리스도의 죽음 이후의 부활처럼 회복과 변형을 이루어 해방과 구속을 이루어가신다. 이 사역은 고통 중에 있는 사람, 자연 등 피조물들과 함께하며 해방과 구원을 이루는 활동에 협력하도록 부르시고 있다.

이와 같이 파울러는 세상 속에 펼쳐지고 있는 하나님의 역동적인 현존과 행동의 비전들을 하나님의 창조하시는 프락시스, 하나님의 다스리시는 프락시스, 하나님의 구원하시는 프락시스로 범주화하여 설명하고 있다. 이렇듯 하나님이 주체가 되어 역사의 과정들에 활동하시는 비전은 부름받은 하나님의 백성들에게 '하나님과의 관계 속에서 나는 누구인가?' 하는 정체성의 질문이자 소명의 질문을 적극적으로 던지고 대답을 찾아나서게 한다. 하나님은 인간의 성찰적이고 행동적이며 창조적인 프락시스의 과정 속에서 하나님의 프락시스를 분별하게 하면서 그 속에서 하나님의 목적들을 만나게 하시고, 그 목적들에 동역하도록 부르신다. 다시 말하면 인간의 소명은 하나님의 목적들의 부분으로서 자신의 삶의 목적을 발견해가는 것이며, 소명의 문제는 존재론적으로 시작해서 하나님과의 관계와 동역을 통해 완성[9]해가게 되는 것이다.

기후 변화 시대에 하나님은 인간의 프락시스들 안에서 하나님의 일하심과 그 목적들을 보여주시면서 그러한 하나님의 프락시스에 함께하고 동역하도록 소명을 불러 일으켜주신다. 즉, 하나님께서 지구를 창조하셨고 계속해서 창조하시는 패턴 안에서 살아가는 우리는 지금의 기후 변화 시대에 하나님의 뜻을 따르는 창조의 가능성 안에 우리의 목적을 두어야 한다. 그리고 창조의 적법성에서 보여주는 다스리시는 비전에 따라 관계성과 질서를 세우고 유지하기 위해 참여하고 행동해야 한다. 또한, 고통받는 피조물과 연대하시며 회복과 화해를 이루어 구원하시는 패턴으로서 현존하시는 것처럼 우리도 그들과 함께하여 회복과 변형을 위해 일하는 것이 부름받은 이유, 즉 소명인 것이다.

그러면, 하나님의 프락시스를 분별하고 같은 방향으로 참여하고 일하는 것을 돕기 위해서 교회는 어떻게 교육하는 것이 필요할 것인가? 기후 변화의 위기는 교회의 교육구조를 어떻게 세우도록 도전하는가?

4. 하나님의 프락시스에 응답하는 교회 교육

하나님의 프락시스적 부르심에 응답하는 교회 교육은 한마디로 요약
하자면 '소명의 형성과 하나님의 프락시스에 참여하는 교육'이라 할 수
있다. 소명은 삶의 자리에서 변형을 위한 힘을 형성하며 실천하는 삶이
되게 하므로 교육 실천은 참여하는 가운데 소명으로 하나님의 프락시스
에 참여하는 과정으로 안내하는 것이어야 할 것이다. 이러한 교육을 위
해 교회생활의 전 과정이라 할 수 있는 케리그마Kerygma, 레이투르기아
Leiturgia, 파이데이아Paideia, 디아코니아Diakonia, 코이노니아Koinonia의 차원
들로 분류하려고 한다.

마리아 해리스Maria Harris는 전통적으로 교회생활 전체를 나타내는 다
섯 가지 차원에 주목하여 교육목회 커리큘럼을 제안하였다.[10] 케리그마는
말씀 선포의 커리큘럼으로, 레이투르기아는 기도의 커리큘럼으로, 디아
코니아는 봉사의 커리큘럼으로, 코이노니아는 공동체의 커리큘럼으로 분
류하여 제시하고 있다. 그리고 디다케를 가르침의 커리큘럼으로 다루고
있다. 이 글에서 필자는 마리아 해리스의 커리큘럼 분류와 동일하게 분류
하고 있으나, 디다케를 확장하여 파이데이아 영역으로 다룰 것이다. 디다
케가 좁은 의미의 교수-학습을 지칭하는 것이라면, 파이데이아는 디다케
를 포함하는 포괄적인 교육을 뜻하는 것이다. 파이데이아는 학습자가 일
생 동안 지속적으로 변화하는 환경을 분석하고 해석하며 살아갈 수 있는
근본적이고 일반적인 교양교육 형태를 의미하는 것이다. 따라서 하나님

나라 백성으로서 생의 주기에 따라 다양한 상황을 만날 때 그 안에서 하나님 안에서의 소명을 발견하고 삶의 실천을 해석하며 살아갈 수 있게 하기 위함이다.

그러면, 하나님의 프락시스에 응답하는 교회교육 커리큘럼은 구체적으로 어떤 방향을 취할 수 있는지를 살펴보도록 한다.[11]

먼저, 케리그마는 설교의 형태로 하나님의 프락시스를 표현하는 것이다. 설교자는 회중과 본문 사이, 본문과 주변 문화 사이를 중재하며 소명을 일깨우는 것에 초점을 두어야 한다. 그동안 교회의 케리그마는 회중과 본문 사이를 연결지을 때 회중의 삶의 자리, 다시 말하면 정치, 경제, 사회, 문화, 직업세계 등 공적인 측면이나 개인적이고 실존적인 신앙 발달 여정의 질문들을 간과하는 경향이 있었다. 이러한 점은 회중들에게 충분히 마음을 열고 말씀을 만나며 가능성과 지평이 열리는 소명이 형성되도록 돕는 데 역부족일 수밖에 없었다. 그와 같은 문제는 본문이 자리하는 주변 문화의 삶의 자리에 대한 충분한 언급이 부족할 때에도 동일하게 발생하는 것이다. 따라서 하나님의 프락시스를 만나게 하는 케리그마는 오늘날의 회중의 삶과 본문이 형성된 당시의 삶의 맥락을 본문과 충실하게 관련짓는 과정에서 구체적인 하나님의 일하심을 만나게 하고, 각자 자신의 자리에서 다양한 차원의 소명의 삶을 결단하게 하는 것이어야 할 것이다. 기후 변화 시대의 케리그마는 회중들이 처한 기후 위기와 관련한 삶의 정황을 충분히 관련지어주면서 성경 본문을 통한 하나님의 뜻을 그것의 배경과 맥락을 풍부하게 제공하면서 들려준다면, 설교의 과정에서 회중들에게 삶의 지평과 가능성이 열리면서 소명을 깨닫게 되고 그 방향으로 살아가도록 이끌 것이다.

레이투르기아는 예배, 기도, 찬양, 성례로 하나님의 프락시스와 인간의 응답을 표현하는 장이다. 예전을 통한 음악, 시적인 부분, 비언어적인 측면들은 인간의 깊은 정서를 불러일으키면서 이미지로서의 앎을 형성하게 한다. 기후 변화 시대에 레이투르기아를 통한 교회 교육은 하나님의 창조, 다스림, 구원을 향한 뜻과 일하심과 같은 방향에 서서 노래하고 구하며 경배하는 것이 되어야 할 것이다. 다시 말하면 온 우주에 살아 있는 영향력으로서 충만한 하나님의 현존과 활동에 대한 민감성을 기르는 것으로서 개인과 공동체의 믿음의 고백이자 정체성의 형성 과정이 되어야 할 것이다. 그러므로 개인의 내적 영혼 구원에만 치우쳐 있는 찬송과 기도에만 빈번하게 노출되는 상황이라면 긴급한 수정과 보완이 있어야 할 것이다.

디아코니아는 섬김과 봉사를 통해 하나님에 대한 헌신과 재헌신의 확증이 일어나게 하는 영역이다. 교회는 교인들에게 교회 안과 밖에 선교의 장을 만들어서 봉사활동을 격려하되 그 신학적 의미를 부여하고 해석해주어야 한다. 신앙인들은 여러 가지 형태의 봉사에 참여하면서 하나님의 프락시스를 만나고 동역하는 경험을 하게 되고, 일상생활에서도 소명을 인식하며 더 높은 목적을 향해 현실을 개선해나가도록 격려받게 된다. 따라서 기후 변화 시대에 교회 교육은 교회 안과 밖에 디아코니아의 장을 개발하여 다양한 은사를 지닌 교인들이 헌신하면서 재헌신을 다짐할 수 있도록 실천의 장을 제공해주어야 한다.

코이노니아는 공동체적인 친교와 교제를 나누는 장으로서 개인과 공동체에게 양심과 주님의 제자로서의 삶의 태도와 형태들을 형성하고 재형성하게 한다. 교회에서는 다양한 삶의 배경과 이야기를 지닌 구성원들이 서로 삶을 교류하면서 그리스도를 따르는 제자의 덕목들에 일치하는 삶의 방식으로 살도록 도전하면서 소명의식을 격려하게 된다. 기후 위기 시대를 살아가는 신앙인들이 교회의 코이노니아 과정을 통해 바람직한 역할 모델을 풍부하게 만날 수 있다면 개인과 공동체에게 기독교적 덕목을 실천하는 삶의 방식을 형성하는 교육의 장이 될 것이다.

파이데이아는 수업, 교수, 카테키시스 등을 뜻하는 디다케 차원과 교회 생활 전 과정을 교육적으로 구조화하는 교육의 차원을 포괄하는 것이다. 전자는 학교식 수업 형태의 가르침을 통해 성서에 근거한 하나님의 프락시스의 구체적 차원들과 소명에 관한 교리들을 강화해가는 것을 말한다. 후자는 케리그마, 레이투르기아, 디아코니아, 코이노니아가 서로 유기적 관계를 이루어 하나님의 프락시스에 소명으로 참여하는 과정이 될 수 있 도록 세워가는 것이다. 한국 교회의 성인 목회의 경우, 교회생활의 전체 과정에서 주요 담당자가 담임 목회자와 담당 부교역자로 나뉘어져 있어 서 담임 목회자가 파이데이아에 대한 전문성과 관심이 없다면 이런 종류 의 교육을 일관성 있게 구조화하기는 어려운 실정이다. 그러나 교회 학교 담당자의 경우 다섯 가지 차원의 교육을 위해 보다 집중된 파이데이아의 설계와 실행에 유리한 점이 있다고 할 것이다.

이상에서 볼 수 있듯이 이 글에서는 교회 교육을 좁은 의미의 교수 과 정으로만 보는 것이 아니라, 교회생활에 참여하는 전체 과정이 교육의 과 정이 될 수 있다고 보는 교육목회적 접근으로 살펴나가고 있다. 그리고 그러한 교회 교육의 구조는 아래와 같은 구조화를 이루어 교육 실천될 수 있는 것이다.

하나님의 프락시스에 소명으로 참여하는 교회 교육

	하나님의 프락시스의 빛 아래 해석과 실천의 전망				
	케리그마	레이투르기아	파이데이아	디아코니아	코이노니아
소명의 형성 & 하나님의 프락시스에 참여하기					

5. 교회에서 할 수 있는 기후 변화 교육

그러면, 지금부터 하나님의 창조하시는 프락시스, 하나님의 다스리시는 프락시스, 하나님의 구원하시는 프락시스의 빛 아래 교회의 다섯 가지 영역인 말씀 선포, 예배와 기도, 가르침과 교육, 봉사와 섬김, 친교와 교제 영역에서 구체적으로 어떤 기후 변화 교육을 할 수 있는지를 제안해보려고 한다. 여기서 주의를 기울일 부분은 각 교회마다 기존에 이미 자리 잡고 있는 다섯 가지 영역의 교육 통로들을 활용하는 것이 접근에 유리하다는 것이다. 왜냐하면 그 구조와 유통통로와 전혀 다른 교육방법 위주로 제공한다면 교회에서 실천할 가능성은 그만큼 희박해질 수 있기 때문이다. 그러나 기존의 교회 교육 유통망을 활용하되 그 구체적인 접근이 풍부한 것으로서 기후 변화 시대의 위기에 대한 뚜렷한 인식과, 개인과 공동체의 삶의 방식에 대한 성찰과 개선을 통해, 소명으로 하나님의 프락시스에 헌신하는 방향으로 나아가도록 지원해야 할 것이다. 그 사례들을 각 영역별로 몇 가지씩 제시하자면 다음과 같다.

첫째, 말씀 선포 영역에서는 회중들의 창조신앙을 강화하는 설교를 의도적으로, 주기적으로 선포할 수 있다. 특히, 환경주일이 되면 기후 위기 시대를 함께 공감하고, 죄를 인식하며, 하나님 앞에 결단하는 말씀을 증거할 수 있다. 구체적으로 기후 변화 시대를 감각을 활용하여 경험할 수 있도록 영상묵상을 보여줄 수도 있을 것이다. 또한 생명에 대한 존중과 생태학적 관심을 기를 수 있도록 주보에 목회자의 목회서신을 매주 게재하여 성경적인 규범을 실천하는 삶에 대해 비전을 제시할 수 있다. 이렇듯 말씀 선포는 성경 속의 상황과 메시지가 오늘날의 상황과 메시지로 재번역되어 선포될 때 회중들에게 구체적인 삶의 비전과 실천 의지를 불러

일으킬 수 있다. 그리고 개개인들이 성경적 비전을 품은 하나님의 메신저로서 살아가도록 결단에 이르게 할 수 있다.

둘째, 예배와 기도 영역에서는 기후 재앙에 대한 실상을 대면하며 생명체들의 죽음과 재난당한 이웃들의 고통을 함께 느끼며 참회의 시간을 열어줄 수 있다. 그리고 고통받는 피조물들에 대한 긍휼과 연민의 마음으로 화해의 신앙을 품고 보살피도록 격려할 수 있다. 때로는 환경 파괴 현상에 대해 자신과 관계된 문제로 여기지 못하고 거리감을 느끼거나 기도를 어떻게 해야 할지 잘 모르는 사람들을 위해 예전적인 기도집을 발간하여 기도생활을 지원할 수 있다. 일주일간의 〈환경살림 묵상집〉이라든가 〈생명살림 기도집〉을 간단한 소교재로 만들어서 전 회중들이 가정이나 직장에서 일정 기간 생태적 기도에 몰두할 수 있도록 환경을 마련해줄 수 있다. 예배의 찬송의 경우에는 생태적 관계성을 올바르게 잘 표현하는 내용의 찬송을 보급하거나 찬송 개사곡을 통해 신앙고백을 적절하게 표현할 수 있게 한다.

셋째, 가르침과 교육 영역에서는 각 세대들이 일상생활에서 쉽게 접근할 수 있는 에너지 절약 생활 방식을 인식할 수 있도록 가르치고 그 신념대로 실천하며 살도록 돕는다. 예를 들어 한 사람의 하루를 소재로 한 영상을 제작하여 탄소 배출을 줄이는 삶의 방식을 가르칠 수 있을 것이다. 하계 집중 신앙교육 기간이라 할 수 있는 여름성경학교나 수련회 시에는 장소와 교육 내용에 있어 생태적 민감성을 기르고 생명살림의 삶의 방식을 배우고 익힐 수 있도록 구성할 수 있다. 그리고 공과 교재를 집필하는 기관과 연대하여 여름 교재 또는 공과 교재 속에 환경주일 공과를 배치하여 다음 세대들에게 가르칠 수 있게 한다. 장년 세대의 경우에는 교회 안에서 장년층을 대상으로 하는 소그룹 성경공부나 지역 주민과 연계한 문화교실 강좌 등에서 기후 변화와 대안적 삶에 대한 강좌를 개설하여 운영하는 것도 좋은 방법이 될 것이다. 세대 간 교류 교육의 한 형태로는 어린이들과 청소년들, 그리고 어른들이 교회의 마당이나 주변의 넓은 장소에서 함께 모여 학습 코너나 체험 학습의 장을 열어 석유의존적인 삶의 방식을 반성하면서 건전한 산업구조를 꿈꾸고 또는 생명살림 밥상 체험을 함께 경험할 수 있다. 그리고 교회 차원에서는 전 성도들에게 녹색환경정책에 대한 소개와 실천에 참여하도록 지속적으로 독려할 수 있다. 교회에서 연간 한 차례 정도라도 기후 재난에 대처할 수 있는 위기 대응 방법을 배우고 익힐 수 있는 기회를 갖는 것도 회중들에게 경각심을 일깨우며 기후 위기에 적극적으로 대처하는 학습이 일어나게 할 수 있다는 점에서 긍정적이라 할 수 있다. 이러한 일련의 가르침과 교육은 교회의 교육위원회가 주관하여 적절한 교육목회를 설계하고 보급하는 일을 지속하는 것이 요청된다.

넷째, 봉사와 섬김 영역에서는 기후로 인한 재난이 발생한 지역에 봉사단을 파견하여 재건을 돕도록 할 수 있다. 여름철이면 태풍이나 집중호우로 인한 피해가 반복되고 있는데, 팀을 조직하여 피해 현장의 복구를 돕거나, 구호 헌금을 모금하여 전달하거나, 희망의 편지를 통해 힘을 보태줄 수 있을 것이다. 한국 교회 곳곳에서 가을철에 열리는 바자회의 경우에도 학교 운동장과 같은 넓은 장소에 지역사회의 기관과 종교단체들이 연대하여 큰 장을 연다면 지역 주민들이 서로 나눠 쓰고 바꿔 쓰는 문화가 활성화될 수 있을 것이다. 각종 자원봉사 프로그램들이나 지역사회 봉사단 활동에서도 에너지 절약 및 탄소 배출의 위험성에 대한 알림과 실천 활동을 독려할 수 있다.

다섯째, 친교와 교제 영역에서는 공동체적 과정에 교육적 의도를 풍부

		소명의 형성 & 하나님의 프락시스에 참여하기
하나님의 프락시스의 빛 아래 해석과 실천의 전망	말씀 선포 (케리그마)	· 창조 신앙을 보유하고 강화하는 설교하기 (환경주일 지키기 – 예배프로그램 보급, 영상으로 만나는 기후 위기 시대 자료 제공) · 생명에 대한 존중과 생태학적 관심 높이기 (담임 목회자의 목회서신 – 성경적 규범을 실천하는 삶 제시)
	예배와 기도 (레이투르기아)	· 죄 용서와 화해 신앙 지니기 (기후 위기로 인한 생명체들의 죽음 상황을 참회하기, 함께 사는 삶 다짐하기, 고통받는 피조물 보살피기 등) · 예전적 기도를 통한 기도교육 (전 교인에게 환경주일 전후하여 "7일간의 환경살림 묵상집" 또는 "일주일 생명살림 기도" 책자 제공 – 가정에서 큐티 및 생태적인 교육적 기도하기) · 바른 생태관계를 노래하는 찬송 부르기 (올바른 생태적 관계성을 담은 예배 찬송 보급 및 교육 패키지 개발 시 익숙한 찬송 개사곡 보급하기)

	가르침과 교육 (파이데이아)	· 각 세대를 향한 에너지 절약 실천 교육
		  – 교회학교 2부활동 – "○○○씨의 하루" 영상을 통한 일상생활 속 에너지 절약 실천 실례 만나기
		  – 환경주일 성경공부 – 해당 공과 배치하기
		  – 성경학교, 수련회를 생명캠프로 운영 – 성장세대에 생태적 민감성 개발하여 생명을 살리는 삶의 방식 창조하기
		  – 장년 소그룹 성경공부 – 성경적인 생태적 삶 다루기 및 삶의 실천 토의하기
		  – 지역 주민과 함께 하는 여성문화대학 – 기후 변화 강좌개설
		· 간세대 체험 프로그램
		(교회마당 이용한 체험 학습센터, 먹거리 센터 열기 – 석유의존적 삶의 방식 성찰, 생명살림 밥상 체험, 건전한 산업 꿈꾸기 등)
		· 환경정책 참여 독려하기
		(에코 마일리지 가입, 승용차 요일제 등)
		· 기후 재난에 대한 대처 방법 익히기
		(전체 환경교육 특강 – 구체적인 위기대응 방법 익히기)
		· 교육위원회를 통한 교회 전체의 교육목회 설계와 보급

	봉사와 섬김 (디아코니아)	· 생명살림 바자회 (지역사회 종교연합 개최로 지역 주민들에게 나눠 쓰고 바꿔 쓰는 넓은 장 제공) · 기후 위기로 인한 재난의 장소에 재건 돕기 (봉사팀 참여, 구호헌금 모금 및 전달, 희망의 편지 발송) · 지역사회봉사단, 자원봉사 훈련 프로그램 운영 시 에너지 절약 생활체험 개설
	친교와 교제 (코이노니아)	· 공동체적인 에너지 절약 캠페인 (에너지 절약 생활 수칙 스티커 발부 및 가정에 부착하여 실천하기, 주일 카풀운동, 차 없는 주일 시행하기 등) · 가족의 날 행사 (자연친화적인 행사 운영 – 남산 걷기, 수목원 기행 등) · 식사를 통한 친교 (음식 쓰레기 없는 식당, 생명살림 식단 운영)

하게 담도록 설계할 수 있다. 공동체적인 에너지 절약 캠페인을 벌이며 주일 카풀운동을 실천하거나 차 없는 주일을 시행해볼 수 있다. 또는 에너지 절약 수칙 스티커를 가정마다 부착하여 생활 지침으로 삼게 할 수 있다. 교회마다 5월이면 열리는 가족의 날이나 공동체 친교 행사 시에도 자연친화적인 삶에 대한 민감성을 높일 수 있도록 산이나 수목원 등 자연을 체험하는 행사로 기획하여 진행할 수 있다. 매 주일마나 교회의 식당에서는 생명살림 식단을 운영하거나 음식물 쓰레기 없는 식당을 실천할 수 있다.

이와 같이 교회생활의 전 과정에서 기후 변화 시대에 응답하는 교육적 의도를 소통하게 할 수 있다. 제시된 사례들을 기초로 하여 교회의 상황과 형편에 맞게 하나님의 프락시스로서의 부르심과 소명의 형성을 위해 풍부한 프로그램의 실례들이 만들어지고 시행될 수 있을 것이다. 어느 정도 효율적인 실천사례들이 수집된다면 "기후변화교육 EXPO"를 통해 한국 교회 전체에 적극적으로 알림으로써 실천에 가속도를 높일 수 있을 것이다. 독자적인 EXPO를 열기에는 아직 소극적인 실천에 놓여 있다면 현재 이루어지고 있는 교회 교육 EXPO의 한 부분으로 참가하여 기후 변화 교육 사례들을 알리고 홍보와 참여를 독려할 수 있을 것이다.

6. 마치는 글

이 글에서 신학적 근거로 제시한 하나님의 프락시스는 시대에 따라 직면하는 과제에 풍부한 공적 신앙의 비전과 소명을 제공하고 있다. 먼저 일하시는 삼위일체 하나님의 영향력을 프락시스 가운데 만나며 프락시스적 삶의 방식을 이끌어주고 있는 것이다. 기후 변화의 위기를 몸으로 체험하고 있는 이 시기에 말씀 선포, 예배와 기도, 가르침과 교육, 봉사와 섬김, 친교와 교제 등 각 차원에 따라 교회에서 교육적 의도를 풍부하게 살려 참여하고 체험하는 기회를 부여해준다면, 아이들과 어른들은 참여하는 가운데 하나님의 부르심의 비전을 만나며 자신들이 어떤 위치에서 어떤 역할을 해야 할지 소명을 형성하도록 이끌어줄 수 있다.

교회마다 교회의 교육구조에 따라, 교육구조 운영의 정책에 따라 다양하게 기후 변화 시대에 적절한 실제적인 교육 프로그램을 운영할 수 있을 것이다. 그런데, 교회 교육 현장에서 사역하고 있는 필자의 입장에서 글을 마치며 말하고 싶은 부분은 개교회는 뚜렷한 교육 유통구조를 가지고 있으나, 대부분의 경우에 기후 변화 시대의 교육적 원천을 담은 교육 패키지 개발을 스스로 감당하는 것은 현실적으로 어려운 실정이라는 것이다. 그렇기 때문에 환경운동 단체의 축적된 내용과 교육 전문가 집단 또는 기독교교육연구소 등과 연대한 교육자료 개발이 매우 절실하다고 할 수 있다. 교회들이 비록 기후 변화 시대의 위기에 대처해야 할 중요성을 인식하고 있더라도 충실한 교육자료들의 미비로 막연하고 추상적인 교육에 머무르지 않을 수 없기 때문이다.

또한, 기후 변화 교육을 위한 성경공부 교재를 개발하거나 센터 활동이나 캠프 자료와 같은 프로그램을 개발할 때에는 교회들이 넓게 활용하도록 유도하기 위해서 교회의 생활 주기를 적극적으로 고려할 필요가 있다. 한국 교회는 교회력에 따른 주요 절기를 따르고 있으며 연간 행사 주기가 어느 정도 견고한 형태로 자리 잡고 있다. 따라서 환경살림 교육을 위해서는 기존에 존재하는 교회의 생활 주기에 어느 지점을 어떻게 활성화할 것인가에 적절한 전략을 가지고 개발과 보급을 해야 할 것이다. 그렇지 않으면 수고해서 만든 의미 깊은 자료들의 활용도가 미미한 상태를 벗어나기 어려울 것이다.

앞으로 환경운동 단체들과 기독교 교육 기관들 및 교회 교육 전문가들의 연대를 통해서 전 세대를 향한 교육이 다양하고 지속적으로 열릴 수 있기를 바라며 글을 맺는다.

기후 변화 대응 교회 사례와 실천 제안[*]

유미호

북극의 빙하가 녹고, 태풍, 해일, 가뭄, 홍수, 산사태 등 위협적인 자연재해가 지구 곳곳에서 빈번해지고 재앙의 모습으로 인류에 다가서고 있다. 그로 인해 지구의 종말까지도 우려하는 이들이 늘고 있다. 하지만 우려는 우려일 뿐 온실가스 감축을 둘러싼 국제적 목표와 시기, 방법에 대한 논란은 여전하다. 지난해 말 코펜하겐에서 폐막된 기후정상회담에선 영향력 있는 약속을 만드는 데 결국 실패했다.

이를 지켜보고 있던 이들, 특히 기후 재앙의 최전선에 있는 이들은 그 누구 이상으로 '절망'하고 '혼란스러워'하고 있다. 그도 그럴 것이 그들에게는 시간이 없다. 툰드라의 언 땅이 녹아 메탄가스가 방출되고, 얼음으로 덮어진 바다로부터 복사열의 반사율이 낮아진다면, 지구는 걷잡을 수

---

[*] 이 글은 한국교회환경연구소가 진행해온 '기후변화 대응 교회지도자 교육'의 일환으로 열린 예장총회 환경선교정책협의회(2009. 4. 23)에서 발표한 글을 수정, 보완한 것이다.

없을 정도로 파국의 길로 치닫게 되고, 그러면 더 이상 살 곳이 없게 된다.

더 이상 책임을 따질 시간이 없다. 그러기에 지금의 '아주 불편한 진실'을 있는 그대로 받아들이는 이들, 또 그 안에서도 창조를 사랑하는 이들의 책임이 무겁다. 지난해 코펜하겐에서 열린 것이나 올해 칸쿤에서 열리는 정부간기후변화위원회에 그들이 참석한다면 희망을 노래할 수 있는 결정을 내릴 수 있지 않을까.

하지만 현실은 다르다. 하나님의 창조를 고백하는 그리스도인들조차도 별반 다르지 않을 것이라는 게 기본 생각이다. 우리 가운데 몇이나 온실가스를 배출하는 각종 문명의 이기들이 주는 편안한 생활을 포기할 수 있다고 생각한 적이 있는가? 지금껏 별로 책임 있는 행동을 하지 못하고 그저 무감각하게 지구의 고통을 지켜보고만 있지 않았던가? 아무것도 하지 않으면 기후 변화를 진정시킬 기회의 문이 영원히 닫힐 것이라는 경고를 들으면서도, 재앙에 대한 두려움 이전에 다른 삶에 대한 두려움으로 주저하고 있지는 않았던가? '녹색'이라는 이름으로 여전히 성장을 추구하고 교토의정서조차 인정하지 않았던 원자력 발전이나 토목사업에 매달리는 것도 그런 이유 때문일 것이다.

상황이 참 어렵다. 그렇다고 좌절하고 손 놓고 있을 수도 없다. 우리의 필요를 채워주는 지구가 지금 우리를 필요로 하고 있다. 고통 중에서 애타게 기다리고 있는 하나님의 자녀가 바로 우리다. '상황이 어려울수록 기본에 충실하라'고 하였다. "태초에 천지를 창조하셨느니라" 하신 말씀을 깊이 묵상하면서, 하나님과 인간과 자연의 자리를 마음 깊이 새겨보자.

그 위에서, 그리스도인 한 사람 한 사람이 절절한 위기危機를 바라본다면 분명히 새로운 길을 찾을 수 있을 것이다. 위기危險를 넘어 새로운 기회機會를 잡을 수 있을 것이다. 우리의 오만과 탐욕이 불러온 '위기의 지구'에서 또다시 우리 인간만이 살아남으려고 발버둥치는 그런 기회가 아니라, 창조된 모든 생명들과 복을 나누는 '복의 근원'이 되는 그런 기회를 말이다.

그나마 다행인 것은 우리가 지금의 문제를 해결해갈 수 있는 방법을 알고 있다는 것이다. 이미 일상생활에서 그 길을 걷고 있는 이들도 있다. 그동안 화석연료에 의존해온 삶을 진지하게 성찰하고 조그마한 변화나 의식 있는 행동을 보여주는 이들에게서 우리는 희망을 본다.

특별히 내부에 자연 자원의 재생산 기반을 거의 가지고 있지 않은 도시에서 시도되는 햇빛도시 만들기의 꿈은 의미 있는 실험이라 생각된다. 국고 보조금과 자부담으로 설비를 갖춘 제주도 동광마을과 한경마을은 57개 가구가 필요 전력의 90%를 햇빛에서 얻고 있다. 마을 주민들이 자발적으로 에너지 자립을 표방하고 지역의 다양한 자원을 활용해 에너지를 생산하고 있는 지역도 있다. 전북 부안은 태양광 전지판을 등용리 마중물 공동체, 원불교 교당, 부안성당 변산공동체 지붕에서 전기를 생산하고 있는데, 생산된 전기는 전량 한전에 판매하고 있다.

더구나 이러한 움직임 가운데에는 교회들의 모습도 눈에 띈다. 교회들은 하나님이 세상을 창조하시던 첫 날 '빛'을 만드신 것을 보고, 생명이 존재하는 데에 있어 가장 기본이 에너지라고 여기며 신앙의 눈으로 에너지 위기를 바라본다. 또 '열병을 앓고 있는 지구가 하나님의 집이며 우리에겐 그 집을 지켜야 할 의무가 있다'고 고백하며, 에너지 위기에 당당히 맞서고 있다. 삶에 필요한 에너지를, 환경에 부담을 주지 않는 햇빛에너지로 충당하고자 노력하고, 에너지 절약의 지혜를 짜내 실천하고 있는 것이다.

여기에 그들 교회가 하고 있는 일을 소개하고자 한다. 우선 살펴볼 것은 서서히 그러나 큰 관심을 끌고 있는 '햇빛에너지로의 전환'이다. 햇빛에너지는 교회가 삶의 에너지를 태양과 하늘로부터 얻는다는 신앙적 사실을 상징적으로 표현할 수 있다는 점에서 많은 관심을 받고 있다.

가장 먼저는 부천의 지평교회가 '에너지전환(구 에너시내안센터)'과 함께 '태양광 시민발전소 5호기(3kW)'를 옥상에 설치하였다. 생산된 전기는 국가 기준가의 7배나 높은 가격으로 한국전력이 15년 동안 의무 구매하게 되어 있는데,* 한 해 동안 250여만 원 가량의 햇빛기금을 모아 마을을 위해 사용하고 있다. 뿐만 아니라 시설이 있는 옥상을 교우는 물론 시민들에게까지 햇빛에너지에 대한 훌륭한 교육장으로 활용하면서 옥상녹화까지 하였다. 다음으로 서울 지역에 있는 청파교회가 교인들의 힘으로 지붕에 햇빛발전소를 세워 이 길을 함께 걸어가게 되었다는 소식도 들린다.

도시 교인(향린교회)들이 에너지를 절약하여 마련한 생활비를 모아 전북 익산에 있는 들녘교회에 햇빛발전소를 세우기도 했다. 유기농산물 직거래를 통해 오랫동안 신뢰감을 형성해온 두 교회는 발전소 건설을 통해 생명을 살리고 평화를 이루는 도농연대 공동체의 한 모델로 자리매김할 수 있으리라 생각한다.

서울 봉천 6동에 위치한 광동교회 역시 지역아동 공부방으로 사용하는 교육관 지붕에 태양광 전지판을 올렸다. 덕분에 냉난방 등 전기 사용량

---

* 이는 신·재생에너지 발전에 의하여 공급한 전기의 전력 거래 가격이 지식경제부 장관이 고시한 기준가격보다 낮은 경우에 그 차액을 지원하는 제도에 따른 것이다. 2001년 10월부터 도입된 제도인데, 민간 차원의 재생 가능 에너지 개발을 활성화시키는 역할을 하고 있다. 그런데 2010년 3월 18일 국회 본회의에서 신·재생에너지 의무할당제(RPS)를 규정한 '신에너지 및 재생에너지 개발·이용·보급 촉진법' 개정안이 통과되어 2011년 말까지만 유효하게 되었다.

이 꽤 많은 편이었는데, 그 사용량이 절반이나 줄었다고 한다. 지평교회와 다른 점은, 설치비의 60%를 에너지관리공단 신재생에너지센터가 지원하여 한전 전력계통과 연결된 계통형 시스템을 따른다는 것이다. 낮에 생산된 전기를 자체에서 사용하다가 남으면 전력회사에 소매가로 판매하고 밤에는 다시 전력회사에서 구입해 사용한다. 그래서 여름 볕이 좋은 날은 전기 계량기가 거꾸로 돌아가는 경우도 많다고 한다. 예장 총회(통합)에서는 이와 같은 방식의 햇빛발전소를 녹색교회 프로젝트를 통해 광주동노회에 속한 추월산, 로뎀, 하남장수교회 지붕에 각각 1기씩 3기나 세웠다.

외부의 도움 없이 자가발전으로 에너지를 얻는 이들도 있다. 예장 총회(통합)의 경우 2010년 한국교회백주년기념관 로비 한편에 '자전거 발전기' 두 대를 설치했다. 자전거에 올라가 페달을 돌리면 전기가 생산되는데, 한 대가 생산하는 것은 220V여서 바로 사용할 수 있고, 다른 한 대는 12V여서 축전지(배터리)에 저장하였다가 필요할 때마다 인버터로 전환하여 사용하도록 되어 있다. 그들은 인간 동력이라서 그 양은 미미하지만 작은 시도와 실천이 모이면 지나치게 낭비하는 우리의 에너지 습관을 바꾸고 지구의 미래를 밝게 할 것이라 믿고 있다. 그래서 제작 워크숍을 열어 이러한 실천을 확산시키고 있으며, 고기, 부천제일, 쌍샘자연, 성문밖, 청지기교회엔 1대씩 보급하였다.

지금까지 단순히 에너지 소비자이자 온실가스 배출원에 머물렀던 이들 교회들이, 햇빛발전소를 세워 에너지를 생산하는 만큼 에너지는 절약되고 또 그만큼의 이산화탄소 배출이 줄어들고 있다. 만약 교회들마다 리모델링이나 예배당을 신축할 때, 이러한 햇빛발전소 시설에다 태양열 온수 및 난방(설치비의 50% 정도 지원)은 물론이거니와 채광이 잘되게 하는 등 설계를 획기적으로 전환하고 빛이 잘 드는 곳에 온실을 만들어 채소도

가꾼다면, 이 땅 가득히 창조의 아름다움과 풍요로움이 눈부신 햇살처럼 다시금 빛날 것이다.

에너지 위기와 지구 온난화에 맞선 교회들의 노력, 두 번째는 '에너지를 적게 쓰는 것'이다. 기독교환경운동연대가 매년 6월 첫 주일인 환경주일을 기해 전국 교회에 제안하고 있는 '하나님 사랑, 에너지 사랑' 캠페인은 그리스도인 한 사람 한 사람으로 하여금 스스로 불편한 삶의 길을 걷도록 하고 있다.

그 내용을 들여다보면,

첫째는, '실내온도를 적정온도로 맞추자'는 운동이다. 대부분의 교회들이 예배 시간에 여름에는 지나치게 낮고 겨울에는 지나치게 높은 온도(25°C 이상)를 유지하는데, 교인들이 여름에는 쿨비즈에 26~28°C를, 겨울에는 내복을 입고 20°C 아래로 낮추도록 권장하고 있다. 또 사무실에서도 냉난방기를 사용할 때는 실내적정온도를 유지하고, 연속으로 사용할 경우 점심시간과 퇴근 시간 전에 미리 난방기를 꺼서 남아 있는 온기를 활용하도록 한다(여름철에는 에어컨에만 의존하기보다 선풍기를 같이 활용하고, 적정온도 26~28°C를 늘 유지하도록 한다). 또 교인들에게 교회 이름이 새겨진 온도계를 선물로 주어 각 가정에서도 에너지 절약을 통해 하나님 사랑을 실천하도록 하였다. 사실 겨울에 조금 춥게 지내고, 여름에 조금 덥게 지내는 일, 그것은 개인의 육체적 건강을 위해서만이 아니라 인류의 생태학적 건강에도 커다란 도움이 되는 것이다.

둘째는, 가정과 교회에서 나오는 '생활 속 CO_2 줄이기' 운동이다 2007년부터 서울 관악구에 있는 신양교회와 부천의 지평교회는 매월 마지막 주일을 '차 없는 주일'로 지키고 있다. 주일마다 빼곡히 들어서던 교회 주차장을 비워두고, 맑은 공기와 함께 맞이하는 주일은 고요한 가운데 몸과 마음을 모을 수 있게 하고 있다. 비록 많은 참여를 이끌어내기는 힘들지만, 걷거나 자전거를 이용해, 혹은 대중교통을 이용해 교회를 찾은 이들은 조금만 불편하게 지내면 지구는 물론 하나님의 마음까지도 시원하게 할 수 있다는 확신을 갖게 되었다고 한다. 아울러 성문밖, 약수동, 전농, 좋은만남, 향린 등 많은 교회들이 교인 한 사람 한 사람에게 전기, 가스, 수도, 자동차 주유비 등 생활 구석구석에서 발생시키는 CO_2를 '에너지가계부'에 기록하게 하여 자신이 지구에 얼마나 고통을 안겨주는지 알아 고통받는 생명들을 위해 할 수 있는 일을 하게도 하였다.

셋째는, 나무를 심고 가꾸게 하는 **'교회를 푸르게'** 하는 운동이다. 하나님이 만드신 처음 동산으로서의 숲을 회복하는 것은 이산화탄소를 줄이는 적극적 방법이다. 2000년 이후로 교회 녹화 시범교회에 참여했던 평화의, 성답, 새터, 월곡, 서울성남교회 등은 교회의 담장을 헐고 나무울타리를 만들거나 마당에 작은 동산을 만들어 회색도시에 푸름을 더하였다. 마당이 없는 교회라면 옥상에 하늘동산을 가꾸거나, 자투리땅을 찾아 나무와 꽃을 심고 가꾸었다. 광동교회는 교회 내부만이 아니라 마을에 방치되어 있는 곳까지도 찾아내어 한평공원으로 되살려내고 있는 곳이다. 작은, 고기, 쌍샘, 청지기교회의 경우는 교회 동산을 활용하여 자연학교를 운영함으로 둔감해져가고 있는 생태감성을 일깨우고 있다.

넷째는 **'초록가게'**를 통한 자원 재활용, 재사용 실천운동이다. CO_2보다 더 강력한 온실가스인 메탄가스는 육식 위주의 식생활로 인한 가축 사육에서 발생하기도 하지만 폐기물 매립 처리 과정에서 발생한다. 따라서 재활용이 촉진되면 메탄 발생량도 감소한다. 백석, 동녘, 은빛, 부천제일교회 등은 초록가게를 열어 재활용 재사용을 실천할 뿐만 아니라 고효율제품이나 환경에 피해를 덜 주는 환경상품의 사용을 확산시키고 있다.

다섯째는, 몸과 마음은 물론 땅을 살리는 생명의 먹을거리로 밥상을 차려 남김없이 먹는 '생명밥상운동'이다. 2002년 이후로 생명밥상운동을 전개하고 있는 교회 중에는 국내산 유기농산물(특히 쌀)을 나누며, 육식을 삼가고 곡채식을 즐기거나 음식쓰레기 배출을 줄임으로써 온실가스 배출량을 줄이고 있다. 특히 최근 기후 재앙에 맞선 실천으로 주목하고 있는 것은 채식이다. 축산에서 나오는 온실가스(메탄)가 전 세계 교통수단이 만들어내는 것보다 많은데다, CO_2보다 온실효과가 23배나 강해서이다. 그뿐만 아니라 메탄은 CO_2와 달리 대기 중 머무는 시간이 1/10도 안 돼 즉각적인 효과도 내기에 교회적으로 주일 밥상이든 평일 중 하루만이라도 채식하는 운동을 펼치고 있다. 한 사람이 한 주에 하루 온전히 채식하면 숲을 1천여 평 지킬 수 있다는 믿음을 갖고서.

물론 이 모든 실천들은 머지않아 대재앙을 몰고올 지구 온난화에 비하면 아주 작고 소박한 것들이다. 하지만 지구 온난화가 '시대의 징조를 분별하라'고 하시는 주님의 경고임을 알고, 햇빛에너지를 이용하고 에너지를 절약하는 교회가 있는 한, 절망하기엔 이르다. 절망하기보다는, 지금과 같은 위기 속에서도 여전히 모든 생명에게 필요한 빛을 골고루 그리고 충분하게 비추고 있는 하나님의 태양을 바라보고, 그 태양에서 해답을 찾는 것이 오히려 마땅할 것이다.

오늘도 지붕에 태양광 전지판을 올려 전기를 생산하고, 옥상 녹화로 단열을 하고, 태양열을 이용해 온수를 만들거나 난방을 하는 계획을 세우고, 교회숲을 조성해 에덴동산의 회복을 실현해가는 교회가 있어 희망의 씨앗을 싹틔운다.

바라기는 에너지를 아끼고 하늘로부터 오는 햇빛과 바람, 창조주 하나님께 온전히 의지하는 교회, 자연과 조화하며 건강한 삶을 살도록 이끄는 녹색교회의 씨앗이 날마다 뿌려져 땅속 깊숙이 뿌리내려가길 소원한다.

다음은 교회 성도들과 더불어, 지구 재앙에 맞서 해볼 만한 구체적 실천 몇 가지이다.

> 제안 1. 에너지 가계부로 생활 속 이산화탄소 줄이기
> 제안 2. 탄소 중립(기후 변화 시대 이웃 사랑, 배출한 만큼 값을)
> 제안 3. 사순절 탄소금식 운동

실천 1. 〈에너지 가계부〉 생활 속 이산화탄소 줄이기

지금의 위기는 우리가 소비하고 있는 화석연료가 내놓고 있는 온실가스, 그중에서도 대기 중 겨우 1만 분의 3 정도를 차지하고 있는 CO_2 때문이다. CO_2는 적은 양으로도 지구의 기온에 상당한 영향을 미치고 대기 중에 일단 만들어지면 한 세기 이상 사라지지 않는다. 그래서 산업혁명 이후로 CO_2의 양이 계속 늘어 그 양이 1만 분의 4로 늘어 지구 기온이 약 0.74도 정도까지 높아졌다. 만일 지금처럼 화석연료 소비가 계속된다면, 지구 기온이 6도까지 오르는 것은 시간문제일 것이다.

▶ 'CO_2 발자국' 측정하기

국립산림과학원에 따르면, 국민 한 사람이 연간 3.2톤의 온실가스를

배출한다고 한다. 그렇다면 나는 생활 속에서 얼마나 많은 CO_2를 배출하고 있는 걸까? 내가 발생시키는 CO_2의 총량*은 간단히 계산할 수 있다. 매월 사용하는 전기, 가스, 수도, 자동차 주유비 영수증만 챙기면 된다. 매월 달라진 결과를 아래 표에 기록하면 되는데, 영수증에 표기된 사용량만큼 우리는 생활 속에서 기후 변화는 물론 지구 온난화를 가속화시켜 동식물과 우리 삶에 영향을 미치는 것이다. 그 영향을 일컬어 우리는 'CO_2 발자국'이라 부르며, 그 수치를 계산하는 방법은 다음과 같다.

가정에서 납입하는 고지서를 참고하여 매월 전기, 가스 사용량을 전년 동월 사용량과 적는다.

월 사용량		( )월		( )월		증감 ($\uparrow\downarrow$)	
		지난해	올해	지난해	올해	사용량	CO_2
전기	kwh						
	CO_2						
가스	m^3						
	CO_2						
수도	m^3						
	CO_2						
자동차	원(주유비)						
	CO_2						
CO_2 총계							

· 전기와 가스 사용량에 각각 아래의 이산화탄소 배출계수를 곱한다.
전기　　CO_2 배출량(kg) = 0.437 × 사용량(kwh)
도시가스　CO_2 배출량(kg) = 2.07 × 사용량(m^3)
수도　　CO_2 배출량(kg) = 0.59 × 사용량(m^3) … 2개월마다 고지되므로 고지된 달만 기재
자동차　[휘발유차] CO_2 배출량(kg) = 0.00165 × 한 달 주유비(원)
　　　　　[경유차] CO_2 배출량(kg) = 0.00227 × 한 달 주유비(원)
　　　　　[LPG차] CO_2 배출량(kg) = 0.002 × 한 달 주유비(원)
　　　　　… 자동차를 주유할 때마다 영수증을 버리지 말고 잘 모아서 매달 합산해야 함. 물론 차종을 알고 각
　　　　　　종류별 환산계수를 곱할 것!

---

* 국립산림과학원 홈페이지(www.kfri.go.kr 맨 우측 하단)에는 '탄소나무 계산기'가 있고, '그린스타트' 전국네트워크의 홈페이지(www.greenstart.kr 맨 우측 중간)에도 '탄소발자국 계산기'가 있어 이 계산을 도와준다.

실천 2. 〈탄소 중립〉 기후 변화 시대의 이웃 사랑, 배출한 만큼 값을

이미 지구상에는 하나님이 더불어 살아가게 만드신 여러 생명들이 사라졌거나 사라질 위험 가운데서 신음하고 있다. 자신의 고통을 덜어줄 하나님의 자녀의 도움을 애타게 기다리면서 말이다.

우리는 이들 이웃 앞에 당당히 나설 수 있는가? 생각해보자. 주저됨이 있다면, 그 원인을 살펴보자. 답은 뻔하겠지만, 그래도 구체적으로 살피자. 그래야 생각을 돌이켜 책임있는 행동을 할 수 있을테니까.

책임있는 행동은 우선 자신이 누린 것의 댓가를 자신이 치르는 데서부터 시작된다. 즉 이산화탄소, 메탄가스 등 온실가스를 자신이 **배출한 만큼 값을'*** 치러야 한다는 말이다. 만약 지금껏 배출한 것이 너무 많아 다 지불하기 힘들다면 올해 발생시킨 것부터 시작하더라도 말이다.

그럼, '어떻게 값을 치르느냐'가 문제인데, 자신이 발생시킨 탄소량을 계산해서 그에 해당하는 금액을 모아 지구 이웃을 위해 헌금하여 그것을 생태적으로 도움이 필요한 곳에 사용하면 된다. 자신이 발생시킨 탄소배출량은 다음 사이트에 가면 쉽게 계산할 수 있다.

> · 탄소 발자국 측정하기 http://www.greenstart.kr(그린스타트)
> · 자신의 탄소배출량(kg.CO_2) × 15원

계산된 탄소배출량에 탄소시장 거래가격을 적용하여 Kg당 15원을 곱

---

* '배출한 만큼 값을 치르는 것'은 한 단어로 표현하면 '탄소 중립(Carbon Neutral, 2006년 영국 옥스퍼드 사전이 선정한 올해의 단어)'이다. 소비와 활동으로 배출한 탄소의 양을 상쇄(相殺)시키는 것, 곧 배출한 탄소에 대한 값을 치르는 것이다.

하면, 자신이 배출한 탄소 대신 치러야 할 값이 나온다. 15원은 Primary CDM(청정개발체계) 세계 평균가격 기준인 13달러/tonCO$_2$에 따른 가격이다(2007년 기준). 나온 값은 자신의 잘못으로 인해 지구가 받는 고통의 크기이니만큼 기꺼이 그 값을 지불할 수 있는 마음이 일어나도록 회개의 기도를 올림이 마땅하다.

이러한 계산이 복잡하다면, 우리나라 평균 탄소배출량에 따른 나눔을 실천해도 좋을 것이다. 우리나라 총 CO$_2$ 배출량을 살피면, 연간 4억 34,000톤(세계 9위, 2002년 IEA보고)이니까 한 사람이 연간 12톤(33.61Kg/일)을 배출한다. 그러니까 일 년으로 하면 '12톤 × 15,000원 = 180,000원'을, 하루로 하면 '33.61kg × 15원 = 500원'이 배출한 탄소에 대해 부담해야 할 값이다.

이런 계산도 가능하다. 우리나라 국민 한 사람이 하루 평균 33.61Kg의 CO$_2$를 배출한다는데, 이는 하루에 나무 0.3그루가 들이마시는 양이다. 그러니까 일 년 동안 110그루의 나무(소나무 기준)를 심거나 지키고 돌보면 된다.

부담을 준대로 지불한 값은 교회별, 지역별로 모아, 다음과 같이 지구를 살리는 일*에 사용해보자. 신음하며 하나님의 자녀를 기다리고 있는 지구 앞에 당당해지게 하는 일들이니 신나게 해볼 일이다.

· 교회 옥상(지붕) 혹은 소외지역 어린이집에 햇빛발전소 설치(1kW에 약 800만 원)

－ 117명이 일 년 간 탄소부담금(18만 원)을 지불한다면 햇빛발전소(3kw, 한

---

* 기금을 모아 지구 살리는 일에 사용할 때, 기독교환경운동연대(문의: 02-711-8905)로 문의하시면 가능한 대로 일을 이루기까지 돕는다. 아울러 이 실천과 관련하여 성도들을 교육하기 원하는 분은 부설기관인 한국교회환경연구소가 최근 발간한 '기후변화 시대의 생활 속 교육교재'를 활용해도 좋다.

가정 소비량) 1기를 지을 수 있을 뿐 아니라 생산된 전기를 판매하여 매월 20여만 원의 수익을 낼 수 있다. 교회에 설치한 후에는 소외 지역에 있는 어린이집이나 복지관, 농촌교회 등을 지원하는 것도 아름다운 나눔이 될 것이다.

· 교회 혹은 어린이집 마당에 자전거 발전기 설치

- 4명의 탄소부담금이면 자전거 발전기 한 대를 설치하여 200w/h의 전력을 생산할 수 있다. 선풍기 한 대를 4시간 동안 돌릴 수 있는 양이다. 아이들이 놀면서 돌리는 것이 전기가 되니, 그 자체로 좋은 교육이 될 것이다.

· 에덴동산을 꿈꾸는 교회숲 가꾸기

- 모아진 만큼 에덴동산을 회복할 수 있다. 담장 대신 생울타리를, 주차장 한켠엔 녹색쉼터를, 옥상엔 하늘동산을, 그리고 마을 안에 방치되어 있는 땅에는 작은 숲을 하나 둘 가꾸어가다보면 교회숲이 조성되고, 또 처음 동산으로의 꿈도 이룰 수 있다.

· 사막화 방지 숲 가꾸기(몽골 '은총의 숲' 등)

- 20일치의 탄소부담금이면 몽골 사막화 지역을 푸르게 하는 '은총의 숲'에 나무 2그루를 심을 수 있다.

· 환경교육 및 지구 살리기 프로젝트 공연(착한 노래 만들기)

- 60일치의 부담금이면 한 명이 체계적 환경교육을 받고, 5명 이상의 일 년치 탄소부담금이면 지구 살리기 '착한 노래' 공연을 교회나 학교에서 열어 교인들은 물론 지역 주민들과 지구를 위하는 마음을 함께 나눌 수 있다.

만약 여전히 값을 치르기 싫다면, 삶이 고되 값을 치르기 힘겹다면, 날마다 지구 이웃으로 거듭나면 된다. 매일 매일의 삶에서 적게 배출하면 된다. 요셉처럼, 야곱처럼, 미래를 내다보고 그동안 지구를 힘겹게 했던 행동을 멈추고 지구를 위한 불편한 삶을 끈기 있게 실천함으로 온실가스를 적게 배출하면 된다. 그것만으로도 충분할 수 있다. 아니 그것이 오히려 주 하나님께서 우리를 데려다가 에덴동산에 두시며 '맡아서 돌보라' 하셨던 책임을 다하는 것이다. 날마다 지구 이웃으로 살아가는 기쁨이 삶에 넘치길 빈다.

날마다 지구 이웃으로 사는법

· 물의 날, 수요일 '물'

물 아껴서 사용하기/ 불필요한 샤워 시간 줄이기/ 화장실 물탱크에 벽돌 넣기/ 세탁물은 모아서 세탁하기/ 모아진 빗물로 물주기

· 나무의 날, 목요일 '나무'

나무 심고 가꾸기/ 화단, 상자텃밭 가꾸기/ 재생지 쓰고 이면지도 활용하기/ 종이컵 사용하기 않기

· 쇠의 날, 금요일 '소비'

일회용품 사용하지 않기/ 분리수거 철저히 하기/ 초록(재활용)가게 자주 이용하기/ 친환경상품 사용하기/ 새 물건 사지 않기

· 흙의 날, 토요일 '흙'

비닐봉지 대신 장바구니 활용하기/ 제철 음식 먹기/ 음식물 쓰레기 줄이기/ 우리 농산물 애용하기

· 태양의 날, 일요일 '쉼'

쉼을 통해 생명의 기운 품기/ 자녀들과 환경교육 하기/ 성도들과 환경실천 나누기

실천 3. 사순절 탄소금식운동

영국교회가 2010년 사순절 기간 동안 전개한 '탄소금식운동'의 내용이다. http://www.tearfund.org에 있는 원문을 번역한 것으로 우리 상황에 맞춰 의역된 부분이 여럿 있다.

그리스도인에게 40일은 의미 있는 날이다. 자신과 함께 세상을 변화시킬 수 있는 기간이다. 성서에서 보면 사순절의 40일은 회개와 성찰, 희생은 물론 하나님께 귀 기울이는 시간으로서 중요한 의미를 갖는다.

2010년 사순절에는 탄소금식운동을 벌여보자. 이는 기후 변화 시대를 사는 우리가 세상과 우리의 이웃과 관계를 회복하기 위해 해야 할 일을 깊이 묵상하고 또 실천하게 해줄 것이다.

1일 : 재수요일 – 사순절 금식에 뜻이 있다면, 거주하고 있는 공간에 있는 전구 한 개를 빼라. 그리고 이후 40일 동안 없이 지내라.

2일 : 리본이나 깃털을 이용해 당신 집에 외풍이 있는지 점검하라. 있다면, 문풍지를 사서 바르라.

3일 : 걸을 것인지, 자전거를 탈 것인지, 버스를 탈 것인지를 신중을 기하라. 그리고 자신이 이산화탄소 배출을 줄일 수 있는 방법이 무엇이 있는지 하루 동안 구체적으로 생각해보라.

4일 : 재활용할 수 있는 것은 다 재활용하고 있는가? 정말로 그렇게 하고 있는지 살피라.

★5일 : 교회에서 교우들에게 당신이 실천하고 있는 '탄소금식'에 대해 이야기하라. 그래서 다른 사람들도 참여할 수 있게 하라. 기독교환경운동연대 홈페이지(www.greenchrist.org)나 한국교회환경연구소의 '녹색신앙 아카이브' 자료실을 참고하면 도움이 될 것이다.

6일 : 중앙난방온도 조절장치의 온도를 1도 낮추라.

7일 : 대기전력에게 '안녕'이라고 말하라. 전기제품을 사용하지 않을 때는 항상 스위치를 껐는지 확인하라. TV만으로도 일 년 동안 20kg이나 되는 이산화탄소를 줄일 수 있다.

8일 : 휴대전화의 충전이 끝났으면 플러그를 뽑아라. 충전하지 않고 있더라도 전기는 소모된다.

9일 : 기후 변화는 멀리 있는 위협이 아니다. 이미 가난한 지역에 영향을 미치고 있다. 상처받기 쉬운 이들이 변화하는 기후에 적응할 수 있도록 돕고 있는 조직(교단 환경위원회, 기독교환경운동연대 등)을 위해 기도하라.

10일 : 식기세척기를 하루 쉬게 하라. (에너지 효율등급을 점검하고 바꿀 때에는 1등급으로 향상시켜라.)

11일 : 교외에 있는 쇼핑지역으로 가지 말고 동네 가게나 재래시장, 생활협동조합을 이용하라.

★12일 : 오늘은 정치인들에게 기후 변화에 대해 조처를 취할 것을 요청하라. 기독교환경운동연대의 기후 변화 캠페인을 들여다보고, 그림엽서나 관련기관 홈페이지 등을 활용하여 의견을 전하라.

13일 : 집의 전기와 가스 공급업체를 알아보고, 환경을 위한 계획이 있는지 확인하라. 편안함을 느낄 수 있는 환경을 생각해보고, 필요하다면 건의하라.

14일 : 목욕 대신 샤워를 해라. 물론 물은 데우는 것도 평소보다 낮은 온도로!

15일 : 비닐봉지를 사양하라. 시장갈 때에 장바구니를 꼭 가져가라.

16일 : 방을 나갈 때는 전등을 끄라. 매일 두 시간씩 형광등(32W 2개)을 켜둔다면 월 3.8kWh의 전기가 더 소비된다.

17일 : 차를 끓일 때는 필요로 하는 양을 생각하여 그만큼의 물만 찻주전자에 채워라.

18일 : 비행기의 이동거리를 줄여라. 공정무역 상품을 제외하고는, 비행기
　　　로 운송된 음식은 구입하지 마라.

★19일 : 말라위(사하라 사막 이남 국가에서 가장 인구밀도가 높은 국가 중 하나)에
　　　서 농사짓고 사는 부부는 충분한 음식을 생산하기 위해 고군분투하
　　　고 있다. 늘 반복되는 홍수와 가뭄 때문이다. 오늘은 그들처럼 기후
　　　변화의 위협 앞에서 힘겹게 농사짓고 있는 이들이 드리는 기도에 마
　　　음 모으자. "주님, 우리가 풍성한 농사를 짓게 하시어 배고픔에서 벗
　　　어날 수 있게 도우소서. 주님의 이름으로 기도합니다. 아멘."

20일 : 퇴비를 만들라. 음식 쓰레기가 쓰레기 매립장에 가서 메탄을 발생시
　　　키는 것이 아니라 흙으로 돌아가도록 도우라.

21일 : 세탁기는 빨래를 최대한 모아서 돌려라.

22일 : 종이를 아낄 수 있는 방법을 찾아 그대로 하라. 한 번 쓴 봉투와 종
　　　이는 다시 쓰고, 복사할 때는 이면지를 쓰라. 이면지가 아니라면 꼭
　　　양면 복사를!

23일 : 수도꼭지를 꼭 잠그라. 하루 동안 흘려버리는 것만으로도 욕조 하나
　　　가 가득 찬다고 한다.

24일 : 지자체가 지역의 환경을 훼손하고 있는지 살피라. 재활용 시설 등
　　　잘하고 있는 일이 있다면 감사하고, 더 잘할 수 있는 일을 생각하여
　　　요청하라.

25일 : 집안에서 일을 가장 많이 하고 있는 이는 누구일까? 엄마도 아빠도
　　　아니다. 냉장고다. 한 가정의 전기요금 중 4분의 1을 냉장고가 차지
　　　한다는 통계가 있다. 덜 여닫고(하루 4회 문을 더 열면 월 0.8kW 더 소
　　　비), 냉장고 안에 음식은 60%만 채우라(월 최고 7.2kW 차이). 냉장고

에 보관 음식 목록표를 붙여두는 것도 방법이다.

★26일 : '사랑은 이웃에게 악을 행하지 아니한다'(롬 13:10)고 하였다. 하지만 우리가 에너지를 소비하면 할수록 우리의 가난한 이웃이 더욱 더 고통받게 됨을 본다. 유기적 관계 속에 있는 세상에서 우리가 가난한 이웃과 자연을 어떻게 사랑하고 있는지 묵상하라.

27일 : 차 주인이 타이어의 압력을 점검하도록 요청하라. 압력이 낮으면 연료 소비가 높다.

28일 : 가정에서 사용하는 에너지와 그동안의 실천에 따른 변화를 고지서나 공급업체를 통해 확인하라. 점검하는 것만으로도 에너지 사용을 삼가는 실천이 된다. 일례로 전기의 경우 일반가정(4인 기준)의 평균 사용량은 월 200kWh 정도인데, 그 이상이면 누진요금이 적용돼 부담이 커지기 때문이다.

29일 : 세탁기는 자동 세탁으로 돌리기보다 가급적 물의 양이나 시간이 적게 들도록 조절하여 운전하라.

30일 : 오늘은 기후 재앙에 대한 충격적인 사실들을 알아보고 그것을 친구들과 함께 나누라.

31일 : 식사할 때나 외출할 때 컴퓨터를 꺼두라. 사용하지 않는 컴퓨터(140w)를 켜두면(1시간) 월 4.2kwh의 전력이 낭비된다. 또 항시 절전되도록 윈도우 제어판의 전원 구성 표에서 모니터 끄기, 시스템 대기모드를 설정하라.

32일 : 오래된 전기 기구를 살피라. 꼭 필요했던 것이 아니라면 사용을 중단하거나 에너지 효율이 높은 모델로 바꾸라.

★33일 : 고요한 침묵을 즐기는 주일을 지내라. 모든 것에서 벗어나라. No 텔레비전, No 라디오, No 벨소리(휴대폰), No 자동차! 우리 영혼에게

상당히 좋은 시간이 될 것이다.

34일 : 원하지 않는 마케팅 정크메일(스팸메일)을 정지시키고, www.
greenchrist.org과 같이 창조보전에 힘쓰는 사이트를 찾아가 소식을 요
청하라. 그리고 친환경적 검색엔진을 활용해보라. http://Ecosia.org는
기존 검색엔진과 달리 스폰서 링크인 세계자연보호기금(WWF)으로
인해 발생하는 수익의 최소 80% 이상을 기부하고 있다. 기부금은 브
라질 아마존의 열대림 보호 프로젝트에 쓰인다. 검색 한 번만으로도
열대림을 지킬 수 있다는 말이다.

35일 : 주거하는 공간에 온도계를 걸거나 가능하다면 자동온도조절장치를
설치해 항상 이용하라. 온도를 설정해두면 열과 공기가 그만큼 낭비
되지 않는다. 그리고 가능한 대로 자연 냉방, 방열을 이용하라. 여름
에 집이 더우면 에어컨을 켜기보다 창문을 열라. 겨울에 집안이 추
워진다 싶으면 난방을 하는 대신 스웨터를 입으라.

36일 : 잼 병이든 봉투든 아이스크림 용기든 그냥 갖다 버리지 말고 재사용
하라.

37일 : 냄비에 요리할 때나 물 주전자를 끓일 때는 뚜껑을 덮어라.

38일 : 방 안의 따스한 공기(열)가 보존될 수 있도록 커튼을 처라.

39일 : 섬기고 있는 교회를 녹색화하는 구상을 해보라. 교회 지도자들을 찾
아가 제안하라. 녹색교회에 관한 자료는 기독교환경운동연대(www.
greenchrist.org)를 통해 얼마든지 받을 수 있다.

★40일 : 당신이 빼놓았던 전구를 에너지 절약형 백열전구로 바꾸라. 일 년에
60kg의 이산화탄소를 줄일 수 있다. 특별히 이날은 더욱 열심으로
지속 가능한 삶의 방식으로 살아가겠다고, 그리고 교회적으로도 고
통받는 이웃과 자연을 위한 노력을 하겠다고 서약하라.

세계의 교회들은 어떤 교육 및 캠페인 활동을 하고 있는가?*

채혜원

오늘 세계의 교회들은 기후 변화의 위기 속에서 어떤 일들을 어떻게 전개하고 있는가? 기후 변화는 CO_2 방출, 온실가스, 물, 공학기술의 발전 등 생태환경에 영향을 미치는 다양한 주제들이 연관되어 있으며, 이는 정의justice의 문제로, 특별히 세계 빈곤의 문제와 밀접하게 연관되어 있다. 우리는 세계교회협의회The World Council of Churches 및 캐나다연합교회The United Church of Canada, 미국교회협의회the NCCC-USA와 미국장로교회the PC-USA 등이 하고 있는 교육 및 캠페인 활동들을 살펴보고자 한다.

세계교회협의회의 기후 변화 프로그램은 1988년에 시작되었으며, 이는 70년대에 시작된 지속 가능한 공동체를 위해 쏟았던 노력의 후속으

---

* 이 논문은 2009년 한국교회환경연구소가 개최한 "기후변화 시대의 교회교육" 세미나에서 필자가 발표한 것을 수정, 보완한 것이다.

로, 이러한 노력이 환경뿐만 아니라, 경제·사회적 관심을 한데 묶어내었다. 세계교회협의회 안에서 기후 변화의 문제는 "정의Justice" 분과의 과제로 회원 교회들이 '기후 변화' 혹은 '생태 환경' 및 기타 관련 주제에 대한 연구 워크숍 팀을 만들고, 몇 년에 걸친 연구팀의 자료를 중앙위원회에서 혹은 중앙위원회를 거쳐 총회를 통해 지지 성명서, 캠페인 운동이 결의되고, 회원 교회들은 이를 바탕으로 각기 교회에서 활용할 수 있는 연구팀을 다시 조직하여, 예배자료, 활동자료 등을 교인들이 활용할 수 있도록 내놓고 있다. 중요한 것은 교인들이 관련 자료들에 쉽게 접근할 수 있게 하고, 더 나아가 교회뿐만 아니라 시민단체들과 함께 연대할 수 있게 조직적인 홈페이지 구성과 네트워크의 중요성과, 자신의 교회, 교단의 홈페이지에서 다른 교회들, 세계 교회들의 연구자료에까지, 그리고 정부를 향한 탄원서, 이를 위한 국제적 연대의 틀로 쉽게 연계되어 있다. 현장에서 활용할 수 있는 연구자료, 성서 및 예배자료에 대한 많은 연구와 그 작업 결과를 쉽게 나눌 수 있게 하고 있다.

세계교회협의회WCC는 유엔의 기후 변화와 관련한 활동과 밀접하게 연계하면서, 생태환경 관련 여타의 NGO들과의 유기적 관계를 맺고 활동하고 있다. WCC의 대표는 COP UNFCCC(Conference of Parties (COP) of the UN Framework Convention on Climate Change)에 대표를 파송하고, 성명서를 발표하고, 다양한 행사와 에큐메니칼하고 국제적인 행사들을 조직해왔다.

기후 변화 시대를 살고 있는 세계 교회들의 교육, 활동

→ WCC가 하는 프로그램들 → 정의Justice

→ 기후 변화와 물: 창조에 대한 배려(Climate change and water: caring for creation)

● [기후 변화와 물: 창조에 대한 배려(Climate change and water: caring for creation)] 프로젝트

· 기후 변화와 빈곤의 문제 연결

· 기후 변화와 물의 위기

· 교토협정서를 넘어서는 대책의 필요성 → 정부를 향해 → 유엔 기후 변화협약과정에서의 교회의 역할

· 위협당하는 지역에서의 적응 프로그램과 동시에 산업 국가들의 강력한 완화 대책, 즉 CO_2 저감운동 캠페인

기후 변화는 온 세계의 사람들에게 영향을 미치지만, 극렬한 폭풍, 가뭄, 홍수, 해수면 상승 등은 특별히 가난하고, 취약한 공동체들(특히 아프리카, 캐리비안 해, 태평양 및 동남아시아 등)에게 황량한 결과를 가져오고 있다. 기후 변화는 물의 위기를 가중시킨다. 이러한 상황이 유엔의 기후변화협약에서 교토협정서를 훨씬 넘어서는 대책을 요구하고 있다.

이 프로젝트는 기후 변화와 물에 대한 관심뿐만 아니라, 생태학적이면서 동시에 사회적 관심을, 위기와 발전, 지구적 위협과 지역에서의 체험, 지역의 참여와 국가적, 국제적 홍보의 관점을 함께 지니고 있다. 기

후 변화로 심각한 타격을 입고 있는 지역민들을 위해서는 적응 프로그램Adaptation Program이 절실하며, 강력한 완화 대책Mitigation measures(CO_2 저감운동)이 강력히 요구되고 있다.

WCC는 특별히 2009년 9월 1일-10월 4일까지 계속되는 '창조를 위한 시간Time for Creation'에 관심을 갖고, 특별히 취약한 환경에 노출되어 있는 자들을 위해 기도하기를 요청했다.

또한 [the Ecumenical Countdown to Copenhagen] 캠페인(http://countdowntocopenhagen.org)과 the tck,tck,tck(http://tcktcktck.org) 등에 참여할 것을 독려해왔다.

· 카운트다운 투 코펜하겐 http://www.countdowntocopenhagen.org

2009년 12월 UN의 코펜하겐 정상회담은 기후 변화에 대항해 싸울 차기 국면에 대한 아젠다를 세우는 회의로, 세계 지도자들로 하여금 가난한 자들을 위한 올바르고 효과적인 협상을 이루어내도록 요구하는 대중운동이었다. 코펜하겐 탄원서에 서명하고 모아진 서명서를 코펜하겐의 지도자들에게로 전달하여 공정한 기후협상을 이루어내는 데 더 큰 효과를 발휘하고자 한 운동이었다. 이 탄원서에 서명하는 것은 기후 변화와 맞서 싸우는 그 헌신을 보여주는 기회이며, 자신의 삶을 위한 행동일 뿐만 아니라, 우리 정부가 행동에 나서도록 압력을 가하는 일이기도 했다.

COP 15(UNFCCC Conference of Parties-COP 15 in Copenhagen) 회의 준비 및 운동

· 실망스러운 결과에 대해 심심한 유감을 표하면서 실행위원회(Feb. 2010)는 2010년 12월 멕시코에서 열리게 될 COP 16을 기대하며 공정하고 희망을 지닌 결속력 있는 동의안이 도출되도록 교회들의 관심과 헌신을 요

청했다.

· COP 15의 결과: 최대 배출국인 미국과 중국의 노력이 부진, 교토의정서를 대신할 각국의 삭감 목표와 시기 등에 관한 합의 도출이 없었다.

· WCC 실행위원회에 따르면, 이번 회의결과가 CO_2 배출 산업국가들의 역사적 책임, 350ppm 수치에 대한 확고한 결의, 구체적 단계별 방안, 기술적 변화와 재정충원 등이 포함되었어야 한다.

· 2009년 12월 코펜하겐 기후협의회는 2012년이면 그 시효가 끝나는 교토 프로토콜의 후속체 방안을 기대했던 회의로 다가오는 십 년과 그 이후를 겨냥하여 기후 변화에 맞서는 중요한 국제적인 틀이 될 것으로 기대됐었다.

· 50만 명에 이르는 사람들이 Countdown to Copenhagen에 참여했으며, 2000명이 넘는 교회 등이 종 울리기Bell Ringing 캠페인에 참여하는 등 에큐메니칼 권의 참여가 높았다.

WCC는 1988년부터 기후 변화와 관련된 도전들, 문제들을 숙고해왔다. 즉, 기후 변화와 관련된 환경적, 정치적, 사회적, 경제적, 문화적 여러 측면에 대한 인식과 기후 변화로 심한 타격을 입는 자들의 대부분이 오히려 지구 온난화에 거의 영향을 미치지 않은 가난하고 약한 자들이라는 점, 기후 정의Climate justice 는 창조보전caring for creation의 차원에서 숙고되어야 하는 점 등을 강조해왔다.

· 종 울리기Let the bell ringing

기후의 정의를 위하여 드럼이나 징을 350번 치자고 하는 운동이다.

"태곳적으로부터 세계 곳곳의 문화들에서 우리는 종이나 북과 같은 악기들이 사람들에게 임박한 위험을 경고하기 위해 쓰인 것을 보아왔다. 뿐만 아니라 사람들을 예배에 부름받고, 예배에서 중요한 순간을 접하며 신의 만남을 유도하기 위해서도 쓰여왔다. 12월 13일 주일은 코펜하겐에서 유엔 기후협상의 정점이 되는 날이다. 오후 3시 – 코펜하겐 루터교회당(성모 마리아의 교회)에서 에큐메니칼 축하식이 마지막을 장식하는 시간인 오후 3시에 덴마크의 교회들은 종을 울릴 것이며, 세계의 교회들이 이에 참여하여 자신 교회의 종, 북, 징, 나팔 등을 350번 울려줄 것을 요청하고 있다.

우리는 남태평양의 피지 섬—새날이 최초로 시작되는 곳이며, 이미 기후 변화의 영향을 받고 있는 곳이므로—으로부터 북유럽과 전 지구를 향하여 울려 퍼질 차임벨의 소리와 기도의 끈을 상상한다."

왜 350번 울리는가?

350이란 백만 분의 350에 해당하는 미소함유량을 뜻한다. 이는 많은 과학자, 기후 전문가, 진보적 국가 정부들의 연구에 따르면 우리 대기에서 안전하다고 할 수 있는 CO_2의 최고치다.

약 200년 전까지의 인류 역사에서는 우리 대기는 275ppm의 CO_2 함유량을 지니고 있었다. 그러나 지금 현재의 농도는 390ppm에 해당한다. 우리가 신속하게 CO_2 수위를 낮추지 않는다면 끝점에 도달하게 될 것이고 그린란드 얼음 층이 녹고 점점 늘어나는 영구 동토층이 녹으면서 방출하는 메탄가스 등과 같은 되돌리기 어려운 위험에 처하게 된다.

· **창조를 위한 시간**Time for Creation

정교회 교회력 시작을 알리는 9월 1일부터 가톨릭 전통에서 아씨시의 성 프란치스코 축일인 10월 4일까지 교회는 [창조를 위한 시간]에 참여하도록 하고 있다.

올해, 교회는 기후 변화의 첨단에 서 있는 태평양의 섬들이 당면한 상황들에 초점을 맞추도록 권고하고 있다. 태평양교회협의회the Pacific Conference of Churches, PCC의 총무인 페일로아키타우 카호 테비Fe'iloakitau Kaho Tevi는 PCC 소식지에 기후 변화에 관해 다음과 같이 쓰고 있다: "우리 문 앞에 와 있다. 우리 가정을 집어삼키고 집을 파괴시키고, 농장과 수확물을 삼켜버리고 있다. 문제는 우리가 만들어내는 오염이다; 우리는 환경을 우리에게 맡기신 하나님의 선물로서 받아들이지 못하고 모독해왔다"는 것이다.

태평양교회협의회는, "지구 온난화 종식Stop the warming"이란 캠페인을 비롯한 여러 가지 환경 프로그램을 진행하고, 관련한 예배 자료들을 내놓고 있다.

· 에큐메니칼 워터 네트워크an Ecumenical Water Network(EWN)과의 연계

물의 권리 및 주민 중심의 권리에 초점을 두고, 에너지 공급과 생산에 관한 연구를 한다. 이 네트워크는 2년에 한 번씩 지역회의를 개최하고, 젊은이들이 교회 대표들, 과학자들, 예술가 및 활동가들과 함께하는 썸머스쿨을 개최하여 젊은이들로 하여금 신성하고 생명을 부여하는 차원의 물에 대해 탐구하게 한다.

에큐메니칼 워터 네트워크는

· 전 세계적으로 사람들이 물을 얻을 수 있도록 보호하고 실현하기 위하여,

· 물 문제에 관한 논쟁에서 하나의 공통된 기독교인의 증언을 들을 수 있도록 하며,

· 물 위기를 극복하기 위하여 주민공동체 중심의 역량과 해결책을 도모하며,

· 물을 하나님의 선물로서 보호하며, 인간이 지닌 권리로서의 물을 주창하
  기 위하여 지역적으로나 국제적으로 연대하는 운동이다.

그 시초는 2005년 11월 6~13일 케냐의 마차코스에서 그 첫 번째 협의회
에서 시작됐다. 물 문제에 관한 논쟁에서 기독교적 증언이 있어야 하며, 물
문제의 급박성에 대하여 교회들의 인식을 높이고, 에큐메니칼 공동체로서
모든 측면에서 공동의 행동을 취하기 위해서 시작됐다.

2006년 포르토 알레그레 WCC 총회는 EWN을 지지했으며, 생명의 물
에 관한 정책 문서를 채택했다. WCC는 오늘의 물 위기와 이로 인해 미래
에 다가올 다양한 차원의 도전들을 인지했다. 2007년 WCC는 EWN 사무팀
을 구축하고 성공적인 협력의 경험을 바탕으로 파트너들 가운데 공동 협력
과 행동을 도모하는 것을 돕고, 2005/2006년 케냐와 브라질에서 개최된 협
의회 결과들을 추진하고 있다.

· Religious Traditions Call To Climate Action

2009년 9월 22일에 열린 United Nations Summit on Climate Change 전날
여러 종교의 지도자들이 함께 모여 UN Summit("Power green growth, protect
the planet")을 향한 성명서 Religious Traditions Call To Climate Action을 발표
했다.

· [생태정의와 생태환경적 부채]에 관한 성명서 Statement on eco-justice and
  ecological debt

2009년 9월 WCC 중앙위원회 채택(2002년부터 연구에 착수한 작업의 결

과물이다)

– "This far and no further: Act fast and act now!"

'무한정 소비'의 시대가 그 한계에 이르렀고, 무한의 이득과 소수자를 위한 보상의 시대도 종식을 고해야 한다. 생태적 파괴로 심각한 피해를 입은 사람들과 지구 자체에 진 우리들의 빚을 고백함으로써 생태적 정의를 진작시켜야 하는 심각한 도덕적 의무를 인지하고 실행할 것을 제안하기 위함이다. 생태환경적 부채란 경제적으로 산술한 수치뿐만 아니라, 수치로 셀 수 없는 성서적, 영적, 문화적, 사회적 측면에서의 빚을 포함한다.

오늘의 위기는 소비주의적 생활패턴, 천연자원에 대한 무제한적 착취에서 연유된 것으로, '천연자원'이란, 상업화될 수 없는 성스러운 창조물이며, 시장–세계화 속에서 농업산업화경제는 소수의 부와 안락을 위하여 다른 이들의 생존과 권위를 담보로 인간의 노동과 풍요로운 자원을 고갈시켰다.

→ 여기에 우리는 겸허의 신학과 포용적 사회를 구성해야 할 책임을 느낀다(a theology of humility and a commitment on inclusive community).

생태환경적 부채ecological debt란 생산과 소비 패턴을 통하여 생태계, 지역, 사람들에 입힌 손상을 이르는 것으로, 북반구 산업국가들이 남반구 국가들에게 그동안 자행해온 자원 고갈과, 환경 황폐화, 온실가스와 유해 쓰레기 방출 등으로 생태계 오염을 일으킨 빚/ 경제적·정치적으로 힘 있는 나라가 소외된 시민들을 향하여/ 인간이 다른 생명체들, 토착민과 같은 다른 사회에 지은 죄로 주로 북반구 나라들the global North이 → 남반구 나라들the global South에 행한 착취의 빚을 이른다.

초대형개발프로젝트(댐 등)/ 외국자본차관 – 비민주적이고 부패한 정치가들과 결탁/ 지역 주민들의 동의 없이, 또한 프로젝트가 미치는 생태적 사회적 결과에 대한 고려없이 생태계를 파괴한 부채를 이른다.

* 북반구의 생태적 발자국ecological footprin(인간이 환경에 미친 영향)이 6.4ha/person인 반면 남반구 생태적 발자국은 0.8ha/person이다.

* 경제 패러다임의 재조정 필요re-ordering of economic paradigms: 소비지향적 착취 모델에서 지역 경제를 살리고, 토착 문화와 영성을 존중하고 땅의 재생산적 한계를 인식하고, 다른 생태계가 꽃 피울 수 있게 하는 등의 모델로 전환해야 한다.

성서의 가르침(마태 6:12)대로, 생태환경적 부채ecological debt 환원의 문제는 보상과 급여에 대한 비시장적 방법 등, 측량하고 분배하는 시장 원리의 한계를 뛰어넘는 지혜가 필요하며 이는 바로 "생태환경적 부채"에 대한 인식과 함께 시작된다.

· **기타 관련 회의 및 문서들**

World Water Forum 16-22 March 2009, Istanbul

Statement on "Water for life" WCC 9차 총회 2006 Feb

World Water Day on 22 March 2009.

"Water and sanitation as a gift"

Summer School for water

Bible Study John 4:5-10: 아모스 5:11

No one owns water, it is a gift of God.

http://www.waterfootprint.org

실례들:

- 1Kg의 소고기 생산을 위해서 16,000리터의 물이 필요하다.

- 한 컵의 커피 생산을 위해서 14리터의 물이 필요하다.

- 중국의 물 발자국은 일인당 년 $700m^3$이다.

- 1인당 년 $1150m^3$의 물 발자국을 갱신하고 있는 일본은 일본 경계 밖
  물 발자국의 65%에 달한다.

- 미국 물 발자국은 일인당 년 $2500m^3$이다.

http://hdr.undp.org/oneplanet/?gclid=CL2QxrHJu5kCFQszbwodg1Kk6w

주요 정책 제안들:

기후 변화에 맞선 국제적 연대의 틀

정부를 향하여 다음 사항에 대한 국제적 합의 내용을 탄원하고 홍보할 것:

- 지구 온도의 상승을 섭씨 2도씨 이하로 제한할 것.

- 대기 이산화탄소의 량을 백만당 450ppm 이하로 제한할 것.

- 지구 온실가스 방출을 2050년까지 50%(1990년 수준에 근거하여)로 줄일 것.

- 개발국가에서의 지구온실가스 방출을 2050년까지 80%, 2020년까지는
  20~30% 줄일 것 등이다.

탄소 사용에 관한 예산 설치

기후 변화와의 투쟁은 우리 각자 집에서부터 시작된다. 소비자로서 여
러분은 다음과 같이 함으로써 CO_2를 줄여나갈 수 있다:

- 에너지 효율성이 높은 상품을 사는 것.

- 연료에 있어 에너지 효율 높은 대중교통을 이용하는 것.

- 국가적으로 우리는 탄소소비 관련 예산을 책정함으로써 변화를 만들 수
  있다.

  즉, 탄소에 대한 가격을 매긴다.

  친환경 기술로 개발한다.

국제적 협력과 지원의 강화

세계가 모두 함께 이 위기를 집중적인 노력으로 타개해나가야 한다.
우리는 우리 정부에 다음과 같이 요구해야 한다:

- 현대적 에너지 기술 활용을 공유하여, 세계 25억 인구가 혜택을 골고루
  받을 수 있게 하며, 개발도상국으로 하여금 에너지 생산에 있어 탄소 저
  사용 기술력으로 변경하도록 도울 것을 요구하며,

- 숲 보전과 녹지 회복과 같은 프로그램에 재정을 투여하도록 해야 한다.

빈곤 축소의 중심에 기후 변화 이슈를 놓아야 한다.

가난한 자들은 기후 변화로 가장 심각하게 타격을 받게 된다. 또한 이
미 많은 이들이 기후 변화의 심각한 영향을 받고 있다. 우리는 다음과 같
이 세계의 많은 사람들과 연대의 끈을 넓힐 필요가 있다:

- 개발도상국이 기후 변화로 인한 현재의 영향에 적응할 수 있도록 그 역
  량을 강화시켜야 한다.

- 적응 프로그램과 빈곤감소정책을 통합관리해야 한다.

- MDGs로의 진척을 보호하기 위하여, 그리고 인간 개발에서의 역전을 막
  기 위하여 기후변화 적응 프로그램을 위한 재정을 최소 US860억 달러를

할당해야 한다.

생태정의운동Eco-Justice Movement를 대대적으로 펼치고 있는 캐나다연합
교회는 생태환경Ecology 파트에 기후 변화, 에너지, 발생적 공학, 지속적
공동체, 물 등의 다양한 주제로 나누어 세부적인 연구자료, 예배자료를
얻을 수 있고, 또한 총회 및 지역단위의 행사와 연계한 홍보 및 캠페인 등
을 소개하고 있다.

· **기후 변화**Climate Change **부분에서**

"Join the KYOTOplus Campaign for Climate Action Now!"

WCC의 생태환경 정의와 생태환경 채무에 관한 WCC 성명서를 소개
하고 기도문을 올려놓고 있다(the World Council of Churches Statement on
Eco-justice and Ecological Debt, The central committee of the World Council of
Churches released a statement* in September 2009).

2009년 11월 2일까지 기후 변화를 위한 행동으로써 교토플러스Kyotoplus
탄원서에 사인하고, 〈기후 정의와 지구적 가난〉을 연결시키는 행동주간
인 10월 17~24일까지의 행사에 참여하도록 하고 있다.

교토플러스 탄원서는 2009년 12월 코펜하겐에서 개최된 유엔 기후변
화협의회에서 캐나다 정부가 기후에 관한 강력한 행동을 취할 것을 요구
하는 탄원서이다. 교토플러스의 배경, 안내, 이유, 캐나다인의 참여 필요
성, 탄원서를 제출하는 요령에 대한 자세한 설명과 더불어, 각기 책임 맡
고 있는 의원들의 성함과 주소, 연락처 등을 자세히 열거하고 있다.

http://presbyearthcare.blogspot.com

미국장로교회의 "생태환경과 정의를 위한 창조 회복"이라는 1990년 정책기조에 기반을 둔 생태운동으로 그동안의 "Presbyterians for Restoring Creation(PRC)"에서 "Presbyterians for Earth Care(PEC)"로 2009년 7월 이름을 바꾸어 생태환경정의에 관한 다양한 프로그램들을 진행하고 있다.

6. Earth Ministry

http://www.earthministry.org

Earth Ministry는 신앙인들로 하여금 환경지킴이가 되도록 하는 단체이다. 1992년 창설되어 신앙적 관점에서 생태환경을 지켜나가는 일을 해왔다. 주로 기독교인들로 구성되어 있으나, 여러 다양한 종교인들이 함께 참여하고 있다.

Worship Aids :

Sermons, scriptures, hymns, liturgies, prayers, litanies, devotionals, stations of the cross, and more

예배를 드리는 동안 하나님의 창조를 경배하는 것은 사람들을 창조에 대한 사랑, 보살핌으로 초대하는 하나의 생명적 방식이다. 예배는 우리로 하여금 하나님과 더욱 친밀한 관계로 이끌고, 자연의 이미지로 그 관계로 나아갈 때, 우리가 한때 생각했던 것처럼 그렇게 자연으로부터 멀리 떨어져 있지 않음을 깨닫게 한다.

창조에 대한 인식과 배려를 통합시킬 수 있는 다양한 측면의 예배가 있다. 설교는 회중들로 하여금 하나님의 사랑, 즉 모든 창조물을 다 감싸는 그런 사랑을 감지할 수 있게 돕는다. 노래/찬양은 낯익은 느낌들을 일깨울 뿐만 아니라, 보는 방식의 변화를 이끌어낸다.

기도, 낭송, 성서 낭독 등도 하나님과의 보다 깊은 교제, 다른 사람들, 뿐만 아니라 다른 창조물과의 깊은 교제로 이끌어낸다.

게시판, 뉴스레터, 알림난, 야외예배, 배너, 장식 등등 이 모든 것들이 상징 또는 아이콘이 되고, 자연으로 화육하신 하나님의 임재를 맛볼 수 있는 "창"의 역할을 할 수 있는 것이다.

7. 미국교회협의회 National Coucil of Churches of Christ in the USA

생태정의 프로그램을 활발하게 전개하고 있는 미국교회협의회의 웹페이지(http://www.ncccusa.org)를 통해, 이슈별 서브디렉토리를 활용하여 회원들이 이슈에 민감할 수 있게 하고 분명한 지식을 갖게 하며, 활동과 신앙의 연계성, 구체적인 활동사례들, 성서연구자료 등을 제공하고 있다.

부록

온 생명을 풍성하게 하는, 즐거운 불편

나는 오늘 하늘과 땅을 증인으로 세우고, 생명과 사망, 복과 저주를 당신들 앞에 내놓았습니다. 당신들과 당신들의 자손이 살려거든, 생명을 택하십시오.(신명기 30:19)

지구 곳곳에서 연거푸 일어나고 있는 지진은 수많은 생명들을 한순간에 죽음과 고통으로 내몰고 있습니다. 그리고 기상 이변으로 인한 인명과 재산상의 피해, 알 수 없는 질병으로 인한 고통과 죽음 등 현재 지구상에서 일어나고 있는 사건 사고들로 인해 수많은 사람들의 생명이 죽어갑니다. '과연 인간의 생명은 무엇인가?', '그다지도 덧없는 것인가?'라는 생각과 생명으로서의 그 고귀한 가치에 대하여 회의가 듭니다. 어찌 인간의 생명뿐이겠습니까? 지금 수많은 생물종들이 지구상에서 사라지고 있습니다. 그리고 그 울창했던 열대우림들이 사라져 지구는 급속하게 자체 정화 능력을 상실해가고 있습니다. 생명이 풍성하고 아름다웠던 산과 호수, 들판은 황량한 사막으로 빠르게 변해가고 있고, 모래먼지가 바람을 타고 날아와 인간의 삶을 위협하고 있습니다. 지구 온난화의 책임은 일차적으로 선진국에 있음에도 불구하고 유발 책임이 없는 남태평양의 섬나라들이 물에 잠겨 나라가 없어질 위기 상황에 처했습니다.

　지구 온난화 문제는 이미 오래전부터 지구의 과제로 던져졌음에도 불구하고, 그 심각성에 비해 적극적인 대처가 미비해 기세가 쉽게 꺾이지 않고 있습니다. 구제역과 전염병으로 수많은 동물이 도살처분당하는 것은 연례행사가 되었습니다. 인간의 탐욕과 이기심으로 인한 생태계의 파괴는 아직 현재진행형입니다. 국토의 젖줄인 강을 살린다는 명목으로 강바닥을 긁어내고 물길을 바꾸고 콘크리트로 막는 개발로 인하여 물이 오염되고 물고기가 죽어 떠오르고, 세계적으로 멸종 위기에 있는 희귀식물 군락지가 소멸되고, 농민들은 그동안 피땀 흘려 가꾸어온 삶의 터전을 빼앗길 위기에 처해 있습니다. 이런 심각한 문제들에 대한 원인과 해답을 오늘 성경말씀 속에서 찾아보려 합니다.

　하나님께서 "너와 네 자손이 살기 위하여 생명을 택하고…"라고 하였습니다. 그렇다면 하나님께서 우리 앞에 두신 '생명과 사망과 복과 저주' 중에서 우리는 생명을 선택하지 않았으므로 심각한 문제들 앞에 직면해 있다는 것입니다. 반면에 살기 위하여 생명을 선택할 때 주리라고 약속한 땅에 거하도록 하신다는 약속의 말씀을 주셨습니다. 먼저, 살기 위해서는 생명을 선택하여야 합니다. 생명은 살아서 숨 쉬고 활동할 수 있는 힘으로 자신의 의지와는 상관없이 하나님께서 주신 신성하고 초월적인 것입니다. 그리고 인위적으로 어찌할 수 없고 버릴 수 없는 고귀하고 숭고한 것입니다. 그래서 생명을 택하고 잘 유지하는 것이 중요합니다. 그러나 그것이 사람이든 자연이든 하나님께서 만드신 살아 있는 것들을 중요시하지 않고 멸시하였으므로 죽음과 저주가 왔습니다.

　우리와 우리 자손들이 살아갈 수 있도록, '생명'을 선택하는 이가 되려면, 우선 하나님을 사랑해야 합니다. 상대방을 사랑하려면 깊은 사귐이 있어야 하듯, 하나님을 사랑하려면 역시 사귐이 있어야 합니다. 사귐을 가질 때 중요한 요소 중 하나가 고백입니다. 사람과 자연을 창조하시고 생명으로 가득 찬 동산을 우리에게 맡겨주셨지만 하나님의 동산을 보존하지 못하고 잘 관리하지 못한 죄를 고백하며 회개합시다. 그리고 지금도 인간들이 욕망과 이기심에 마음과 눈이 가리어져 피조물의 신음을 귀담아 듣지 못하고 생명에 대해 민감하지 못한 무뎌진 마음을 고백하며 회개합시다. 그리고 이제는 더 이상 무분별한 개발로 인한 파괴를 일삼지 않도록 기도합시다. 그러면 우리의 기도를 들어주시는 의로우신 주님께서 마음과 눈을 열어주셔서 아버지의 마음을 알게 하시고 그분이 우리와 함께 계심과 피조물들의 아픔에 함께 아파하시는 주님을 만나고 민감한 영혼으로 주님을 더욱 닮아가게 되리라 믿습니다. 이렇게 주님과의 깊은 사귐을 통하여, 우리는 주님을 닮아 주님처럼 살아낼 힘을 얻습니다. 사랑의 능력은 생명의 회복과 평화의 열매를 맺게 합니다.

두 번째는 하나님의 말씀을 구체적으로 청종해야 합니다. 생명에 관하여 무엇이라 말씀하시는지 들어야 합니다. "생명으로 인도하는 문은 좁고 길이 협착하여 찾는 자가 적음이라"(마 7:14)고 했습니다. 생명의 길은 불편한 길입니다. 지금까지 우리들은 다른 사람들과 같이 자신의 욕망과 이기심을 채우면서 편하게 살아왔습니다. 사망의 길을 걸어온 것입니다. 사망의 길을 걸어온 결과 파괴와 오염, 싸움과 죽임을 낳았습니다. 생명의 길은 지금까지 살아온 길과는 다릅니다. 지금까지 우리가 살아왔던 나를 사랑하고 나를 위한 삶이 아니라 이웃과 자연을 위하여 더 많은 재정과 시간을 써야 하는 불편한 길입니다. 오래 참고 절제하고 투자하여 이웃과 자연을 돌봄으로, 자연 생태계를 파괴와 오염으로부터 막아내야 합니다. 그렇지 못하다면 거기에 기대어 사는 생명은 물론 인류도 사라집니다.

마지막으로는 하나님을 의지해야 합니다. 의지한다는 것은 말이 아닌 행함과 따름에 있습니다. 하나님을 의지함을 행동으로 증명해보이시길 바랍니다. 빠른 속도로 지구가 사막화되어가고 있습니다. 매년 더욱 지독한 황사가 몰려오고 있습니다. 그 근원지의 하나인 몽골에 나무를 심어 숲을 조성하면 땅이 살아나게 됩니다. 그리고 우리가 쓰고 있는 종이는 모두 나무를 원료로 하고 있습니다. 인쇄물과 주보 등을 재생지로 만들어 사용합시다. 교회들만이라도 주보를 재생지로 사용하면 연간 수만 그루의 나무를 살릴 수 있습니다.

하나님께서는 지금도 우리에게 말씀하고 계십니다. "생명을 택하고 네 하나님 여호와를 사랑하고 그의 말씀을 청종하며 또 그를 의지하라." 우리 모두가 그 말씀 따라 즐거운 불편을 실천함으로 온 생명이 풍성한 삶을 누리게 할 수 있기를 빕니다.

— 2010년 환경주일 공동설교문

자녀들에게 물려줄 살아 있는 지구

예수께서 무리에게도 말씀하셨다. "너희는 구름이 서쪽에서 이는 것을 보면, 소나기가 오겠다고 서슴지 않고 말한다. 그런데 그대로 된다. 또 남풍이 불면, 날이 덥겠다고 너희는 말한다. 그런데 그대로 된다. 위선자들아, 너희는 땅과 하늘의 기상은 분간할 줄 알면서, 왜, 이 때는 분간하지 못하느냐?"(누가복음 12:54-56)

오늘 우리는 생명의 근원이신 하나님께 예배를 드립니다. 바라기는 환경과 생명을 소중히 여기고 사랑하는 마음을 회복하는 은혜가 있기를 소원합니다. 특별히 생명을 사랑하는 그리스도인의 마음들이 모여 환경오염으로 죽어가는 지구를 살려내고, 우리 후손들에게 아름다운 초록별 지구를 물려주게 되기를 간절히 바랍니다. 우리는 잠시 지구에 왔다가 돌아가는 순례자들이기 때문입니다. 우리에게는 지구 생태계를 하나님으로부터 잠시 빌려 쓰고 후손들에게 물려주고 돌아가야 할 책임이 있습니다.

지난해 노벨평화상은 환경전도사인 앨 고어와 유엔 산하 기후변화협의체인 '정부간기후변화위원회IPCC'가 수상했습니다. 세계 평화를 위협하는 가장 큰 문제가 환경오염임을 입증하는 좋은 사례라 할 수 있습니다.

그렇습니다. 이제 지구 온난화로 인한 기후 변화 등 환경 문제는 인류가 가장 시급히 해결해야 할 핵심과제가 되었습니다. 안타까운 사실은 이러한 문제가 인간의 탐욕에서 비롯되었다는 것입니다. 선한 청지기로 부름받은 인간이 지구를 돌보기는커녕 오히려 해치는 암적 존재가 되었으니, 슬프고 부끄러운 일입니다.

우리는 기후 변화로 환경 재앙이 닥쳐오는 데도 여전히 하던 일을 멈추지 않고 있습니다. 이미 0.7°C 상승한 지구 온도가 1°C더 상승하면 생물종의 10%가 사라지고 3°C이상 오르면 40~70%가 멸종된다는 보고에도 아랑곳하지 않습니다. 가정에서의 전기 사용량은 물론 먹을거리에 대한 오염과 음식 쓰레기 양은 계속 늘고 있습니다. 포장지 및 사무용지 등 종이 사용량도 지속적으로 늘고 있으며 자동차도 늘어나 배기가스로 인한 오염이 심각합니다. 지구는 열병을 앓고 있는데 온실가스를 줄이는 데 인색하고 개발과 성장에만 치중합니다. 생명의 터전인 강을 개발과 투기와 경제적 이윤 추구의 대상으로만 보고 운하를 만든다고 하는 대목에서는 할 말을 잃게 합니다. 오늘 성경 본문에서 예수님은 군중들과 종교 지도자들에게 자연 현상에 따른 일기 변화는 분별할 줄 알면서도 왜 시대의 징조 혹은 시대의 뜻에 대하여는 관심이 없느냐고 꾸중하십니다. 당시 군중들이나 유대의 종교 지도자들은 대개 그 지역의 일기 변화에 대하여 잘 알고 있었지만, 당시의 종교적, 정치적, 경제적 모순의 현실 속에서 그 시대의 뜻을 찾는 데에는 무심했습니다.

어쩌면 우리도 시대의 징조를 외면하며 살고 있는 것은 아닌지 모르겠습니다. 요즘 우리는 최첨단 대형 컴퓨터와 기기들의 도움을 받아 일기의 변화를 쉽게 알 수 있습니다. '정부간기후변화위원회IPCC' 등 세계 각국의 환경 및 기상 관련 단체들의 연구 덕분에 기후 변동도 과학적으로 예측이 가능합니다.

그러나 일기 변화나 계절 변화에만 관심을 둘 뿐, 그 속에 담긴 시대의 징조를 분별하지는 않습니다. 여름에 온도가 높을 것이라는 예보가 나오면 기업가는 여름 상품을 만들어 돈을 버는 데만 열을 올리고, 가정이나 교회에서는 무리를 해서라도 방마다 에어컨을 설치하기 바쁩니다. 기후 변화 때문에 일어날지도 모를 환경적·생태적 재앙에는 별 관심이 없습니다. 이 지경에 이르게 한 우리의 삶의 방식, 소비지상, 물질만능, 개발과 성장 위주의 생활방식과 사회체계의 문제점을 찾아 바꾸려 하지 않습니다. 어떻게 하면 이 시대를 바르게 살지, 다음 세대에게 푸른 지구를 물려줄 수 있을지, 시대의 뜻을 구하는 데 별로 마음을 쓰지 않습니다.

오늘 주님께서는 이 세대를 질타하십니다. "너희는 하늘과 땅의 징조를 알면서도 이 시대의 뜻은 왜 알지 못하느냐?" 하십니다. 이 시대를 사는 사람들의 아픔과 희망, 환경오염으로 고통당하는 뭇 생명들의 신음과 고통, 이 시대를 향하신 하나님의 뜻을 헤아리며 살라 하십니다.

이는 흔한 말로 시대정신을 바로 알아 실천하며 살라는 말씀이라 할 수 있습니다. 현 시대의 정신은 환경 재앙으로부터 지구 생태계를 살리고 자녀들에게 온전히 물려주는 것입니다. 수많은 기상자료들이, 환경 재앙이나 지구의 생태적 종말이 현실이 될지 모른다고 경고하고 있음을 눈여겨볼 일입니다.

모든 시대, 모든 세대에게 그리스도의 가르침과 삶은 시대를 살리는 시대정신입니다. 우리 그리스도인들은 먼저 생태계가 하나님의 몸이라는 생태영성가들의 고백에 귀를 기울이고 생태계를 소중히 여길 뿐만 아니라 생태계에 폭력을 행한 삶을 회개하고 절제를 통해 지구 생태계에 부담을 덜 주는 단순하고 소박한 삶을 살아야 합니다. 또한 생태계가 하나님의 창조질서에 의하여 움직이는 것을 인정하고 창조질서에 순응하며 살아야 합니다.

가정이나 교회에서 종이 한 장을 쓸 때도 아껴 쓰고 재생용지를 사용하는 습관을 기른다면, 숲의 나무들이 베이는 것을 막을 수 있습니다. 적극적으로 나무 심기를 실천한다면, 전 지구적으로 진행되는 사막화와 황사현상을 멈추게 할 수 있습니다. 웬만한 거리는 승용차 대신 걷거나 대중교통을 이용하고 교회 지붕에 햇빛발전소를 설치·운영한다면, 지구는 그만큼 온실가스(CO_2)가 줄어들어 맑고 쾌적하고 깨끗해질 것입니다. 지구를 살려 후손들에게 물려주는 일은 모든 생명과 더불어 살아가려는 작은 마음의 배려와 실천에 있습니다.

지구 생태계는 하나님의 것이며 미래 세대의 것입니다. 미래 세대가 사용할 자원까지 사용하여 자원을 고갈시키거나 그들이 살아갈 터전을 망가뜨려서는 곤란합니다.

'생명을 존중하고, 생명을 사랑하고, 생명과 더불어 살아가는' 삶이, 곧 이 시대를 살리는 길이요 하나님의 뜻임을 확신하고, 하나님이 주신 최초의 사명인 창조보전 운동에 적극 참여합시다. 또 '세상의 모든 생명들이 서로 하나님을 깨닫고 더불어 살아가는 삶'이 하나님의 뜻임을 믿고 죽어가는 지구를 살리는 일에 힘씁시다. 창조신앙에 바탕을 둔 실천만이 아름다운 지구를 살려 우리 자녀들에게 물려줄 수 있는 유일한 길이기 때문입니다.

지금 신음하며 죽어가고 있는 창조세계를 구원할 하나님의 자녀들은 어디 있습니까? 서해안 삼성 기름유출사고를 통하여 하나님의 메시지를 듣고 생태적 회심으로 응답한 그리스도인과 교회라면, 적극적인 자세로 창조보전 운동에 나서 신음하는 피조물이 고대할 하나님의 자녀가 되어야 합니다.

2008년 환경주일을 맞아, 하나님의 몸인 지구에 기대어 살아가고 있는 그리스도인 모두가, 자신의 자녀들을 생각하며 생명을 살리는 길을 걸을 것을 다짐함으로 초록별 지구가 서서히 되살아나는 기쁨을 누릴 수 있게 되길 기도드립니다.

— 2008년 환경주일 공동설교문

청지기여, 지구를 식혀라

"지금이라도 너희는 진심으로 회개하여라. 나 주가 말한다. 금식하고 통곡하고 슬퍼하면서, 나에게로 돌아오너라. 옷을 찢지 말고, 마음을 찢어라." 주 너희의 하나님께로 돌아오너라. 주님께서는 은혜롭고 자비로우시며, 오래 참으시며, 한결같은 사랑을 늘 베푸시고, 불쌍히 여기는 마음이 많으셔서, 뜻을 돌이켜 재앙을 거두기도 하신다. 행여 주님께서 마음과 뜻을 돌이키시고 오히려 복까지 베푸셔서, 너희가 주 하나님께 곡식제물과 부어 드리는 제물을 바칠 수 있게까지 하실는지 누가 아느냐?(요엘 2:12-14 / 참조 누가복음 12:35-48)

한 고등학교에서 학생들에게 '이 세상이 얼마나 지속되겠느냐'고 물어보았습니다. "30년, 20년, 자신이 살아 있는 동안"이라는 답이 나왔습니다. '그러면 다음 세대는 어떻게 하느냐'는 질문에 "결혼을 하지 않겠다", "결혼해도 자식을 낳지 않겠다"고 대답합니다. 어떤 근거에서 이런 답들을 했는지는 몰라도 학생들의 예감은 꽤 정확합니다.

얼마 전 유엔 정부간기후변화위원회IPCC의 두 번째 4차 기후 변화 평가보고서가 발표되었습니다. 이 보고서는 지난 6년간 세계 130개국의 과학자 2500명이 참여해 작성했는데, 그 내용이 충격적입니다. 지금처럼 화석연료 사용이 계속되어 지구가 더 뜨거워지면, 앞으로 30년 안에 양서류를 중심으로 지구 생물종의 20~30%가 멸종 위기에 놓이게 됩니다. 인간도 그 피해에서 벗어날 수 없습니다. 태풍과 홍수, 가뭄 등 자연 재해가 갈수록 심해지고 있습니다. 그에 따른 질병과 상해는 물론, 식량과 물 부족이 예상됩니다.

지상 오존 농도 증가로 심장과 호흡기 질환이 늘고, 전염병 발생 지역이 변화하면서 인간의 건강도 큰 영향을 받을 것이라고 합니다. 지구 온난화는 단순히 '따뜻해진 겨울'이나 '제일 더운 여름'이 아닙니다. 지구 온난화는 뜨거운 재앙으로 우리에게 되돌아오고 있습니다.

지구 온난화, 그 불편한 진실 앞에서 우리 그리스도인들은 스스로를 되돌아보지 않을 수 없습니다. 나는 하나님의 청지기로서, 맡은 바 소명을 잘 감당해왔는가?

세상을 창조하시고, 사랑으로 창조의 역사를 이루어 가시는 하나님께서는, 인간을 하나님 창조세계의 동산지기로 부르십니다(창 2:15). '잘 다스려라. 잘 보살피고 돌보아라.' 하나님께서는 우리에게 세상을 관리하고 보전하는 청지기의 책임을 맡기셨습니다.

청지기는 '주인의 소유를 맡아서 관리하는 사람'입니다. 청지기가 빠지기 쉬운 유혹은 두 가지입니다. 하나는 맡은 것을 소유하고 지배하려는, 즉 자신을 주인으로 여기는 착각이고, 다른 하나는 맡은 책임을 소홀히 하는 게으름입니다. 세상과 자연의 주인은 누구입니까? 그것을 창조하신 하나님입니다. 우리는 너무 쉽게 이 사실을 잊고 살아왔습니다. 누가복음 12장 42절에서 주님은 물으십니다. "누가 신실하고 슬기로운 청지기겠느냐?" 깨어서 기다리는 청지기입니다. 주인의 뜻을 알고도, 준비하지도 않고, 그 뜻대로 행하지도 않는 종은 많이 맞을 것이라고 주님께서 경고하십니다.

과연 우리는 신실하고 슬기로운 청지기입니까? 이 지구를 위임받은 동산지기로서 우리는 지구가 이렇게 뜨거워지기까지 무엇을 했습니까? 이 지구를 소유하고 지배하는 일에, 지구를 소비하고 풍요를 누리기에 정신을 빼앗기지는 않았습니까? 먹고 마시고 취하여 있는 게으른 청지기는 바로 오늘 우리의 모습은 아닌지요?

요엘 선지자는 주님의 날, 가뭄과 메뚜기 떼로 인해 제물마저 동나리라고 경고하면서, 회개를 촉구합니다. 요엘 2장 12절과 13절에 "금식하고 통곡하고 슬퍼하면서, 나에게로 돌아오너라. 옷을 찢지 말고, 마음을 찢어라!"라고 합니다.

옷을 찢는 것 자체가 회개의 표시인데, 그 옷도 찢지 말고 마음을 찢으랍니다. 마음을 찌는 철저한 회개는 마음의 중심과 의지, 계획을 전적으로 하나님께 바치기로 다짐하는 것입니다. 화석연료에 기댄 문명, 이 문명이 과연 축복인지 되돌아보아야 합니다. 경제 성장만이 살 길이라며, 모든 것을 경제적 효율성으로 평가하는 우리의 사고방식을 돌이켜야 합니다. 하나님의 창조질서의 오묘함, 하나님께서 베푸시는 은혜와 자비와 사랑에 근거해 세상을 다시 바라보시기 바랍니다. 세상은 파괴하고 착취할 대상이 아니라 하나님의 창조의 신비를 품고 있는 우리의 친구요 형제자매입니다. 우리 모두가 생명의 끈으로 엮여 있음을 깨닫고 생명을 살리는 삶으로 전화하는 것이 우리에게 요구되는 마음을 찢는 회개입니다.

이제 마음을 돌이킨 청지기가 할 일은 '지구를 식히기'입니다. 지금까지 데워놓은 만큼 식히려면 지금처럼 살아서는 안 됩니다. 현대의 대량생산 대량소비 방식, 편리하고 풍요로운 생활방식은 에너지를 과도하게 사용하는 삶의 방식입니다.

한 부부가 모처럼 영국 런던으로 외국여행을 다녀왔다면, 이 즐거운 여행이 지구에 남긴 짐은 얼마나 될까요? 두 사람이 배출한 CO_2는 약 7

톤에 이릅니다. 그 양은 산 1헥타르에 어린 잣나무 3천 그루를 심은 뒤 평생 잘 돌봐야 한답니다. 만약 지구에 사는 모든 사람이 미국 로스앤젤레스에 사는 사람처럼 에너지를 소비한다면 어떻게 되겠습니까? 지구가 다섯 개 있어야 합니다. 인류는 저마다 20명의 에너지 노예를 부리는, 고도의 소비지향적 생활방식을 향하여 죽기 살기로 경쟁하고 있습니다. 이런 삶은 더 이상 지속할 수 없습니다.

그래서 지구 온난화는 이 시대에 주시는 하나님의 표적입니다. 이 시대의 징조를 분별하라(마 16:2-3)는 주님의 경고입니다. 생각을 바꾸고 행동을 돌이켜 "지구를 식혀라."

물론 지구를 '식히는' 환경 실천은 쉽지 않습니다. 지구 온난화의 원인물질인 CO_2를 줄이려면, 먼저 사용하는 에너지를 줄여야 합니다. 우리 삶 구석구석의 변화를 요구합니다. 종이컵을 안 쓴다고 생각해보세요. 교단 회의나 교회행사 때, 얼마나 불편하겠습니까? 또한 제품이 생산돼 폐기되기까지 들어간 CO_2의 양, 즉 'CO_2 발자국'을 적게 남긴 제품을 사서 쓰는 일도 만만치 않습니다. 노지 과일이나 채소보다 열 배나 에너지를 많이 사용하는 비닐하우스 작물을 안 사면 뭘 사먹을까요?

화석연료 문화의 핵심인 자동차에 이르면, 고민은 더욱 커집니다. 철저한 청지기 의식이 없으면 불가능한 일입니다. 생활방식, 삶 자체를 바꾸는 게 쉬운 일은 아닙니다.

그런데 이러한 작은 실천들이 모여도 그 온실가스 저감, 지구 온난화 억제가 어렵다면 어떻게 할까요? 여러 지표는 지구 온난화의 심각성을 말해줍니다. 지난 1월 다보스의 세계경제포럼에서는 인류가 안고 있는 문제 중에 해결을 위한 준비가 가장 부족한 것으로 지구 온난화에 따른 기후 변화 문제를 선정하였습니다. 온실가스 배출을 1990년 대비 70%는 줄여야 지구 온난화를 억제할 수 있다는 연구결과는 우리를 기막히게 합니다. 앞서 말씀드린 보고서는 "온실가스 배출을 줄이기 위한 노력을 아무리 해도 앞으로 수십 년간은 기후 변화의 영향에서 벗어날 수 없다"며 기부 변화에 대한 인류 사회의 적응을 강조했습니다.

요엘 2장 13절 '주님께서는 뜻을 돌이켜 재앙을 거두기도 하신다'는 말씀이 더욱 절실하게 다가옵니다. 정말 깨어서 기도할 때입니다. 청지기로서, 하나님의 마지막 부르심에 책임적으로 응답하느냐? 파괴적 삶을 지속하느냐? 신앙의 결단을 내려야 할 때입니다.

그리고 믿음으로 한 그루 사과나무를 심어야 할 때입니다. 스피노자는 말했습니다. "내일 지구의 종말이 온다 해도 나는 한 그루 사과나무를 심겠다." 지금이 그때입니다.

— 2007년 환경주일 공동설교문

발자국을 줄입시다

전병호

슬프다, 그 날이여! 주님께서 심판하실 날이 다가왔다. 전능하신 분께서 보내신 바로 그 파멸의 날이 다가왔다. 곡식이라고는 구경조차 할 수 없다. 우리 하나님의 성전에는 기쁨도 즐거움도 없다. 씨앗이 흙덩이 속에서 모두 말라 죽고, 광마다 텅텅 비고, 가물어, 거두어들일 곡식이 없어서, 창고는 폐허가 된다. 풀밭이 없어, 가축들이 울부짖고, 소 떼가 정신없이 헤매며, 양 떼도 괴로워한다. "주님, 제가 주님께 부르짖습니다. 불볕에 광야의 풀이 모두 타 죽고, 들의 나무가 이글거리는 불꽃에 모두 타 버렸습니다."(요엘 1:15-19)

시인 이철환 씨의 「사랑의 발자국」이란 시가 있습니다.

그대여 오늘 하루 애썼다.

하지만 우리가 애썼기 때문에

오늘 하루를 살아 낸 건 아니다.

사랑이 있었기 때문에

소리 없이 우리 곁을 다녀간 사랑이 있었기 때문에

우리는 오늘 하루를 살아 낸 것이다.

눈 감으면 들리지 않는가

소리 없이 다녀간 발자국 소리가…

사랑의 발자국 소리가…

흔히 발자국 하면 무엇인가 감상적인 생각을 먼저 하게 됩니다. 그것도
님이 오는 발자국 소리는 우리의 마음을 설레게 합니다. 어렸을 때 부르던
김영일 작사 나운영 작곡의 〈구두 발자국〉이란 동요가 또 생각납니다.

하얀 눈 위에 구두 발자국

바둑이와 같이 간 구두 발자국

누가 누가 새벽길 떠나갔나

외로운 산길에 구두 발자국

하얀 눈 위에 구두 발자국을 생각하니까 혹시 들어보셨습니까?
T.O라는 보컬팀의 〈발자국〉이란 노래가 있습니다.

흰 눈이 내리던 자리에 남겨진 너의 발자국

그대가 남겨 둔 빈자리를 나도 따라서 걷고 싶었어

그대가 지나간 자리에 남겨진 나의 사랑은

가질 수 없는 흰 눈처럼 조금씩 사라져 버릴 것 같아.

그런데 환경을 이야기하면, 인간의 발자국은 그렇게 감성적이고 낭만
적이지 않습니다. 자연 파괴의 주범이요 환경오염의 주범이 바로 이 인간
의 발자국에서 비롯된다고 해도 과언이 아닙니다. 사람의 발걸음이 닿는
곳마다 자연이 훼손되고 사람의 발걸음이 남겨진 곳에 온갖 오염물질이
어지럽게 흩어져 있음을 보게 됩니다. 사람의 발자국은 결국 사람이 차지
하고 있는 파괴와 오염의 공간을 증언해줍니다. 그래서 그것을 지수로 평
가하는 '발자국지수'라는 말이 생겨났습니다. 캐나다의 경제학자인 마티

스 웨커네이걸과 윌리엄 리스(진보재정의협의회Redefining Progress)가 1996년 개발한 개념으로 인간이 소비하는 에너지, 식량, 주택, 도로 등을 만들기 위해 자원을 생산하고 폐기물을 처리하는 데 드는 비용을 토지로 환산하여 '생태발자국지수'라고 말하였습니다. 우리는 자연에서 물질에너지 자원을 얻어 경제생활을 하고, 이 경제활동에 의해 생겨나는 쓰레기를 다시 자연으로 배출합니다. 생태발자국은 이렇게 인간이 살아가면서 자연에 남기는 발자국을 의미합니다.

녹색연합이 한국인의 생태발자국지수를 계산한 결과, 한국인의 생태발자국은 1980년 2,420평에서 2005년 9,075평으로 그리고 작년 한국의 발자국지수는 1인당 약 12,256평으로 80년보다 약 5배나 늘었습니다. 이 수치는 지구가 감당해낼 수 있는 기준인 1인당 5,445평보다 훨씬 웃돌고 있다는 것입니다. 그리고 미국이 29,342평, 캐나다가 26,620평, 영국 및 프랑스가 16,032평, 일본이 14,520평 등 선진문명국일수록 높은 것으로 나타나 있습니다. 지구에 사는 모든 사람이 미국인처럼 살려면 지구가 무려 5.39개나 필요하고 지구에 사는 모든 사람이 한국인처럼 살려면 지구가 2개 이상 필요하다고 합니다. 아직 우리의 소비생활이 선진국 사람들보다는 높지 않게 나타나고 있는 것은 우리들의 생활문화가 서양 사람들과는 조금 다르기 때문입니다.

이규태 선생님은 「발자국지수」라는 컬럼에서 이렇게 말씀하셨습니다.

서양 사람들은 자고 나도 침대는 고스란히 공간 점유를 합니다. 한국에서는 자고 나면 이부자리를 개어 얹음으로써 밤 동안 점유했던 공간을 원점 환원합니다. 서양에서는 앉지 않아도 의자는 제자리에 버티고 있어 공간을 낭비하는데 한국에서는 앉았던 방석을 치움으로써 공간을 절약합니다. 서양의 가방은 텅 빈 채 공간을 비생산적으로 낭비하는데 한국의 보자기는 싸고 나르고 나면 그 공간을 돌려주고 스스로는 무로 돌아갑니다. 옷도 그렇습니다. 양복은 입고 나도 옷장에 입체 수납되어 공간을 유지하는데 한복은 접어서 차곡차곡 장롱 속에 평면 수납하여 공간을 아낍니다. 칸을 가르고 바람을 막으며 화조花鳥로 방을 장식할 때 폈던 병풍도 쓰고 나면 접고, 더울 때 펴 바람을 일으키던 부채도 부치고 나면 접어 무로 돌립니다. 서양 아이들 색종이 오려 붙이고 공작하는 것은 보았어도 한국 아이들처럼 접어서 치마저고리 만들고 집과 개도 만들었다가 다시 원점으로 돌리는 접기 놀이하는 것을 보지 못했습니다. 이처럼 개고 접고 싸고 포개어 공간을 재생산하는 공간경제가 한국처럼 발달한 나라도 드물다고 하겠습니다.

여기서 이규태 선생님이 한국인의 생활문화가 서양 문화보다 그 공간을 차지하는 것이 훨씬 생태문화를 이루고 있다고 말하고 있습니다만 앞서 소개한 바대로 발자국지수가 1980년대보다 현재 5배나 늘었다는 것은 이제 한국인의 생활문화가 서구화되어가고 있음을 말해줍니다. 선진화되고 있다는 것은 그만큼 발자국지수가 높아가며 환경을 파괴하고 있음을 말해줍니다.

지금 지구의 문제는 환경 문제요, 환경 문제는 온난화 문제요, 온난화 문제는 사느냐 죽느냐 문제입니다. 지금 이 순간에도, 시간당 3종의 동식물이 지구상에서 사라지고 있습니다. 이런 추세라면 2010년까지 65만 년 전 공룡의 대멸종 이래 최악의 멸종 사태가 벌어질 것이라고 지난 5월 22일 '국제 생물다양성의 날'을 제정한 유엔은 경고합니다. 유엔 생물다양성협약의 아흐메드 조글라프 사무국장은 "현재 생물의 멸종 속도는 자연적인 멸종 비율에 비해 최고 1,000배나 높다"며 "공룡의 멸종 이후 최대의 멸종 위기를 맞고 있는 셈"이라고 말했습니다. 그는 "2002년 지구정상 회담에서 생물 멸종 속도를 오는 2010년까지 크게 완화하자던 목표는 공수표가 되고 있다"고 우려하고 있습니다. 왜 이런 우려와 경고를 유엔이 하고 있는 것입니까?

생물의 멸종 속도에 가속도가 생긴 것은 도시화로 인한 녹지 파괴, 산업화로 인한 대기·수질·토양 오염, 인구 증가로 결국 생물들이 생존의 터를 빼앗겨버렸기 때문입니다. 최근에는 온난화 위기까지 더해졌습니다. 유엔 기후 전문가들은 온난화로 아마존 열대우림이 고사하고 남·북극 얼음이 녹아 각종 동식물의 서식지가 사라지고 있다고 지적했습니다. 반기문 유엔 사무총장은 성명을 통해 "생물다양성이 유례없는 속도로 사라지고 있다"며 "전 세계는 한층 더 신속하고 결단력 있는 행동을 보여야 할 것"이라고 촉구하였습니다.

이처럼 하나님이 창조하신 모든 생명체들이 인간의 발자국들에 짓밟혀 죽어가고 있습니다. 과연 누가 인간에게 하나님의 창조물들을 파괴하고 죽이는 권한을 주었습니까? 하나님이 우주 삼라만상을 창조하실 때 "하나님의 보시기에 좋았더라"는 말씀이 있습니다. 창세기 1장 31절에는 마지막 날에는 "하나님이 지으신 모든 것을 보시니 보시기에 심히 좋았더라"고 합니다. "좋았더라"는 히브리 말로 "토브"입니다. 이 말은 좋고 아름다운 상태를 의미합니다. 창조의 완벽성, 피조물에 대한 하나님의 만족을 의미합니다.

하나님이 "심히 좋았더라"고 하신 것은 모든 창조를 다 끝내셨고 인류를 창조하셨기에 심히 좋았다고 하신 것입니다. 다른 피조물을 다스릴 인간을 만드셨기에 좋았다고 하셨습니다. 인간이 하나님의 형상으로 지음을 받아 하나님의 원리대로 다스렸다면 가장 좋은 상태일 텐데 그렇지 못하니 좋지 못한 상태가 되었습니다. 파괴된 상태가 되었습니다. 깨끗한 환경은 하나님이 보시기에 좋은 상태입니다. 이 상태는 우리가 보기에도 아름다운 상태입니다.

C. S. 루이스는 "창조주께서는 우리 모두가 인식하고 즐길 수 있는 아름다움을 만드셨다. 아름다운 것에 대해서는 누구라도 반응한다"고 하였습니다. 루이스는 이것을 '일상적인 반응'이라고 불렀습니다. 아름다운 세상을 보고 아름답다고 할 수 있는 것이 그가 말한 일상적 반응입니다. 그런데 더러워진 사람들은 아름다움을 보고 반응하지 못합니다. 더러운 것을 보아도 더럽다고 느끼지 않습니다. 이것이 문제입니다.

창세기 2장 18절에는 "좋지 못하니"라는 말씀이 나옵니다. 보시기에 심히 좋으셨던 하나님이 2장에는 좋지 못한 것을 표현합니다. 창세기 6장 6절에는 "사람을 지으셨음을 한탄하사"라고 하였습니다. 모든 창조를 마치시고 좋아하셨던 하나님이 한탄하시고 후회하십니다. 피조물의 타락으로 하나님이 보시기에 좋지 않은 상태가 된 것을 의미합니다.

그런데 하나님께서는 노아 이래로 망할 사람들을 멸망시키지 아니하시고 오히려 사랑으로 구원하시기로 작정하셨습니다. 요한복음 3장 16절에 하나님이 세상을 이처럼 사랑하사 독생자를 주셨으니 누구든지 저를 믿으면 멸망치 않고 영생을 얻으리라고 말씀하셨습니다. 이 말씀에서 하나님이 '사람을 이처럼 사랑하사'라고 하지 않으셨습니다. '세상'이라고 하였습니다. '톤 코스몬'이라 하였습니다. 이는 우주 세계 만물을 가리킵니다. 하나님은 들에 핀 백합화 한 송이를 이처럼 사랑하시며 냇가에 뒹구는 조약돌 한 개도 이처럼 사랑하십니다. 그래서 예수님을 세상에 보내셨습니다. 저 세상을 구원하라고 말입니다. 예수님을 믿어 구원받은 사람들은 하나님이 창조하신 이 세계를 사랑하고 구원해야 할 명령이 주어졌습니다. 복음은 생명을 살리라는 것입니다. 이것을 땅 끝까지 전하라는 것입니다. 더 이상 하나님의 창조세계가 파괴되지 않도록 지키고 회복시키라는 것이 하나님의 구원 명령입니다. 이것이 복음입니다.

인천시에는 골프장이 4곳이 있는데, 앞으로 7곳을 더 세우려고 하고 있습니다. 그중에 한 곳이 인천시 계양구에 위치한 해발 395미터의 계양산입니다. 롯데에서는 이 산자락에 74만 평 18홀 골프장을 세우려 하고 있습니다. 이미 수만 평의 나무들을 다 베어버렸습니다. 계양산을 지키자는 시민운동이 일어났고 윤인중 목사님이 155일간 나무 위에서 단독 시위를 벌이셨습니다. 부자들의 휴식과 운동을 위해서 74만 평 안에 자라던 수많은 동식물들을 다 내쫓고 죽이고 그 알량한 골프화 발자국을 남기겠다는 것입니다. 이것은 창조주 하나님에 대한 반역입니다. 하나님의 창조세계에 대한 도전입니다. 태초에 에덴동산을 찾아온 사탄이 있었습니다. 하와에게 따먹지 말라 하신 하나님의 말씀을 거역하고 따먹으라고 유혹하였습니다. 하와가 보니 그 과일이 먹음직스럽고 보암직스럽고 탐스러웠습니다. 그래서 따먹었습니다. 그래서 하나님의 아름다운 에덴동산을 파괴하였습니다. 최초의 환경 파괴 사건입니다. 그래서 죄가 시작되었고 그래서 죽음의 그늘이 인간세계에 덮이기 시작하였습니다.

계양산을 가보니 그 환경이 참 아름답습니다. 골프장 하면 좋을 장소입니다. 그래서 부자들의 눈에는 그 계양산 자락이 보암직스럽고 먹음직스럽고 탐스러운 자리로 보일 것입니다. 그리고 거기에 골프화 발자국을 남겨보고 싶은 욕망이 충분히 일어날 만합니다. 그러나 만일 계양산을 골프화로 짓밟는다면 이것은 창조주 하나님에 대한 반역이요 죄악입니다. 온난화의 주범입니다. 74만 평의 숲과 나무를 갈아엎을 때 저 하늘 공간의 오존층에 74만 평에 해당하는 구멍이 뚫릴 것입니다.

오히려 지금은 골프장을 줄여나가야 합니다. 있던 골프장에 다시금 나무와 숲이 덮이도록 해야 합니다. 사람들의 발자국을 조금씩 줄여나가는 것이 자연을 보호하고 온난화를 막는 길이라고 하겠습니다.

어찌 골프장만 문제겠습니까? 우리가 일상생활에서 별 의식 없이 큰 발자국을 남기려는 일들이 많이 있습니다.

예를 들면, 물을 소중히 여겨 가능한 한 절수하여 사용하고, 쓰레기를 최소화하고, 전기 사용량을 줄이고, 지구는 일회용이 아니기 때문에 리필 제품을 사용하고, 유기농 식품을 먹으며, 가능한 한 큰 평수 아파트보다는 작은 평수를, 대형 자가용보다는 소형차를 이용하는 생활로 살아간다면 우리는 아직 하나님께서 명하신 지구를 지킬 수 있는 독수리 오형제가 될 수 있다고 믿습니다.

문제는 발자국 큰 사람들입니다. 제가 알고 있는 어떤 분은 권사님 한 분이 살고 있는 아파트가 90평이나 됩니다. 하나님이 축복해주셔서 좋은 아파트로 이사왔으니 이사예배를 드려달라는 것입니다. 혼자 출퇴근하는 자가용을 1억 원에 가까운 대형 자가용을 사가지고 와서 사고 안 나게 기도해달라고 합니다.

하나님께서는 지구를 두 개 창조하지 않으셨습니다. 오직 하나뿐인 지구를 살리려면, 지구의 온난화를 줄이려면 이 사람의 발자국 평수를 줄이는 것부터 해야 합니다. 이제 작은 것이 아름답다고 하는 말처럼 작은 발자국이 예쁘고 사랑스럽다고 해야 할 것입니다. 이규태 선생님의 칼럼처럼 우리의 전통 문화 생활 속에 우리 선조들의 자연을 사랑하며 걸어온 발자국이 있음을 발견해서 다시금 뒤따를 수 있어야 할 것입니다.

여러분의 발자국은 지금 얼마입니까? 조금 줄이는 것에서부터 지구 온난화를 막고 아름다운 하나님의 창조의 세계를 회복하는 일이라고 하겠습니다.

(2007년 환경주일 연합예배 때 선포된 말씀으로, 한국교회환경연구소 발행, 녹색신앙정론지 「새하늘 새땅」 12호에 수록됨).

지구 온난화 억제를 위해 행동하라

양재성

"하나님이 말씀하셨다. 빛이 생겨나라 하시매 그대로 되었다."(창 1:2)
"하나님이 사람을 에덴에 두시고 동산을 지키고 돌보게 하셨다."(창 2:15)

성육신

볼 수도 알 수도 없는 하나님이 아들 예수 그리스도를 통해 실현되어 볼 수 있게 되었습니다. 성육신입니다. 이는 기독교의 독특한 교리이며 신앙고백입니다. 사실 성육신 신앙은 창조세계에까지 거슬러 올라갑니다. 하나님은 말씀으로 존재하셨고 말씀이 자연세계로 실현된 것이 창조입니다. 일명 자연계시입니다. 그러기에 자연을 가만히 들여다보면 창조주를 알 수 있습니다. 이는 유명한 화가가 심혈을 기울여 그린 그림 속에서 그의 정신세계와 마음이 담겨 있기에 그림을 가만히 들여다보면 화가의 마음을 알 수 있는 것과 같은 이치입니다. 생태신학자 도드가 자연을 영적인 안내자라고 고백한 것은 이 때문입니다.

우주 만물은 하나님이 지으신 하나님의 것으로, 하나님의 창조질서에 의해 운행되고 있습니다. 이와 같은 하나님의 섭리는 우주 안에 가득합니다. 그 신비를 보게 하는 것이 신앙입니다. 그러기에 자연은 성서 이전의 하나님의 말씀이라며, 매일 산책을 통해 하나님의 계시를 접하고, 하나님의 말씀을 들었다는 엑카르트의 고백은 기독교의 소중한 유산입니다.

성 보나벤투라는 자연에 대한 아름다운 신앙고백을 전해주었습니다.

"그러므로 창조물의 신비한 광채로도 깨닫지 못하는 자는 눈 먼 자요, 그토록 아름다운 자연의 소리에 깨지 않는 자는 귀 먹은 자이며, 하나님의 걸작인 만물로 인해 하나님을 찬양하지 않는 자는 벙어리입니다. 이토록 위대한 표적들로부터 가장 중요한 원리를 알아차리지 못하는 자는 어리석은 자입니다. 그러므로 눈을 뜨십시오. 영혼의 귀를 기울이십시오. 입술을 열고 마음을 쏟으십시오. 그러면 모든 창조물 속에서 하나님을 보게 될 것입니다."

기후 붕괴

여러분도 느끼겠지만 요즘 기후가 장난이 아닙니다. 4월에 이미 30도가 넘었고, 여름 내내 40도에 육박했으며, 9월 말인데도 30도를 넘나드는 무더위가 기승을 부리고 있습니다. 또한 8월에 비온 일수가 24일나 되었다고 합니다. 이는 우기와 건기가 뚜렷한 열대기후에서나 볼 법한 현상으로 우리나가 아열대를 넘어 열대로 바뀌는 것이 아닌지 의구심을 자아내게 합니다. 이를 반증이라도 하듯 제주도에서는 '검은슴새'라는 열대 조류가 서식하는 것이 발견되었고, 독도에서는 열대성 어류들이 4년 전부터 서식하고 있는 것으로 알려졌습니다. 우리나라 평균 기온이 2도 이상 상승하였고, 인근 해안의 온도도 2~3도 이상 상승한 것으로 보고되어 아열대 어종이 서식한 지는 꽤 오래되었습니다. 인류는 예상보다 빠르게 진행되는 지구 온난화에 긴장하고 있습니다. 이제 정신을 똑바로 차리지 않으면 지구 멸망이 우리 당대에 임할지도 모릅니다.

사실 지난겨울엔 춥고 눈도 많이 내렸습니다. 지구 온난화가 거짓말 아니냐며 따지는 분들도 있었습니다. 하지만 지난겨울 추운 것도 지구 온난화의 한 현상이라고 합니다. 북극의 찬 공기를 붙들고 있는 기류가 온난화로 약해지면서 찬 공기가 남하해서 북반구를 춥고 눈이 많이 오게 하였던 것입니다. 요즘 날씨가 미쳤다는 말을 자주 듣는데, 이는 기후 변화를 체감하는 말입니다. 사실 기후가 미친 것이 아니고, 사람이 미친 것이지요. 실제 기후는 자연의 순리대로 움직일 뿐입니다. 그런데 기후의 흐름을 막는 장애요소가 생긴 것이죠. 그것 때문에 기후는 붕괴되고 있는 중입니다. 그 결과가 얼마나 참혹할지 기후학자들의 예상은 심각합니다. 지구의 종말을 가져올 수도 있다는 경고가 그것입니다. 실로 두려운 일입니다. 묵시록의 예언이 환경 재앙으로 도래하는 것은 아닌지 겁이 덜컥 납니다.

대한민국은 공사 중

세계에서 경제는 11위, 환경건강성은 151위인 나라, 대한민국은 공사 중입니다. 4대강 토건사업은 한반도 생태계를 넘어 지구 생태계에 치명적이며 하나님의 창조질서를 파괴하는 것으로 알려졌습니다. 2008년에 진행된 생명의 강 모시기 종교인 100일 순례, 오체투지, 4대 종단 공동기도회, 범국민대회, 3,000명이 넘는 전문가들의 백지화 요구, 행정소송, 4대 종단 수장 공동기자회견, 문수 스님의 소신공양 등 한 사안에 대하여 이렇게 다양한 계층에서 이렇게 많은 사람들이 백지화를 요구한 적은 없었습니다. 정부의 계획에 조목조목 잘못을 비판하며 반대여론을 관철하

라고 지적했음에도 불구하고 불통의 정부는 4대강 토건사업을 강행하고
있습니다.

광우병과 GMO

광우병에 취약한 미국산 쇠고기 수입, 유전자 조작 옥수수 수입, 조류
독감 등으로 밥상이 위협받고 있습니다. 밥상은 생명과 직결된 문제이기
때문에 엄격한 검역을 거쳐야 합니다. NCC, 감리교회, 기장총회, 한기
총, 예수살기 등 여러 단체에서 기자회견을 통해 성명서를 발표하였습니
다. 정부는 국민이 알 수 있도록 원산지 표기는 물론 유전자 조작 여부를
표기해야 합니다. 광우병과 조류독감, GM식품은 창조질서를 파괴하거나
인간의 이기적 탐욕에서 나온 질병으로 생명을 생명으로 존중하고 사랑
할 때 극복될 수 있습니다.

지구 온난화

지구 온난화는 이산화탄소와 메탄가스 발생량이 급증하면서 대기층이
두꺼워져 태양 복사열이 대기 중에 갇혀 지구 표면의 온도를 상승시키는
현상입니다. 결국 화석연료를 태운 오염물질이 대기 중에 축적되면서 발
생한 것입니다. 우리나라는 지난 20년 동안 이산화탄소 발생이 106% 증
가했습니다. 인류는 2005년 2월 16일 교토의정서를 발효시킴으로 지구
온난화를 공식적으로 인정하였습니다. 미국과 호주, 중국, 인도 등 이산
화탄소를 많이 발생시키는 나라들이 빠져 있어 실효성에는 의문이 남아
있습니다. 우리나라는 2013년 의무 가입국이 될 전망이어서 이산화탄소
감축을 위한 특단의 조치가 요구됩니다. 2007년 11월 유엔환경계획이 지
구 온난화 4차 보고서를 통하여 생물의 대멸종이 시작되었다고 발표했을

만큼 지구의 재앙은 이제 시간문제가 되었습니다. 시급하게 대책을 내놓지 못하면 지구 재앙은 막을 수 없게 되었습니다.

지구 온난화의 현상들

지구 온난화로 인한 피해는 광범위합니다. 인류는 지금까지 한 번도 경험하지 않은 지구 재앙에 직면하게 된 것입니다. 기후대의 변화로 인해 지역성 가뭄과 홍수가 빈번해지고 있습니다. 이미 지구의 3분의 1이 사막이며, 이대로 진행되면 2100년엔 지구의 절반이 사막이 됩니다. 사막화는 식량 감소를 통해 인류는 물론 생태계에 재앙을 초래하고 있습니다. 해수면 온도의 상승, 즉 엘리뇨 현상은 태풍의 발생 및 경로를 바꾸고 있으며 더욱 강력한 태풍을 형성하게 합니다. 이로 인한 피해가 속출하고 있습니다. 빙하 지대의 해빙으로 인한 피해는 상상을 초월합니다. 해빙으로 인한 해수면 상승은 저지대를 침수시키고 있습니다. 저지대는 곡창지대이기 때문에 식량의 감소를 가져올 것이며 이는 식량 공급에 큰 차질을 가져올 것입니다. 결국 식량을 확보하기 위한 전쟁도 불러올 수 있습니다. 히말라야 만년설이 한꺼번에 녹으면 30억 명의 식수원에 문제가 생깁니다. 수억 명의 물 난민이 발생할 것입니다. 바다 생태계의 근본인 산호초가 붕괴되고 있습니다. 지구 온난화로 인한 바다 산성화로 산호초의 50%가 백화 현상으로 죽어가고 있습니다. 지구 온도가 1도 올라가면 지구 생물의 10%, 2도 상승하면 20%, 3도 이상 상승하면 40~70%가 지구상에서 사라진다고 합니다(IPCC 4차 보고서). 2100년엔 지구의 온도가 최고 6.4도까지 올라갈 것으로 예측되며 대부분의 생물이 멸종할 것으로 보입니다. 지난 25년 동안 30여 종의 신종 바이러스가 발생하였습니다. 지구 온난화는 바이러스의 서식을 돕고 있으며 잦은 왕래는 바이러스를 급속히 확산시키고 있습니다.

지구를 위해 행동하기

인간의 욕심을 무너뜨리고, 편리와 풍요를 따르는 인간의 삶의 방식을 바꾸지 않으면 환경 문제는 해결할 수 없습니다. 삶의 방식을 바꾸는 일은 인간의 노력과 함께 영성적 은총이 필요합니다. 성령의 은사인 절제는 그리스도인들을 단순하고 소박한 삶으로 이끕니다. 결국 단순하고 소박하게 사는 길이 생태 위기 시대를 사는 그리스도인들의 삶의 방식입니다. 주님께서는 좁은 길에서 그 표적을 보여주셨고, 당신이 먼저 그 길을 걸어가셨습니다. 하나님을 대면하고, 동행하고, 하나님의 뜻을 따르는 삶은 물질적 토대를 영적 토대로 바꾸는 일이며, 개발에서 보전으로, 경제에서 생명의 토대로 바꾸는 일입니다.

과학자들의 90% 이상이 환경 파괴로 인해 지구 멸망이 진행되고 있다고 발표하였습니다. 그렇다면 인류가 해야 할 가장 소중하고 시급한 일이 무엇입니까? 지구 온난화 억제를 위한 대책입니다.

기독교 환경연대는 한국 교회와 더불어 2008년도부터 주요사업으로 지구 온난화 억제를 위한 이산화탄소 감축운동을 펼치고 있습니다. 이를 위한 구체적인 실천으로 매주 목요일엔 자동차를 세우고 대중교통으로 출퇴근하기, 실내 적정온도(겨울철 20도, 여름철 26~28도/난방을 1도 낮추면 가구당 연간 이산화탄소 231kg이 준다)를 유지하기, 친환경 제품 구입하기, 물 사용 줄이기(샤워 시간을 1분 줄이면 이산화탄소 7kg이 준다), 지속 가능 에너지인 햇빛발전소 설치·운영하기(3kw면 30년생 나무 200그루 역할), 스위치 달린 멀티텝(손실 20% 방지) 사용하기, 주보와 자료를 재생용지로 만들기, 매월 1회 차 없는 주일 지키기, 사막화 방지를 위해 나무 심기(소나무

1그루가 연간 이산화탄소 5kg를 흡수) 운동을 전개하고 있습니다. 한국 교회의 뜨거운 참여를 기대합니다.

자연과 하나님

현대인이 자연을 상실한 것은 기독교인이 하나님을 상실한 것만큼이나 불행한 일입니다. 자연은 그 안에 하나님의 은총으로 충만하며 신비로 가득합니다. 자연은 하나님의 심연과 만나 있습니다. 자연을 사랑하고 자연을 가까이 합시다. 자연에 길이 있습니다. 하나님을 사랑하는 길은 자연을 사랑하는 길과 통해 있습니다. 자연을 사랑하십시다. 지구 생태계에 덜 부담을 주는 삶을 삽시다. 결국 소식小食하고, 육식보다는 채식을 즐기고, 작은 차를 타고 작은 집에 살기, 절제하며 단순하고 소박하게 사는 길은 예수의 좁은 길과 연결되어 있습니다. 그것이 자연을 사랑하는 길이고 하나님을 사랑하는 길입니다. 동산을 잘 돌보고 지켜야 할 자연의 청지기로 부름받은 우리는 자연과의 소통을 통해 자연의 신음소리에 귀 기울이고 자연과 인간이 공생하는 세상을 위해 행동해야 합니다. 자, 일어나 창조세계의 해방을 위해 행동합시다.

지구는 괴로워

김주용

본문 : 대하 7:13-14
참고 : 창 1:31, 6:11-13, 렘 5:25, 롬 3:23, 계 16:9, 눅 16:19-31

땅에서 하늘 보기

※ 다음은 지구 온난화에 관련된 최근 신문기사들입니다. 읽고 생각해 봅시다.

> **한반도 '온난화' 지속 땐 100년 뒤 아열대림 된다**
>
> 지구 온난화로 100년 뒤 한반도에서는 난대림 지대가 크게 넓어지고, 남부지방을 중심으로 아열대림 지대가 형성될 것이란 전망이 나왔다.
>
> 국립산림과학원의 신준환·임종환 박사는 14일 서울 청량리동 국립산림과학원에서 열린 '기후변화협약 협상동향 및 산림부문의 대응방향' 학술심포지엄에서 이같이 밝혔다. 최근 기상청이 우리나라의 최근 10년간 평균기온이 평년보다 0.6도 상승했고, 겨울이 짧아지고 있다고 분석한 데 이어 지

구 온난화로 한반도의 산림생태계가 크게 변화할 것이라는 지적이 제기된 것이다.

이에 따르면 정부간 기후변화협의체(IPCC)가 우려하는 최악의 시나리오처럼 100년 뒤 기온이 6도 높아지면 현재의 난대, 온대남부·중부·북부의 식생대는 북상하게 되고, 현재의 난대림 지대는 일부 아열대림 지대로 바뀔 것으로 예측됐다. 시뮬레이션 결과 온도가 각각 2도, 4도 상승한다고 해도 난대지역 분포가 현재 남부지방에서 중부지방까지 올라갈 것으로 나타났다.

2007년 2월 14일자 경향신문

온난화, 이대로라면 이번 세기에 북극빙하 다 녹는다

온난화는 인간이 만든 온실가스 탓 99% 유엔-IPCC 보고서

인류가 경제 사회 환경적으로 지속 가능성을 높이는 등의 노력을 펴더라도 21세기 마지막 10년 동안의 지표면 평균 온도는 1980~99년에 비해 1.8°C가 올라간다는 분석 결과가 나왔다. 또 인류가 지금처럼 화석 연료에 의존하는 생활을 지속할 경우 이번 세기 후반이면 여름철에 북극 바다에서 얼음을 볼 수 없게 되면서 해수면도 최대 59cm 높아질 것으로 분석됐다.

2007년 2월 2일자 한겨레신문

1) 〈나눔 하나〉 앞의 글들은 지구 온난화에 관련한 기사들입니다. 개인적
으로 알고 있는 지구 온난화에 관련된 이야기를 나누어봅시다.

2) 〈나눔 둘〉 지구 온난화는 "화석연료 사용의 증가 → 대기 중의 이산화
탄소, 메탄가스, 프레온가스 등의 증가 → 온실효과 증가 → 지구의 평
균 기온 상승→ 지구 온난화"의 과정을 거칩니다. 따라서 화석연료 사
용에 의한 이산화탄소 등의 배출이 지구 온난화의 원인입니다. 좀 더
지구 온난화의 근원적인 원인이 무엇인지 이야기해봅시다.

하늘을 통해 땅에 살기

1. 하나님이 보시기에 좋았던 창조세계가 노아 시대에 하나님의 심판에
   이르게 된 이유는 무엇입니까?(렘 5:25, 롬 3:23 참고)

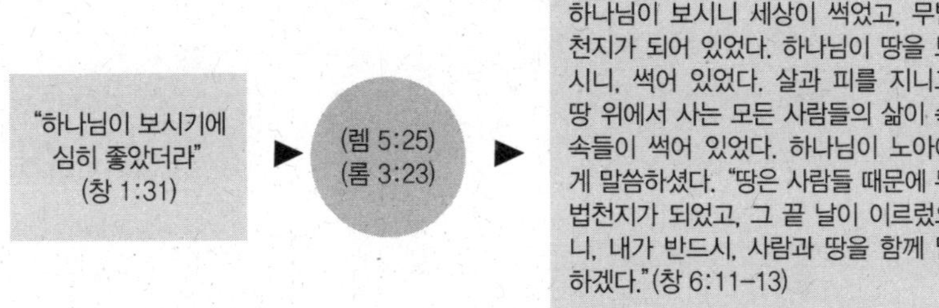

2. 다음 성구를 찾아 빈 칸을 채워봅시다.(계 16:9, 공동번역 참고)

"몹시 ______이 사람들을 지져댔습니다. 그러나 그들은 ______을 뉘우치
거나 하느님을 찬양하기는커녕 그 재난을 지배하는 권세를 가지신 하느님
의 이름을 ______하였습니다."(계 16:9, 공동번역)

3. 누가복음 16장 19-31절의 말씀은 부자와 나사로의 이야기입니다. 이 이
   야기를 읽고 부자와 나사로가 각각 죽은 후에 간 곳은 어떤 곳인지 느낌
   대로 설명해봅시다. 천국과 지옥이라는 단정적인 이미지 대신 부자와
   나사로가 사후에 가게 된 단절된 세상을 서술적으로 설명해봅시다.

4. 다음 성구를 찾아 빈 칸을 채워봅시다. (대하 7:13-14, 공동번역을 참고)

"들어라. 비가 내리지 못하도록 내가 하늘을 닫아버리거나, 메뚜기를 시켜 땅에 있는 것을 갉아먹게 하거나, 내 백성에게 염병을 보내거든, 내 이름으로 불리는 내 백성은 ＿＿＿를 숙이고 ＿＿＿＿하며 ＿＿＿를 찾고 ＿＿＿＿에서 돌아서야 한다. 그리하면 나는 하늘에서 듣고 그 죄를 용서해 주고 그 사는 땅에 다시 ＿＿＿＿을 주리라."(대하 7:13-14, 공동번역)

하나님이 창조하신 세계는 아름다웠습니다. 하나님도 스스로 "보기에 참 좋다"고 감탄하셨습니다. 하지만 어느 때에 이르러 '하나님이 보시기에 썩었고, 무법천지가 되었다'고 성경은 전하고 있습니다. 그래서 하나님은 세상을 물로 정화시키기로 결정하시는 이야기가 창세기 6-9장에 나옵니다. 무엇이 하나님의 아름다운 세상을 썩게 만들었습니까? 예레미야 선지자는 인간의 범죄와 죄악이 하나님이 주신 좋은 것을 누리지 못하게 했다고 말하고 있습니다(렘 5:25). 또한 바울은 모든 사람이 죄를 범하였기 때문에 원래 주셨던 하나님의 모습과 창조의 세상을 누리지 못하게 되었다고 주장합니다(롬 3:23). - 1번의 답

우리가 사는 초록별 지구는 하나님 창조 때에는 하나님뿐만 아니라 누가 보아도 아름다웠을 것입니다. 아마 그곳에 사는 모든 것들은 하나님의 축복 가운데 살게 되었을 것입니다. 그러나 초록별인 지구는 점점 회색빛으로 변해가고 있습니다. 축복이 아니라 저주에 가까운 행성으로 변해가고 있습니다. 인간의 죄악과 범죄로 지구는 썩어가고 있는 것입니다. 특별히 사람들은 무분별한 화석연료의 사용으로 인해 지구를 점점 뜨겁게 만들고

있습니다. 하지만 사람들은 반성하거나 회개하지 않습니다. 이 모든 것을 관리하는 하나님께 나아가기는커녕 도리어 자기들의 이익 앞에 가이아와 같은 하나님을 부정합니다. 이런 지구 온난화에도 반성하지 않는 인간의 모습을 하나님은 이미 요한계시록 16장 9절에서 예언하셨습니다. – 2번의 답

돌이키지 않고 변화를 추구하지 않는다면, 우리뿐만 아니라 이 지구도 하나님이 창조하시고 축복하신 세상과는 단절된 곳이 될 것입니다. 누가복음 16장에는 거지 나사로와 부자의 이야기가 나옵니다. 부자는 사치와 낭비, 소비의 삶을 살면서 사랑하고 나누면서 살아야 하는 인간의 정체성을 상실한 채 살다가 죽습니다. 성경은 그가 간 곳이 지옥이라고 증거합니다. 그런데 그곳은 손가락 끝에 물을 찍어 혀를 서늘하게 하여도 만족할 정도로 뜨거운 곳이었습니다. 그 부자는 "내가 불 속에서 몹시 고생하고 있다"(눅 16:24)고 고통을 호소하고 있습니다. 그래서 그 부자는 천국에 있는 나사로에게 다시 세상으로 돌아가서 자기의 형제들은 이 고통받는 곳으로 오지 않게 해달라고 청원합니다. 하지만 받아들여지지 않았습니다. 그의 후회는 때 늦은 것이었습니다.

　우리의 삶도 이 부자와 다르지 않습니다. 지나친 소비와 낭비의 삶은 지구의 미래와 우리의 후손들을 생각하지 않는 것입니다. 지구는 점점 더워지고 있습니다. 지구와 인간은 이제 결코 돌이킬 수 없는 세상을 향해 가고 있습니다. 우리가 스스로 지옥을 만들어가고 있는 것입니다. – 3번의 답

그렇다면 지구 온난화로 점점 지옥으로 변해가는 이 세상을 위해 우리가 할 수 있는 것은 무엇일까요?

　생명의 근원이시며 주인이신 하나님께 되돌아가야 합니다(대하 7:13~14).

하나님은 지구 온난화로 고통받는 이 세상을 위해 믿는 사람들이 먼저 "머리를 숙이고 기도하며 나를 찾고 나쁜 길에서 돌아서야 한다"고 명령하십니다. - 4번의 답

그때 하나님께서 "그리하면 내가 하늘에서 듣고 그 죄를 용서해 주고 그 사는 땅에 다시 생명을 주겠다"고 약속해주십니다. 또한 예수님은 교회만이 지옥의 권세를 이길 능력을 주시겠다고 약속해주십니다(마 16:18). 지옥은 다른 곳에 있지 않습니다. 매년 1도씩 지구의 온도가 올라간다면, 몇 백 년 후 이 땅은 지옥을 변할 것이고, 하나님은 결단코 하지 않으시겠다는 물의 심판을 인간 스스로가 만들고 말 것입니다.

지금 당장 반성하고 회개하지 않는다면, 돌이킬 수 없는 곳으로 가게 됩니다. 지금 우리는 결정해야 하고, 나서야 합니다. 특별히 먼저 온 우주의 창조자 되신 하나님을 섬기는 그리스도인들이 이제는 진정한 구원을 위해 결단해야 할 때입니다. 하나님은 우리를 괴로워하는 지구를 위해 보내셨기 때문입니다.

새 하늘과 새 땅을 위해

※ 다음의 두 기사를 읽고, 나와 내가 속한 교회가 할 수 있는 지구 온난화를 방지할 수 있는 실천적인 대안들을 제시해봅시다.

지구 온난화 방지를 위한 STOP CO₂ 캠페인 선포

환경재단은 교토의정서 발효 2주년을 맞아 14일 오전 11시 서울 태평로

프레스센터 19층 기자회견장에서 '지구를 사랑하는 10인'과 함께 지구 온난화 방지를 위한 범국민 캠페인 'STOP CO$_2$'를 선포했다.

이날 선포식에서 김지하 시인, 문국현 유한킴벌리 사장, 박원순 희망제작소 상임이사, 안성기 영화배우, 윤준하 환경운동연합 공동대표, 이선종 원불교 서울교구장, 임옥상 화가, 조한혜정 연세대 사회학과 교수, 최열 환경재단 대표, 최재천 이화여자대학교 석좌교수로 구성된 '지구를 사랑하는 10인'은 지구 온난화 방지를 위한 '행동지킴' 발표와 함께 각자 분야에서 'STOP CO$_2$'를 위한 포부를 밝히고 국민의 동참을 호소했다.

김지하 시인은 "지구 위기 이후의 비전을 담고 있는 동양적 사상은 지구 온난화의 해결의 열쇠가 될 것"이라며 "생명에 대한 관심에서 지구 온난화 문제 해결은 시작된다"고 밝혔다.

문국현 유한킴벌리 사장은 "산업과 도시 전반에서 자원은 반으로 줄이고 효율은 두 배로 올리는 factor4운동과 eco-design을 통해 한국도 매년 2%씩 에너지 감축을 통해 환경은 물론 경제에서도 경쟁력을 갖추어 나가자"고 강조했다.

환경부가 지난 2004년부터 10년간 진행하는 지구 온난화 연구의 2단계 연구 총책을 맡고 있는 최재천 이화여대 석좌 교수는 "생태계도 젠가 게임처럼 어느 한 부분이 깨지면 전체가 무너져 버릴지도 모른다"며 "턱없이 부족한 연구비에 대한 지원 확대가 우선돼야 현실적인 대책을 수립할 수 있다"고 관심과 지원을 부탁했다.

이선종 원불교 서울교구장은 "종교를 통해 풍요와 편리보다 근본을 깨닫고 실천할 수 있는 문화를 만들어가겠다"고 말했다.

조한혜정 연세대 교수는 "정부는 토건에 집중된 국가예산을 환경을 위한 소프트웨어에 투자해야 한다"고 전제한 뒤 "젊은이들은 미래에 대한 불안으로 환경운동에 참여할 엄두를 못 내고 있기 때문에 대학생들이 환경운동에 참여할 수 있는 구체적인 프로젝트를 마련하겠다"고 말했다.

최열 환경재단 대표는 "CO_2 배출량 감소를 위한 수치와 지침에 대한 매뉴얼을 만들어 국민에게 구체적인 실행방안을 알리는 데 노력하겠다"고 밝혔다.

임옥상 화가는 "자연과 발맞추는 가치관으로의 전환을 위한 문화 활동을 전개하는 동시에 'STOP CO_2'를 넘어 탄소(CO_2) 배출과 화학에너지 사용 제로(ZERO) 운동이 필요하다"고 지적했다.

환경재단은 STOP CO_2 캠페인 홍보물을 배포하고 UCC를 포함한 다양한 매체를 활용해 지속적인 실천운동을 펼치는 한편 지구 온난화 주제의 서울환경영화제 등의 문화 행사와 서적 발간 등을 통해 국민의 참여를 이끌어 나갈 예정이다. 또한 이 지속적인 캠페인을 통해 우리 환경에 실질적인 변화를 꾀할 것이라고 밝혔다.

2007년 2월 14일자 헤럴드생생뉴스

뉴질랜드 온실가스 '0' 만들기

자동차 연료 중 바이오 비율 높여… 미달분량 나무심어 달성

뉴질랜드 정부가 지구 온난화 주범으로 꼽히는 온실가스 배출을 완전히 없애는 '탄소 중립' 국가 추구 방침을 밝혔다. '탄소 중립'이란 탄소 발생을 원천적으로 줄이는 한편 발생한 탄소를 숲 등의 흡수체로 빨아들여 궁극적으로 발생량을 0으로 만드는 것이다.

일간 〈인디펜던트〉는 헬렌 클라크 뉴질랜드 총리가 전날 의회 연설에서 경제활동과 일상생활에서 '탄소 중립'을 이루는 것을 추진할 뜻을 밝혔다고 14일 보도했다.

클라크 총리는 나라 전체의 '탄소 중립' 일정을 밝히지는 않았지만, 우선 환경부 등 6개 정부부처가 2012년까지 '탄소 중립'을 이루는 것을 목표로 세웠다고 밝혔다. 이 부처들은 온실가스 배출을 줄이고, 목표에 모자란 분량은 나무를 심어 달성하기로 했다. 이와 함께 환경친화적 물품 구매로 민간의 온실가스 감축을 이끌기로 했다.

뉴질랜드 정부는 또 2012년까지 석유회사들이 자동차 연료 판매량 중 3.4%를 바이오 연료로 구성하도록 강제하고, 위반 때 수백만 달러의 벌금을 물리기로 했다.

클라크 총리는 1984년 뉴질랜드가 세계 최초로 '핵 없는 국가'를 선언해 핵발전소 건설과 핵무기 도입을 금지하고, 핵발전 선박·잠수함의 입항을 거부해 '청정국' 이미지를 심은 점을 환기시켰다. 그는 "경제와 삶의 방식이 탄소로부터 자유로워질 수 있을 것"이라며 "뉴질랜드가 경제, 사회, 환경, 독립성이라는 네 기둥 위에서 진정으로 지속 가능한 첫 나라가 되리라고 믿는다"고 강조했다.

이런 움직임에 대해 쉽지만은 않다는 전망도 나온다고 〈데페아〉(dpa) 통신이 전했다. 교토의정서에 서명한 뉴질랜드는 2012년 온실가스 배출량을 1990년 수준으로 줄여야 하지만, 현재 1990년보다 22% 증가한 온실가스를 배출하고 있다. 뉴질랜드는 3만ha의 숲 조성사업을 벌이는 한편, 가축의 방귀와 트림에서 나오는 온실가스인 메탄가스를 줄이는 방법도 강구하고 있다.

이본영 기자 ebon@hani.co.kr (2007년 2월 15일자 한겨레신문)

온실가스 감축을 위한 그리스도인 선언

"너희는 저녁때에는 '하늘이 붉은 것을 보니 내일은 날씨가 맑겠구나' 하고, 아침에는 '하늘이 붉고 흐린 것을 보니 오늘은 날씨가 궂겠구나' 한다. 너희는 하늘의 징조는 분별할 줄 알면서, 시대의 징조를 분별하지 못하느냐?" (마태복음 16:2-3)

최근 인류가 경험하는 환경 재앙은 그 빈도수와 피해 규모에 있어서 전례 없는 심각성을 더해주고 있습니다. 남극과 북극의 해빙, 그로 인한 해수면의 상승은 경지 면적의 감소로 식량 대란을 예고하고 있으며 지구 곳곳에서 숲이 사라지고 생명이 살 수 없는 사막이 늘어나고 있습니다. 생태계 교란으로 인한 종의 멸종과 물 부족은 무수히 많은 환경 난민을 예고하고 있습니다. 우리가 사용한 화석연료가 지구 온난화라는 뜨거운 재앙으로 우리에게 되돌아오고 있는 것입니다.

이러한 현실 앞에서, 우리 그리스도인들은 지구 온난화가 '시대의 징조를 분별하라'신 주님의 경고임을 알기에, 생각을 바꾸고 행동을 돌이켜 지구를 식히려고 합니다. 지금까지 우리가 데워놓은 만큼 식히려면, 지금 당장 풍요와 편리를 위해 화석연료에 과다하게 의존해온 우리의 삶을 회개하고 생명을 살리는 삶으로 나아감이 마땅합니다.

불편하겠지만, 내 자신이 지구에게 얼마나 고통을 안겨주었는지 살피고 고통 중에 있는 우리의 이웃인 지구를 '내 몸 같이 사랑하기' 위해 다음과 같은 맡은 바 소명을 감당할 것을 약속합니다.

행동계획

- 우리는 온난화를 가중시킨 삶을 회개하며, 단순하고 소박한 삶을 추구한다.
- 우리는 에너지 소비를 줄이고 에너지 효율이 높은 제품 및 중고품을 애용한다.
- 우리는 육식 대신 채식을 즐기고 일회용 컵 대신 자기 컵을 들고 다닌다.
- 우리는 친환경적인 교통수단인 자전거를 즐겨 타고, 대중교통을 생활화한다.
- 우리는 실내 적정온도(겨울/18~20도, 여름 26~28도)를 준수한다.
- 우리는 교회가 성도들과 더불어 온실가스 줄이는 캠페인을 전개하도록 돕는다.
- 우리는 교회가 환경부를 설치하고 지속 가능 에너지 시설을 추진하도록 돕는다.
- 우리는 교회가 온실가스를 감축하기 위해 나무를 심고 가꾸는 일에 힘쓰도록 애쓴다.
- 우리는 교회가 환경 재난으로 고통당하고 있는 이웃을 돌보도록 노

력한다.

- 우리는 기업과 정부가 구체적인 온실가스 감축계획을 세워 실현해 갈 것을 촉구한다.
- 우리는 기업이 에너지 효율이 높은 제품을 생산하고 지속 가능한 경제구조를 이루도록 촉구한다.
- 우리는 정부가 화석이나 핵에너지가 아닌 지속 가능한 에너지 체계를 책임 있게 만들도록 촉구한다.
- 우리는 정부가 지구 재난에 대비한 실질적인 안보 시스템을 구축하도록 촉구한다.

기독교환경운동연대

주석

1부

기후 변화를 둘러싼 국내외 쟁점과 사회적 대응 방향 _ 윤순진

1) 이 부분은 필자의 "기후 변화 대응을 둘러싼 사회 갈등 예방과 완화를 위한 거버넌스의 모색," 「국정관리연구」, 제4권 제2호: 125-160에 기술했던 내용을 수정 보완한 것이다.

2) 일본의 경우 당초 아소 정부는 2009년 6월 일본의 온실가스 감축 목표를 2020년까지 2005년 대비 15% 감소(1990년 대비 8% 감소)로 발표하였다. 하지만 새로 집권한 민주당 하토야마 정권은 다배출국의 감축 참여를 전제로 2020년까지 CO_2 배출량을 1990년 수준 대비 25%, 2050년까지 60% 이상을 감축할 것임을 천명하였다.

3) IAEA 자료(2006)에 따르면 발전원별 kWh당 평균 CO_2 배출량(g/kWh)은 석탄 991, 석유 782, 가스 549, 바이오매스 70, 태양광 57, 풍력 14, 원자력 10, 수력 8g으로 원자력의 배출량이 현저하게 낮은 편이다.

기후 재앙에 대한 '마지막 경고' _ 김준우

1) James Lovelock, *The Vanishing Face of Gaia: A Final Warning* (New York: Basic Books, 2009), 16; Robert Draper, "Australia's Dry Run," *National Geographic*, 2009, April: 57.

2) The World Watch Institute, *State of the World 2010: Transforming Cultures* (New York: W. W. Norton), xxvi.

3) 「한겨레신문」 2010년 6월 2일.

4) 기상청, 『2009년 WMO 전 지구 기후보고서』(2010), 4.

5) 그러나 인위적인 요인들은 기후 변화에 별로 영향을 끼치지 않는다는 과학자들(반대론자들)조차도 (1) 지구가 최근에 더워지고 있다는 사실, (2) 1980년 이후의 기온 상승은 인위적인 요인으로밖에는 달리 설명할 수 없을 것이라는 사실을 인정하며, (3) 온실가스의 증가와 기온 상승은 밀접한 관계가 있다는 사실도 인정한다. 참조: 이토 키미노리·와타나베 타다시, 나성은·공영태 역, 『지구온난화 주장의 거짓과 덫』(서울: 북스힐, 2009), 84, 103; 프레드 싱거·데니스 에이버리, 김민정 역, 『지구온난화에 속지 마라』(서울: 동아시아, 2009), 19-20, 28, 37, 73.

6) Michael D. Mastrandrea and Stephen H. Schneider, "Climate Change Science Overview," in *Climate Change Science and Policy*, ed. by Stephen Schneider, et. al., (Washington, D.C.: Island Press, 2010), 11.

7) IPCC, 2007, 정책결정자를 위한 요약보고서, http://www.ipcc.ch/pdf/reports-nonUN-translations/korean/tar-wg1-2001-spm.pdf

8) 스티븐 슈나이더, 임태훈 역, 『실험실 지구』(서울: 사이언스북스, 2006), 111, 113.

9) 이토 키미노리 외, *op. cit.*, 67.

10) James Hansen, *Storms of My Grandchildren: The Truth About the Coming Climate Catastrophe and Our Last Chance to Save Humanity* (New York: Bloomsbury USA, 2009).

11) 제임스 러브록, 이한음 역, 『가이아의 복수』(서울: 세종서적, 2008).

12) James Lovelock, *The Vanishing Face of Gaia: A Final Warning* (New York, NY: Basic Books, 2009).

13) 헨리 폴락, 선세갑 역, 『얼음 없는 세상』(서울: 추수밭, 2010).

14) 한편 신학계에서 기후 변화 문제를 비롯한 지구 환경 위기 앞에서 기독교의 전통신학을 비판하고 재구성하는 과제에 가장 적극적으로 나선 신학자들은 과정신학자들과 생태여성신학자들, 그리고 창조 중심의 영성을 전개한 이들이었다. 특히 토마스 베리, 로즈마리 류터, 레오나르도 보프, 매튜 폭스 등이 선도적 역할을 수행했다. IPCC 제4차 보고서가 나온 이후 샐리 맥페이그는 2008년에 『기후변화와 신학의 재구성』을 발표했다. 2009년에도 환경 위기와 관련하여 신학적인 반성과 재구성을 모색하는 중요한 책들이 몇 권 출판되었다. 우선 현재의 멸종 규모와 속도로 보아 인류는 신생대의 마지막 단계를 살고 있기 때문에 '생태대(Ecozoic)'라는 역사적 비전을 향해 나아가기 위해 '새로운 우주론'을 주장해왔던 토마스 베리 신부의 미간행 에세이들이 편집되어 2009년 6월 그가 작고하자마자 출판되었는데, 『기독교의 미래와 지구의 운명』(*The Christian Future and the Fate of Earth*), 『신성한 우주』(*The Sacred Universe: Earth, Spirituality, and Religion in the Twenty-first Century*)(Columbia University Press)가 그것이다. 또한 레오나르도 보프와 마크 하타웨이도 『해방의 도』(*The Tao of Liberation*)를 발표했으며 오스트레일리아의 교회사가 로이드 기링 역시 『지구로 되돌아오신 하느님』(*Coming Back to Earth: From gods, to God, to Gaia*)을 발표했다.

15) Jon Naar, *Design for a Liverable Planet* (New York, NY: Harper & Row, 1990), 140.

16) Jonathan Weiner, *The Next One Hundred Years: Shaping the Fate of Our Living Earth* (New York, NY: Bantam Books, 1990), 215.

17) Roger L. Shinn, *Forced Options: Social Decisions for the 21st Century* (New York: Pilgrim Press, 1982), 4.

18) Robert Orstein & Paul Ehrlich, *New World New Mind* (New York, NY: Simon & Schuster, 1989), 158-59.

19) Carl N. McDaniel, *op. cit.*, 176.

20) 제임스 구스타브 스페스, 김보영 역, 『아침의 붉은 하늘: 환경 위기와 지구의 미래』(서울: 에코리브르, 2004), 43.

21) 스페스, 2004, 61.

22) Hansen, *op. cit.*, 117, 119.

23) 러브록, *op. cit.*, 120.

24) 이토 키미노리 외, *op. cit.*, 245.

25) James Hansen. *op. cit.*, 206.

26) 마커스 보그, 김준우 역, 『기독교의 심장』(고양: 한국기독교연구소, 2009), 185-86.

27) 스티븐 슈나이더, *op. cit.*, 260.

28) 스티븐 슈나이더, *op. cit.*, 259-60.

29) 스티븐 슈나이더, *op. cit.*, 261.

30) 프로듀서 Martin Durkin의 75분 다큐멘터리로서 http://ecow.tistory.com/358에서 볼 수 있다.

31) 프레드 싱거·데니스 에이버리, 김민정 역, 『지구온난화에 속지 마라』(서울: 동아시아, 2009); 이토 키미노리·와타나베 타다시, 나성은·공영태 역, 『지구온난화 주장의 거짓과 덫』(서울: 북스힐, 2009).

32) 리처드 린젠은 1970년대에 담배회사 편에 서서 흡연과 건강 사이에는 통계상의 연관성이 없다고 증언했던 인물이다. James Hansen, *op. cit.*, 15.

33) BBC 다큐멘터리에 출연했던 과학자 두 사람은 자신들의 입장이 완전히 왜곡되었다고 주장해서 결국 DVD 판에서는 빠지게 되었다. 참조, "위대한 지구 온난화 사기극" 자체가 사기극, http://bbs1.agora.media.daum.net/gaia/do/debate/read? bbsId=D115&articleId=449845

34) BBC 다큐멘터리는 기후 변화가 온실가스에 의해 일어난다는 것이 '사기극'이며 '음모'인 이유는 그 동기가 (1) 영국의 대처 수상이 탄광노동자들의 파업에 맞서서 원자력 발전소 건설을 추진하기 위해, (2) 과학자들이 기후 재앙을 과장해서 공포를 불러일으켜 엄청난 연구비를 타내기 위해, (3) 환경운동의 의제가 대부분 받아들여진 1980년대 이후 사람들에게 계속해서 호소력을 갖기 위해 더욱 극단적인 운동으로 나아갈 필요성 때문에, (4) 이데올로기적으로 자본주의, 세계화, 산업화, 미국에 반대하는 정치적 입장에서, (5) 제3세계의 산업화를 방해하기 위해서, 기후 변화 문제가 유행처럼 번지도록 만들었다는 점에서 기후 변화는 '음모'라고 주장한다. 또한 두 권의 책들 역시 (6) 유엔이 온실효과 이론을 통해 "그들의 영향력이나 권력을 확장시키는 하나의 방법으로 이용한다고 볼 수 있다"는 점에서 '정치적 사기극'이며, (7) 유럽연합이 미국과 일본 등 다른 나라들에게 이산화탄소 감축을 요구함으로써 패권을 장악하기 위한 '사다리 걷어차기'라는 주장이다. 참조, 이토 키미노리 외, *op. cit.*, 33, 243-4; 프레드 싱거 외, *op. cit.*, 92-93.

35) 헨리 폴락은 그의 책 후반부에서 기후 변화에 대한 회의론과 반대론의 입장을 정리하고 체계적으로 반박한다.

36) IPCC, 2007, 정책결정자를 위한 요약보고서, http://www.ipcc.ch/pdf/reports-nonUN-translations/korean/tar-wg1-2001-spm.pdf, 9; 참조 Michael D. Mastrandrea and Stephen H. Schneider, "Climate Change Science Overview," in *Climate Change Science and Policy*, ed. by Stephen Schneider, et. al., (Washington, D.C.: Island Press, 2010), 20. 제임스 핸슨은 "태양 방사도가 2% 변하는 것은 대기권의 이산화탄소 양이 두 배로 늘어나는 것과 같다"고 말한다. James Hansen, *op. cit.*, 231.

37) Wikipedia, The Great Global Warming Swindle.

38) 이토 키미노리 외, *op. cit.*, 85; 프레드 싱거 외, *op. cit.*, 28; 참조 Michael D. Mastrandrea, et al, *op. cit.*, 15. 이것은 반대론자들이 자신들의 주장을 위해 증거자료를 선택적으로 사용하여 무리한 주장을 하고 있다는 대표적인 증거라고 볼 수 있다.

39) 프레드 싱거 외, *op. cit.*, 330.

40) 이토 키미노리 외, *op. cit.*, 254.

41) 이토 키미노리 외, *op. cit.*, 257.

42) James Hansen, *op. cit.*, 50,

43) 헨리 폴락, *op. cit.*, 254.

44) 헨리 폴락, *op. cit.*, 137.

45) James Hansen, *op. cit.*, 165.

46) *National Geographic*, 2008 April: 29.

47) Lovelock, 2009, *op. cit.*, 16.

48) 헨리 폴락, *op. cit.*, 271.

49) 기상청, 『2009년 WMO 전 지구 기후보고서』(2010), 13.

50) 헨리 폴락, *op. cit.*, 243.

51) 제리 실버, 최영은, 권원태 역, 『스스로 배우는 지구온난화와 기후변화』(서울: 푸른길, 2010), 53-55.

52) 헨리 폴락, *op. cit.*, 152.

53) Hansen, *op. cit.*, 78, 165. 빙하 위에 난 구멍과 폭포 사진이 실려 있다.

54) The World Watch Institute, *State of the World 2010: Transforming Cultures* (New York: W. W. Norton, 2010), xxiii.

55) 『헤럴드경제』, 2010년 3월 30일자; Hansen, *op. cit.*, 250.

56) James Lovelock, 2009, 43

57) James Lovelock, 2009, 42.

58) James Lovelock, 2009, 42.

59) 제임스 러브록, 이한음 역, 『가이아의 복수』(서울: 세종서적, 2008), 91.

60) 제임스 러브록, *Ibid.*, 63.

61) James Lovelock, 2009, 44.

62) 제리 실버, *op. cit.*, 171.

63) Hansen, *op. cit.*, 13, 85-86.

64) Hansen, *op. cit.*, 161, 72-73.

65) James Lovelock, *op. cit.*, 52.

66) 스페스, *op. cit.*, 39.

67) James Hansen, *op. cit.*, 147.

68) Hansen, *op. cit*, 148-150, 161-162.

69) Hansen, *op. cit.*, 164.

70) Hansen, *op. cit.*, 8, 37-39, 84-85.

71) 러브록, 2006, 60.

72) Hansen, *op. cit.*, 163, 274.

73) 러브록, *op. cit.*, 81-82, 223.

74) James Lovelock, 2009, 52; 헨리 폴락, *op. cit.*, 281.

75) 헨리 폴락, *op. cit.*, 281-2.

76) 제리 실버, *op. cit.*, 194.

77) Hansen, *op. cit.*, 120.

78) Hansen, *op. cit.*, 175-76.

79) Hansen, *op. cit.*, 199-201.

80) Hansen, *op. cit.*, 192.

81) 제임스 러브록, *op. cit.*, 121.

82) 이유진, 『기후변화 이야기』(파주: 살림출판사, 2010), 59-62.

83) Hansen, *op. cit.*, 225.

84) 『한겨레 21』, 803호, 2010. 3. 26.

85) Hansen, *op. cit.*, 160.

86) 러브록, 2006, 222.

기후 변화에 대한 과학–신학적 이해 _ 김기석

1) 『한겨레 21』, 제652호, 2007. 3월호에도 물에 잠기어가는 태평양의 투발루 섬에 대한 기사를 표지 기사로 자세히 보도하였다.

2) 여기서 '과학–신학'이란 흔히 이안 바버나 존 폴킹혼 등이 주도하고 있는 '과학과 종교의 대화'라 일컫는 간학문적 접근법을 가리킨다. 이 연구방법론은 때로 '과학과 신학의 토론'이라고 표현되기도 하는데 우리말로 표현할 때 수식어로 쓰기에는 명사가 세 번 반복되어 있어 지나치게 복잡한 용어가 되고 만다(예: 과학과 종교의 대화적 관점). 그러나 '과학적 신학(Scientific Theology)'라고 표현할 경우, 이는 또 다른 오해를 낳을 수 있기 때문에, 본고에서는 잠정적으로 '과학–신학적 관점(Science-Theological perspective)'이라는 용어를 쓰기로 한다.

3) 필자의 한 지인은 최근 네팔 여행을 하고 와서 이렇게 말했다: "비행기에서 히말라야 산맥을 보았더니 높은 산이 수십 개 정도 있는 것이 아니고 거대한 병풍을 세워놓은 듯 수백, 수천의 산봉우리가 끝없이 펼쳐져 있더라. 그 웅장한 규모를 보니까 인간이 지구 환경 좀 더럽힌다 해도 전혀 끄떡없을 것 같은 느낌이 들더라." 이 발언의 진의는 우리가 환경을 파괴해도 좋다는 것이 아니라 자연 앞에 선 인간이 얼마나 왜소한지를 강조하려는 것임을 알지만, 한편으로는 자연 환경이 인간의 활동과 관계없이 절대적으로 존재하

리라는 잘못된 관념을 반영하고 있기도 하다. 지구 기후의 역사는 격변하면서 진행되었고 기후 시스템은 작은 영향이 큰 변화를 가져올 수 있는 민감한 시스템이다.

4) 앨 고어는 〈불편한 진실〉에서 대기권의 두께가 얼마나 얇은지를 설명하면서 칼 세이건을 인용하여 "지구라는 농구공에 칠해진 왁스"로 비유한다. 그런데 이와 똑같은 비유를 프리초프 카프라에게서도 발견하는 것은 흥미롭다. 카프라는 지구 생명이 존재하는 영역을 뜻하는 '생명권(biosphere)'을 설명하면서, "해양으로는 5~6마일 깊이에 달하며, 대기권에서도 비슷한 거리만큼 뻗어나간다. 지구 전체의 크기에서 볼 때 생명이 살고 있는 영역은 아주 얇은 막인 셈이다. 지구를 농구공에 비유한다면, 생명권은 농구공에 칠해진 페인트 두께 정도밖에 되지 않는다"라고 하였다. 프리초프 카프라, 김용정·김동광 옮김, 『생명의 그물』(서울: 범양사, 1998), 282.

5) 지구가 형성된 이래 대기의 구성은 여러 가지 요인에 의해 변화해왔으며 지금도 변화하고 있다. 그 요인은 화산이나 판 이동에 따른 지질학적 격변, 생명체 활동에 의한 화학반응, 소행성 충돌 등이다.

6) 슈테판 람슈토르프·한스 요아힘 셸른후버, 한윤진 역, 『미친 기후를 이해하는 짧지만 충분한 보고서』(서울: 도솔출판사, 2007), 26.

7) 위의 책, 31-32. 지구 기후 격변의 역사를 살펴보면서 온도에 따른 물의 물리적 성질이 생명체의 유지에 결정적인 영향을 끼쳤다는 점을 발견하는 것은 흥미로운 일이다. 물은 얼었을 때 부피가 커지는(즉 가벼워지는) 특이한 성질을 가지고 있음은 주지의 사실이다. 그런데 이러한 성질 때문에 지구 생명체가 빙하기에 절멸하지 않을 수 있었다. 왜냐하면 얼음이 물보다 가볍기 때문에 수면에서부터 얼게 되며, 수면을 덮은 두꺼운 얼음은 찬 기온으로부터 물속의 온도가 일정 정도 이하로 떨어지지 않게 차단하는 기능을 한다. 얼어붙지 않은 대양의 밑바닥에 일부 생명체가 생존했다가 후에 기후 조건이 좋아졌을 때에 다양한 생명체로 진화할 수 있었다. 반대로 만일 얼음이 물보다 부피가 작다면, 수면에서 얼은 얼음은 계속 바닥으로 떨어질 것이며 이러한 과정이 반복되면 결국 바다 전체가 밑바닥에서부터 얼음으로 쌓이게 되며, 종국적으로 살아남을 수 있는 생명체는 거의 없었을 것이다. 물이 결빙되었을 때 분자구조가 커지는 것은 우리 우주의 물리법칙에 부여된 우주상수와도 같다. 이러한 인간 혹은 생명의 가치로부터 중립적인 물리법칙이 지구 기후의 혹한기에 생명을 보존하는 결정적인 역할을 하였다는 점은 음미할 만한 사실이다. 물리적 우주가 생명친화적인 본질을 지녔다고 생각할 수도 있을 것이다.

8) 충적세는 홍적세(洪積世)의 대빙하가 녹은 다음의 후빙하(後氷河) 시대를 말하며 신석기시대 이후 현대까지가 이에 해당한다. 지질시대의 구분은 대(代)-기(期)-세(世)로 나뉜다. 인류 문명이 꽃피운 시대는 6천 5백만 년 전에 시작된 신생대, 180만 년 전에 시작된 제4기, 8천 년 전에 시작된 충적세에 속한다. 팀 플래너리, 이충호 역, 『지구온난화 이야기』(서울: 지식의 풍경, 2007), 54.

9) 오재호, 추천사, 『미친 기후를 이해하는 짧지만 충분한 보고서』, 7.

10) 팀 플래너리, 위의 책, 35-36.

11) 위의 책, 64.

12) 이 섹션의 상당 부분은 필자의 졸고, "생태위기 시대에 생명의 상호의존성에 대한 일고
    찰,"『종교연구』제50집(종교학회), 2008, 봄호에 실렸던 내용임을 밝혀둔다.

13) James E. Lovelock, *Gaia: A New Look at Life on Earth* (Oxford: Oxford University Press, 1979).

14) 칼 세이건, 홍승수 옮김, 『코스모스』(서울: 사이언스북스, 2004), 84-85.

15) James E. Lovelock, 앞의 책, 72.

16) 위의 책, 39.

17) 로즈마리 래드퍼드 류터, 전현식 역,『가이아와 하느님: 지구 치유를 위한 생태여성학』
    (서울: 이화여자대학교 출판부, 2000), 295.

18) 외계 문명의 수(N) = 은하 내 별의 수 × 행성을 가진 별의 비율 × 각 항성계당 생명체
    가 살 수 있는 환경을 갖추고 있는 행성의 수 × 생명체가 나타날 수 있는 비율 × 지적
    생명체가 출현할 수 있는 비율 × 전파 송수신이 가능한 문명에 도달할 비율 × 문명의
    지속 기간(년)/별의 평균 수명(년): (N = 1000억 × 1 × 0.1 × 1 × 1 × 1 × 문명지속
    기간[년]/100억[년]). 이영욱,『우주 그리고 인간』(서울: 동아일보사, 2000), 110-116.
    한편 드레이크의 방정식은 지구와 비슷한 환경을 가진 행성에서 생명의 출현 가능성
    및 생명이 출현했을 때 지적 생명체로 진화할 가능성, 그리고 그들이 문명을 이룩했을
    가능성을 모두 100%로 가정했다. 그러나 지구 생명의 기원은 아직 잘 알려져 있지 않다.
    오늘날 지구 생명의 기원에 대해서 생물학자들은 '우연히 출현한 자기복제자'라는 용어
    로 모든 설명을 대신하고 있다. 그리고 설령 지구와 비슷한 환경의 행성들에서 생명이
    출현했다 하더라도 지금과 같이 인류와 같은 지적 생명체가 나타날 확률은 과연 얼마가
    될지 알 수 없다. 특히 스티븐 제이 굴드는 지구 생명의 진화 역사가 필연이 아니라 우
    연에 크게 의존하며 새로운 진화의 역사가 전개될 경우 지금과 같은 모습을 반복할 가능
    성은 거의 없다고 주장한다. 지구 진화의 역사가 다른 경로로 진행되었다면 반드시 현
    재 인류와 같은 지적 생명체의 출현이 이루어지리라는 보장은 없는 셈이다. 따라서 드
    레이크의 방정식의 생명의 탄생 및 지적 생명체 출현 비율을 나타내는 수치는 생명의 기
    원과 지적 생명체의 진화 과정에 관한 신뢰할 만한 연구 결과가 나올 때까지 보류되어야
    할 것이다. 객관적으로 그 수치들의 가능성은 영(0)에서 일(1)까지 걸쳐져 있다. 위에서
    처럼 일(1)로 계산하는 것은 그 가능성을 100%로 추정하는 것이며 최대한 낙관적인 관
    점이다. 따라서 이 수치는 상당히 축소될 가능성이 있다.

19) 이 방정식에 근거하여 드레이크는 미국 국립천문대의 전파 망원경을 통하여 외계에서
    보낸 인공 신호를 포착하는 '외계 지성체 탐색 프로젝트'(SETI: Search for Extra-Terrestrial
    Intelligence)를 시작하였다. 영화 〈콘택트〉는 이 프로젝트의 어려움과 희망을 잘 그리고
    있으며, "이 우주는 인류만이 홀로 존재하기에 너무나도 넓다"는 유명한 칼 세이건의
    대사를 소개하고 있다.

'기후 붕괴 원년'의 시대를 사는 기독교 _ 이정배

1) 1990년 서울서 열린 JPIC 대회를 기억하라. 이 모임을 발의한 C. F 봐이젝커는 여기서 '사
   실적 종말'의 위기를 역설했고 그 해결을 위해 시간이 촉박함을 강변했다. JPIC 결과로
   1992년 리우 환경회담 등 일련이 기후협약이 이뤄진 것은 인류 역사상 크나큰 사건이 아
   닐 수 없다. 그러나 미국 등 일부 강대국들의 비협조로 가시적 결과를 얻지 못하고 있다.
   봐이젝커의 책『시간이 촉박하다』, 이정배 역(서울: 대한기독교서회, 1987) 참조.

2) 이 모임은 2009년 12월 7일~18일간 열렸는데 192개국 1만 5천 명의 대표단이 참여했다.
   한국의 경우도 정부, 국회 및 시민단체를 포함하여 300명 정도의 대표단을 구성했다. 리
   우 환경회담 이래로 가장 많은 정치 지도자들이 참여한 모임이었다. 사문화된 교토의정
   서를 대신하는 새로운 협약의 자리이기도 했다.『한겨레신문』2009년 12월 2일자 8-9면
   참조. 기후변화협약에 대한 역사를 개괄하려면 다음 책을 참고하라. 이연상,『쉽게 풀어
   보는 기후변화협약』(파주: 한울, 2008).

3) 제레미 리프킨,『유러피안 드림』, 407

4) 제레미 리프킨,『생명권 정치학』, 이정배 역(서울: 대화출판사, 1996), 137-153. 리프킨은
   현대의 위험 상황을 '이카루스의 대홍수'로 명명하고 있다.

5) 마크 라이너스,『6도의 악몽』, 이한중 옮김(서울: 세종서적, 2008).

6) 앞의 책, 21.

7) 토머스 프리드만,『코드 그린 – 뜨겁고 평평하고 붐비는 세계』, 최정민·이영민 역(서울:
   21세기북스, 2008), 172-176.

8) 이 말은 100만 개 공기 분자 속에 280개 이산화탄소 분자가 있다는 것을 의미한다. 그러
   니까 4억만 년부터 지난 1750년대까지 대기 중 대략 0.03%의 이산화탄소 양이 항상적이
   었음을 보여준다.

9) 350ppm을 임계점으로 보는 학자들도 있는데 이것은 보편적 견해라 보기 어렵다. 더욱이
   일부 학자들은 환경학자들이 오늘의 환경 위기 수치를 과장되게 부풀리고 있다는 주장도
   하고 있다. 금번 코펜하겐 모임에서도 이런 주장은 여전히 제기될 수 있다. 기후 붕괴를
   주장하더라도 좀 더 보편적 자료에 근거하는 것이 전략적으로도 옳은 것이라 생각한다.

10) 앞의 책, 177-180.

11) E. Kolbert, Outlook: Extreme, *National Geographic* (April 2009): 60-61; 김준우, "기후변화
    의 위기와 목회의 방향,"「기독교사상」2009. 11, 46에서 재인용. 마크 라이너스, 위의
    책, 153 이하 내용 참조. 한 지역에 가뭄이 든다는 것은 다른 지역에 홍수가 난다는 것과
    같은 이야기이다. 한쪽의 습기를 빼앗아 다른 쪽에 더해주는 꼴이기 때문이다.

12) 전 지구적 온도 상승이 지난 100년간 0.6도인 것에 비해 한국의 경우 3배에 달하는 1.5
    도로 관측되고 있다

13) 성서학자들은 하느님 창조를 무(無)로 되돌린 노아의 홍수 사건을 창조신앙의 본질로
    본다. 기독교 창조신앙은 시작(태초)에 대한 물음에 답하는 것이 아니라 왜 세상이 존재
    하는가에 대한 물음을 묻는 것이다. 철학적으로는 '왜 유(有)이고 무(無)가 아닌가?' 하

는 것이 해당될 수 있다.

14) D. 린드버그 외, 『신과 자연 – 기독교와 과학의 만남의 역사』 상권, 이정배·박우석 역 (서울: 이화여자대학교 출판부, 1998).

15) 대표적인 학자로 프란시스 베이컨을 들 수 있다. 그는 자연을 '창녀'라는 메타포로 이해한 사람으로 유명하다. 생태여성주의 시각에서 치열하게 비판받는다. 캐롤린 머천트, 『자연의 죽음 – 여성, 생태학 그리고 과학혁명』, 전규찬 외 역(서울: 미토, 2005), 9장 내용 중에서.

16) 제레미 리프킨, 『생명권 정치학』, 157-202.

17) 이하 내용은 리프킨의 『유러피안 드림』 1장 내용을 비판적으로 정리한 것이다.

18) 이것(*Difficult freedom*)은 프랑스 유대인 철학자 레비나스의 책 제목이자 핵심 개념이다. '어려운 자유'란 타자의 얼굴을 신의 뒷모습쯤으로 인식하는 유대적 사유의 본질이다. 무한경쟁, 무한기회 등의 개념과는 한없이 거리가 있다.

19) 필자는 효율성과 반대되는 신학적 개념으로 노아의 방주를 생각해본다. 흔히 교회를 구원의 방주로 비유하지만 정작 교회 안에서 효율성의 논리가 지배하는 한 방주는 교회의 비유로 적합지 않다. 왜냐하면 방주란 인간에 의한 필요/불필요의 차원을 넘어선 공간이기 때문이다. 하느님이 향후의 생명 공동체를 위해 일체의 생명체를 필요 유무에 관계없이 암수 한 쌍씩 거주하게 했음을 기억하라. 오늘의 교회가 노아의 방주란 의식을 제대로 가질 수 있다면 그 역할이 달라질 수 있을 것이다.

20) 토머스 프리드만, 위의 책, 87 이하 내용.

21) '부자병'을 뜻하는 신조어 'Affluenze'는 'affluence'(풍요)와 'influenza'(전염병)의 합성어이다.

22) 지난해 8월 '한국 종교인 평화회의(KCRP)'에서 아랍 지역 종교 지도자들과의 대화를 위해 시리아, 요르단, 레바논 등지를 방문한 적이 있었다. 돌아오는 길에 두바이 전역을 잠시 살필 수 있었는데 당시 참여했던 모든 종교인들은 이구동성으로 두바이의 화려함을 부정적으로 평가했다. 종교인들의 혜안이 단연 돋보이는 대목이 아닐 수 없다. 이 점에서 이명박 정부는 4대강 개발을 거부하는 종교인들의 혜안을 겸허히 배워야 할 것이다. 또한 서울시가 새로 조성된 광화문 광장에 인공 스키대를 만들어 자신의 존재 의미를 과시하는 추태 역시 동일한 맥락에서 비판되어야 한다.

23) 『한겨레신문』 2009년 12월 2일(수요일), 9면 참조.

24) 이것은 선진국들에 대한 개도국의 요구이다. 하지만 선진국들의 반응은 아직 이에 미치지 못하는 수준이다. 단지 탄소 배출권을 사고파는 일에 더 주목할 생각인 듯하다. 하지만 개도국 주장대로 선진국 GDP 1% 정도면 환경 재앙을 당한 빈국들의 문제가 어느 정도 해결될 것이란 견해가 설득력을 얻고 있다.

25) 토마스 베리, 『신생대를 넘어 생태대로』, 김준우 역(서울: 에코조익, 2006), 149. 샐리 맥페이그, 『기후변화와 신학의 재구성』, 김준우 역(고양: 한국기독교연구소, 2008), 참조.

26) 제레미 리프킨, 『유러피안 드림』, 438. 이들은 지금 수소경제체제를 수립하는 일에 매진

하고 있다. 2010년까지 전체 에너지의 12%를 재생에너지로 충당하려는 계획도 성사되었다.

27) 앞의 책, 360. 이하 내용은 본 내용을 요약 정리한 것이다.

28) 이 경우 자연은 '새로운 차원의 가난한 자(New Poor)'가 될 수 있다.

29) 샐리 맥페이그, 위의 책, 37-38.

30) 제레미 리프킨, 위의 책, 471 이하 내용.

31) 이는 '미국의 석유 정치학'과 밀접한 연관을 갖고 있다. 미국 정치가들은 자동차 연비를 획기적으로 올리는 기술을 의도적으로 발전시키지 않았다. 대신 중동의 석유를 대량 유입함으로 그들 지역에 오일 머니를 과다 공급했고 아랍 국가들은 그것으로 독재정치를 구축할 수 있었다. 석유 값이 오르면 독재가 성하고 내리면 민주주의에 대한 열망이 고조되는 형세가 반복되었다. 오늘날 미국 자동차 산업의 몰락은 자신들의 석유 정치학에 발목 잡힌 결과라 아니할 수 없다. 토마스 프리드만, 위의 책, 117-164 참조.

32) 제레미 리프킨, 『생명권 정치학』, 463-474 내용.

33) 토마스 프리드만, 위의 책, 101.

34) 「한겨레신문」 2009년 12월 2일(수요일), 9면. 해빙되는 동토(凍土)에서 얻어지는 자원들 북극 항로 개척 등 이득되는 부분이 적지 않다는 분석이다.

35) 중국의 경우 2005년 GDP당 배출량 대비 40~45%를 설정했다. 여타 국가들과 다른 기준이기에 특별히 소개한다. 중국이 이렇듯 다른 기준을 설정한 것은 감축 의지의 결여를 뜻한다고 의심받는다.

36) 이를 일컬어 '부도난 환경 예금 계좌'라 한다. 토머스 프리드만, 위의 책, 249.

37) 구체적 예로 다음과 같은 것을 꼽을 수 있다. "휘발유를 탱크에 넣어 사용하는 것 대신 브레이크를 밟을 때 발생하는 전기를 배터리에 저장했다가 에너지로 사용하는 기술." 앞의 책, 270

38) 프리드만은 이럴 경우 에너지 수요증가율을 2020년까지 현재와 비교하여 2분의 1을 줄일 수 있을 것이라 한다. 앞의 책, 277.

39) E. 윌슨, 『생명의 편지』, 권기호 역(서울: 사이언스북스, 2007). 필자는 조만간 편지 형식을 빌려 윌슨에게 신학자로서 답을 할 생각이다. 물론 직접 편지를 하겠다는 것이 아니라 신학자로서의 응답하겠다는 뜻이다. 윌슨의 '생명의 편지'를 필자는 여느 신학자들처럼 부정적으로 보지 않기 때문이다. 신재식 외, 『종교전쟁』(서울: 사이언스북스, 2009), 113-139 참조.

40) Illia Delio, *Christ in Evolution* (Marknoll, New York: Orbis, 2008), 서론 내용.

41) 이는 요한복음 1장 14절의 '육'(싸륵스) 개념을 지혜문서의 맥락에서 읽을 때 가능한 해석이다.

42) 샐리 맥페이그, 위의 책, 2장 내용.

43) 앞의 책, 52 이하.

44) 앞의 책, 54-55.

45) J. 도미닉 크로산, 『예수, 사회적 혁명가의 전기』, 김기철 역(고양: 한국기독교연구소, 2008) 참조.

46) 샐리 맥페이그, 위의 책, 150.

2부

기후 붕괴에 직면한 한국 신학계의 반응 _ 김경재

1) 나는 한국의 신학계, 특히 조직신학 분야에서 본격적으로 자연·생태신학이 신학교육 현장에 등장한 해를 위르겐 몰트만의 신학 여정에서 획기적 전회의 저서 *Gott in der Schoepfung: Oekologische Schoepfungslehre* (Chr. Kaiser Verlag, 1985)이 김균진 교수의 수고로 비독일권 영역에서 비교적 가장 빠르게 『창조 안에 계신 하느님』(서울: 한국신학연구소, 1987)으로 출판된 시기로 잡고 싶다.

2) Sallie McFague, *New Climate for Theology: God, the World, and Global Warming* (Fortress Press, 2008). 이 책 제1장에서 저자는 '정부간기후변화위원회'(IPCC: Intergovernment Panel on Climate Change)의 지구 기후 변화와 생태계 붕괴 현황에 대한 최근 자료를 풍부하게 인용하고 있다. 이 최근의 저술물을 김준우 박사의 수고를 힘입어 『기후변화와 신학의 재구성』(고양: 한국기독교연구소, 2009)이라는 책명으로 한국에 소개된 것 자체가 이 기후 문제의 시급성을 웅변적으로 말한다.

3) IPCC(International Panel on Climate Change)의 2007~2008년 평가보고서 및 세계 권위 있는 환경단체의 연구보고에 의하면, 기후 온난화로 인한 가뭄, 기아, 홍수, 질병, 경작지 감소 등의 심각한 문제는 인류 문명 자체를 위협하고 있다. 시급한 일은 온실가스 배출량을 지구 환경 파괴 임계점 이하로 줄여서 향후 지구 온도 상승을 50년 동안 섭씨 2도 이하로 제한하는 일과, 당장 선진공업국의 환경 파괴로 고난을 겪는 제3세계 사람들의 식량 공급, 물 부족, 질병 예방, 친환경 산업기술의 교육이 필요하다. Sallie McFague, 『기후변화와 신학의 재구성』, 24-37, 286-287 참조.

4) Alfred N. Whitehead, *Process and Reality* (The Macmillan Company, 1929), 348; Teilhard de Chardin, *The Phenomenon of Man* (Harper & Row, 1965), 61; *Man's place in Nature*, 31.

5) 서남동, 『전환시대의 신학』, 제7부 자연·생태학, 제8부 과학장을 참조(서울: 한국신학연구소, 1976).

6) 1980년대 화이트헤드의 과정사상과 기독교 신학과의 만남 대화를 나타내는 논문집으로서 아래 책이 있다. 김경재·김상일 편, 『과정철학과 과정신학』(서울: 전망사, 1988); 존 캅·데이비드 그리핀 공저, 류기종 옮김, 『과정신학』(서울: 도서출판 열림, 1993).

7) 예를 들면, 대한기독교서회에서 기획 시리즈로 출판하고 있는 다음 같은 책들이 있다. 김성열 지음, 『기독교신앙과 카오스 이론』(2005); 이정배 지음, 『기독교와 자연신학』(2005);

김균진·신준호 공저, 『기독교 신학과 자연과학의 대화』(2004); 한국조직신학회 엮음, 『과학과 신학의 대화』(2003); 몰트만 저, 김균진 역,『과학과 지혜』(2003); 김흡영 지음, 『현대과학과 그리스도교』(2006); 김균진 지음, 『생태학의 위기와 신학』(1991).

8) 한국교회환경연구소 엮음, 『현대 생태신학자의 신학과 윤리』(서울: 대한기독교서회, 2006).

9) 김애영, "로즈마리 류터의 생태여성신학,"『현대생태신학자의 신학과윤리』(서울: 대한기독교서회, 2006), 139-141에서 재인용.

10) Rosemary Radford Ruether, 전현식 옮김, 『가이아와 하느님: 지구치유를 위한 생태여성학적 신학』(서울: 이화여자대학교 출판부, 2000); Sallie McFague, 정애성 옮김, 『은유신학: 종교언어와 하느님 모델』(서울: 다산글방, 2001); Sallie McFague, 김준우 옮김, 『기후변화와 신학의 재구성』(고양: 한국기독교연구소, 2009). 류터와 맥페이그에 관한 연구논문은 한국 여성신학자들에 의해 많이 발표되었지만, 김애영과 구미정의 다음 논문을 대표적으로 소개한다.

김애영, 「로즈마리 류터의 생태여성신학」, 한국교회환경연구소 엮음,『현대 생태신학자의 신학과 윤리』(서울: 대한기독교서회, 2006), 127-153; 구미정, 「샐리 맥페이그의 생태여성신학」, 논문집『현대 생태신학자의 신학가 윤리』, 77-102.

11) 로즈마리 류터, 『가이아와 하느님』, 서론, 23.

12) 김애영의 앞에서 언급한 논문, 149.

13) 김애영, 위와 같은 논문, 132.

14) 샐리 맥페이그, 『은유신학』, 19-30. '종교언어의 우상화'와 '종교언어의 부적합성' 참조.

15) 위의 책, 166.

16) 샐리 맥페이그, 김준우 옮김, 『기후변화와 신학의 재구성』, 9.

17) 토마스 베리·토마스 클릭 대화, 김준우 역, 『신생대를 넘어 생태대로』(서울: 에코조익, 1991), 19.

18) 위의 책, 134.

19) 위의 책, 259.

20) 위의 책, 259-260.

21) 위의 책, 263.

22) 이 책의 집필 과정과 편집 및 출판 과정에 관해서는 다음 자료 참조. 이치석, 씨알사상연구회 편, 『씨알·생명·평화』(서울: 한길사, 2007), 395-437, 「성서적 입장에서 본 조선역사는 어떻게 씌어졌을까?」.

23) 『함석헌 전집』, 제9권(서울: 한길사, 1983), 22.

24) 김재준, 『김재준 전집』, 제1권, 159.

25) 장회익, 『삶과 온생명: 새 과학문화의 모색』(서울: 솔출판사, 1998).

26) 위의 책, 276.

27) 지난 25년 동안 개척자적인 열정으로 황무지와 같은 자연신학·과학신학·생태학적 신학에 관한 연구논저들이 적지 않게 생산되었다. 필자의 서재에 꼽혀 있는 자료들만

열거하더라도 아래와 같다. 김균진, 『생태학의 위기와 신학』(서울: 대한기독교서회, 1991); 이정배, 『생태학과 신학』(서울: 종로서적, 1993); 이정배, 『한국적 생명신학』(서울: 도서출판 감신, 1996); 이정배, 『신학의 생명화, 신학의 영성화』(서울: 대한기독교서회, 1999); 박재순, 『한국생명신학의 모색』(서울: 한국신학연구소, 2000); 김애영, 『여성신학의 주제탐구』(오산: 한신대학교출판부, 2003); 이정배, 『기독교 자연신학』(서울: 대한기독교서회, 2005); 강성렬, 『기독교신앙과 카오스 이론』(서울: 대한기독교서회, 2005); 김흡영, 『현대과학과 그리스도교』(서울: 대한기독교서회, 2006); 양재성·성백걸, 『하나님·자연·사람』(서울: 한들출판사, 2006); 이은선, 『잃어버린 초월을 찾아서』(서울: 도서출판 모시는 사람들, 2008); 김균진 교수 회갑기념문집간행위원회, 『생명신학·생태신학』(서울: 한들출판사, 2004); 한국환경연구소 엮음, 『현대생태신학자의 신학과 윤리』(서울: 대한기독교서회, 2006); 이정배, 『켄 윌버와 신학: 홀아키적 우주론과 기독교의 만남』(서울: 시와진실, 2008) .

28) 김균진, 『생태학의 위기와 신학』, 219-238.

기후 붕괴와 구약신학적 응답 _ 우택주

1) 이하의 내용은 연구자가 기후 붕괴라는 생태계의 위기를 충분히 그리고 철저히 깨닫지 못한 상태에서 이제까지 수행한 성서 연구결과에 대한 회개를 동반하고 있음을 밝혀둔다.

2) Sally McFague, 김준우 역, 『기후변화와 신학의 재구성』(서울: 한국기독교연구소, 2008), 21.

3) *Ibid.*, 109-26.

4) Norman C. Habel and Peter Trudinger (eds), *Exploring Ecological Hermeneutics* (Atlanta: SBL, 2008), 1-2.

5) *Ibid.*, 3.

6) 여기서 다른 해석학적 관점이란 대표적으로 라틴아메리카 원주민의 인권과 삶을 다룬 해방신학, 인종적 탄압을 받은 흑인의 인권을 다룬 흑인신학, 가부장 사회의 의식을 타파하고 여성의 평등과 인권을 다룬 여성신학, 한국 민중의 문제를 다룬 민중신학 등을 지칭한다.

7) 성서 본문을 생태학적으로 새롭게 읽는 연구자의 해석 방법은 고대 이스라엘의 과거사를 근거로 펼쳐지고 있는 성서 본문의 세계를 마치 현대인의 시각으로 볼 때 일종의 가상현실(virtual reality)처럼 읽는 경우를 포함하고 있다. 이하에서 본문을 놓고 연구자의 개인적 현실(Dasein=situated-in-the world)을 반영하는 고백적 읽기를 아무런 해석적 전제 없이 감행하는 경우가 바로 그런 경우임을 밝혀둔다.

8) 예를 들어 다음을 참조하라. 강성열, "구약성서의 창조론과 생태학," 호남신학대학교 편, 『생태학과 기독교 신학의 미래』(서울: 한들출판사, 1999), 9-48. 그는 창세기 1장에서 2장으로 진행하는 순서를 취하고 있다.

9) 예언서의 생태신학적 해석에 관해서는 다음을 참조하라. 기독교환경연대, 『녹색의 눈으

로 읽는 성서』(서울: 대한기독교서회, 2002), 85-124; 우택주, "요나서의 생명신학," 『요나서의 숨결』(대전: 침례신학대학교출판부, 2009), 89-99.

10) 이는 제사장 문서의 창조기사(창 1:1, 2:4a)에 반복적으로 언급되는 "하늘과 땅"이란 어법과 어순이 반대로 되어 있는 구조의 용법이며 여기에도 나름의 생태학적 해석의 여지가 있으며 그것은 뒤에서 다룰 것이다.

11) 창세기 1장(P, 1:26-28)과 2장(J, 2:15)의 창조기사 모두 인간이 자연생태계를 돌볼 책임과 의무를 명시하고 있다. 특별히 J문서의 창조기사는 인간의 행동이 자연생태계의 순응도 여부를 결정한다는 사고구조를 반영하고 있다. 인간의 죄에 대한 자연의 변화에 대해서는 다음을 참조하라. G. Friedrich, "생태학과 성서," 이정배 편, 『생태학과 신학 – 생태학적 정의를 향하여』(서울: 종로서적, 1989), 44-50, 강성열, "구약성서의 창조론과 생태학," 27 n 38 재인용.

12) 도시문화(혹은 사회)에 대비되는 성서적 현실은 도시 바깥에 위치한 농촌사회이다. 구약성서는 정치와 경제 그리고 문화와 종교가 집중하는 도시들에 대한 혐오감과 거부 사상이 강하게 배어 있다. 참고. L. L. Grabbe and R. D. Haak(eds), *Every City Shall be Forsaken: Urbanism and Prophecy in the Ancient Israel and the Near East* (Sheffield: Sheffield Academic Press, 2001). 예언서에 지배적인 예루살렘 성에 대한 종말론적 희망은 단순히 종교적 측면만을 부각시킨 결과이며 이마저 유다 왕조의 예언자 미가에 의해 철저히 비판받은 경우를 기억할 필요가 있다(미 3:10; 6:9-16).

13) 참고. 우택주, "사회학적 관점에서 해석한 바벨탑 사건(창 11:1-9): 도시문명비판의 신학," 『8세기 예언서 이해의 새 지평』(서울: 대한기독교서회, 2005), 369-96.

14) 참고. T. Frymer-Kensky, "Pollution, Purification, and Purgation in Biblical Israel," *The Word of the Lord Shall Go Forth*, C. L. Meyers and M. O'conner (eds.) (Winona Lake: Eisenbrauns, 1983), 409, 강성열, "구약성서의 창조론과 생태학," 28 n 41 재인용.

15) *Ibid.* 창 6:11의 "포악(히, 하마스)"은 "강한 자가 힘없고 약한 자를 짓누를 때 사용하는 것이지만 여기서는 그것이 인간의 삶의 터전인 땅을 오염시키고 부패케 하는 주범으로 작용함으로써 인간의 비뚤어진 행동이 자연계에까지 영향을 미치고 있음을 보여준다."

16) 참고. 우택주, "창세기", 침례교신학연구소 편, 『성서입문』(대전: 침례신학대학교출판부, 2007), 25, 27.

17) T. W. Mann, *The Book of Torah: The Narrative Integrity of the Pentateuch* (Atlanta: John Knox Press, 1988), 69.

18) 율법에 환경을 보호하라는 취지의 조항이 명시된 곳은 그리 많지 않지만 특히 신 20:19-20에서 이를 엿볼 수 있다. 이에 관한 논의를 위해 다음을 보라. Jacob L. Wright, "Warfare and Wanton Destruction: A Reexamination of Deuteronomy 20:19-20 on Relation to Ancient Siegecraft," *JBL* 127 (2008): 423-58.

19) M. Noth, *The Deuteronomistic History* (Sheffield: JSOT Press, 1981[orig., 1943]), 89.

20) 이와 같은 사상을 두드러지게 담고 있는 예언서가 요나서이다. 참고. 우택주, "환경친화

적 성서 읽기: 12예언서," 『녹색의 눈으로 읽는 성서』(서울: 기독교환경운동연대, 2002), 116-23. 물고기에게 삼켜진 요나가 물고기 뱃속에서 종교적 안일을 누리며 희희낙락할 때 물고기(생태계를 상징!)가 그를 토해내는 상황이나 거센 풍랑이 자신을 찾는 여호와 하나님의 손길인 것을 깨닫고 배 밑전으로 숨어 깊은 잠을 청하는 요나의 모습 그리고 더욱 거칠어진 풍랑에 배를 다시 육지로 되돌리려는 선원들의 노력에도 불구하고 풍랑이 이를 거부하는 일과 얼마나 흡사한가!

21) Cf. M. Noth, *A History of Pentateuchal Tradition*, tr. by B. W. Anderson (Chico: Scholars Press, 1981), 262; R. B. Coote and D. R. Ord, *In the Beginning: Creation and the Priestly History* (Minneapolis: Fortress Press, 1991), 29-38.

22) 포로기의 신앙공동체가 정체성 확보를 위한 투쟁을 벌인 성서적 증거를 다룬 연구를 위해 다음을 보라. R. Albertz, 강성열 역, 『이스라엘 종교사 II』(서울: 크리스찬다이제스트, 2004[orig., 1992]), 189-249. 그는 이 시기에 제사장 계열 신학자와 평신도 신학자들 사이의 갈등과 그 해소를 설정하고 있다.

23) P. R. Ackroyd, *Exile and Restoration* (London: SCM Press, 1968), 7. 토마스(D. Winton Thomas)는 이 시기를 "이스라엘 역사에 창의적인 시대(a creative epoch)"라고 불렀다.

24) B. W. Anderson, *Understanding the Old Testament*, 4th ed (Englewood Cliffs, New Jersey: Prentice-Hall, 1986), 453.

25) 참고. R. Albertz, 강성열 역, 『이스라엘 종교사 II』(서울: 크리스찬다이제스트, 2004[orig., 1992]).

26) 그들이 은유로 표현한 것을 오늘 우리가 직설적 서술로 이해할 수도 있겠고 또 실제로 상징적인 표현을 통하여 신앙인들에게 지구 생태계에서 살아가는 방식을 제안해놓았을 수도 있다.

27) 수사비평학자는 창조기사 가운데 내용 묘사가 긴 것이 중요한 것이요 마지막에 언급한 것이 중요하다는 판단을 할 수도 있을 것이다. 그러나 중요한 것이 우월하다는 표식은 본문 어디에도 발견할 수 없다는 뜻이다.

28) 우택주, "교수논단: 하나님 형상의 신학," 「침신대학보」 219호, 2007년 3월 23일, 2면.

29) 또한 예언서 전반에는 대체로 인간 공동체의 잘못(언약 위반의 죄) 때문에 자연세계의 급격한 변동 현상(지진, 가뭄, 폭풍, 폭염, 흑암, 전염병, 생물계의 비정상적 출몰 등등)으로 하나님이 심판한다는 예고와 이것이 종말의 시기에 회복되어 에덴동산의 삶과 같은 온전한 생태계에서 살아가는 삶이 도래하기를 희망하는 심판-회복의 신학적 구조 속에서 생태계의 파괴와 회복이라는 주제를 공통적으로 담고 있다. 예언서에 지배적으로 등장하는 메시아에 대한 기대 사상도 창조질서에 합당한 정의로운 통치자를 기대하는 것에 다름 아니라고 해석된다.

30) 참고. 우택주, "오경에 나타난 제사장 문헌의 공헌에 대한 재평가," 「복음과 실천」 40 (2007): 69-93. 이 논문에서 필자는 제사장들의 생태학적 위기 인식을 미처 반영치 못했다.

31) 이 해석은 2005년 여름 싱가포르에서 열린 SBL International Meeting에서 주강연자였던

클라인즈(David J. A. Clines) 박사의 공개강연을 기초로 제시한 것이다. 클라인즈 박사는 WBC 주석 시리즈에서 *Job 1-20*(1989), *Job 21-37*(2006) 두 권을 출판했으나 욥기 38장 이하의 하나님의 연설을 다룬 주석은 아직 내놓지 않고 있는 상태이다.

32) N. C. Habel, *The Book of Job* (London: SCM Press, 1985), 535.

33) Ibid. 욥기서 38장 이전까지 사용된 신명은 El, Shaddai, Eloha이고 Yahweh가 아니었음은 주목할 필요가 있다.

34) "폭풍"이 신현현(theophany)을 동반한다는 사실은 구약성서에 아주 보편적이다(시 18:8-16; 50:3, 68:8-9, 14; 합 3:5-6; 나 1:3; 겔 1:4; 슥 9:14; 출 13:22, 19:16). Marvin H. Pope, *Job: A New Translation with Introduction and Commentary* (New York: Doubleday, 1965), 290.

35) 욥 38:2에 사용된 "생각"(히, 에짜)은 "디자인, 설계, 구도"를 의미한다. 욥 38:4-41:34는 하나님의 삼라만상에 대한 정의로운 운영방식(특히, 욥 40:8)에 대한 법정진술 형식을 띠고 있다.

36) 우택주, 『모두 예언자가 되었으면』(대전: 침례신학대학교출판부, 2009), 159-72.

37) 이것이 제사장의 창조기사인 창 1:1-2:4a의 주장이었다.

기후 변화와 현대 생태 담론의 흐름 _ 전현식

1) Bill McKibben, *Fight Global Warming Now* (New York: A Holt Paperback, 2007), 1.

2) Gravin Schmidt & Joshua Wolfe, *Climate Change: Picturing the Science* (New York: W.W. Norton & Company, 2009), 1.

3) Michael E. Mann & Lee R. Kump, *Dire Predictions: Understanding Global Warming* (New York: Dorling Kindersley Limited, 2008), 22-23.

4) 마크 라이너스, 이한중 옮김, 『6도의 악몽』(서울: 세종서적, 2007)

5) 샐리 맥페이그는 생태의식의 증가와 생태계 위기의 증가 사이의 모순을 환경 파괴의 세 가지 성격(잠행성, 부정의, 복합성)으로 설명하고 있다. Sallie McFague, *The Body of God: An Ecological Theology* (Minneapolis: Fortress Press, 1993), 2-8. 필자는 이 세 가지 성격을 지구 변화(지구 온난화)에 적용하여 이에 대한 적극적 대응을 방해하는 요소들을 설명하고자 한다.

6) 전현식, 『에코페미니즘과 신학』(서울: 한들출판사, 2003), 18-22; Robyn Eckersely, *Environmentalism and Political Theory: Toward an Ecocentric Approach* (Albany: State University of New York, 1992), 33-47.

7) 피어 싱어, 김성한 옮김, 『동물해방』(서울: 인간사랑, 1999)

8) 프리초프 카프라, 김용정 옮김, 『생명의 그물』(서울: 범양사, 2001), 53-57.

9) Arne Naess, "The Shallow and the Deep, Long-Range Ecology Movement: A Summary," Inquiry 16(1972): 95-100.

10) 로즈마리 류터, 전현식 옮김, 『가이아와 하느님: 지구치유를 위한 생태여성신학』(서울: 이화여자대학교 출판사, 2006), 16.

11) Bill Devall, "The Deep Ecology Movement," *Ecology: Key Concepts in Critical Theory*, ed., Carolyn Merchant (New Jersey: Humanities Press, 1994), 126-27.

12) Bill Devall, "The Deep Ecology Movement," 128-131.

13) Luther Standing Bear, in *Touch the Earth*, ed. T.C. Mcluhan (New York: Simon and Schuster, 1971).

14) Maurice Merleau-Ponty, *Phenomenology of Perception*, Colin Smith, tr. (London: Routledge & Kegan Paul, 1962), 메를로-퐁티, 류의근 옮김, 『지각의 현상학』(서울: 문학과지성사, 2002).

15) 아느 네스, "외피론자 대 근본론자," 문순홍 옮김, 『생태학의 담론』(서울: 솔, 1999), 66-76.

16) 머레이 북친, 문순홍 옮김, 『사회생태론의 철학』(서울: 솔출판사, 1997); 머레이 북친, 구승회 옮김, 『휴머니즘의 옹호』(서울: 민음사, 2003).

17) 머레이 북친, "사회 생태론," 문순홍, 『생태학의 담론』, 115.

18) Murray Bookchin, "The Concept of Social Ecology," *Ecology: Key Concepts in Critical Theory*, ed., Carolyn Merchant (New Jersey: Humanities Press, 1994), 156.

19) 머레이 북친, "사회 생태론," 120-21.

20) 머레이 북친, 구승회 옮김, 『휴머니즘의 옹호』(서울: 민음사, 2003).

21) Murray Bookchin, "The Concept of Social Ecology," 153.

22) 리타 M. 그로스, 김윤성·이유나 옮김, 『페미니즘과 종교』(서울: 청년사, 1999), 26-41.

23) Francoise d'Eaubonne, *Le Feminosme ou la Mort* (Paris: Pierre Horay, 1974).

24) 레이첼 카슨, 김은령 옮김, 『침묵의 봄』(서울: 에코리브르, 2002).

25) 생태여성학에 기초를 놓았던 저서들은 다음과 같다. Rachel Carson, *Silent Spring* (New York: Houghton Mifflin Company, 1962); Rosemary Ruether, *New Women/New Earth: Sexist Ideologies and Human Liberation* (New York: Seabury, 1975); Mary Daly, *Gyn/Ecology* (Boston: Beacon Press, 1978); Susan Griffin, *Woman and Nature: The Roaring Inside Her* (San Francisco: Harper & Row, 1978); Carolyn Merchant, *The Death of Nature: Women, Ecology and the Scientific Revolution* (New York: Harper & Row, 1980).

26) 각 분야의 대표적 저서들은 다음과 같다. Vandana Shiva, *Staying Alive: Women, Ecology and Development* (London: Zed Books, 1988); Judith Plant, ed., *Healing the Wounds: The Promise of Ecofeminism* (Philadelphia: New Society, 1989); Irene Diamond & Gloria Feman Orestein, eds., *Reweaving the World: The Emergence of Ecofeminism* (San Francisco: Sierra Club Books, 1990); Karren Warren, *Ecofeminist Philosophies* (2000); Heather Eaton, *Introducing Ecofeminist Theologies* (T & T Clark, 2005).

27) Karen Warren, "Feminism & Ecology: Making Connections," Mary MacKinnon, ed., *Readings in Ecology and Feminist Theology* (Sheed, 2005), 105-123.

기후 변화에 대한 신학적 성찰 _ 김은혜

1) 현 정부는 급격한 기후 변화(재앙)에 대한 대비와는 전혀 무관한 '녹색뉴딜' '4대강 살리기 프로젝트' '자연형 생태하천조성' 등, 강, 하천, 나아가 전 국토를 파괴하고 있다.

2) 학자들은 대기 중 이산화탄소의 비율이 2배로 증가하면 지구는 생명이 살 수 없는 죽음의 공간이 된다고 경고하고 있다(마크 라이너스의 『6도의 악몽』을 참고하라).

3) 정인석 지음, 『인간중심적 자연관의 극복: 공생의 자기실현을 위하여』(서울: 나노미디어, 2005), 271. 녹색소비자의 10월칙과 지구연구단에서 제기한 지구를 구제할 수 있는 간단한 방법 50가지 등이 소개되어 있다.

4) 샐리 맥페이그, 『기후변화와 신학의 재구성』(고양: 한국기독교연구소, 2008), 50.

5) 장도곤, 『예수 중심의 생태신학』(서울:대한기독교서회, 2002). 장도곤은 17-18쪽에서 다양한 생태신학의 입장을 자연관에 대한 관점을 중심으로 자연정복사상, 자연숭배사상, 그리고 자연친화사상으로 나누어서 분류하였다,

6) 한면희, 『미래사회와 생태윤리』(서울: 철학과 현실사, 2007), 293.

7) 샐리 멕페이그, 『기후변화와 신학의 재구성』(고양: 한국기독교연구소, 2008), 56.

8) 이정배, "기후변화에 대한 신학적 성찰," 29, (2008 기독교 환경운동정책 세미나 자료집)

9) 소기석, 『현대 환경윤리에 대한 종교학적 연구』(파주: 학술정보, 2005), 13.

10) 워렌이 제시한 생태윤리학의 특성은 1. 반자연주의적이어서 지배적 태도와 관련된 비인간 자연에 대한 사고방식 또는 행동양식 거부, 2. 전후 관계적이어서 자연에 대한 인간의 지배권리보다 관계를 역설, 3. 다원적이어서 인간과 자연의 차이점뿐 아니라 인간들 사이의 차이를 인정, 4. 이론적으로 진행 중이어서 3인칭 분석법과 수동태보다 1인칭 서술법과 능동태를 선호, 5. 포괄주의적임, 6. 주관적으로 "선입견이" 있어서 남성과 여성 그리고 문화와 자연의 구분과 같은 가부장제 개념들을 잘못된 자연주의나 남녀차별주의의 근본 원인으로 생각, 7. 전통적으로 여성적인 가치체계에 유의하고 그것들에 가치를 부여함, 8. 인간들이 환경에 의존하는 피조물이고 또한 그 본질이 물질적이고 세속적이기보다 정신적이고 피안의 것인 피조물이라고 다시 생각하는 일에 관심을 보인다.

11) 맥페이그, 『기후변화와 신학의 재구성』(고양: 한국기독교연구소, 2008), 188.

12) 김은혜, "자연과 여성 사이의 연관성에 대한 생태여성주의와 여성신학의 대화," 『한국신학논총』(2003). 생명문화윤리학은 총체적 경제제도의 개혁이나 정치적 변혁을 주도하기보다는 그것들을 수반하게 하는 문화의 변화를 추구하고 삶의 양식과 생명, 세계, 인간, 그리고 신에 대한 근본적인 태도의 전환을 가져오기 위한 미시담론에 관심을 둔다. 생태계의 파괴와 생명의 위기는 우리에게 충분한 시간을 허락하지 않는다. 우리가 거대한 이론을 마련하는 동안 매일매일 생명은 죽음의 문화에 의해 파괴되어가고 있기 때문이다. 따라서 실천적이고 현실적인 삶의 방식으로 변화는 새로운 의미와 가치를 만들어 기존의 문화를 재구성하여 풍요롭고 충만한 생명들이 살아 숨쉬는 생태계를 위해 문명 전환 운동의 구체성을 획득할 수 있다고 생각한다. 필자는 어떠한 경제적·정치적 변혁도 문화의 변화 없이 완성되지 않으며 문화의 변화는 삶의 총체적이고 근원적 변화를

시도할 수 있다고 생각한다.

13) *Ibid.*, 213.

14) 김대식, 『환경과 생태영성』(파주: 한국학술정보, 2006), 91.

15) 샐리 맥페이그, *op. cit.*, 198.

16) 존 브라이언트, 이원봉 옮김, 『생명과학과 윤리』(서울: 아카넷), 93.

17) 샐리 맥페이그, *op. cit.*, 96.

18) 한스 요나스, 이진우 옮김, 『책임의 원칙: 기술 시대의 생태학적 윤리』(서울: 서광사, 1994), 29-30.

19) *Ibid.*, 33.

20) 한면희, 『미래사회와 생태윤리』(서울: 철학과 현실사, 2007), 256.

21) 소기석, *op. cit.*, 160.

22) 한면희, *op. cit.*, 299.

23) *Ibid.*, 259.

24) *Ibid.*, 295.

25) 이러한 의미에서 한면희는 제삼의 길인 인도적 생태주의(humanitarian ecologism)를 주장한다. 이것은 자연을 수탈하는 문명의 길도 아니고 그렇다고 해서 인간 사회를 자연에 편입시키는 문화 해체로 미끄럼을 타는 길도 아니다. 인도적 생태주의는 존엄한 인간이 자율적 인간으로 살아가는 데 부족함이 없으면서 자연과 상생하는 것이다(『미래사회와 생태윤리』, 346).

26) 소기석, 『현대 환경윤리에 대한 종교학적구연구』(파주: 한국학술정보, 2005), 6.

27) 머레이 북친, 『휴머니즘의 옹호: 반인간주의, 신비주의, 원시주의를 넘어서』(서울: 민음사, 2002),

28) 소기석, 『현대 환경윤리에 대한 종교학적 연구』, 159.

29) 샐리 맥페이그, *op. cit.*, 73.

30) *Ibid.*, 273.

31) 정인석, 『인간중심적 자연관의 극복: 공생의 자기실현을 위하여』(서울: 나노미디어, 2005), 271. 일상의 생활방식의 전환을 위해 녹색소비자의 10원칙과 지구연구단에서 제기한 지구를 구제할 수 있는 간단한 50가지 등이 소개되어 있다. 기독교환경운동연대에서도 온실가스를 줄이는 녹색그리스도인의 서약과 실천 강령 등을 구체적으로 제시하고 있다.

32) 마치 부자가 지옥에 간 혐의는 나사로에게 어떤 잘못을 해서가 아니라(sin of commission) 가난한 자를 돌보아야 할 것을 돌보지 않는 실패의 죄(sin of ommission) 때문인 것과 마찬가지다.

33) 샐리 맥페이그, *op. cit.*, 244.

34) *Ibid.*, 247.

35) *Ibid.*, 213.

36) *Ibid.*, 181-182.

37) 샐리 맥페이그, 『기후변화와 신학의 재구성』, 186.

38) *Ibid.*

기후 붕괴, 문명의 전환 그리고 신학의 재구성 _ 장윤재

1) Herman E. Daly, *Beyond Growth*: The Economics of Sustainable Development (Boston: Beacon Press, 1996), 21.

2) 세계 환경 파괴에 따른 위기 정도를 나타내는 '환경위기시계'는 1992년 처음 조사를 시작한 이래 가장 위급한 상황이다. 1992년 7시 49분을 시작으로 지금까지 계속 인류 종말을 상징하는 12시를 향해 치닫고 있는데, 1997년에는 '매우 불안한 상태'를 의미하는 9시를 넘어섰으며(9시 4분), 2006년 9시 17분, 2007년에 9시 31분, 그리고 작년에 9시 33분을 가리키고 있다(「서울신문」 2008. 9. 17일자 보도).

3) 앨 고어의 다큐멘터리 영화 〈불편한 진실〉(An Inconvenient Truth)을 참조하라.

4) 이 다큐에 의하면 1750년 산업혁명 이후 지구의 기온이 1도 가까이 올랐다. 세계의 기온이 1도 오르면 북극의 얼음이 사라지고, 수십만 명이 거주하는 벵골만 주변의 땅이 침수되며, 미국 서부의 심각한 가뭄으로 국제 곡물시장과 육류시장은 큰 타격을 받게 된다. 지구의 평균 기온이 2도가 오른 시점부터 인류의 삶은 근본적으로 바뀌게 된다. 지구 온난화는 폭주 기관차처럼 통제 불능 상태가 된다. 지구의 기온이 3도 오르면 극지방에는 사시사철 여름이 계속될 것이다. 무서운 것은 이 상태가 되면 식물세계의 반란이 일어나 초목들이 광합성을 멈춘다는 것이다. 극단적인 더위가 지속되면 일부 식물들은 산소를 저장하고 대신 이산화탄소를 방출한다. 실제로 이런 일이 2003년 폭염에 허덕이던 유럽에서 있었다. 지구의 평균 기온이 3도 오르면 아마존의 대부분이 사라지고 그로 인해 저장돼 있던 수억 톤의 이산화탄소가 방출된다. 이 어마어마한 양의 이산화탄소는 지구의 기온을 한 단계 더 끌어올릴 것이다. 지구의 평균 기온이 4도 상승하면 바닷물의 수위가 상승해 인구밀도가 높은 삼각주들을 집어삼킬 것이다. 수많은 사람들에게 생명수를 공급해주는 소중한 존재인 인도 갠지스 강 양쪽 끝의 산악빙하와 인도양이 자멸하기 시작할 것이다. 세계의 기온이 5도 오르면 남반구와 북반구의 온대지방은 사람이 살 수 없는 불모지로 변한다. 수억 명의 기후 난민이 발생할 것이며 지구의 광범위한 지역에서 심각한 생존 분쟁이 일어날 것이다. 지구의 평균 기온이 6도 상승하면 자연 재해는 일상적인 사건이 되며, 이 상태가 지속된다면 수많은 생물종들이 대량으로 멸종한다. 6도의 기온 상승은 지구 최후의 날의 시나리오라고 불린다.

5) 션 맥도나, 함미자 옮김, 『기후 변화(*Climate Change: The Challenge to All of Us*)』(왜관: 분도출판사, 2006), 특히 교회의 대응방안을 토론하는 맨 마지막 장을 참조하라.

6) 윤순진, "기후변화가 요구하는 시대적 성찰," 〈2008 기독교환경운동 정책세미나〉 발제문 (2008. 12. 19).

7) 한국에서 환경 문제의 구체적 원인은 박정희 군사정권의 개발독재에 의해 추진된 공업화 중심의 경제성장이었다. '선 개발, 후 환경보전'이라는, 개발독재의 돌진형 공업화 정책에 한국 환경 문제의 원인이 있는 것이다. 공문연이 탄생하게 된 계기와 맥락이 사회선교협의회의 기초주민조직운동 일환이었다는 점, 그럼으로써 한국에서의 환경운동의 뿌리가 민중운동에 있었음은 세계사적으로도 유례를 찾기 힘든, 매우 독특하고 중요한 일이다.

8) Milton and Rose Friedman, *Free to Choose: A Personal Statement* (New York: A Harvest Book, 1980), ix.

9) 재무 체제가 어떻게 피라미드식으로 부채를 축적함에 따라 부를 창출하는지에 관해서는 데이비드 코튼(David C. Korten)의 명저 『기업이 세계를 지배할 때(*When Corporations Rule the World*)』(서울: 세종서적, 1997), 267-279를 참조하라.

10) 뉴욕 주식 시장의 다우존스 산업 주가가 단 하루 만에 22.6%나 하락했던 1987년 10월 19일, 투자자들은 당시 원자력 항공모함을 1천 대나 살 수 있는 액수인 1조 달러 이상의 막대한 손실을 입었지만, 이 돈은 단지 사람들이 돈을 먹지 못한다는 아주 단순한 이유 때문에 단 한 톨의 쌀알만큼도 세계의 실질적인 식량 공급을 감소시키지 않았다. 주식 시장 가치의 붕괴는 단지 특정 회사의 지분을 구매할 수 있는 가격의 변동을 의미했을 뿐이다. 우리는 지금 시장 투기가 부의 환상을 창조하는 새로운 상황을 목도하고 있는 것이다. 물론 이 환상은 그것을 가진 자들에게 실질적인 힘을 전달하나, 이는 풍선이 부풀어 있을 때에만 가능하다(코튼, 위의 책).

11) 돈은 인간의 욕구를 충족시키기 위해 창조된 인간의 가장 중요한 발명품 중 하나지만 각 단계의 화폐 개혁은 화폐를 물건의 실질적인 가치로부터 분리시켜왔다고 할 수 있다. 특히 1971년 8월 15일, 리처드 닉슨 대통령이 미국은 더 이상 금을 요구하는 국가에 달러를 교환해주지 않을 것이라고 선포한 이후, 달러는 여러 가지 숫자와 난해한 삽화가 찍힌, 미국 정부가 발행한 고급 종잇조각 이상의 것이 아니게 되었다. 그리고 컴퓨터가 널리 사용되자, 그 다음 단계는 종이를 제거하고 컴퓨터에 단순히 수치만을 저장하는 것이다. 지금도 동전과 지폐가 지속적으로 유통되고 있지만 갈수록 더 많은 세계 통화 거래는 컴퓨터 간의 직접적인 전자 이체로 이루어지고 있다. 이렇게 화폐는 거의 순수한 추상물이 되고 있으며 화폐의 창조는 가치의 창조에서 분리되고 있다(코튼, 위의 책).

12) 정세라, "「판도라의 계좌」를 열며,"「한겨레신문」2008년 9월 24일.

13) 김이태 목사는 "오른손에는 장수가 있고 그의 왼손에는 부귀가 있나니"(잠언 3:16)를 근거로 부에 대한 '성경적 원리'를 가르친다. 김 목사에 의하면 "성경에는 믿음과 기도에 관한 말씀이 약 500번 나오는 데 반해 재물과 소유에 대한 말씀은 2,350번 나온다"며 "성경을 자세히 보면 청빈보다 청부를 더 강조하는 것을 알 수 있다"고 주장한다. 김 목사는 "아브라함이 포로가 된 조카 롯을 구하기 위해 400여 명의 사병들을 거느렸던 것을 볼 때 요즘 시대로 말하면 재벌"이라며 "우리가 가진 소원이 하나님의 뜻과 일치할 때 우리 또한 성경에서 약속한 부를 누릴 수 있다"고 주장하였다(「기독교초교파신문」 2008년 3월 16일).

14) E. F. Schumacher, *Small Is Beautiful: Economics as if People Mattered* (New York: Harper & Row, 1973), 36, 67.

15) 특히 '피크 오일'에 대해서는 얼마 전 KBS가 방영한 다큐멘터리 3부작 〈호모 오일리쿠스〉가 많은 도움을 준다. 전문가들은 석유 생산의 정점을 뜻하는 '피크 오일'이 1971년이었을 것으로 추정한다. 1억 5천만 년에 걸쳐 만들어진 석유 자원을 인류는 겨우 150년 만에 거의 다 파 쓴 것이다. 이 다큐멘터리에 의하면 현재의 인류는 석유를 '입고' '쓰고' '마시고' '입는', 즉 석유에 중독된 인간, '호모 오일리쿠스'다. 지난 150년간 인류 문명의 원동력이 된 석유는, 하지만 곧 인류의 기억 속에서 짧은 번영의 역사로 기억될지도 모른다고 이 다큐는 주장한다.

16) 지구상에 일 년 동안 들어오는 태양에너지의 양은 인류 전체가 일 년간 사용하는 에너지의 1만 5천 배나 된다. 이 고갈되지 않고, 깨끗하고, 안전한 에너지를 이용하기 위해 태양광 발전, 태양열 발전, 풍력 발전, 수력 발전, 바이오매스 발전, 조력 발전 등을 위한 기술이 이미 개발되어 사용되고 있다. 특히 풍력 발전은 덴마크에서 전체 전기 생산의 25%, 독일에서 5%를 차지하고 있으며, 전 지구적으로도 해마다 약 40%씩 증가하고 있다. 한국은 현재 식량의 80%, 에너지의 98%를 외국에서 수입하고 있다. 우리에게도 고갈되지 않는 에너지, 기후 변화를 일으키지 않는 에너지, 그리고 안전하고 깨끗한 에너지는 생존이 걸린 긴박한 문제인 것이다(「이대대학원신문」 2004년 3월 3일자 1면을 참조하라).

17) Herman E. Daly, "Sustainable Growth? No Thank You," in *The Case Against the Global Economy and For a Turn Toward the Local* (San Francisco: Sierra Club Books, 1996), 193. 전통적 경제학 교과서들은 경제를 재화의 기계적 흐름으로, 즉 "하나의 완전히 폐쇄된 시스템 안에서 생산과 소비 사이의 진자 운동"인 것처럼 기술한다.

18) 이상 Daly, "Sustainable Growth: An Impossibility Theorem," *Ibid.*, 269; Daly and Kenneth N. Townsend, *Valuing the Earth: Economics, Ecology, Ethics* (Cambridge, Mass.: MIT Press, 1993), preface 그리고 Daly, *Beyond Growth*, 215, 223을 참조하라. 흥미로운 점은 데일리의 생태경제학은 아담 스미스나 칼 마르크스의 영향이 아니라 현대 과학, 특히 현대 생물물리학(biophysics)으로부터 지대한 영향을 받았다는 사실이다. 그래서 사실 정통 경제학에 대한 데일리의 비판의 요지는 그것이 현대 물리학과 생물학이 밝혀낸 가장 기본적인 자연의 법칙들을 진지하게 수용하지 않고 있기 때문에 '비과학적'이라는 것이다. 생물 물리학적 관점에서 생명의 과정이란, "정상상태(正常狀態, steady-state)의 열역학적 불균형으로 주위 환경으로부터 낮은 엔트로피를 섭취하면서, 즉 높은 엔트로피 산출물을 낮은 엔트로피 투입물과 교환함으로써, 평형(죽음)으로부터 끊임없이 거리를 유지하는 것"이다. 여기서 중요한 것은 '열역학의 제1법칙'(우주 안의 모든 물질과 에너지는 불변한다. 창조되지도 파괴되지도 않는다. 단지 그 형태만 바뀔 뿐이다)만이 아니라, '열역학의 제2법칙'(우주 안의 모든 물질과 에너지는 한 방향으로만 변한다. 유용한 상태에서 무용한 상태로, 질서 있는 상태에서 무질서한 상태로 변한다)이다. 이와 같은 열

역학의 제2법칙에 따르면, 경제란 그 물리적 측면에서 영원히 또는 아주 오래 성장할 수 없다. 데일리는 바로 이와 같이 엄연한 과학적 사실이 왜 경제 과정의 물리적 서술에는 적용되어오지 않았느냐고 심각한 문제 제기를 한다. 이상 Daly, "On Economics as a Life Science," in *Valuing the Earth*, 249, 256; Daly, *Beyond Growth*, 214를 참조하라.

19) 데일리는 '성장'(growth, 규모의 양적 증대)과 '발전'(development, 보다 높은 단계로의 질적 진화)은 두 서로 다른 것이라고 말하면서 '성장 없는 발전'(development without growth)이 곧 '지속 가능한 발전'(sustainable development)이라고 정의한다. Daly, "Sustainable Growth? No Thank You," 193-195.

20) 이에 관해서는 한국오이코크레딧(www.oilocredit.or.kr)의 활동을 참조하고, 러셀 스팍스, 『사회책임투자: 세계적 혁명』(서울: 홍성사, 2007)을 참조하라. 특히 채수일, "신자유주의에 대한 교회의 대응: 돈으로 하는 에큐메니컬 운동," 『기독교사상』(2001/1)을 참조하라.

21) Lynn White, Jr., "The Historical Roots of Our Ecological Crisis," *Science* 155 (1967), 1203-1207을 참조하라.

22) 열역학의 법칙들에 의하면 물질과 에너지는 창조되지도 파괴되지도 않는다. 따라서 엄밀히 말해 인간은 물질을 생산하거나 파괴할 수 없고 오직 한 단계에서 다른 단계로, 즉 원료에서 물자로, 그리고 물자에서 쓰레기로 그 외형만을 변형시킬 수 있을 뿐이다. 그리고 인간은 새로운 에너지를 사용하지 않고서는 폐기물을 원료로 되돌릴 수 없는 존재다. 이렇게 보면 인간은 창조자가 아니라 오히려 '폐기물의 생산자'라는, 지금과 완전히 다른 이미지를 얻게 되는 것이다. "우리의 에코시스템 안에서는 결코 완벽한 재생이 허용되지 않는다"고 데일리는 강조한다(Daly, *Steady-State Economics*, 2-3, 7-8, 105).

23) Daly, *Beyond Growth*, 218, 221, 224.

24) Daly, *Beyond Growth*, 224. 존 캅(John B. Cobb, Jr.)도 인간은 "역사의 주인이 아니다"라고 말하며, 샐리 맥페이그(Sallie McFague)는 "인간이 [지구의] 창조자도, 중심도, 존속과 변혁의 수단도 아니고 단지 은총의 수혜자"일 뿐이라고 강조한다(John B. Cobb, Jr., *Sustainability*, 111; Sallie McFague, *Life Abundant*, 138).

25) Daly, Ibid., 224. 존 캅(John B. Cobb, Jr.)도 인간은 "역사의 주인이 아니다"라고 말하며, 샐리 맥페이그(Sallie McFague)는 "인간이 [지구의] 창조자도, 중심도, 존속과 변혁의 수단도 아니고 단지 은총의 수혜자"일 뿐이라고 강조한다. (John B. Cobb, Jr., Sustainability: Economics, Ecology, and Justice [Eugene, OR.: Wipf and Stock, 1992], 111; Sallie McFague, Life Abundant: Rethinking Theology and Economy for a Planet in Peril [Minneapolis: Fortress Press, 2001], 138.)

26) Daly and Townsend, *Valuing the Earth*, 155.

27) 샐리 맥페이그, 『기후변화와 신학의 재구성』(고양: 한국기독교연구소, 2008)을 참조하라.

28) 이정배, "기후변화와 신학의 재구성 - S. 맥페이그의 新刊을 중심하여," 2008 기독교환경운동 정책세미나 발제문.

29) 이정배는 또한 본래 창조론과 성육신을 하나로 보는 관점이 기독교 초기부터 있었음을

밝힌다. 초기의 오리게네스가 그랬고 중세 신학자 보나벤튜라도 그랬다는 것이다. Illia Delio, *Christ in Evolution* (Maryknoll, New York: Orbis, 2008) 서문 참조.

30) 이에 관해서는 필립 뉴엘, 『켈트 영성 이야기』(서울: 대한기독교서회, 2001)를 참조하라.

31) 그런 눈을 가진 켈트 교회의 한 시를 읽어보자. "위대한 하나님의 눈, 영광의 하나님의 눈, 만군의 왕의 눈, 살아 있는 왕의 눈, 우리 위로 내리쬐네, 언제나 어느 계절인, 우리 위로 내리쬐네, 부드럽고 광대하게, 당신에게 영광이 그대 찬란한 태양이여, 당신에게 영광이, 그대 태양이여, 생명의 하나님의 얼굴이여"(Carmina Gadlica III에서 – 위의 책에서 재인용).

32) 이에 관해서는 도로테 죌레, 『신비와 저항』(서울: 이화여자대학교 출판부, 2007)을 참조하라.

33) 더글라스 러미스, 『경제성장이 안되면 우리는 풍요롭지 못할 것인가』(서울: 녹색평론사), 139-140.

3부

교회에서 할 수 있는 기후 변화 교육 _ 박미경

1) 하랄드 벨처, 윤종석 옮김, 『기후전쟁』(서울: 영림카디널, 2010), 7.

2) 프레드 피어스, 김혜원 옮김, 『데드라인에 선 기후』(서울: 에코리브르, 2009), 14.

3) 하랄드 벨처, 위의 책, 75-80.

4) 김준우, 『기후재앙에 대한 마지막 경고』(서울: 한국기독교연구소, 2010), 19.

5) Peter C. Hodgson, *God in History* (Nashville: Abingdon Press, 1989), 205; Peter C, Hodgson, *Winds of the Spirit* (Louisville: Westerminster-John Knox Press, 1994), 129-130.

6) James W. Fowler, *Faithful Change* (Nashville: Abingdon Press, 1996), 191-194.

7) Sallie McFague, *Models of God* (Philadelphia: Fortress Press, 1987).

8) James W. Fowler, *Faithful Change*, 195-209.

9) James W. Fowler, *Faithful Change*, 235.

10) 마리아 해리스, 고용수 옮김, 『교육목회 커리큘럼』(서울: 한국장로교출판사, 1989) 참조.

11) James W. Fowler, *Weaving the New Creation* (Eugene: Wipf and Stock Publishers, 1991), 174-189.

(사)한국교회환경연구소

산업화로 인한 공해가 사회문제로 등장한 1982년 '한국공해문제연구소'로 첫 발을 내딛었습니다. 1997년 기독교환경운동연대로 확대 개편되면서, 한국교회환경연구소는 부설기관으로 자리를 잡고, 기독교 정신을 바탕으로 한 환경운동, 절제운동, 신앙운동을 벌이고 있습니다. 본 연구소는 전 세대를 대상으로 기독교 환경교육을 실시함으로써 녹색그리스도인으로서 환경 친화적인 삶을 살아갈 수 있도록 하며, 교재 개발을 위해 노력하고 있습니다. 초록별 지구에서 모든 피조물들이 평화롭게 살아가는 그날까지 우리의 창조보전을 위한 노력은 계속될 것입니다.

녹색교회운동
'녹색교회 21' 의제를 바탕으로 창조보전운동과 녹색그리스도인의 삶을 안내합니다.
- 녹색교회 선정 및 시상
- 녹색교회 10다짐 제정

환경주일 지키기
1984년부터 세계 환경의 날을 기념하며 6월 첫 주일을 환경주일로 지키며, 예배문, 설교문, 기도문과 포스터 및 전도지를 발간하고 있습니다.
- 행사 지원 : 사진전시회, 비디오상영, 창조신앙사경회, 환경특강, 환경정화활동, 알뜰시장

생명밥상운동
제철에 나온 우리 농산물로 먹을 만큼의 밥상을 차리고 깨끗이 비움을 통해 우리 몸과 지구를 살리는데 앞장섭니다.
- 국내산 유기농산물 애용 및 빈그릇 실천
- '몸과 마음을 살리는 생명밥상' 교재 보급
- 생명의 쌀 나눔 도농 교회간 협약

지구온난화 억제 운동
- 햇빛발전소 등 재생에너지 이용확산
- CO_2저감 캠페인(대중교통, 전기절약 등)및 교육
- 자원 재사용, 되살림 운동 전개 절약 등)및 교육
- 재생지 연필, 볼펜, 공책 등 재생종이 사용 캠페인 전개
- 지구살리기 7년 프로젝트 – '착한 노래만들기' 공연 진행

사막화 방지를 위한 '은총의 숲' 조성
몽골 울란바토르 대학교 농과대학 및 연세대학교 CT연구단과 함께 '바트슘베르' 지역에 양묘 및 식재, 푸른아시아와 함께 '바양노르' 지역에, 방풍림, 유실수 식재, Greensilkroad와 함

께 '아르갈란트' 지역에 밀, 감자 농사 및 식재사업을 지원하고 있습니다.

환경교육 및 교재 개발
전 세대를 대상으로 자연과 가까운 곳에서 하나님의 창조섭리를 깨달을 수 있도록 교육하고, 교재 개발과 인재 양성을 위해 노력합니다.
- 환경통신강좌 실시(수시모집, 현재까지 2,700여명 수강)
- 생태신학세미나 개최
- 기독교환경대학 및 '생태적 삶'을 위한 생활훈련 실시
- 생태기행, 생태 캠프 운영 및 지원
- 지속 가능한 세상을 여는 생활 속 환경교육

현안 대응 및 연대활동
- 창조보전을 위한 기도운동 : 매월 기도제목 제공
- 환경단체 및 종교환경단체와의 연대
- 생명의 강 살리기 기독교행동
- 기독교 사회선교연대회의 등 기독교단체와의 연대

간행물 및 환경교육 자료 제작
- 정기간행물 : 사무국 소식지 「녹색은총」(격월), 녹색신앙정론지 「새하늘 새땅」(연 2회), 생태달력 발간
- 영상 : 〈생명의 동산〉, 〈무엇을 어떻게 할 것인가〉, 〈새하늘 새땅〉 등
- 단행본 : 『하나님, 사람, 자연 그 창조의 숨결』, 『자연과 인간의 아름다운 만남』, 『녹색의 눈으로 읽는 성서』, 『에덴동산을 꿈꾸는 교회』 등등

창조보전을 위한 씨앗을 심어주십시오!
한국교회환경연구소/기독교환경운동연대의 회원이 되시면
- 정기간행물을 무료로 받게 됩니다.
- 생태기행 및 교육 프로그램에 참여할 수 있습니다.
- 자료를 저렴하게 이용할 수 있습니다.

회비 납부 안내
- 개인회원 : 월 1구좌 1만원 이상
- 교회회원 : 월 1구좌 3만원 이상

은행계좌번호
- 기업은행 001-090320-04-011 한국교회환경연구소
- 국민은행 342-01-0028-375 기독교환경운동연대
- 문의 02-711-8905 / www.greenchrist.org

한국교회환경연구소 발행도서

현대 생태신학자들의 신학과 윤리

현대 신학자들의 생태 사상을 두루 살펴볼 수 있는 책으로, 각 분야의 전문 신학자들이 자신의 전공에서 선별하여 소개한다. 보수적인 신학자부터 진보적인 신학자까지, 그 분야를 대표하는 전문 신학자들의 논문을 통해 인류 최대의 위기인 환경문제에 대한 대안을 모색케 한다.

기독교역사를 통해 본 창조신앙 생태영성

한국교회환경연구소와 한국교회사학회가 함께 지난 2천 년 기독교 신학사상의 역사 안에서 오늘날 우리 교회가 경청하고 주목해야 할 생태적 신학적 자산과 가르침은 없는지에 대한 물음 속에, 신학사상의 근간을 형성해 온 주요 사상가들의 저술 속에 담긴 생태적 사상을 성찰해보았다.

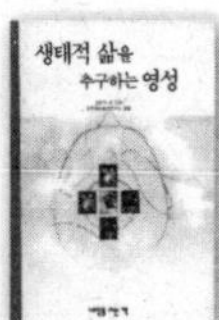

생태적 삶을 추구하는 영성

1998년 9월부터 두 달간에 걸쳐 〈생태적 삶을 추구하는 영성〉이라는 주제로 열린 세미나 내용을 모아 엮은 책이다. 〈현대 과학과 우주 생명〉, 〈자연, 인간, 종교〉, 〈대장연의 이치와 소우주로서의 인체〉, 〈동양사상과 생명적 사고〉외 6편이 실려 있다.

풍성한 생명, 지금 여기(기독교 생활속환경교육 교재)

이 책은 다른 환경교육서들과 달리, '쉼', '물', '밥', '걷기와 탈것', '옷', '전기', '종이' 등에 있어서 자신의 삶을 스스로 돌아보아 다른 생명과의 관계를 보되 하나님의 말씀 안에서 문제 해결책을 찾아 실생활에 적용해갈 수 있게 해준다. 그동안 환경교육을 어렵거나 막연하게 느꼈던 분이 있었다면 이 교재로 다시 시작할 것을 권한다.

기후변화시대, 생명을 살리는 '교회 환경교육'

'생명을 살리는 환경교육'이라는 주제 아래 기독교교육연구원에서 발간하는 '교회교육'에 2009년 한 해 동안 연재된 원고를 모아 놓은 책이다. 아동부에서부터 장년부에 이르기까지 기독교신앙에 기초한 환경교육을 실시하고 생활실천을 계획하고 있다면 이 책의 안내를 받으면 된다.

녹색의 눈으로 읽는 성서

'녹색'이라는 시대적 화두를 성서 해석의 지렛대로 활용하여 구약과 신약의 각 부문을 새롭게 되돌아본 작업의 결과들이다. '녹색'이 성서 해석의 전제가 되기에는 낯설 수 있지만 이 책은 하나님의 창조세상을 지키려는 해석학적 도우미 역할을 한다.

필자소개(글 싣는 순)

윤순진

서울대학교 환경대학원 부교수. 서울대학교 사회학과를 졸업하고 델라웨어 대학교를 졸업했다(에너지정책학 박사). 에너지대안센터 대표. 저서로는 『한국의 전통생태학』(공저, 2005), 『지속가능한 사회이야기』(공저, 2008), 『불확실성에 대응하는 위험거버넌스: 신기술 및 신종재난을 중심으로』(공저, 2009) 등이, 역서로는 『생태논의의 최전선』(공역, 2009), 『자연과 타협하기』(공역, 2007) 등이 있다.

조명래

단국대학교 사회과학대학 도시지역계획학과 교수. 영국 서섹스 대학교 졸업했다(도시 및 지역학 박사). 서울대 환경계획연구소 상임특별연구원, 환경정의 공동대표, 한국공간환경학회 회장(역임), 계간 『환경과 생명』 편집위원. 저서로 『포스트포디즘과 현대사회 위기』(1999), 『녹색사회의 탐색』(2001), 『현대사회의 도시론』(2002), 『개발정치와 녹색진보』(2006), 『지구화 되돌아보기 넘어서기』(2009) 등이 있다.

김준우

한국기독교연구소 소장으로서, 최근 역사적 예수 연구를 소개하는 일에 몰두해왔으며, 신생대를 넘어 생태대를 향해 출애굽하는 과업을 모색하고 있다. 저서로는 『생태계 위기와 기독교의 대응』(2002), 『기후재앙에 대한 마지막 경고』(2010) 등이 있고, 역서로는, 『역사적 예수』(2000), 『예수에게 솔직히』(2006), 『기후변화와 신학의 재구성』(2008) 등이 있다.

김기석

성공회대학교 신학과 교수. 영국 버밍엄대학에서 박사학위를 받았다(과학과 종교 및 생태신학 전공). 저서로는 『종의 기원 vs 신의 기원』(2009), *Science-Religion Dialogue in Korea*(2009)가 있고, 우주론 및 생명현상과 창조에 관심을 두고 연구고 있다.

이정배

감리교신학대학교 신학과 교수. 스위스 바젤 대학교 졸업. 한국 조직신학회 회장(역임), 한국문화신학회 회장, 겨자씨 공동체에서 목회를 하고 있다. 저서로는 『한국개신교 전위 토착신학 연구』(2003), 『생명의 하느님과 한국적 생명신학』(2004), 『켄 윌버와 신학』(2008), 『없이 계신 하느님 덜 없는 인간 – 多夕신학의 얼과 틀 그리고 쓰임』(2009), 『생태영성과 기독교의 재주체화』(2010) 등이 있고, 역서로는 존 폴킹혼의 『진리를 찾아서』(2003), 유아사 야스오의 『몸과 우주 – 동양과 서양』(2004) 등이 있다.

김경재

한신대학교 명예교수, 삭개오작은교회 전도목사. 네덜란드 유트레히트 대학교(Utrecht Univ.)에서 박사학위(Ph.D.)를 받았다. 장공기념사업회 이사, 함석헌 기념사업회 씨알사상 연구원 원장. 저서로는 『아레오바고 법정에서 들려오는 저 소리』(2005), 『이름없는 하느님』 (2002), 『폴 틸리히 신학연구』(1987) 등이 있다.

우택주

침례신학대학교 부교수. 한양대(기계공학 BS), 서울신대 신대원(M.Div), 연세대 연합신학 대학원(Th.M), 뉴욕 유니온 신학대학원(S.T.M)을 졸업한 후 버클리 GTU에서 구약학 박사 학위를 취득. 저서로는 『8세기 예언서 이해의 새 지평』(2005), 『새로운 예언서 개론』(2005), 『구약성서와 오늘 I』(2009) 등이 있고, 역서로는 『아모스서의 형성과 신학』(2004), 『농경사 회의 시각으로 본 성서 이스라엘』(공역) 등이 있다.

전현식

연세대학교 조직신학 교수. 연세대학교를 졸업하고 미국 Northwestern University(Ph.D)에서 수학했다. 연세대학교 신과대학 부학장 및 연합신학대학원 부원장, 한국기독교문화연구소 소장으로 있다. 저서로는 『에코페미니즘과 신학』(2003), 『동서종교의 만남과 그 미래』(공저, 2007), 『교회론』(공저, 2009), 『현대생태사상과 그리스도교』(공저, 2010) 등이 있다.

김은혜

장로회신학대학교 기독교와 문화 조교수. 서울여자대학교 경영학과, 장로회신학대학교 신 학대학원(M.Div), 미국 드류 신학대학교 대학원(S.T.M), 미국 클레어몬트 대학원(Ph.D)을 졸업했다. 저서로는 『생명신학와 기독교문화』(2007), 『공공신학』(공저, 2009), 『21세기 한국 교회의 에큐메니칼 운동』(공저, 2008), 『발로 쓴 생명의 역사』(공저, 2006) 등이 있다.

장윤재

이화여자대학교 기독교학부 교수, 한국교회환경연구소 소장. 연세대학교 사학과를 졸업하 고 미국 뉴욕의 유니온 신학대학원(Union Theological Seminary)에서 석사(M.Div.)·박사학위 (Ph.D)를 받았다. 저서로는 『세계화 시대의 기독교 신학』(2009), 『무례한 복음』(공저, 2007) 등이 있고, 역서로는 『적을 위한 윤리 : 사죄와 용서의 정치 윤리』(공역, 2001), 『풍성한 생 명』(공역, 2008) 등이 있다.

박성용

비폭력평화물결 대표, 감리교신학대학교 외부교수. 남북평화재단 내 남북평화연구소 소 장, 한국비폭력대화센터 자문위원, 기독교대한감리회 본부선교국 환경위원회 정책실장, 한 국기독교교회협의회 생명윤리위원, 기독교환경운동연대 정책위원장, 동북아갈등해결센터

(NARPI) 실행위원 등으로 일한다. 저서로는 『에코페미니즘 관점에서 본 기독교와 불교의 생태평화화』(2007), 『아시아의 종교분쟁과 평화』(공저, 2005) 등이 있고, 역서로는 『폭력의 세기에 새로운 희망을 찾아서』(2008) 등이 있다.

홍순원

천호동교회 목사. 한신대와 동대학원을 졸업하고 한국기독교장로회 교육원 부장을 역임한 바 있다. 한민족의 영성, 토착화된 기독교 신학, 우리 가락으로 번역된 찬송 등 한민족이 갖고 있는 예전에 관심을 두고 있고, 또 생명과 영성이 숨쉬는 교회, 곧 하나님 나라를 배우는 학습공동체, 심신이 치유 받는 치유공동체, 가족 같은 생활체로서의 교회를 꿈꾸며 목회하고 있다. 저서로는 『하나님 안에서 숨쉬고 살기 – 그리스도교 기도 입문』 등이 있다.

박미경

덕수교회 교육담당 부목사, 서울장로회신학대학교 강사. 장로회신학대학교 기독교교육학과(B.A.)를 졸업하고 장로회신학대학교 신학대학원(M.Div.), 장로회신학대학교 대학원(M.A., Th.D.)에서 학위를 받았다.

유미호

기독교환경운동연대 정책실장이자 부설 한국교회환경연구소의 책임연구원. 대한예수교장로회 총회 환경보전위원, 종교환경회의 운영위원으로도 있다. 연세대 신학과와 연합신학대학원(기독교윤리)을 거쳐, 1991년 이후 '교회를 푸르게', '생명밥상' 운동과 '기후변화시대의 생활속환경교육' 등 '녹색교회' 세우는 일에 힘쓰고 있다. 저서로는 『기후변화시대, 생명을 살리는 교회 환경교육』(2010)과 『풍성한 생명, 지금 여기』(공저, 2010) 등과 같은 환경교육 자료 등이 있다.

채혜원

한반도 에큐메니칼포럼 사무국장. 한신대와 서울대 대학원, 뉴욕대(NYU)에서 신학과 종교학을 공부하였고, 한국기독교장로회 총회에서 국제관계 일을 14년간 맡았다. 이후 경기도 파주에서 대안공동체 '뜨락'을 만들어 활동하면서, 현재 파트타임으로 한반도 에큐메니칼포럼 사무국장 일을 맡고 있다.

전병호

기독교대한복음교회 총회장으로 군산 나운복음교회 목사. 연세대학교 신학과와 신학대학원(구약학)을 거쳐 부산복음교회 목사, 제주복음교회 목사 등을 지냈으며, 한국기독교교회협의회 회장을 역임한 바 있다.

양재성

기독교환경운동연대 사무총장이자 생명의 강 지키기 기독교행동 공동집행위원장. 감신대학교를 졸업하고, 함양제일교회와 지리산생명연대를 환경목회에 전념하겠다는 마음으로 섬기다가, 2005년부터 기독교환경운동연대에서 사무총장으로 교회의 환경선교 활성화와 몽골 '은총의 숲' 조성 등의 소명을 감당하고 있다. 기독교대한감리회 환경선교위원, 한국기독교교회협의회 생명윤리위원, 종교환경회의 공동대표로도 있다.

김주용

한국교회환경연구소 「새하늘 새땅」 편집위원으로, 여러 해 동안 녹색의 눈으로 성경을 읽게 하는 성경공부를 연재하고 있다. 시카고 루터란 신학교에서 박사과정(선교신학)을 밟고 있다. 저서로는 『하나님과 창조 그리고 생명』(2005) 등이 있다.

기후 붕괴 시대,
아주 불편한 진실 조금 불편한 삶

2010년 12월 10일 초판 1쇄 인쇄
2010년 12월 15일 초판 1쇄 발행

엮은이 (사)한국교회환경연구소
펴낸이 김영호
펴낸곳 도서출판 동연
등록 제1-1383호(1992. 6. 12)
주소 서울시 마포구 망원2동 472-11 2층
전화 (02)335-2630(영업부), 335-4110(편집부)
전송 (02)335-2640
이메일 ymedia@paran.com
홈페이지 www.y-media.co.kr

Copyright ⓒ 한국교회환경연구소, 2010

ISBN 978-89-6447-130-2 93200